Ebba M. Rudine
1929

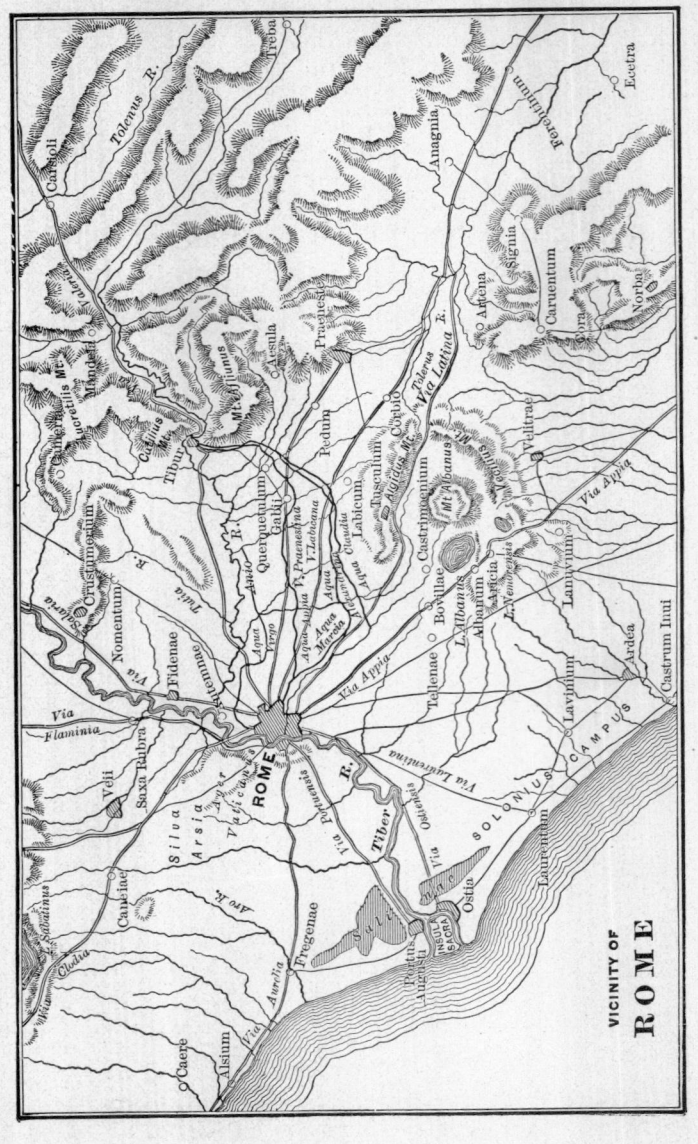

ALLYN AND BACON'S COLLEGE LATIN SERIES

LIVY

BOOK I, COMPLETE; BOOKS XXI AND XXII, WITH OMISSIONS; AND SELECTIONS FROM BOOKS XXVI, XXVII, AND XXX

INTRODUCTION AND NOTES

BY

J. H. WESTCOTT

MUSGRAVE PROFESSOR OF LATIN IN PRINCETON UNIVERSITY

ALLYN AND BACON

BOSTON　　　NEW YORK　　　CHICAGO
ATLANTA　　　SAN FRANCISCO

COPYRIGHT, 1890, BY
ALLYN AND BACON.

COPYRIGHT, 1904, BY
J. H. WESTCOTT.

COPYRIGHT, 1924, BY
ALLYN AND BACON.

PAR

Norwood Press
J. S. Cushing Co. — Berwick & Smith Co.
Norwood, Mass., U.S.A.

PREFACE

THIS volume is an attempt to present in simple and convenient form the assistance needed by young students making their first acquaintance with Livy. Much has been stated that would seem unnecessary, had not the editor's experience in the class-room shown him the contrary.

There has been no attempt to make the orthography absolutely uniform, or to adopt always the so-called "classical" spelling. Such an orthography represents a state of things which never existed in ancient times; and the very variety of spelling should be instructive to the student who has progressed far enough to read Livy.

The selection of the books contained in this volume is not merely sanctioned by long usage, but rests upon good reason. Book I forms a unit by itself, a "prose epic," dealing with the mythical age of the Roman kings, while Books XXI–XXX not only exhibit the author's style in its mature perfection, but also deal with the most thrilling and momentous crisis of the Roman republic.

CONTENTS

		PAGE
PRAEFATIO	. . . .	1
LIBER		
I.	CAPITULA I–LX	3
XXI.	CAPITULA I–IV, VI–XII, XIV–XVIII, XXI–XXIV, XXVI–XXXVII, XXXIX, XLII–LVIII, LXII–LXIII	76
XXII.	CAPITULA I–IX, XII–XIII, XV–XVIII, XXXIII–XXXVI, XXXVIII, XL–LVIII, LXI . . .	130
XXVI.	CAPITULA I, IV–XV, XLII–XLVII	174
XXVII.	CAPITULA XXXVI, XXXIX–XL, XLIII–LI . .	198
XXX.	CAPITULA XIX–XX, XXVIII–XXXVII . . .	213
NOTES	. . . .	213

LIST OF MAPS

VICINITY OF ROME	*Frontispiece*
	FACING PAGE
ROME UNDER THE KINGS	9
MARCHES OF HANNIBAL	76
HANNIBAL'S ROUTE OVER THE ALPS	100
LAKE TRASIMENUS	130
BATTLE OF CANNAE	159

INTRODUCTION

I. ROMAN HISTORY BEFORE LIVY

1. Late Development of Roman Literature. — The life of the Romans was intensely practical. Their national career was extraordinarily active and strenuous. After a long struggle for existence, and then for supremacy in Italy, Rome suddenly found herself engaged in a series of foreign wars, which erelong made her mistress of the world. The Romans had been so busy making history that they had not had time to write it — or, indeed, for any form of literature. The nation's best days were over before its literature fairly began. When the nation at last became conscious of its imperial destiny, it desired to read the story of its growth and its triumphs. Thus the spirit of the Roman writers, at once patriotic and matter of fact, made them find in history a congenial field for their labors. But unfortunately most of the history of the early centuries had faded, ages before, from the memory of men. The Romans of the early time had not dreamed of the greatness that was to come. The larger part of the earlier history had, therefore, to be invented by the patriotic imagination of a later, a literary age.

2. The Earliest Records. — It is not to be understood that there were no records at all before the time of the historians. At an unknown date the chief pontiffs had begun to keep official calendars. At the beginning of each year they hung up at the *Regia*, the official residence of the chief pontiff, a whitened tablet (*tabula pontificis*) bearing the names of the magistrates of the year. On this tablet, during the course of the year, events of religious significance — such as eclipses, pestilences, famines, and other prodigies — were recorded, with the dates of their occurrence. At the end of the year the tablet was laid away with its predecessors, and a new one took its place. It may be that, as time went on, these priestly records grew somewhat fuller, but they always remained meagre enough. About the time of the Gracchi the practice of keeping the *tabulae pontificis* seems to have been discontinued. P. Mucius Scaevola, *pontifex maximus*, about 120 B.C. collected them in book form, making the so-called *Annales Maximi*, in eighty books. But as the pontiff's residence with all its contents doubtless perished in the burning of Rome by the Gauls in 387 or 390 B.C., some suppose that the archives for a few years anterior to that date may have been restored from memory, but that all the rest perished irrevocably. Others, more sceptically inclined, think that the *tabulae pontificis* were never begun before the third century B.C.

We hear something of *libri lintei*, "linen books," containing lists of magistrates from the time before the Gallic conflagration, preserved in the temple of Juno Moneta on the Capitol, which escaped the general destruction; but there are grave doubts of their genuineness, which are not allayed by the knowledge that this temple was dedicated in 344 B.C., nearly a half-century after the fire.

Inscriptions, which form so extensive a portion of the memorials of later times, were very scanty before the development of literature.

The family records and traditions of noble houses doubtless constituted an important, though unreliable, element in the formation of the national history; and other important elements were the oral traditions of the people and the metrical lays sung at feasts, whereby the legends of the olden time were half-unconsciously preserved from age to age.

3. Historical Poetry: Naevius and Ennius. — About two hundred years B.C. the earliest poets, Naevius and Ennius, treated in epic form themes taken from the national history, the one dealing thus with the First Punic War, the other with the period from Aeneas to his own age.

4. The Annalists. — About the same time began the practice of writing prose annals, that is, histories in strictly chronological arrangement, with the events of each year placed by themselves.

Nearly contemporary with Ennius was **Q. Fabius Pictor,** one of the first annalists, whose grandfather had gained this curious surname by painting a battle picture in the temple of *Salus,* and who was himself a prominent public man at the time of the Hannibalic war.

After this war was over he wrote in Greek an account of it, addressed to the educated among his own countrymen and to the Hellenic public, intended to offset the account given by Silenus, Hannibal's Greek historiographer, which he regarded as too favorable to the Carthaginians, and intended also to glorify the achievements of his famous kinsman, Fabius the Dictator. A general sketch of the national history constituted the introductory portion of this work, which was, upon the whole, of such a character that Fabius was not undeservedly called the father of Roman history. Livy highly respected him and often quoted his statements, but apparently at second hand out of later annalists.

Contemporary with Fabius was **L. Cincius Alimentus,** who likewise wrote in Greek. Latin prose had not yet been developed into a fit vehicle of literary expression.

This writer was praetor in 211 B.C., and, having been taken prisoner by Hannibal, had exceptional opportunities to inform himself with regard to the facts of the Second Punic War, which was the subject of the more detailed part of his work, though he also began at the foundation of Rome.

L. Calpurnius Piso, the opponent of the Gracchi, consul in 133 B.C., wrote *Annales*, from the earliest period to his own time. Though he was one of the older annalists, the *Vetustiores*, he showed a critical spirit, endeavoring to distinguish the historical from the mythical elements in the accounts of the earliest times. He deserves especial respect for the soberness of his view, but his style was dry and unattractive.

Q. Claudius Quadrigarius and **Valerius Antias** lived in the time of Sulla. The former wrote annals beginning at the destruction of Rome by the Gauls and extending, probably, to Sulla's death. Valerius Antias is responsible, perhaps, for more invention than any other writer of Roman history. His *Annales*, in at least seventy-five books, covered the whole period from the earliest times down to his own day. Where the story seemed bare and bald he adorned it with the creations of his own lively imagination. Fact and fiction flow along together in the stream of his narrative; and as his style was attractive, his work found many readers. Unfortunately it was much used as an authority by later writers. Livy was often led astray by him, and sometimes expressed his irritation at this agreeable but unsafe guide.[1]

Two others of the later annalists were **C. Licinius Macer**, father of the poet Licinius Calvus, and **Q. Aelius Tubero**, the accuser of Ligarius, and later in life a distinguished jurist; both were contemporaries of Cicero.

---

[1] But see A. A. Howard, *Valerius Antias and Livy*, Harvard Studies, xvii, 161.

Macer was an ardent democrat, whose passionate hatred of aristocrats strongly colored his writings, making them the more interesting to his readers, but likewise causing them to be looked on with disapproval and therefore to be comparatively little quoted by later historians, most of whom had aristocratic sympathies.

Tubero's *Historiae* were highly praised for their accuracy by his friend Dionysius of Halicarnassus, the learned Greek who wrote a history of Rome down to the First Punic War. Tubero's narrative began with the landing of Aeneas, and its title seems to imply that it extended to the author's own time; for it was customary to call histories of past times *Annales*, and those dealing with contemporary events *Historiae*.

These are the names of a few of the best known of the many annalists of the last two centuries of the republic, whose works we know for the most part only in quotations by later writers.

5. Anti-annalistic Writers. — Early in this period, however, **M. Porcius Cato**, the Censor, who had been the first to write history in Latin, also took the initiative in breaking away from the annalistic method. In his *Origines* he treated of Rome under the kings and of the early history of the Italian nations; then he wrote the later history, from the First Punic War almost to the end of his own lifetime.

Some years later **L. Caelius Antipater** (after 120 B.C.) wrote his account of the Second Punic War independently of the annalists. He was a man of culture and learning, a friend of C. Gracchus and the younger Scipio and Laelius. Dissatisfied with previous accounts of the war, written entirely from the Roman point of view, he consulted the history of Silenus, and compared it with the accounts given by his own countrymen.

He tried also to introduce a better literary style, and inserted speeches into the course of his narrative, not merely to explain it, but also as a means of giving expression to his own reflections and the supposed views of the actors in the story.

Though there were other writers who decidedly opposed the annalistic method, yet it seems, on the whole, to have retained its popularity with both authors and readers.

6. Special Works, but no Great General History. — At the end of the republic, besides general histories, there were numerous biographies, memoirs, and monographs, dealing with the careers of individuals or with short periods or episodes in the career of the nation. The catalogue of historical writers in the various departments is a long one. Yet Cicero (*de Leg.* i. 5) laments " *Abest historia litteris nostris,*" for none of the histories that had then appeared were worthy as literature of a place beside the poetry and oratory of the age. Even when Sallust and Caesar had published their works, which have been recognized ever since as models of Latin prose, there was still no great general history in Roman literature. The troublous times of the civil wars were not favorable to the production of such a work. The proper surroundings and inspiration were to come in the next generation, in the calm after the storm, in the peace and repose of the Augustan Age. And when Cicero wrote the words there was a boy growing up to manhood who was to remove forever the cause of his complaint.

II. LIVY

1. Birthplace. — Titus Livius Patavinus was born in 59 B.C., the year of Julius Caesar's first consulship, at Patávium, now Padua, the ancient capital of the Venĕti. The city, so tradition said, had been founded by Antēnor, the companion of Aeneas. At all events, it was proud of its early relations with Rome, of which it had always been a staunch friend, — notably during the Hannibalic War. But as it lay for the most part " out of the way of wars and in the way of commerce," the city had grown populous and wealthy. In the time of Strabo (Livy's contemporary) it was one of the most important cities of the empire, having five hundred citizens of equestrian census, ranking in this respect next to Capua and third in Italy. Yet with all this prosperity the inhabitants were celebrated for their antique virtue and pure morals. The town received Roman citizenship by the *lex Julia* in 49 B.C., and was incorporated into the Fabian tribe.

2. Family and Education. Life at Rome. — We do not know when Livy's family had settled at Patavium, but there is evidence that it was a noble family and in easy circumstances. Our author doubtless received the education usual for young Romans of rank, and we know that he made a special study of rhetoric and philosophy. The time and circumstances of his removal to the capital are not known, but probably it occurred about the time of the battle of Actium. While still a young man he was in high favor with Augustus, and a member of the brilliant literary circle that was the chief ornament of the emperor's court. He seems to have enjoyed intimate friendship with the family of the Caesars, and even to have had apartments in the palace. He informs us that Augustus took a personal interest in the composition of his history, and perhaps his undertaking was largely due to the influence of the emperor, who had made an epic poet of Vergil almost in spite of himself.

Suetonius says it was by the advice of Livy that the young Claudius, afterward emperor, took to writing history. Yet Livy was too candid to be a flatterer, and it was not altogether a jest when Augustus called him a Pompeian; for, while admitting the great qualities of Julius Caesar, he openly questioned whether it would not have been better for the state if he had never been born.

3. Scanty Biographical Details. — About Livy's private life we possess very few details. He had a son, and a daughter who married a rhetorician named L. Magius. He never held office or took any part in politics, but lived a life of scholarly quiet, steadily engaged upon the history that was his life work. We do not know whether his occasional absences from Rome were long continued or whether his residence there was permanent. He may have retired to spend his last years in his native town, for he died there in 17 A.D., surviving Augustus three years.

In 1413 some workmen, making excavations at Padua, discovered a coffin which was thought to contain the bones of the historian, and the city erected a sumptuous tomb in his honor. But subsequent investigation showed that the remains were those of a freedman whose patron had happened to bear the name of the historian.

4. First Works. — Livy's earliest writings were philosophical and rhetorical. They have not been preserved. Whether he was actually a teacher of rhetoric is doubtful, but it is evident that he was a master of the art so highly prized by the Romans, and never more prized than after free speech had become a thing of the past.

5. Scope of his History. The Extant and the Lost Books. — Livy's great history extended from the landing of Aeneas in Latium to the death of Drusus in 9 B.C. The latter event is hardly important enough to form a fitting close to such a work, and it is possible that the author would have continued it to the death of Augustus if his own life had been spared a few years longer. In that case he would have reached the point where the *Annals* of Tacitus begin.

Of the entire one hundred and forty-two books, there are extant, besides scanty fragments of others, in particular of the 91st and 120th, but thirty-five, viz. 1-10 and 21-45, and of these the 41st and 43d are incomplete. No more than these were extant in the Middle Ages; and as no trace of the lost books has been discovered since the seventh century, the often-excited, long-cherished hopes of finding them will probably never be realized. The missing portions were not only far greater in quantity than what has been preserved, but they possessed greater historical value. By way of compensation we have only the meagre summaries (not directly of Livy's books, but of an *epitome*),[1] *periochae*, as they are called, written by a later hand, probably in the fourth century. For some periods these are the only authority that we possess.

6. Date of Composition. Division into Decades. — The work seems to have been begun about 27 B.C. (not earlier), when the historian was in his thirty-third year, and it was continued steadily through the rest of his life, more than forty years. The books must have been published in instalments; for the author enjoyed in his lifetime the most extensive fame, as appears from Pliny's story of the man who travelled from Cadiz to Rome for the sole purpose of seeing his face. But the division into decades (i.e. groups of ten books), so convenient for purposes of reference, was in all probability not made by Livy himself, though there are various groups of five, ten, or fifteen books which form units within the limits of the whole.

[1] H. A. Sanders, *The Lost Epitome of Livy*, University of Michigan Studies, Humanistic Series, Vol. I (1904), 149-260.

Book I covers two hundred and forty-four years, the time of the kings, besides the brief summary of the Trojan and Alban myths; the first decade extends to the close of the Second Samnite War; the lost second decade told of the Third Samnite, the Pyrrhic, and the First Punic War and the interval before the Second; the entire third decade is devoted to the Second Punic or Hannibalic War. Book XLV brings us to the year 167 B.C., and the triumph of Paulus after the conquest of Macedonia; so that the remainder of the history, ninety-seven books, covered one hundred and fifty-eight years, less than two years to a book, showing that the lost portions were much more detailed than the extant portions.

7. Treatment of the Legendary Period. — The legend of the foundation of the city, which many annalists had treated at great length and adorned with later fables of Greek invention, Livy gives in short and simple form. Similar in spirit is his treatment of the history of the kings, in which he followed such annalists as Piso and Tubero, doubtless borrowing some features of the story from the poet Ennius. Throughout the first decade he followed various annalists, and here he was led into some blunders, as he afterward discovered, by Valerius Antias.

8. Authorities for the Third Decade. — On coming to the Second Punic War, Livy found contemporary authorities to draw upon. All through the third decade there are traces of a considerable use of Caelius Antipater. In Books XXI and XXII he expressly cites Fabius Pictor and Cincius Alimentus, and it is evident that he consulted a number of other annalists, to whom he refers by general expressions.

9. Relation to Polybius. — In this decade Livy had at his command the great Greek historian, Polybius, whose universal history, in forty books, extended from the beginning of the Second Punic War to the destruction of Carthage and Corinth. Polybius was one of the thousand Achaeans exiled to Italy in 167 B.C. He lived on intimate terms with the younger Scipio and his friends, and supplemented his exceptional opportunities for gathering information by extensive travel in the east and west. He treated his subject in a critical and philosophic spirit, was impartial in his attitude and sure in his judgment. His style was clear, simple, and unadorned, his matter admirably arranged; and though his work is in some places dry reading, it was a most excellent source of information for subsequent writers.

From the beginning of the third decade many passages of Livy correspond with Polybius, some of them exactly; but it would not be safe to conclude that this was due to direct copying. There has been much controversy about the relation of our author to his Greek predecessor. Some have thought that he followed Polybius directly, from the beginning of this decade, wherever it suited his purpose; others, that he was simply following Caelius, who drew from the same source as Polybius, namely, Silenus; others, again, that he was following continually through this decade the account of Claudius Quadrigarius, and that certain passages taken from Polybius were inserted afterward. The dependence on Polybius, direct or indirect, is greater after the affairs of Greece and Macedonia become involved in the story, namely, from Book XXIII onward, but Polybius is never quoted by name before Book XXX, chapter 45.

10. Livy's Uncritical Methods. — It is not fair, in charging Livy with negligence and credulity, to judge him by the standard of modern methods. The classical and mediæval historians, in treating of times prior to their own, were usually content to take the writings of previous chroniclers as the basis of their own work, — to transcribe bodily without naming the earlier author, and to amend or modify if they saw fit.[1]

It was only when they reached contemporary events that their labor became original and independent. A critical investigator of facts, like Polybius, was a rare exception. The physical difficulty of a thorough collation of authorities in antiquity was a serious obstacle to critical research. The most industrious of modern investigators, if deprived of printed books, catalogued libraries and carefully arranged state archives freely opened to students, could accomplish comparatively little. Few of the ancients could possibly have made thorough preliminary studies of their subjects, in any such sense as we now understand the words. Besides, a searching examination of all authorities was foreign to Livy's purpose, which was moral and artistic, not critical. It was to a large extent impossible under the conditions of his age, and was not desired by his contemporaries. Therefore when he is accused of writing from chroniclers and not from documents, while we must admit that he made no effort to discover new documents and did not even take the trouble to examine those that were within his reach, we must also remember that this was the fashion of his age, not his peculiar fault. We should be doing him great injustice if we failed to recognize his sincere desire to tell the truth, which he regarded as the first duty of the historian, and of which he continually gave evidence. In those days, history that was already ancient was regarded as closed and settled. People expected to find in the annalists all there was to know of the subject, and so, for the early times, Livy looked upon them as his only source.

[1] See Soltau, *Livius' Geschichtswerke*, etc., cited on page xxxii.

11. Impossibility of Estimating Livy as an Original Historian. — The result of this ancient method was, of course, much confusion and contradiction, most of which will never be satisfactorily elucidated. It is peculiarly unfortunate that, through the loss of all the later books, which treated of recent and contemporary events and were addressed to a public able to detect errors of fact or deficiency of information, we are not in a position to estimate Livy as an original historian.

He has been reproached, moreover, with having confined himself too exclusively to the narration of events, and with having neglected all that concerned civilization, institutions, laws, manners, literature, and the arts. It is true that in describing wars he appears as the most unmilitary of historians; that he had no adequate understanding of legal institutions and of constitutional development; that he was confused in chronology, careless in topography — in short, indifferent about details of fact. Moreover, like most of the ancients, he had little idea of the philosophy of history, cared not for abstract discussion, and preferred, when he had to explain the causes of events, to put his reflections into the mouths of his personages. This practice was not natural, to be sure, but its improbability was atoned for by the great oratorical beauties of which it was the occasion.

12. His Character as Shown in His Work. — Though we know so little about Livy's life, in his works we learn to know and love him. His central theme is the grandeur of eternal Rome. He gives the index to his mental attitude in his preface. It is evident that he took a patriotic pleasure in his work, as a consolation for the death of republican freedom and for the existing conditions which contained so much that was saddening to his heart.

Moral Earnestness. — He had an earnest moral purpose,

— to hold up before the degenerate Romans of his own day the picture of the virtues of their ancestors, which had made the brave days of old so truly glorious. This he was able to do better than any of his predecessors, by his poetic instinct, by his rare rhetorical and dramatic talent, and by his unusual power of sympathetic treatment, which renders all that is high and noble so attractive to his readers. His ethical purpose is all the better fulfilled because he does not stop to moralize.

He had a lofty — if the word be not too modern, a romantic — conception of the Roman virtues, — fortitude, valor, magnanimity, candor, obedience to authority, self-restraint, incorruptible integrity, self-sacrificing patriotism, — which led him often to idealize the heroes of the olden time. When forced to disapprove of the conduct of his countrymen, he condemns it as un-Roman.

We realize his firm belief in Rome's destiny to dominion and permanence, — a destiny resting upon the national character. He deeply regretted the decay of the old-fashioned sturdy virtues and the ancient religious faith of the people, and felt, with Augustus and with Horace, the necessity for their revival. He had probably no distinct religious belief, but his nature was pious and reverent.

Republican and Aristocratic Sympathies. — Though he accepted the imperial rule as established by Augustus, and lived on friendly terms with the emperor, it was rather with resignation than with enthusiasm. The existing state of things was the best possible under the circumstances, but not the ideally best. His heart was with the older, better time of liberty — the only condition worthy, in his view, of men of self-respect. And by liberty he did not understand the license of the many, the mob rule of democracy, but the tempered, self-restrained, law-abiding freedom of the best days of the aristocracy, when the counsels of the state were really directed by her wisest and best citizens. His admiration for the Pompeian party, whose side Patavium had espoused in the civil war, was based upon an ideal conception of its aim as an attempt to restore that long-perished condition of the republic. Though his sympathies are essentially aristocratic, he so disliked all that was violent or subversive of the peace and order of society that he hated an aristocrat like Appius Claudius, the decemvir, as heartily as he despised the most turbulent tribune of the *plebs*.

Conservatism and Piety. — His temperament was intensely conservative, and therefore, with poetic appreciation, he repeated the legends of the early days which had long ago become a part of the national memory, not concealing the fact that they contained a large mythical element, but presenting them in their main features, with simplicity and dignity, doing away with a great accumulation of inappropriate additions of later times. But we are not to understand him as vouching for the truth of every story he relates. In this same conservative spirit he reports prodigies and miracles, realizing that they were in great part the creations of excited imagination, but not feeling called upon to question what the best men had believed and acted upon in the past, and considering them also an important feature in the pictures he drew of by-gone times — part of the scenery, so to speak, amid which the actors had moved. Remembering the age in which he lived, it is evident that, though he was devout and imaginative, with a profound reverence for the mighty past and for the powers of the unseen world, he could not possess the childlike credulity of a primitive civilization.

The kindliness of his nature appears in sympathy for the oppressed and unfortunate; his indignation at wrong, deceit, and oppression is honest and spontaneous.

Patriotic Bias. — The warmth of his patriotism was such that it sometimes betrayed him into partiality to his countrymen and injustice toward their opponents: but this fault is only the excess of a virtue, and we can regard it more charitably than the cold impartiality of those who have no patriotism to bias their judgments; and the essential candor of his disposition led him to appreciate what was great or good wherever he found it.[1]

13. Literary Excellence. — However Livy has been criticised for his historical methods, as a writer he has met with nothing but praise. His language is rich, clear, harmonious, — in its higher flights comparable to the eloquence of the greatest orators. Quintilian, the prince of ancient critics, characterizes it most happily by the phrases *"lactea ubertas"* and *"clarissimus candor"* (x. 1, 32 and 101). In ordinary narrative, simple and easy, at times even careless, he rises without effort to eloquence, and his tone is always proportioned to the nature of his subject. He excels in painting the great scenes in the nation's life, the bitterness of party struggles, the passions of the masses, the joy and dread of multitudes. Stroke by stroke his periods seem to grow under his hand till he finally makes us almost see with our bodily eyes the scenes he portrays. To read his " pictured page " is like wandering down a long, stately gallery, the walls all glowing with the rich colors of historical paintings. He lives with his characters, and makes their feelings his own. In the extant books there are over four hundred speeches. He is a dramatist as well as an orator. In the expression of emotions, and especially of pathos, he is unequalled.

" Patavinity." — His modern admirers cannot fail to re-

[1] R. B. Steele, *The Historical Attitude of Livy*, American Journal of Philology, xxv (1904), 15–44.

joice that he enjoyed the good fortune of being appreciated by his contemporaries. So far as we know, there was but one dissenting voice, perhaps the voice of jealousy,[1] amid the universal chorus of admiration. Quintilian says (VIII. 1, 3), "*In Tito Livio . . . putat inesse Pollio Asinius quandam Patavinitatem.*" Evidently this was a charge of provincialism, which may have been intelligible at the time, but which to modern scholars has proved a subject of much inquiry, more curious than profitable.

14. Livy Marks a Transition in the Latin Language. — In point of language, Livy, together with Sallust and Nepos, is the connecting link between the golden and silver ages of Latinity: he possesses the qualities of the latter in such degree only as to enhance the beauties of the former. He is the one great prose writer among the poets of the Augustan Age, as Catullus and Lucretius were the only great poets amid the prose authors of the Ciceronian period.

We must beware of being misled by that convention which has fixed upon the prose of the Ciceronian Age, and rightly so, as the highest standard of Latinity. We do find the *sermo urbanus*, the style of the cultured Roman gentleman, in its purity and austerity, in the prose of Cicero and Caesar, but it would have been neither possible nor desirable for later writers to go on forever conforming strictly to their canons. Life in language and literature means change and development. Latin had an imperial destiny, — it was to throw off the restraints proper to the language of a cultured caste in a single city, and to become the language of the civilized Western World. What it lost in simplicity and severity, it gained in richness and

---

[1] It is evident, from the amusing story in Seneca Rhetor, *Suas*. VI. 27, that Pollio was jealous of Cicero, at any rate.

variety. We find in the syntax of the Imperial prose greater flexibility and freedom; in the diction, greater richness and splendor. Let us say that Livy's Latin is different from Cicero's and Caesar's, rather than that it is inferior.

Without speaking of new words and new turns of expression, his syntax is already sensibly modified, partly in consequence of natural development, partly through the influence of the language of poetry, and perhaps of the language of the people, — both of which, in the imperial epoch, penetrated more and more into the structure of prose. This mixture, showing a little in Livy, is a sign of approaching change; another sign is that certain words and certain forms have in his diction already lost their proper sense. His style, in short, with all its brilliancy and all its charm, has not the severity and simplicity of the preceding age.[1]

15. Peculiarities of Style. — The peculiarities of the style of Tacitus have been conveniently put under three heads, — *brevitas, varietas, color poeticus*. Livy has the last two, as decidedly as he lacks the first. In the periods of Cicero's rhetorical prose we find a carefully adjusted balance of the parts, perfect symmetry of clauses and phrases. In Livy and in Sallust there is a constant variety in the coördinate elements, and an intentional lack of symmetry, which, a century later, in Tacitus develops into the most pronounced peculiarity.

16. Essentially a Ciceronian. — Yet essentially Livy is a Ciceronian in style: his sustained elevation, abundance, — at times a little excessive, — rich coloring, vivid imagination, seem to be the actual fulfilment of Cicero's

[1] J. W. Mackail, *Latin Literature*, N.Y., 1895, pages 145–155.

own ideal of the historical style, which, he says (*Orator*, xx. 66), differs from the oratorical "almost as much as the poetic style." Quintilian declares (x. 1, 31) that history is like an "epic in prose," having the right to borrow of poetry some of its liberties. This theory Livy appears to have put into practice. In fact, next to the oratorical form of thought and expression, his most salient characteristic is the poetic coloring he assumes from time to time, — consisting in the employment of words or constructions rare in prose, in the boldness of his images, and in turns of phrase unlike the ordinary manner of expression.

17. Livy in Ancient, Mediæval, and Modern Times. — Apparently Livy was more read by the Romans than any other author except Vergil. His history was the source of material for countless later writers, and, for the convenience of readers, extracts and abridgments without number were made. Like Vergil he was idealized in the Middle Ages, and we find Dante speaking of him as *Livio . . . che non erra*. By the great scholars of the Renaissance he was eagerly and affectionately studied, and earnest efforts were made to find his lost books. Modern scholarship has always been busy with Livy. The first great critical edition of the text was that of Gronovius (Leyden, 1644). In the nineteenth century the two men who did most to place the study of Livy on a solid scientific basis and to ensure it substantial advancement were Nicholas Madvig, who died in 1886, and Wilhelm Weissenborn, who died in 1878. Their work is being carried on to-day by a host of scholars, whose labors are continually helping to establish a more correct text and to attain a better knowledge of a thousand matters which are important for a complete understanding of the contents of Livy's great history.

III. DICTION AND GRAMMAR

Much of the effect produced by Livy's style is due to the skilful arrangement of his periods. The order of words in a Latin sentence is often too subtle to be appreciated without careful study and long experience. But there are many obvious features of Livy's diction and syntax which even a beginner can readily observe.

1. Nouns. General Uses

a. Concrete singulars are much used for collectives or plurals.

> *eques* habitually for *equitatus*, e.g. page 47, line 18; similarly *pedes, miles, Romanus, Poenus;* e.g. *Poenus* for *exercitus Punicus*, page 82, line 22; *vestis* in a collective sense, page 100, line 20.

b. Abstract for concrete substantives.

> *servitia* for *servos*, page 51, line 16; *remigio* for *remigibus*, page 92, line 29; *dignitates*, page 153, line 15.

c. Fondness for verbals in *-us*.

> *traiectu*, page 6, line 14; *saltatu*, page 26, line 8; *ductu*, page 77, line 7; *vestitus*, page 79, line 12.

d. Fondness for verbals in *-tor* and *-sor*, used both substantively and adjectivally.

> *exercitu victore*, page 14, line 31; *ostentator*, page 15, line 1; *liberator animus*, page 70, line 15.

e. Appositive nouns equivalent to attributive adjectives or phrases.

> *pastor accola*, page 10, line 12.

f. Attributive phrases consisting of a noun and a preposition.

> *ex minoribus castris aquatores*, page 158, line 7; *ex laetitia epulis*, page 163, line 12; line 7.

2. Genitive

a. Possessive, used predicatively.

tutelae essent, page 9, line 19; *alterius morientis prope totus exercitus fuit*, page 163, line 8.

b. Partitive with adjectives.

in inmensum altitudinis, page 103, line 6; *aestatis reliquom*, page 143, line 29; *ad multum diei*, page 158, line 5.

3. Dative

a. " Predicative " or " of service."

diis cordi esset, page 50, line 22; *usui essent*, page 96, line 20.

b. Instead of the accusative or ablative with a preposition, especially after compounded verbs. This usage is more free and less precise than that of strict prose; it is characteristic of poetic style.

adequitando portis, page 19, line 19; *mare fluminibus invexit*, page 136, line 22.

c. Extensive use of the dative of reference and of agency with the involved idea of interest.

quaerentibus ratio initur, page 29, line 32.

d. The use of the dative with adjectives is very free.

absonum fidei, page 20, line 22.

4. Accusative

a. Adverbial or synecdochical.

cetera egregium, page 41, line 12; *adversum femur ictus*, page 81, line 9.

b. Omission of direct object, especially with

ducere (exercitum), page 29, line 4; *tenere (cursum)*, page 3, line 16.

5. Ablative

a. Extensively used without prepositions where they would normally be expected — the local ablative constantly shading off into the modal or instrumental.

(*in*) *carpento sedenti*, page 45, line 16; *profectus* (*cum*) *sexaginta longis navibus*, page 94, line 21; *lapides* (*de*) *caelo cecidisse*, page 131, line 5.

But it is common in other authors, in military expressions to omit *cum*.

b. Names of towns from which motion occurs regularly take *ab*.

c. Comparatio compendiaria.

omnium spe celerius, page 80, line 6.

6. Adjectives

a. Fondness for adjectives ending in *-bundus*.

b. For the adjective *ingens*, a favorite with poets.

c. Use of adjectives as substantives, with or without ellipsis of a substantive.

Vestalem (*virginem*), page 6, line 26.

d. Predicate adjectives in an adverbial sense.

mitem praebuisse, page 7, line 16; *prospera evenissent*, page 91, line 26.

e. In the sense of objective genitives.

consularibus inpedimentis, page 128, line 7.

f. In the neuter, with or without a partitive genitive (see § 2, *b*), in the sense of an abstract noun.

ex infimo, page 12, line 28; *pro indignissimo*, page 51, line 11.

7. Particles

a. Fondness for adverbs in *-im*.

gravatim, page 4, line 30; *pedetemptim*, page 97, line 30.

b. Adverbs with the function of attributive adjectives.

quadraginta deinde annos, page 20, line 26; *omnium circa populorum*, page 74, line 23.

INTRODUCTION

c. Peculiar use of certain adverbs.

> *circa* for time as well as place; *ceterum = sed;* sometimes it is not perceptibly adversative, but merely has the force of the French *du reste; iuxta = pariter; adhuc* for past time; *unde, ibi, inde, istic,* referring to persons; *admodum* with numerals.

d. Adverbial phrases consisting of an adjective or participle with a preposition.

> *ex insperato*, page 32, line 12; *ab destinato*, page 122, line 11; *in aperto*, page 135, line 4.

e. Adeo is much used to introduce an explanation of a preceding statement; e.g. page 84, line 27.

f. There are many parenthetical clauses introduced by *enim*.

g. The preposition *ab* is very frequently used in this form, rather than *a*, before consonants.

8. Verbs

a. Excessive use of iteratives or intensives, often with the precise meaning of the simple verbs.

> *imperitabat*, page 27, line 29.

b. Simple verbs for compounds, as in the poets.

> *in maius vero ferri*, page 101, line 23; *missum*, page 121, line 26.

c. Fui and *fueram* as auxiliaries instead of *sum* and *eram. Forem* for *essem.*

d. Frequent appearance of primary tenses of the subjunctive in dependent clauses of *oratio obliqua*, where the rule of sequence would call for secondary tenses (*repraesentatio*).

> E.g. Tarquin's speech, page 64, lines 5 sqq.

This must not be confused with the use of the perfect subjunctive in the " aorist " sense, corresponding to the indicative " indefinite " or historical perfect.

e. The iterative use of the imperfect and pluperfect subjunctive is frequent.

> *ubi dixisset*, page 43, line 8; *ut . . . destitueret*, page 97, line 7.

f. Passive in " middle " or reflexive sense.

> *demissa*, page 45, line 17; *perfunderis*, page 57, line 14; *pandi*, page 135, line 13.

g. Neuter verbs impersonally used in compound tenses of the passive.

> *tumultuatum (erat)*, page 88, line 13; *perventum (est)*, page 103, line 23; *est cessatum*, page 163, line 5.

9. Participles

a. Ablative absolute without a substantive.

> *inaugurato*, page 47, line 22; *inexplorato*, page 135, line 11.

b. Past passive participle for verbal abstract noun.

> *iram praedae amissae*, page 8, line 6; *degeneratum in aliis*, page 65, line 25.

c. Participles of deponent verbs in a passive sense.

> *expertus*, page 45, line 35.

d. Present participle as a substantive.

> *legentium*, page 1, line 14; *ab circumstantibus*, page 77, line 20; *scribentis*, page 1, line 21; *inferentis vim*, page 110, line 31.

e. The past participle is often used without any feeling of tense.

> *moritur uxore relicta*, page 44, line 25.

f. The use of participles instead of developed clauses is carried to an advanced degree and is a decided characteristic of our author.

> *deditos . . . adfecturi fuerunt*, page 111, line 3; *increpans quidem . . . ceterum*, page 141, line 13.

Sometimes they are introduced by a particle.

> *velut trepidante equitatu*, page 19, line 23.

g. Participle omitted.

aqua ex opaco specu (sc. *profluens*), page 27, line 4; *pugna ad Trebiam* (sc. *commissa*), page 28, line 28. Cf. § 1, *f.*

h. Participles in the comparative and superlative degrees.

occultiores, page 101, line 30; *extentissima valle*, page 102, line 4.

i. Gerund and gerundive in the ablative, modal or instrumental.

miscendo, page 2, line 2; *quaerendis vadis*, page 97, line 30. Notice Book XXII, chap. 14, in which there are nine ablative gerunds.

k. In general, Livy's use of participles is very highly developed, and shows extraordinary skill and variety.

Study, for example, Book XXII, chap. 7, which contains nearly thirty participles.

1C. Figures of Rhetoric and Grammar

a. Alliteration.

Romulus, rex, regia, page 15, line 6.
There are six examples in Book XXII, chap. 39.

b. Anacoluthon.

Anci filii duo . . . inpensius iis indignitas crescere, page 51, lines 11-14; also, perhaps, *In Hasdrubalis locum haud dubia res fuit, quin . . . favor plebis sequebatur*, page 77, line 29 to page 78, line 3.

c. Anaphora.

Hic terminum dedit, hic mercedem dabit, page 109, lines 29, 30.

d. Anastrophe of prepositions.

Faesulas inter Arretiumque, page 133, line 17.

e. Asyndeton.

di homines, page 84, line 4; *nautarum militum*, page 96, line 25; *comminus eminus*, page 104, line 9.

f. Brachylogy.

   ad fidem promissorum, page 103, line 30.

g. Chiasmus.

   Rebus perpetratis vocataque multitudine, page 11, line 23.

h. Comparatio compendiaria. See § 5, *c*.

   mutatam secum, page 112, line 16.

i. Constructio ad sensum (synesis).

   Magna pars raptae (i.e. *virgines*), page 13, line 24; *omnis aetas . . . obvii*, page 211, line 8.

k. Ellipsis.

   ne errarent, page 66, line 18; *ni intervenissent*, page 61, line 17; *At enim*, e.g. page 90, line 15.

l. Inversion in familiar phrases.

   bello domique, page 45, line 35; *Vere primo*, page 91, line 22.

m. Paronomasia.

   consilio auxilioque, page 68, line 7; *hostis pro hospite*, page 73, line 6.

n. Pleonasm.

   longe ante alios acceptissimus, page 20, line 28; *Itaque ergo*, page 31, line 17; *nova de integro*, page 136, line 18, and page 224, line 13.

IV. MANUSCRIPTS AND EDITIONS

The text of the first decade comes to us through recensions by Victorianus (fourth century) and two Nicomachi (fifth century). The best MSS. representing them are the *Codex Mediceus* (M) (eleventh century), at Florence and the *Codex Parisinus* (P) No. 5725 (tenth century) in the Bibliothèque Nationale at Paris. Earlier MSS. once known to scholars have disappeared.

For the third decade the chief source of the text is the *Codex Puteanus* (P) No. 5730 (sixth century), at Paris. As several leaves at the beginning are missing, we are reduced, for the first two-thirds of Book XXI, to two

MSS. derived from the *Puteanus*, — the *Colbertinus* No. 5731 (C) (tenth or eleventh century), at Paris and the *Mediceus* (M) (eleventh century), at Florence.

The text of Livy was first printed at Rome in 1469. The first great critical edition was that of Gronovius, Leyden, 1644, which remained the standard for nearly two centuries. A number of excellent editions have appeared since 1830, and the first rank among annotated modern ones is held by those of Madvig (Copenhagen) and Weissenborn [1] (Berlin). Probably the best editions of the text of the books in this volume are those of Conway and Walters, Books I–V, Oxford, 1914, and Luchs, Berlin, Vol. III, Books XXI–XXV, 1888, Vol. IV, Books XXVI–XXX, 1889.

There is no annotated edition of the whole of Livy in English. The annotated editions of parts of our author in America, England, Germany, and France are too numerous to mention here, but I may make an exception of Seeley, Book I, Oxford, 1881, with valuable introduction — long out of print.

V. BIBLIOGRAPHY

Besides the numerous editions of various parts of Livy there has been for many years great activity in the study of the text, grammar and style, sources, topography, and other matters connected with the complete illustration of our author. The results have appeared not only in books but in countless articles in classical periodicals, German, French, Italian, English, American.[2]

---

[1] Weissenborn, annotated edition (by H. J. Müller), Weidmann, Berlin.
The whole of Livy is issued in parts, new editions appearing as the old ones are exhausted.

[2] For annual reports of such publications the student should refer, for example, to H. J. Müller's *Jahresberichte des Philologischen Vereins*, Berlin, and to the *Year's Work in Classical Studies*, London.

Out of a very large number of works useful for reference, the following is a partial list: —

Language and Style

L. C. Kühnast. *Die Hauptpunkte der Livianischen Syntax.* Berlin, 1872. Contains matter of great value, but is difficult to use on account of its confused arrangement. For practical purposes it is to a great extent superseded by

O. Riemann. *Études sur la Langue et Grammaire de Tite-Live.* Thorin, Paris, 1885.

E. Ballas. *Die Phraseologie des Livius.* Jolowicz, Posen, 1885.

S. G. Stacey. *Die Entwickelung des Livianischen Stiles.* Teubner, Leipzig, 1896. Also in *Archiv für lateinische Lexicographie* X.

A. M. A. Schmidt. *Der Sprachgebrauch des Livius in den Büchern I, II, XXI, XXII.* Fock, Leipzig, 1894.

E. B. Lease. Introduction to his Livy I, XXI, XXII, New York, 1905 — should be studied by teachers.

M. H. Morgan. *Hidden Verses in Livy.* Harvard Studies, IX, 61.

F. Fügner. *Lexicon Livianum.* Teubner, Leipzig. Fasciculi I-VI. A-BUSTUM. 1889–1893.

A valuable work, unfortunately abandoned after the appearance of the 6th part, and later published as "Vol. I," 1897.

F. Fügner. *Livius, XXI–XXIII, mit Verweisungen auf Cäsars Bellum Gallicum, grammatisch untersucht.* Weidmann, Berlin, 1888.

Sources

H. A. Sanders. *Die Quellenkontamination im 21 u. 22 Buche des Livius.* Mayer & Müller, Berlin, 1897.

J. Fuchs. *Der 2te punische Krieg und seine Quellen, Polybius und Livius.* Vienna (Neustadt), 1894.

W. Soltau. *Livius' Geschichtswerk, seine Komposition u. seine Quellen.* Dieterich'sche Verlagsbuchhandlung, Leipzig, 1897.

This author has devoted much study to the relations of Livy to earlier writers of Roman history, especially to Polybius, the results of which appeared in various periodicals, especially in *Philologus* and afterwards in several books.

H. Hesselbarth. *Historisch-Kritische Untersuchungen zur 3ten Dekade des Livius.* Waisenhaus, Halle, 1889.

Topography

S. B. Platner. *Topography and Monuments of Ancient Rome.* Allyn and Bacon, Boston, 1904.

J. Fuchs, *Sagunt, eine historische Skizze*, Bückeburg, 1864.

Hannibal's Route over the Alps.
  Hermann Schiller gave a convenient summary of what was known about the subject forty years ago in the *Berliner Philologische Wochenschrift*, IV (1884), 705, 737, 769.

W. Osiander. *Der Hannibalweg.* Weidmann, Berlin, 1900.

Perrin. *La Marche d'Hannibal.* E. Dubois, Paris, 1887.

W. H. Bullock Hall. *The Romans on the Riviera and the Rhone.* Macmillan, London, 1898. These all favor the Mt. Cenis route.

J. Fuchs. *Hannibals Alpenübergang.* Vienna, 1897.

G. E. Marindin. *Hannibal's Route over the Alps. Classical Review*, XIII (1899), 238: argue for the Mt. Genèvre route.

K. Lehmann. *Die Angriffe der drei Barkiden auf Italien.* Leipzig, 1905. The Little St. Bernard.

Spenser Wilkinson. *Hannibal's March through the Alps.* Oxford, 1911. The Col du Clapier.

Tenney Frank. *Placentia and the Battle of the Trebia. Journal of Roman Studies*, IX, 202. 1919.

G. B. Grundy. *The Trebbia and Lake Trasimene. Journal of Philology*, XXIV (1896), 83.

B. W. Henderson. *The Site of the Battle of Lake Trasimene. Journal of Philology*, XXV (1897), 112.

H. Hesselbarth. Quoted above, under "Sources."

H. Hesselbarth. *De pugna Cannensi.* Göttingen, 1874.

A. Wilms. *Die Schlacht bei Cannae.* Hamburg, 1895.

P. F. Fried. *Über die Schlacht bei Cannae.* Leipzig, 1898.

Solbiski. *Die Schlacht bei Cannae.* Weimar, 1888.

O. Schwab. *Das Schlachtfeld von Cannae.* 1898.

G. Wissowa. *Religion und Kultus der Römer.* Beck, Munich, 1902.

General

L. W. Collins. *Livy* ("Ancient Classics for English Readers"), Macmillan, London; Lippincott, Philadelphia.

T. A. Dodge. *Hannibal* ("Great Captains" Series). Houghton, Mifflin & Co., Boston, 1893.

H. Taine, *Essai sur Tite Live.* Hachette, Paris.

TITI LIVI

AB URBE CONDITA LIBRI

PRAEFATIO

The motives of the author in writing the history of the Roman people, and the plan and aim of the work.

Facturusne operae pretium sim, si a primordio urbis res populi Romani perscripserim, nec satis scio, nec, si sciam, dicere ausim, quippe qui cum veterem tum vulgatam esse rem videam, dum novi semper scriptores aut in rebus certius aliquid allaturos se aut scribendi arte 5 rudem vetustatem superaturos credunt. Utcumque erit, iuvabit tamen rerum gestarum memoriae principis terrarum populi pro virili parte et ipsum consuluisse; et si in tanta scriptorum turba mea fama in obscuro sit, nobilitate ac magnitudine eorum me, qui nomini officient 10 meo, consoler. Res est praeterea et inmensi operis, ut quae supra septingentesimum annum repetatur, et quae ab exiguis profecta initiis eo creverit, ut iam magnitudine laboret sua; et legentium plerisque haud dubito quin primae origines proximaque originibus minus prae- 15 bitura voluptatis sint festinantibus ad haec nova, quibus iam pridem praevalentis populi vires se ipsae conficiunt. Ego contra hoc quoque laboris praemium petam, ut me a conspectu malorum, quae nostra tot per annos vidit aetas, tantisper certe, dum prisca tota illa mente repeto, 20 avertam, omnis expers curae, quae scribentis animum etsi non flectere a vero, sollicitum tamen efficere posset.

Quae ante conditam condendamve urbem poeticis magis decora fabulis quam incorruptis rerum gestarum monumentis traduntur, ea nec adfirmare nec refellere in animo est. Datur haec venia antiquitati, ut miscendo humana divinis primordia urbium augustiora faciat. Et si cui populo licere oportet consecrare origines suas et ad deos referre auctores, ea belli gloria est populo Romano, ut, cum suum conditorisque sui parentem Martem potissimum ferat, tam et hoc gentes humanae patiantur aequo animo quam imperium patiuntur. Sed haec et his similia, utcumque animadversa aut existimata erunt, haud in magno equidem ponam discrimine: ad illa mihi pro se quisque acriter intendat animum, quae vita, qui mores fuerint, per quos viros quibusque artibus domi militiaeque et partum et auctum imperium sit; labente deinde paulatim disciplina velut desidentes primo mores sequatur animo, deinde ut magis magisque lapsi sint, tum ire coeperint praecipites, donec ad haec tempora, quibus nec vitia nostra nec remedia pati possumus, perventum est. Hoc illud est praecipue in cognitione rerum salubre ac frugiferum, omnis te exempli documenta in inlustri posita monumento intueri; inde tibi tuaeque rei publicae quod imitere capias, inde foedum inceptu, foedum exitu, quod vites. Ceterum aut me amor negotii suscepti fallit, aut nulla umquam res publica nec maior nec sanctior nec bonis exemplis ditior fuit, nec in quam civitatem tam serae avaritia luxuriaque inmigraverint, nec ubi tantus ac tam diu paupertati ac parsimoniae honos fuerit: adeo quanto rerum minus, tanto minus cupiditatis erat. Nuper divitiae avaritiam et abundantes voluptates desiderium per luxum atque libidinem pereundi perdendique omnia invexere. Sed querellae, ne tum quidem gratae futurae, cum forsitan necessariae erunt, ab initio certe tantae ordiendae rei absint: cum bonis potius ominibus votisque et precationibus deorum dearumque, si, ut poetis, nobis quoque mos esset, libentius inciperemus, ut orsis tantum operis successus prosperos darent.

TITI LIVI AB URBE CONDITA
LIBER I

At the fall of Troy Aeneas and Antenor escape to Italy. The latter settles in Venetia; the former in Latium, where he marries and founds a city.

I. Iam primum omnium satis constat Troia capta in ceteros saevitum esse Troianos; duobus, Aeneae Antenorique, et vetusti iure hospitii et quia pacis reddendaeque Helenae semper auctores fuerunt, omne ius belli Achivos abstinuisse. Casibus deinde variis Antenorem cum multitudine Enetum, qui seditione ex Paphlagonia pulsi et sedes et ducem rege Pylaemene ad Troiam amisso quaerebant, venisse in intumum maris Adriatici sinum; Euganeisque, qui inter mare Alpesque incolebant, pulsis Enetos Troianosque eas tenuisse terras. Et in quem primum egressi sunt locum Troia vocatur, pagoque inde Troiano nomen est; gens universa Veneti appellati. Aeneam ab simili clade domo profugum, sed ad maiora rerum initia ducentibus fatis primo in Macedoniam venisse, inde in Siciliam quaerentem sedes delatum, ab Sicilia classe ad Laurentem agrum tenuisse. Troia et huic loco nomen est. Ibi egressi Troiani, ut quibus ab immenso prope errore nihil praeter arma et naves superesset, cum praedam ex agris agerent, Latinus rex Aboriginesque, qui tum ea tenebant loca, ad arcendam vim advenarum armati ex urbe atque agris concurrunt. Duplex inde fama est: alii proelio victum Latinum pacem cum Aenea, deinde adfinitatem iunxisse tradunt, alii, cum instructae acies constitissent, priusquam signa

canerent, processisse Latinum inter primores ducemque
advenarum evocasse ad conloquium; percunctatum deinde, qui mortales essent, unde aut quo casu profecti
domo, quidve quaerentes in agrum Laurentem exissent,
5 postquam audierit multitudinem Troianos esse, ducem
Aeneam filium Anchisae et Veneris, cremata patria domo
profugos sedem condendaeque urbi locum quaerere, et
nobilitatem admiratum gentis virique et animum vel bello
vel paci paratum dextra data fidem futurae amicitiae
10 sanxisse. Inde foedus ictum inter duces, inter exercitus salutationem factam; Aeneam apud Latinum fuisse
in hospitio. Ibi Latinum apud penates deos domesticum
publico adiunxisse foedus filia Aeneae in matrimonium
data. Ea res utique Troianis spem adfirmat tandem
15 stabili certaque sede finiendi erroris. Oppidum condunt;
Aeneas ab nomine uxoris Lavinium appellat. Brevi
stirpis quoque virilis ex novo matrimonio fuit, cui Ascanium parentes dixere nomen.

*Victory of the Latins and Trojans over the Rutulians and
Etruscans. Death of Aeneas.*

II. Bello deinde Aborigines Troianique simul petiti.
20 Turnus rex Rutulorum, cui pacta Lavinia ante adventum Aeneae fuerat, praelatum sibi advenam aegre patiens, simul Aeneae Latinoque bellum intulerat. Neutra
acies laeta ex eo certamine abiit: victi Rutuli, victores
Aborigines Troianique ducem Latinum amisere. Inde
25 Turnus Rutulique diffisi rebus ad florentes opes Etruscorum Mezentiumque regem eorum confugiunt, qui Caere,
opulento tum oppido, imperitans, iam inde ab initio
minime laetus novae origine urbis, et tum nimio plus
quam satis tutum esset accolis rem Troianam crescere
30 ratus, haud gravatim socia arma Rutulis iunxit. Aeneas,
adversus tanti belli terrorem ut animos Aboriginum sibi

conciliaret, nec sub eodem iure solum sed etiam nomine omnes essent, Latinos utramque gentem appellavit. Nec deinde Aborigines Troianis studio ac fide erga regem Aeneam cessere. Fretusque his animis coalescentium in dies magis duorum populorum Aeneas, quamquam tanta opibus Etruria erat, ut iam non terras solum sed mare etiam per totam Italiae longitudinem ab Alpibus ad fretum Siculum fama nominis sui implesset, tamen, cum moenibus bellum propulsare posset, in aciem copias eduxit. Secundum inde proelium Latinis, Aeneae etiam ultimum operum mortalium fuit. Situs est, quemcumque eum dici ius fasque est, super Numicum fluvium; Iovem indigetem appellant.

Regency of Lavinia, the widow of Aeneas. Their son Ascanius founds Alba Longa. One of their descendants, Amulius, usurps the throne of his elder brother, Numitor, whose male offspring he kills, and whose daughter he makes a Vestal Virgin.

III. Nondum maturus imperio Ascanius Aeneae filius erat; tamen id imperium ei ad puberem aetatem incolume mansit. Tantisper tutela muliebri, tanta indoles in Lavinia erat, res Latina et regnum avitum paternumque puero stetit. Haud ambigam — quis enim rem tam veterem pro certo adfirmet? — hicine fuerit Ascanius, an maior quam hic, Creusa matre Ilio incolumi natus comesque inde paternae fugae, quem Iulum eundem Iulia gens auctorem nominis sui nuncupat. Is Ascanius, ubicumque et quacumque matre genitus — certe natum Aenea constat — abundante Lavini multitudine florentem iam, ut tum res erant, atque opulentam urbem matri seu novercae reliquit, novam ipse aliam sub Albano monte condidit, quae ab situ porrectae in dorso urbis Longa Alba appellata.

Inter Lavinium et Albam Longam coloniam deductam triginta ferme interfuere anni. Tantum tamen opes creverant maxime fusis Etruscis, ut ne morte quidem Aeneae, nec deinde inter muliebrem tutelam rudimentumque primum puerilis regni movere arma aut Mezentius Etruscique aut ulli alii accolae ausi sint. Pax ita convenerat, ut Etruscis Latinisque fluvius Albula, quem nunc Tiberim vocant, finis esset. Silvius deinde regnat, Ascani filius, casu quodam in silvis natus. Is Aeneam Silvium creat; is deinde Latinum Silvium. Ab eo coloniae aliquot deductae, Prisci Latini appellati. Mansit Silviis postea omnibus cognomen, qui Albae regnaverunt. Latino Alba ortus, Alba Atys, Atye Capys, Capye Capetus, Capeto Tiberinus, qui in traiectu Albulae amnis submersus celebre ad posteros nomen flumini dedit. Agrippa inde Tiberini filius, post Agrippam Romulus Silvius a patre accepto imperio regnat. Aventino fulmine ipse ictus regnum per manus tradidit. Is sepultus in eo colle, qui nunc pars Romanae est urbis, cognomen colli fecit. Proca deinde regnat. Is Numitorem atque Amulium procreat; Numitori, qui stirpis maximus erat, regnum vetustum Silviae gentis legat. Plus tamen vis potuit quam voluntas patris aut verecundia aetatis. Pulso fratre Amulius regnat. Addit sceleri scelus: stirpem fratris virilem interimit, fratris filiae Reae Silviae per speciem honoris, cum Vestalem eam legisset, perpetua virginitate spem partus adimit.

The birth of Romulus and Remus. Exposed by order of the king, they are nursed by a she wolf, and finally rescued and brought up by the shepherd Faustulus.

IV. Sed debebatur, ut opinor, fatis tantae origo urbis maximique secundum deorum opes imperii principium. Vi compressa Vestalis cum geminum partum edidisset,

seu ita rata, seu quia deus auctor culpae honestior erat,
Martem incertae stirpis patrem nuncupat. Sed nec dii
nec homines aut ipsam aut stirpem a crudelitate regia
vindicant. Sacerdos vincta in custodiam datur, pueros
in profluentem aquam mitti iubet.

Forte quadam divinitus super ripas Tiberis effusus
lenibus stagnis nec adiri usquam ad iusti cursum poterat
amnis, et posse quamvis languida mergi aqua infantes
spem ferentibus dabat. Ita, velut defuncti regis imperio,
in proxima eluvie, ubi nunc ficus Ruminalis est —
Romularem vocatam ferunt — pueros exponunt. Vastae
tum in his locis solitudines erant. Tenet fama, cum
fluitantem alveum, quo expositi erant pueri, tenuis in
sicco aqua destituisset, lupam sitientem ex montibus qui
circa sunt ad puerilem vagitum cursum flexisse; eam
summissas infantibus adeo mitem praebuisse mammas, ut
lingua lambentem pueros magister regii pecoris invenerit.
Faustulo fuisse nomen ferunt. Ab eo ad stabula Larentiae uxori educandos datos. Sunt qui Larentiam
vulgato corpore lupam inter pastores vocatam putent;
inde locum fabulae ac miraculo datum.

Ita geniti itaque educati, cum primum adolevit aetas,
nec in stabulis nec ad pecora segnes venando peragrare
saltus. Hinc robore corporibus animisque sumpto iam
non feras tantum subsistere, sed in latrones praeda onustos
impetus facere, pastoribusque rapta dividere, et cum
his crescente in dies grege iuvenum seria ac iocos celebrare.

Remus's identity is accidentally discovered, and the two brothers, assisted by their friends, the shepherds, attack and slay the usurper Amulius.

V. Iam tum in Palatio monte Lupercal hoc fuisse
ludicrum ferunt, et a Pallanteo, urbe Arcadica, Pallantium, dein Palatium montem appellatum. Ibi Euandrum,

qui ex eo genere Arcadum multis ante tempestatibus tenuerit loca, sollemne allatum ex Arcadia instituisse, ut nudi iuvenes Lycaeum Pana venerantes per lusum atque lasciviam currerent, quem Romani deinde vocaverunt Inuum. Huic deditis ludicro, cum sollemne notum esset, insidiatos ob iram praedae amissae latrones, cum Romulus vi se defendisset, Remum cepisse, captum regi Amulio tradidisse ultro accusantes. Crimini maxime dabant in Numitoris agros ab iis impetus fieri; inde eos collecta iuvenum manu hostilem in modum praedas agere. Sic Numitori ad supplicium Remus deditur.

Iam inde ab initio Faustulo spes fuerat regiam stirpem apud se educari: nam et expositos iussu regis infantes sciebat, et tempus, quo ipse eos sustulisset, ad id ipsum congruere; sed rem inmaturam nisi aut per occasionem aut per necessitatem aperire noluerat. Necessitas prior venit. Ita metu subactus Romulo rem aperit. Forte et Numitori, cum in custodia Remum haberet, audissetque geminos esse fratres, comparando et aetatem eorum et ipsam minime servilem indolem tetigerat animum memoria nepotum; sciscitandoque eodem pervenit, ut haud procul esset, quin Remum agnosceret. Ita undique regi dolus nectitur. Romulus non cum globo iuvenum, nec enim erat ad vim apertam par, sed aliis alio itinere iussis certo tempore ad regiam venire pastoribus ad regem impetum facit, et a domo Numitoris alia comparata manu adiuvat Remus. Ita regem obtruncant.

The kingdom of Alba is restored to Numitor. Romulus and Remus, desiring to found a city where they had grown up, contend for the preëminence.

VI. Numitor inter primum tumultum hostis invasisse urbem atque adortos regiam dictitans, cum pubem Alba-

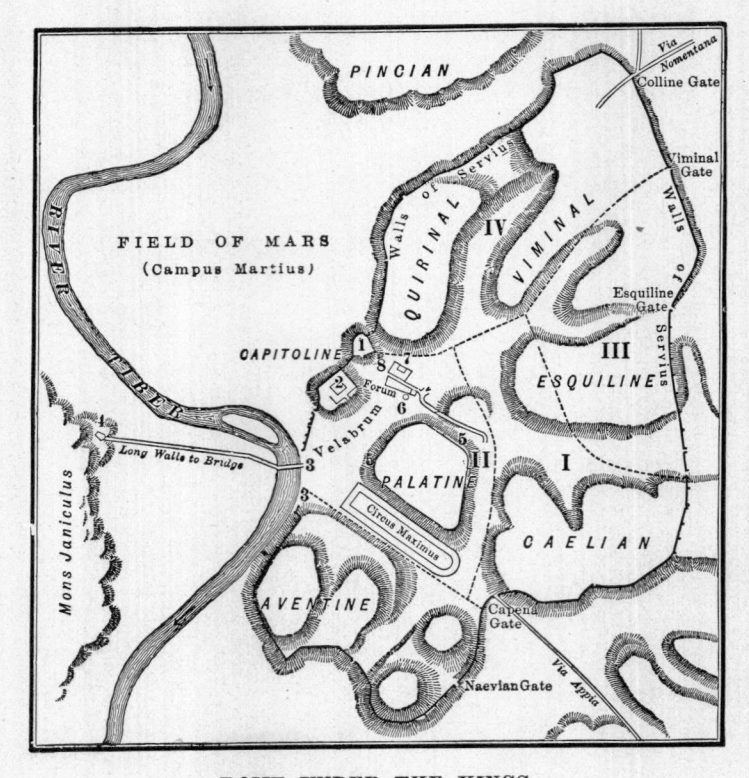

ROME UNDER THE KINGS.

I (Suburana), III (Esquilina)
II (Palatina), IV (Collina) } The four regions of Servius Tullius.

1. Citadel (Arx).
2. Temple of Jupiter (Capitolinus).
3. Quays of the Tarquins.
4. Citadel on the Janiculum.
5. Old Wall of Romulus.
6. Temple of Vesta.
7. Senate House (Curia).
8. Comitium.

nam in arcem praesidio armisque obtinendam avocasset,
postquam iuvenes perpetrata caede pergere ad se gratulantes vidit, extemplo advocato concilio scelus in se
fratris, originem nepotum, ut geniti, ut educati, ut cogniti
essent, caedem deinceps tyranni seque eius auctorem 5
ostendit. Iuvenes per mediam contionem agmine ingressi cum avum regem salutassent, secuta ex omni
multitudine consentiens vox ratum nomen imperiumque
regi efficit.

Ita Numitori Albana re permissa Romulum Remumque 10
cupido cepit in iis locis, ubi expositi ubique educati erant,
urbis condendae. Et supererat multitudo Albanorum
Latinorumque, ad id pastores quoque accesserant, qui
omnes facile spem facerent parvam Albam, parvum
Lavinium prae ea urbe, quae conderetur, fore. Interve- 15
nit deinde his cogitationibus avitum malum, regni cupido,
atque inde foedum certamen coortum a satis miti principio. Quoniam gemini essent, nec aetatis verecundia
discrimen facere posset, ut dii, quorum tutelae ea loca
essent, auguriis legerent, qui nomen novae urbi daret, 20
qui conditam imperio regeret, Palatium Romulus, Remus
Aventinum ad inaugurandum templa capiunt.

*Remus is slain. Romulus founds Rome on the Palatine Hill.
The legend of Hercules, Cacus, and Evander.*

VII. Priori Remo augurium venisse fertur sex vultures, iamque nuntiato augurio cum duplex numerus Romulo se ostendisset, utrumque regem sua multitudo 25
consalutaverat. Tempore illi praecepto, at hi numero
avium regnum trahebant. Inde cum altercatione congressi certamine irarum ad caedem vertuntur. Ibi in
turba ictus Remus cecidit. Vulgatior fama est ludibrio
fratris Remum novos transiluisse muros; inde ab irato 30
Romulo, cum verbis quoque increpitans adiecisset "Sic

deinde quicumque alius transiliet moenia mea!" interfectum. Ita solus potitus imperio Romulus; condita urbs conditoris nomine appellata.

Palatium primum, in quo ipse erat educatus, muniit. Sacra diis aliis Albano ritu, Graeco Herculi, ut ab Euandro instituta erant, facit. Herculem in ea loca Geryone interempto boves mira specie abegisse memorant, ac prope Tiberim fluvium, qua prae se armentum agens nando traiecerat, loco herbido, ut quiete et pabulo laeto reficeret boves, et ipsum fessum via procubuisse. Ibi cum eum cibo vinoque gravatum sopor oppressisset, pastor accola eius loci nomine Cacus, ferox viribus, captus pulchritudine boum cum avertere eam praedam vellet, quia, si agendo armentum in speluncam compulisset, ipsa vestigia quaerentem dominum eo deductura erant, aversos boves, eximium quemque pulchritudine, caudis in speluncam traxit. Hercules ad primam auroram somno excitus cum gregem perlustrasset oculis et partem abesse numero sensisset, pergit ad proximam speluncam, si forte eo vestigia ferrent. Quae ubi omnia foras versa vidit nec in partem aliam ferre, confusus atque incertus animi ex loco infesto agere porro armentum occepit. Inde cum actae boves quaedam ad desiderium, ut fit, relictarum mugissent, reddita inclusarum ex spelunca boum vox Herculem convertit. Quem cum vadentem ad speluncam Cacus vi prohibere conatus esset, ictus clava fidem pastorum nequiquam invocans morte occubuit.

Euander tum ea profugus ex Peloponneso auctoritate magis quam imperio regebat loca, venerabilis vir miraculo litterarum, rei novae inter rudes artium homines, venerabilior divinitate credita Carmentae matris, quam fatiloquam ante Sibyllae in Italiam adventum miratae eae gentes fuerant. Is tum Euander, concursu pastorum trepidantium circa advenam manifestae reum caedis excitus postquam facinus facinorisque causam audivit, habitum formamque viri aliquantum ampliorem augustioremque humana intuens rogitat, qui vir esset. Ubi nomen patremque ac patriam accepit, "Iove nate, Hercules, salve" inquit. "Te mihi mater, veridica interpres deum, aucturum caelestium numerum cecinit, tibique aram hic dicatum iri, quam opulentissima olim in terris gens maximam vocet tuoque ritu colat." Dextra Hercules data accipere se omen inpleturumque fata ara condita ac dicata ait. Ibi tum primum bove eximia capta de grege sacrum Herculi adhibitis ad ministerium dapemque Potitiis ac Pinariis, quae tum familiae maxime inclitae ea loca incolebant, factum. Forte ita evenit, ut Potitii ad tempus praesto essent, iisque exta apponerentur, Pinarii extis adesis ad ceteram venirent dapem. Inde institutum mansit, donec Pinarium genus fuit, ne extis eorum sollemnium vescerentur. Potitii ab Euandro edocti antistites sacri eius per multas aetates fuerunt, donec tradito servis publicis sollemni familiae ministerio genus omne Potitiorum interiit. Haec tum sacra Romulus una ex omnibus peregrina suscepit, iam tum inmortalitatis virtute partae, ad quam eum sua fata ducebant, fautor.

Romulus makes laws, establishes the Senate, assumes kingly state, and opens an asylum for strangers.

VIII. Rebus divinis rite perpetratis vocataque ad concilium multitudine, quae coalescere in populi unius corpus nulla re praeterquam legibus poterat, iura dedit; quae ita sancta generi hominum agresti fore ratus, si se ipse venerabilem insignibus imperii fecisset, cum cetero habitu se augustiorem, tum maxime lictoribus duodecim sumptis fecit. Alii ab numero avium, quae augurio regnum portenderant, eum secutum numerum putant; me haud paenitet eorum sententiae esse, quibus et ap-

paritores hoc genus ab Etruscis finitimis, unde sella
curulis, unde toga praetexta sumpta est, et numerum
quoque ipsum ductum placet; et ita habuisse Etruscos,
quod ex duodecim populis communiter creato rege sin-
5 gulos singuli populi lictores dederint.

Crescebat interim urbs munitionibus alia atque alia
adpetendo loca, cum in spem magis futurae multitudinis quam ad id, quod tum hominum erat, munirent.
Deinde ne vana urbis magnitudo esset, adiciendae mul-
10 titudinis causa vetere consilio condentium urbes, qui
obscuram atque humilem conciendo ad se multitudinem
natam e terra sibi prolem ementiebantur, locum, qui
nunc saeptus descendentibus inter duos lucos est, asylum
aperit. Eo ex finitimis populis turba omnis sine discri-
15 mine, liber an servus esset, avida novarum rerum perfugit, idque primum ad coeptam magnitudinem roboris
fuit. Cum iam virium haud paeniteret, consilium deinde
viribus parat: centum creat senatores, sive quia is numerus satis erat, sive quia soli centum erant, qui creari
20 patres possent: patres certe ab honore, patriciique pro-
genies eorum appellati.

*In order to obtain wives, the Romans invite their neighbors to
witness games, and seize the maidens who come with their
parents.*

IX. Iam res Romana adeo erat valida, ut cuilibet
finitimarum civitatum bello par esset; sed penuria mulierum hominis aetatem duratura magnitudo erat, quippe
25 quibus nec domi spes prolis nec cum finitimis conubia
essent. Tum ex consilio patrum Romulus legatos circa
vicinas gentes misit, qui societatem conubiumque novo
populo peterent: urbes quoque ut cetera ex infimo nasci;
dein, quas sua virtus ac dii iuvent, magnas opes sibi
30 magnumque nomen facere. Satis scire origini Romanae

et deos adfuisse et non defuturam virtutem. Proinde
ne gravarentur homines cum hominibus sanguinem ac
genus miscere. Nusquam benigne legatio audita est:
adeo simul spernebant, simul tantam in medio crescentem
molem sibi ac posteris suis metuebant; a plerisque rogi- 5
tantibus dimissi, ecquod feminis quoque asylum aperuis-
sent: id enim demum conpar conubium fore. Aegre
id Romana pubes passa, et haud dubie ad vim spectare
res coepit.

Cui tempus locumque aptum ut daret Romulus, ae- 10
gritudinem animi dissimulans ludos ex industria parat
Neptuno Equestri sollemnis; Consualia vocat. Indici
deinde finitimis spectaculum iubet, quantoque apparatu
tum sciebant aut poterant concelebrant, ut rem claram
exspectatamque facerent. Multi mortales convenere, stu- 15
dio etiam videndae novae urbis, maxime proximi quique,
Caeninenses Crustumini Antemnates; iam Sabinorum omnis multitudo cum liberis ac coniugibus venit. Invitati
hospitaliter per domos cum situm moeniaque et frequentem tectis urbem vidissent, mirantur tam brevi rem 20
Romanam crevisse. Ubi spectaculi tempus venit, dedi-
taeque eo mentes cum oculis erant, tum ex composito
orta vis, signoque dato iuventus Romana ad rapiendas
virgines discurrit. Magna pars forte, in quem quaeque
inciderat, raptae; quasdam forma excellentes primoribus 25
patrum destinatas ex plebe homines, quibus datum negotium erat, domos deferebant. Unam longe ante alias
specie ac pulchritudine insignem a globo Talassii cuius-
dam raptam ferunt, multisque sciscitantibus, cuinam
eam ferrent, identidem, ne quis violaret, Talassio ferri 30
clamitatum: inde nuptialem hanc vocem factam. Tur-
bato per metum ludicro maesti parentes virginum profugi-
unt, incusantes violati hospitii foedus deumque invocantes,
cuius ad sollemne ludosque per fas ac fidem decepti
venissent. Nec raptis aut spes de se melior aut indig- 35

natio est minor. Sed ipse Romulus circumibat, docebatque patrum id superbia factum, qui conubium finitimis negassent. Illas tamen in matrimonio, in societate fortunarum omnium civitatisque, et, quo nihil carius humano generi sit, liberum fore. Mollirent modo iras, et quibus fors corpora dedisset, darent animos. Saepe ex iniuria postmodum gratiam ortam, eoque melioribus usuras viris, quod adnisurus pro se quisque sit, ut, cum suam vicem functus officio sit, parentium etiam patriaeque expleat desiderium. Accedebant blanditiae virorum factum purgantium cupiditate atque amore, quae maxime ad muliebre ingenium efficaces preces sunt.

Romulus defeats the people of Caenina, slays their king, and dedicates the first "spolia opima."

X. Iam admodum mitigati animi raptis erant. At raptarum parentes tum maxime sordida veste lacrimisque et querellis civitates concitabant. Nec domi tantum indignationes continebant, sed congregabantur undique ad Titum Tatium, regem Sabinorum, et legationes eo, quod maximum Tatii nomen in iis regionibus erat, conveniebant. Caeninenses Crustuminique et Antemnates erant, ad quos eius iniuriae pars pertinebat. Lente agere his Tatius Sabinique visi sunt; ipsi inter se tres populi communiter bellum parant. Ne Crustumini quidem atque Antemnates pro ardore iraque Caeninensium satis se inpigre movent: ita per se ipsum nomen Caeninum in agrum Romanum impetum facit. Sed effuse vastantibus fit obvius cum exercitu Romulus, levique certamine docet vanam sine viribus iram esse. Exercitum fundit fugatque, fusum persequitur; regem in proelio obtruncat et spoliat; duce hostium occiso urbem primo impetu capit.

Inde exercitu victore reducto ipse, cum factis vir mag-

nificus tum factorum ostentator haud minor, spolia ducis
hostium caesi suspensa fabricato ad id apte ferculo gerens
in Capitolium escendit, ibique ea cum ad quercum pastoribus sacram deposuisset, simul cum dono designavit
templo Iovis finis, cognomenque addidit deo. "Iuppiter
Feretri" inquit, "haec tibi victor Romulus rex regia arma
fero, templumque his regionibus, quas modo animo
metatus sum, dedico, sedem opimis spoliis, quae regibus
ducibusque hostium caesis me auctorem sequentes posteri
ferent." Haec templi est origo, quod primum omnium
Romae sacratum est. Ita deinde diis visum, nec inritam
conditoris templi vocem esse, qua laturos eo spolia posteros
nuncupavit, nec multitudine conpotum eius doni vulgari
laudem. Bina postea inter tot annos, tot bella opima
parta sunt spolia: adeo rara eius fortuna decoris fuit.

*Easy victories over Antemnae and Crustumerium. The Sa-
bines gain the Roman citadel by bribing Tarpeia.*

XI. Dum ea ibi Romani gerunt, Antemnatium exercitus per occasionem ac solitudinem hostiliter in fines
Romanos incursionem facit. Raptim et ad hos Romana
legio ducta palatos in agris oppressit. Fusi igitur primo
impetu et clamore hostes, oppidum captum; duplicique
victoria ovantem Romulum Hersilia coniunx precibus
raptarum fatigata orat, ut parentibus earum det veniam
et in civitatem accipiat: ita rem coalescere concordia
posse. Facile impetratum. Inde contra Crustuminos
profectus bellum inferentes. Ibi minus etiam, quod alienis cladibus ceciderant animi, certaminis fuit. Utroque
coloniae missae; plures inventi, qui propter ubertatem
terrae in Crustuminum nomina darent. Et Romam inde
frequenter migratum est, a parentibus maxime ac propinquis raptarum.

Novissimum ab Sabinis bellum ortum, multoque id

maximum fuit: nihil enim per iram aut cupiditatem actum est, nec ostenderunt bellum prius quam intulerunt. Consilio etiam additus dolus. Spurius Tarpeius Romanae praeerat arci. Huius filiam virginem auro corrumpit Tatius, ut armatos in arcem accipiat — aquam forte ea tum sacris extra moenia petitum ierat; — accepti obrutam armis necavere, seu ut vi capta potius arx videretur, seu prodendi exempli causa, ne quid usquam fidum proditori esset. Additur fabula, quod vulgo Sabini aureas armillas magni ponderis brachio laevo gemmatosque magna specie anulos habuerint, pepigisse eam quod in sinistris manibus haberent; eo scuta illi pro aureis donis congesta. Sunt qui eam ex pacto tradendi quod in sinistris manibus esset derecto arma petisse dicant, et fraude visam agere sua ipsam peremptam mercede.

A battle ensues in the valley where was afterward the Forum. Romulus averts defeat by vowing a temple to Jupiter Stator.

XII. Tenuere tamen arcem Sabini, atque inde postero die, cum Romanus exercitus instructus quod inter Palatinum Capitolinumque collem campi est complesset, non prius descenderunt in aequum, quam ira et cupiditate recuperandae arcis stimulante animos in adversum Romani subiere. Principes utrimque pugnam ciebant: ab Sabinis Mettius Curtius, ab Romanis Hostius Hostilius. Hic rem Romanam iniquo loco ad prima signa animo atque audacia sustinebat. Ut Hostius cecidit, confestim Romana inclinatur acies, fusaque est ad veterem portam Palatii. Romulus et ipse turba fugientium actus arma ad caelum tollens "Iuppiter, tuis" inquit, "iussus avibus hic in Palatio prima urbi fundamenta ieci. Arcem iam scelere emptam Sabini habent; inde huc armati superata media valle tendunt. At tu, pater deum hominumque hinc saltem arce hostes, deme terrorem Romanis fugamque foedam siste. Hic ego tibi templum Statori Iovi, quod monumentum sit posteris tua praesenti ope servatam urbem esse, voveo." Haec precatus, velut si sensisset auditas preces, "Hinc" inquit, "Romani, Iuppiter optimus maximus resistere atque iterare pugnam iubet." Restitere Romani tamquam caelesti voce iussi; ipse ad primores Romulus provolat. Mettius Curtius ab Sabinis princeps ab arce decucurrerat, et effusos egerat Romanos toto quantum foro spatium est, nec procul iam a porta Palatii erat, clamitans "Vicimus perfidos hospites, inbelles hostes. Iam sciunt longe aliud esse virgines rapere, aliud pugnare cum viris." In eum haec gloriantem cum globo ferocissimorum iuvenum Romulus impetum facit. Ex equo tum forte Mettius pugnabat; eo pelli facilius fuit. Pulsum Romani persequuntur, et alia Romana acies audacia regis accensa fundit Sabinos. Mettius in paludem sese strepitu sequentium trepidante equo coniecit; averteratque ea res etiam Sabinos tanti periculo viri. Et ille quidem adnuentibus ac vocantibus suis favore multorum addito animo evadit: Romani Sabinique in media convalle duorum montium redintegrant proelium; sed res Romana erat superior.

The Sabine women entreat their fathers and husbands to be reconciled. The Romans and Sabines unite into one community under the joint rule of Romulus and Tatius.

XIII. Tum Sabinae mulieres, quarum ex iniuria bellum ortum erat, crinibus passis scissaque veste victo malis muliebri pavore ausae se inter tela volantia inferre, ex transverso impetu facto dirimere infestas acies, dirimere iras, hinc patres hinc viros orantes, ne se sanguine nefando soceri generique respergerent, ne parricidio macularent partus suos, nepotum illi, hi liberum progeniem.

"Si adfinitatis inter vos, si conubii piget, in nos vertite iras. Nos causa belli, nos vulnerum ac caedium viris ac parentibus sumus. Melius peribimus quam sine alteris vestrum viduae aut orbae vivemus." Movet res cum multitudinem tum duces. Silentium et repentina fit quies; inde ad foedus faciendum duces prodeunt, nec pacem modo sed civitatem unam ex duabus faciunt, regnum consociant, imperium omne conferunt Romam. Ita geminata urbe, ut Sabinis tamen aliquid daretur, Quirites a Curibus appellati. Monumentum eius pugnae ubi primum ex profunda emersus palude equus Curtium in vado statuit, Curtium lacum appellarunt.

Ex bello tam tristi laeta repente pax cariores Sabinas viris ac parentibus et ante omnes Romulo ipsi fecit. Itaque, cum populum in curias triginta divideret, nomina earum curiis imposuit. Id non traditur, cum haud dubie aliquanto numerus maior hoc mulierum fuerit, aetate an dignitatibus suis virorumve an sorte lectae sint, quae nomina curiis darent. Eodem tempore et centuriae tres equitum conscriptae sunt: Ramnenses ab Romulo, ab T. Tatio Titienses appellati; Lucerum nominis et originis causa incerta est. Inde non modo commune sed concors etiam regnum duobus regibus fuit.

Tatius is slain by the Laurentians, and Romulus reigns alone. The Romans attack and capture Fidenae.

XIV. Post aliquot annos propinqui regis Tatii legatos Laurentium pulsant, cumque Laurentes iure gentium agerent, apud Tatium gratia suorum et preces plus poterant. Igitur illorum poenam in se vertit: nam Lavini, cum ad sollemne sacrificium eo venisset, concursu facto interficitur. Eam rem minus aegre quam dignum erat tulisse Romulum ferunt, seu ob infidam societatem regni, seu quia haud iniuria caesum credebat. Itaque bello quidem abstinuit : ut tamen expiarentur legatorum iniuriae regisque caedes, foedus inter Romam Laviniumque urbes renovatum est.

Et cum his quidem insperata pax erat ; aliud multo propius atque in ipsis prope portis bellum ortum. Fidenates nimis vicinas prope se convalescere opes rati, priusquam tantum roboris esset, quantum futurum apparebat, occupant bellum facere. Iuventute armata immissa vastatur agri quod inter urbem ac Fidenas est. Inde ad laevam versi, quia dextra Tiberis arcebat, cum magna trepidatione agrestium populantur ; tumultusque repens ex agris in urbem inlatus pro nuntio fuit. Excitus Romulus — neque enim dilationem pati tam vicinum bellum poterat — exercitum educit, castra a Fidenis mille passuum locat. Ibi modico praesidio relicto egressus omnibus copiis partem militum locis circa densa virgulta obscuris subsidere in insidiis iussit ; cum parte maiore atque omni equitatu profectus, id quod quaerebat, tumultuoso et minaci genere pugnae adequitando ipsis prope portis hostem excivit. Fugae quoque, quae simulanda erat, eadem equestris pugna causam minus mirabilem dedit. Et cum velut inter pugnae fugaeque consilium trepidante equitatu pedes quoque referret gradum, plenis repente portis effusi hostes impulsa Romana acie studio instandi sequendique trahuntur ad locum insidiarum. Inde subito exorti Romani transversam invadunt hostium aciem ; addunt pavorem mota e castris signa eorum, qui in praesidio relicti fuerant : ita multiplici terrore perculsi Fidenates prius paene quam Romulus quique cum eo equites erant circumagerent frenis equos, terga vertunt multoque effusius, quippe vera fuga, qui simulantes paulo ante secuti erant, oppidum repetebant. Non tamen eripuere se hosti : haerens in tergo Romanus priusquam fores portarum obicerentur velut agmine uno inrumpit.

*Conquest of part of the Veientine territory. Popularity of
Romulus with the lower classes and the soldiers.*

XV. Belli Fidenatis contagione inritati Veientium
animi et consanguinitate — nam Fidenates quoque Etrusci
fuerunt, — et quod ipsa propinquitas loci, si Romana
arma omnibus infesta finitimis essent, stimulabat, in fines
5 Romanos excucurrerunt populabundi magis quam iusti
more belli. Itaque non castris positis, non expectato
hostium exercitu raptam ex agris praedam portantes
Veios rediere. Romanus contra, postquam hostem in
agris non invenit, dimicationi ultimae instructus inten-
10 tusque Tiberim transit. Quem postquam castra ponere et
ad urbem accessurum Veientes audivere, obviam egressi,
ut potius acie decernerent, quam inclusi de tectis moenibusque dimicarent. Ibi viribus nulla arte adiutis tantum
veterani robore exercitus rex Romanus vicit, persecutusque
15 fusos ad moenia hostes urbe valida muris ac situ ipso
munita abstinuit; agros rediens vastat ulciscendi magis
quam praedae studio. Eaque clade haud minus quam
adversa pugna subacti Veientes pacem petitum oratores
Romam mittunt. Agri parte multatis in centum annos
20 indutiae datae.

Haec ferme Romulo regnante domi militiaeque gesta,
quorum nihil absonum fidei divinae originis divinitatisque
post mortem creditae fuit, non animus in regno avito
recuperando, non condendae urbis consilium, non bello
25 ac pace firmandae. Ab illo enim profecto viribus datis
tantum valuit, ut in quadraginta deinde annos tutam
pacem haberet. Multitudini tamen gratior fuit quam
patribus, longe ante alios acceptissimus militum animis:
trecentosque armatos ad custodiam corporis, quos Cele-
30 res appellavit, non in bello solum sed etiam in pace habuit.

During a review in the Campus Martius Romulus mysteriously disappears from the earth. Reappearing in deified form, he predicts Rome's future glory.

XVI. His immortalibus editis operibus cum ad exercitum recensendum contionem in campo ad Caprae paludem haberet, subito coorta tempestas cum magno fragore tonitribusque tam denso regem operuit nimbo, ut conspectum eius contioni abstulerit. Nec deinde in terris Romulus fuit. Romana pubes sedato tandem pavore, postquam ex tam turbido die serena et tranquilla lux rediit, ubi vacuam sedem regiam vidit, etsi satis credebat patribus, qui proxumi steterant, sublimem raptum procella, tamen velut orbitatis metu icta maestum aliquamdiu silentium obtinuit. Deinde a paucis initio facto deum deo natum, regem parentemque urbis Romanae salvere universi Romulum iubent; pacem precibus exposcunt, uti volens propitius suam semper sospitet progeniem. Fuisse credo tum quoque aliquos, qui discerptum regem patrum manibus taciti arguerent — manavit enim haec quoque sed perobscura fama; — illam alteram admiratio viri et pavor praesens nobilitavit. Et consilio etiam unius hominis addita rei dicitur fides. Namque Proculus Iulius, sollicita civitate desiderio regis et infensa patribus, gravis, ut traditur, quamvis magnae rei auctor in contionem prodit. "Romulus" inquit "Quirites, parens urbis huius, prima hodierna luce caelo repente delapsus se mihi obvium dedit. Cum perfusus horrore venerabundus adstitissem, petens precibus, ut contra intueri fas esset: "Abi, nuntia" inquit, "Romanis, caelestes ita velle, ut mea Roma caput orbis terrarum sit: proinde rem militarem colant, sciantque et ita posteris tradant nullas opes humanas armis Romanis resistere posse." "Haec" inquit, "locutus sublimis abiit." Mirum quantum illi viro nuntianti haec fides fuerit, quamque desiderium Romuli apud plebem exercitumque facta fide inmortalitatis lenitum sit.

Interregnum, during which the senators rule in rotation. Dispute between the two parts of the nation as to the choice of a king. Discontent of the lower orders. The election is referred to the people, subject to confirmation by the Senate.

XVII. Patrum interim animos certamen regni ac cupido versabat. Necdum ad singulos, quia nemo magnopere eminebat in novo populo, pervenerat; factionibus inter ordines certabatur. Oriundi ab Sabinis, ne, quia post Tatii mortem ab sua parte non erat regnatum, in societate aequa possessionem imperii amitterent, sui corporis creari regem volebant; Romani veteres peregrinum regem aspernabantur. In variis voluntatibus regnari tamen omnes volebant libertatis dulcedine nondum experta. Timor deinde patres incessit, ne civitatem sine imperio, exercitum sine duce, multarum circa civitatium inritatis animis vis aliqua externa adoriretur. Et esse igitur aliquod caput placebat, et nemo alteri concedere in animum inducebat. Ita rem inter se centum patres decem decuriis factis singulisque in singulas decurias creatis, qui summae rerum praeessent, consociant. Decem imperitabant, unus cum insignibus imperii et lictoribus erat; quinque dierum spatio finiebatur imperium ac per omnes in orbem ibat; annuumque intervallum regni fuit. Id ab re, quod nunc quoque tenet nomen, interregnum appellatum. Fremere deinde plebs, multiplicatam servitutem, centum pro uno dominos factos; nec ultra nisi regem et ab ipsis creatum videbantur passuri. Cum sensissent ea moveri patres, offerendum ultro rati quod amissuri erant, ita gratiam ineunt summa potestate populo permissa, ut non plus darent iuris quam retinerent. Decreverunt enim, ut, cum populus regem iussisset, id sic ratum esset, si patres auctores fierent. Hodie quoque in legibus magistratibusque rogandis usurpatur idem ius vi adempta: priusquam populus suffragium ineat, in incertum comitiorum eventum patres auctores fiunt. Tum interrex contione advocata "Quod bonum faustum felixque sit" inquit, "Quirites, regem create: ita patribus visum est. Patres deinde, si dignum qui secundus ab Romulo numeretur crearitis, auctores fient." Adeo id gratum plebi fuit, ut, ne victi beneficio viderentur, id modo sciscerent iuberentque, ut senatus decerneret qui Romae regnaret.

Numa Pompilius, a Sabine renowned for piety and justice, is elected king and inaugurated upon the Capitoline Hill.

XVIII. Inclita iustitia religioque ea tempestate Numae Pompili erat. Curibus Sabinis habitabat, consultissimus vir, ut in illa quisquam esse aetate poterat, omnis divini atque humani iuris. Auctorem doctrinae eius, quia non extat alius, falso Samium Pythagoram edunt, quem Servio Tullio regnante Romae centum amplius post annos in ultima Italiae ora circa Metapontum Heracleamque et Crotona iuvenum aemulantium studia coetus habuisse constat. Ex quibus locis, etsi eiusdem aetatis fuisset, quae fama in Sabinos, aut quo linguae commercio quemquam ad cupiditatem discendi excivisset, quove praesidio unus per tot gentes dissonas sermone moribusque pervenisset? Suopte igitur ingenio temperatum animum virtutibus fuisse opinor magis, instructumque non tam peregrinis artibus quam disciplina tetrica ac tristi veterum Sabinorum, quo genere nullum quondam incorruptius fuit.

Audito nomine Numae patres Romani, quamquam inclinari opes ad Sabinos rege inde sumpto videbantur, tamen neque se quisquam nec factionis suae alium nec

denique patrum aut civium quemquam praeferre illi viro
ausi ad unum omnes Numae Pompilio regnum deferendum decernunt. Accitus, sicut Romulus augurato urbe
condenda regnum adeptus est, de se quoque deos consuli iussit. Inde ab augure, cui deinde honoris ergo
publicum id perpetuumque sacerdotium fuit, deductus in
arcem in lapide ad meridiem versus consedit. Augur
ad laevam eius capite velato sedem cepit, dextra manu
baculum sine nodo aduncum tenens, quem lituum appellarunt. Inde ubi prospectu in urbem agrumque capto
deos precatus regiones ab oriente ad occasum determinavit, dextras ad meridiem partes, laevas ad septemtrionem esse dixit, signum contra, quoad longissime conspectum oculi ferebant, animo finivit; tum lituo in
laevam manum translato dextra in caput Numae imposita precatus ita est: "Iuppiter pater, si est fas hunc
Numam Pompilium, cuius ego caput teneo, regem Romae esse, uti tu signa nobis certa adclarassis inter eos
fines, quos feci." Tum peregit verbis auspicia, quae
mitti vellet; quibus missis declaratus rex Numa de templo
descendit.

*Numa founds the temple of Janus, reigns in unbroken peace,
inculcates fear of the gods, and establishes the calendar.*

XIX. Qui regno ita potitus urbem novam, conditam
vi et armis, iure eam legibusque ac moribus de integro
condere parat. Quibus cum inter bella adsuescere videret non posse, quippe efferari militia animos, mitigandum
ferocem populum armorum desuetudine ratus Ianum ad
infimum Argiletum indicem pacis bellique fecit, apertus
ut in armis esse civitatem, clausus pacatos circa omnes
populos significaret. Bis deinde post Numae regnum
clausus fuit, semel T. Manlio consule post Punicum
primum perfectum bellum, iterum, quod nostrae aetati

dii dederunt ut videremus, post bellum Actiacum ab
imperatore Caesare Augusto pace terra marique parta.
Clauso eo cum omnium circa finitimorum societate ac
foederibus iunxisset animos, positis externorum periculo-
rum curis ne luxuriarent otio animi, quos metus hostium
disciplinaque militaris continuerat, omnium primum rem
ad multitudinem inperitam et illis saeculis rudem effica-
cissimam, deorum metum iniciendum ratus est. Qui
cum descendere ad animos sine aliquo commento miraculi non posset, simulat sibi cum dea Egeria congressus nocturnos esse; eius se monitu, quae acceptissima
diis essent, sacra instituere, sacerdotes suos cuique deorum praeficere.

Atque omnium primum ad cursus lunae in duodecim
menses describit annum; quem, quia tricenos dies singulis mensibus luna non explet, desuntque . . . dies solido
anno, qui solstitiali circumagitur orbe, intercalariis mensibus interponendis ita dispensavit, ut vicesimo anno ad
metam eandem solis, unde orsi essent, plenis omnium
annorum spatiis dies congruerent. Idem nefastos dies
fastosque fecit, quia aliquando nihil cum populo agi
utile futurum erat.

*Institution of the great Flamens, the Vestals, the Salii, and
the Pontifex Maximus.*

XX. Tum sacerdotibus creandis animum adiecit,
quamquam ipse plurima sacra obibat, ea maxime quae
nunc ad Dialem flaminem pertinent. Sed quia in civitate
bellicosa plures Romuli quam Numae similes reges pu-
tabat fore, iturosque ipsos ad bella, ne sacra regiae vicis
desererentur, flaminem Iovi adsiduum sacerdotem creavit,
insignique eum veste et curuli regia sella adornavit.
Huic duos flamines adiecit, Marti unum, alterum Quirino;
virginesque Vestae legit, Alba oriundum sacerdotium et

genti conditoris haud alienum. Iis, ut adsiduae templi antistites essent, stipendium de publico statuit, virginitate aliisque caerimoniis venerabiles ac sanctas fecit. Salios item duodecim Marti Gradivo legit, tunicaeque pictae insigne dedit et super tunicam aeneum pectori tegumen, caelestiaque arma, quae ancilia appellantur, ferre ac per urbem ire canentes carmina cum tripudiis sollemnique saltatu iussit.

Pontificem deinde Numam Marcium Marci filium ex patribus legit, eique sacra omnia exscripta exsignataque adtribuit, quibus hostiis, quibus diebus, ad quae templa sacra fierent, atque unde in eos sumptus pecunia erogaretur. Cetera quoque omnia publica privataque sacra pontificis scitis subiecit, ut esset, quo consultum plebes veniret, ne quid divini iuris neglegendo patrios ritus peregrinosque adsciscendo turbaretur; nec caelestes modo caerimonias sed iusta quoque funebria placandosque manes ut idem pontifex edoceret, quaeque prodigia fulminibus aliove quo visu missa susciperentur atque curarentur. Ad ea elicienda ex mentibus divinis Iovi Elicio aram in Aventino dicavit, deumque consuluit auguriis, quae suscipienda essent.

Peaceful reign of the pious king. His meetings with the goddess Egeria. Institution of the worship of Fides.

XXI. Ad haec consultanda procurandaque multitudine omni a vi et armis conversa et animi aliquid agendo occupati erant, et deorum adsidua insidens cura, cum interesse rebus humanis caeleste numen videretur, ea pietate omnium pectora imbuerat, ut fides ac ius iurandum pro anxio legum ac poenarum metu civitatem regerent. Et cum ipsi se homines in regis, velut unici exempli, mores formarent, tum finitumi etiam populi, qui antea castra non urbem positam in medio ad sollicitandam omnium pacem crediderant, in eam verecundiam adducti sunt, ut civitatem totam in cultum versam deorum violare ducerent nefas. Lucus erat, quem medium ex opaco specu fons perenni rigabat aqua. Quo quia se persaepe Numa sine arbitris velut ad congressum deae inferebat, Camenis eum lucum sacravit, quod earum ibi concilia cum coniuge sua Egeria essent. Et Fidei sollemne instituit. Ad id sacrarium flamines bigis curru arcuato vehi iussit, manuque ad digitos usque involuta rem divinam facere, significantes fidem tutandam sedemque eius etiam in dexteris sacratam esse. Multa alia sacrificia locaque sacris faciendis, quae Argeos pontifices vocant, dedicavit. Omnium tamen maximum eius operum fuit tutela per omne regni tempus haud minor pacis quam regni.

Ita duo deinceps reges, alius alia via, ille bello hic pace, civitatem auxerunt. Romulus septem et triginta regnavit annos, Numa tres et quadraginta. Cum valida tum temperata et belli et pacis artibus erat civitas.

Tullus Hostilius is chosen third king. War is declared against Alba Longa.

XXII. Numae morte ad interregnum res rediit. Inde Tullum Hostilium, nepotem Hostili, cuius in infima arce clara pugna adversus Sabinos fuerat, regem populus iussit; patres auctores facti. Hic non solum proximo regi dissimilis sed ferocior etiam quam Romulus fuit. Cum aetas viresque tum avita quoque gloria animum stimulabat. Senescere igitur civitatem otio ratus undique materiam excitandi belli quaerebat. Forte evenit, ut agrestes Romani ex Albano agro, Albani ex Romano praedas in vicem agerent. Imperitabat tum Gaius Cluilius Albae. Utrimque legati fere sub idem tempus ad res repetendas missi. Tullus praeceperat suis, ne quid prius quam mandata agerent. Satis sciebat negaturum Albanum: ita pie bellum indici posse. Ab Albanis socordius res acta; excepti hospitio ab Tullo blande ac benigne, comiter regis convivium celebrant. Tantisper Romani et res repetiverant priores et neganti Albano bellum in tricesimum diem indixerant. Haec renuntiant Tullo. Tum legatis Tullus dicendi potestatem, quid petentes venerint, facit. Illi omnium ignari primum purgando terunt tempus: se invitos quicquam, quod minus placeat Tullo, dicturos, sed imperio subigi; res repetitum se venisse; ni reddantur, bellum indicere iussos. Ad haec Tullus "Nuntiate" inquit, "regi vestro, regem Romanum deos facere testes, uter prius populus res repetentes legatos aspernatus dimiserit, ut in eum omnes expetant huiusce clades belli."

When the armies meet, the Alban dictator deprecates a pitched battle as fatal to both parties.

XXIII. Haec nuntiant domum Albani. Et bellum utrimque summa ope parabatur, civili simillimum bello, prope inter parentes natosque, Troianam utramque prolem, cum Lavinium ab Troia, ab Lavinio Alba, ab Albanorum stirpe regum oriundi Romani essent. Eventus tamen belli minus miserabilem dimicationem fecit, quod nec acie certatum est, et tectis modo dirutis alterius urbis duo populi in unum confusi sunt.

Albani priores ingenti exercitu in agrum Romanum impetum fecere. Castra ab urbe haud plus quinque milia passuum locant, fossa circumdant: fossa Cluilia ab nomine ducis per aliquot saecula appellata est, donec cum re nomen quoque vetustate abolevit. In his castris Cluilius Albanus rex moritur; dictatorem Albani Mettium Fufetium creant. Interim Tullus ferox praecipue morte regis, magnumque deorum numen, ab ipso

capite orsum, in omne nomen Albanum expetiturum
poenas ob bellum inpium dictitans, nocte praeteritis hostium castris infesto exercitu in agrum Albanum pergit.
Ea res ab stativis excivit Mettium. Ducit quam proxume ad hostem potest. Inde legatum praemissum nuntiare Tullo iubet, priusquam dimicent, opus esse colloquio:
si secum congressus sit, satis scire ea se allaturum, quae
nihilo minus ad rem Romanam quam ad Albanam pertineant. Haud aspernatus Tullus, tamen, si vana adferantur, in aciem educit. Exeunt contra et Albani. Postquam structi utrimque stabant, cum paucis procerum
in medium duces procedunt. Ibi infit Albanus: "Iniurias et non redditas res ex foedere quae repetitae sint,
et ego regem nostrum Cluilium causam huiusce esse
belli audisse videor, nec te dubito, Tulle, eadem prae
te ferre. Sed si vera potius quam dictu speciosa dicenda sunt, cupido imperii duos cognatos vicinosque
populos ad arma stimulat. Neque, recte an perperam, interpretor; fuerit ista eius deliberatio, qui bellum
suscepit; me Albani gerendo bello ducem creavere.
Illud te, Tulle, monitum velim: Etrusca res quanta
circa nos teque maxime sit, quo propior es Tuscis, hoc
magis scis. Multum illi terra, plurimum mari pollent.
Memor esto, iam cum signum pugnae dabis, has duas
acies spectaculo fore, ut fessos confectosque simul victorem ac victum adgrediantur. Itaque si nos di amant,
quoniam non contenti libertate certa in dubiam imperii
servitiique aleam imus, ineamus aliquam viam, qua, utri
utris imperent, sine magna clade, sine multo sanguine
utriusque populi decerni possit." Haud displicet res
Tullo, quamquam cum indole animi tum spe victoriae
ferocior erat. Quaerentibus utrimque ratio initur, cui
et fortuna ipsa praebuit materiam.

The contestants agree to decide the war by a combat of three champions from each army.

XXIV. Forte in duobus tum exercitibus erant trigemini fratres nec aetate nec viribus dispares. Horatios Curiatiosque fuisse satis constat, nec ferme res antiqua alia est nobilior. Tamen in re tam clara nominum error manet, utrius populi Horatii, utrius Curiatii fuerint. Auctores utroque trahunt; plures tamen invenio, qui Romanos Horatios vocent; hos ut sequar, inclinat animus. Cum trigeminis agunt reges, ut pro sua quisque patria dimicent ferro: ibi imperium fore, unde victoria fuerit. Nihil recusatur. Tempus et locus convenit. Priusquam dimicarent, foedus ictum inter Romanos et Albanos est his legibus, ut, cuius populi cives eo certamine vicissent, is alteri populo cum bona pace imperitaret.

Foedera alia aliis legibus, ceterum eodem modo omnia fiunt. Tum ita factum accepimus, nec ullius vetustior foederis memoria est. Fetialis regem Tullum ita rogavit: "Iubesne me, rex, cum patre patrato populi Albani foedus ferire?" Iubente rege "Sagmina" inquit, "te, rex, posco." Rex ait "Puram tollito." Fetialis ex arce graminis herbam puram attulit. Postea regem ita rogavit: "Rex, facisne me tu regium nuntium populi Romani Quiritium, vasa comitesque meos?" Rex respondit: "Quod sine fraude mea populique Romani Quiritium fiat, facio." Fetialis erat M. Valerius. Is patrem patratum Spurium Fusium fecit, verbena caput capillosque tangens. Pater patratus ad ius iurandum patrandum, id est sanciendum fit foedus, multisque id verbis, quae longo effata carmine non operae est referre, peragit. Legibus deinde recitatis, "Audi" inquit, "Iuppiter, audi, pater patrate populi Albani, audi tu, populus Albanus: ut illa palam prima postrema ex illis tabulis cerave recitata sunt sine dolo malo, utique ea hic hodie rectissime intellecta sunt, illis legibus populus Romanus prior non deficiet. Si prior defexit publico consilio dolo malo, tum tu, ille Diespiter, populum Romanum sic ferito, ut ego hunc porcum hic hodie feriam, tantoque magis ferito, quanto magis potes pollesque." Id ubi dixit, porcum saxo silice percussit. Sua item carmina Albani suumque ius iurandum per suum dictatorem suosque sacerdotes peregerunt.

Victory of the Horatii over the Curiatii, in consequence of which Alba becomes subject to Rome.

XXV. Foedere icto trigemini sicut convenerat arma capiunt. Cum sui utrosque adhortarentur, deos patrios patriam ac parentes, quicquid civium domi, quicquid in exercitu sit, illorum tunc arma, illorum intueri manus, feroces et suopte ingenio et pleni adhortantium vocibus in medium inter duas acies procedunt. Consederant utrimque pro castris duo exercitus periculi magis praesentis quam curae expertes: quippe imperium agebatur in tam paucorum virtute atque fortuna positum. Itaque ergo erecti suspensique in minime gratum spectaculum animos intendunt. Datur signum, infestisque armis, velut acies, terni iuvenes magnorum exercituum animos gerentes concurrunt. Nec his nec illis periculum suum, publicum imperium servitiumque obversatur animo futuraque ea deinde patriae fortuna, quam ipsi fecissent. Ut primo statim concursu concrepuere arma micantesque fulsere gladii, horror ingens spectantis perstringit, et neutro inclinata spe torpebat vox spiritusque. Consertis deinde manibus cum iam non motus tantum corporum agitatioque anceps telorum armorumque, sed vulnera quoque et sanguis spectaculo essent, duo Romani super alium alius vulneratis tribus Albanis expirantes corruerunt. Ad quorum casum cum conclamasset gaudio Albanus exercitus,

Romanas legiones iam spes tota, nondum tamen cura deseruerat, exanimes vice unius, quem tres Curiatii circumsteterant. Forte is integer fuit, ut universis solus nequaquam par, sic adversus singulos ferox. Ergo ut segregaret pugnam eorum, capessit fugam, ita ratus secuturos, ut quemque vulnere adfectum corpus sineret. Iam aliquantum spatii ex eo loco, ubi pugnatum est, aufugerat, cum respiciens videt magnis intervallis sequentes, unum haud procul ab sese abesse. In eum magno impetu rediit; et dum Albanus exercitus inclamat Curiatiis, uti opem ferant fratri, iam Horatius caeso hoste victor secundam pugnam petebat. Tunc clamore, qualis ex insperato faventium solet, Romani adiuvant militem suum, et ille defungi proelio festinat. Prius itaque quam alter, — nec procul aberat — consequi posset, et alterum Curiatium conficit. Iamque aequato Marte singuli supererant, sed nec spe nec viribus pares. Alterum intactum ferro corpus et geminata victoria ferocem in certamen tertium dabat, alter fessum vulnere, fessum cursu trahens corpus, victusque fratrum ante se strage victori obicitur hosti. Nec illud proelium fuit. Romanus exultans "Duos" inquit, "fratrum Manibus dedi, tertium causae belli huiusce, ut Romanus Albano imperet, dabo." Male sustinenti arma gladium superne iugulo defigit, iacentem spoliat. Romani ovantes ac gratulantes Horatium accipiunt eo maiore cum gaudio, quod prope metum res fuerat. Ad sepulturam inde suorum nequaquam paribus animis vertuntur, quippe imperio alteri aucti, alteri dicionis alienae facti. Sepulcra extant quo quisque loco cecidit, duo Romana uno loco propius Albam, tria Albana Romam versus, sed distantia locis, ut et pugnatum est.

The only surviving Horatius slays his sister, who bewails the death of her lover, one of the Curiatii; being tried for this crime, he is saved by an appeal to the people.

XXVI. Priusquam inde digrederentur, roganti Mettio, ex foedere icto quid imperaret, imperat Tullus, uti iuventutem in armis habeat, usurum se eorum opera, si bellum cum Veientibus foret. Ita exercitus inde domos abducti.

Princeps Horatius ibat trigemina spolia prae se gerens. Cui soror virgo, quae desponsa uni ex Curiatiis fuerat, obvia ante portam Capenam fuit; cognitoque super umeros fratis paludamento sponsi, quod ipsa confecerat, solvit crines et flebiliter nomine sponsum mortuum appellat. Movet feroci iuveni animum conploratio sororis in victoria sua tantoque gaudio publico. Stricto itaque gladio simul verbis increpans transfigit puellam. "Abi hinc cum inmaturo amore ad sponsum" inquit, "oblita fratrum mortuorum vivique, oblita patriae. Sic eat quaecumque Romana lugebit hostem." Atrox visum id facinus patribus plebique, sed recens meritum facto obstabat. Tamen raptus in ius ad regem. Rex, ne ipse tam tristis ingratique ad vulgus iudicii ac secundum iudicium supplicii auctor esset, concilio populi advocato, "Duumviros" inquit, "qui Horatio perduellionem iudicent secundum legem facio." Lex horrendi carminis erat: "Duumviri perduellionem iudicent. Si a duumviris provocarit, provocatione certato. Si vincent, caput obnubito, infelici arbori reste suspendito, verberato vel intra pomerium vel extra pomerium." Hac lege duumviri creati, qui se absolvere non rebantur ea lege ne innoxium quidem posse, cum condemnassent, tum alter ex iis "Publi Horati, tibi perduellionem iudico" inquit. "I, lictor, conliga manus." Accesserat lictor iniciebatque laqueum. Tum Horatius auctore

Tullo, clemente legis interprete, "provoco" inquit. Ita provocatione certatum ad populum est. Moti homines sunt in eo iudicio maxime Publio Horatio patre proclamante, se filiam iure caesam iudicare; ni ita esset, patrio iure in filium animadversurum fuisse. Orabat deinde, ne se, quem paulo ante cum egregia stirpe conspexissent, orbum liberis facerent. Inter haec senex iuvenem amplexus, spolia Curiatiorum fixa eo loco, qui nunc Pila Horatia appellatur, ostentans, "Huncine" aiebat, "quem modo decoratum ovantemque victoria incedentem vidistis, Quirites, eum sub furca vinctum inter verbera et cruciatus videre potestis, quod vix Albanorum oculi tam deforme spectaculum ferre possent? I, lictor, conliga manus, quae paulo ante armatae imperium populo Romano pepererunt. I, caput obnube liberatoris urbis huius; arbore infelici suspende, verbera vel intra pomerium, modo inter illa pila et spolia hostium, vel extra pomerium, modo inter sepulcra Curiatiorum. Quo enim ducere hunc iuvenem potestis, ubi non sua decora eum a tanta foeditate supplicii vindicent?" Non tulit populus nec patris lacrimas nec ipsius parem in omni periculo animum; absolveruntque admiratione magis virtutis quam iure causae. Itaque, ut caedes manifesta aliquo tamen piaculo lueretur, imperatum patri, ut filium expiaret pecunia publica. Is quibusdam piacularibus sacrificiis factis, quae deinde genti Horatiae tradita sunt, transmisso per viam tigillo capite adoperto velut sub iugum misit iuvenem. Id hodie quoque publice semper refectum manet; sororium tigillum vocant. Horatiae sepulcrum, quo loco corruerat icta, constructum est saxo quadrato.

Treachery of Mettius Fufetius, the Alban dictator, in the war against Fidenae.

XXVII. Nec diu pax Albana mansit. Invidia vulgi, quod tribus militibus fortuna publica commissa fuerit, vanum ingenium dictatoris corrupit, et, quoniam recta consilia haud bene evenerant, pravis reconciliare popularium animos coepit. Igitur ut prius in bello pacem, sic in pace bellum quaerens, quia suae civitati animorum plus quam virium cernebat esse, ad bellum palam atque ex edicto gerundum alios concitat populos, suis per speciem societatis proditionem reservat. Fidenates, colonia Romana, Veientibus sociis consilii adsumptis pacto transitionis Albanorum ad bellum atque arma incitantur. Cum Fidenae aperte descissent, Tullus Mettio exercituque eius ab Alba accito contra hostes ducit. Ubi Anienem transiit, ad confluentis collocat castra. Inter eum locum et Fidenas Veientium exercitus Tiberim transierat. Hi in acie prope flumen tenuere dextrum cornu, in sinistro Fidenates propius montes consistunt. Tullus adversus Veientem hostem derigit suos; Albanos contra legionem Fidenatium conlocat. Albano non plus animi erat quam fidei. Nec manere ergo nec transire aperte ausus sensim ad montes succedit. Inde, ubi satis subisse sese ratus est, erigit totam aciem, fluctuansque animo, ut tereret tempus, ordines explicat. Consilium erat, qua fortuna rem daret, ea inclinare vires. Miraculo primo esse Romanis, qui proximi steterant, ut nudari latera sua sociorum digressu senserunt; inde eques citato equo nuntiat regi, abire Albanos. Tullus in re trepida duodecim vovit Salios fanaque Pallori ac Pavori. Equitem clara increpans voce, ut hostes exaudirent, redire in proelium iubet, nihil trepidatione opus esse; suo iussu circumduci Albanum exercitum, ut Fidenatium nuda terga invadant. Item imperat, ut hastas equites erigerent. Id factum magnae parti peditum Romanorum conspectum abeuntis Albani exercitus intersaepsit; qui viderant, id quod ab rege auditum erat rati, eo acrius pugnant. Terror ad hostes transit; et audiverant clara voce dictum, et magna pars Fidenatium, ut qui coloni additi Romanis 5 essent, Latine sciebant. Itaque, ne subito ex collibus decursu Albanorum intercluderentur ab oppido, terga vertunt. Instat Tullus fusoque Fidenatium cornu in Veientem alieno pavore perculsum ferocior redit. Nec illi tulere impetum, sed ab effusa fuga flumen obiectum ab 10 tergo arcebat. Quo postquam fuga inclinavit, alii arma foede iactantes in aquam caeci ruebant, alii, dum cunctantur in ripis, inter fugae pugnaeque consilium oppressi. Non alia ante Romana pugna atrocior fuit.

Mettius is denounced by Tullus, and put to death in the presence of the Alban and Roman armies.

XXVIII. Tum Albanus exercitus, spectator certami-15 nis, deductus in campos. Mettius Tullo devictos hostes gratulatur, contra Tullus Mettium benigne adloquitur. Quod bene vertat, castra Albanos Romanis castris iungere iubet; sacrificium lustrale in diem posterum parat. Ubi inluxit, paratis omnibus, ut adsolet, vocari ad con-20 tionem utrumque exercitum iubet. Praecones ab extremo orsi primos excivere Albanos. Hi novitate etiam rei moti, ut regem Romanum contionantem audirent, proximi constitere. Ex composito armata circumdatur Romana legio. Centurionibus datum negotium erat, ut 25 sine mora imperia exequerentur. Tum ita Tullus infit: "Romani, si umquam ante alias ullo in bello fuit, quod primum dis inmortalibus gratias ageretis, deinde vestrae ipsorum virtuti, hesternum id proelium fuit. Dimicatum est enim non magis cum hostibus quam, quae dimica-30 tio maior atque periculosior est, cum proditione ac perfidia sociorum. Nam, ne vos falsa opinio teneat, iniussu meo Albani subiere ad montes, nec imperium illud meum sed consilium et imperii simulatio fuit, ut nec vobis, ignorantibus deseri vos, averteretur a certamine animus, et hostibus circumveniri se ab tergo ratis terror ac fuga iniceretur. Nec ea culpa, quam arguo, omnium Albanorum est: ducem secuti sunt, ut et vos, si quo ego inde agmen declinare voluissem, fecissetis. Mettius ille est ductor itineris huius, Mettius idem huius machinator belli, Mettius foederis Romani Albanique ruptor. Audeat deinde talia alius, nisi in hunc insigne iam documentum mortalibus dedero." Centuriones armati Mettium circumsistunt. Rex cetera ut orsus erat peragit: "Quod bonum faustum felixque sit populo Romano ac mihi vobisque, Albani, populum omnem Albanum Romam traducere in animo est, civitatem dare plebi, primores in patres legere, unam urbem, unam rem publicam facere. Ut ex uno quondam in duos populos divisa Albana res est, sic nunc in unum redeat." Ad haec Albana pubes inermis ab armatis saepta in variis voluntatibus communi tamen metu cogente silentium tenet. Tum Tullus "Metti Fufeti," inquit, "si ipse discere posses fidem ac foedera servare, vivo tibi ea disciplina a me adhibita esset: nunc, quoniam tuum insanabile ingenium est, at tu tuo supplicio doce humanum genus ea sancta credere, quae a te violata sunt. Ut igitur paulo ante animum inter Fidenatem Romanamque rem ancipitem gessisti, ita iam corpus passim distrahendum dabis." Exinde duabus admotis quadrigis in currus earum distentum inligat Mettium, deinde in diversum iter equi concitati lacerum in utroque curru corpus, qua inhaeserant vinculis membra, portantes. Avertere omnes ab tanta foeditate spectaculi oculos. Primum ultimumque illud supplicium apud Romanos exempli parum memoris legum humanarum fuit. In aliis gloriari licet nulli gentium mitiores placuisse poenas.

Alba is destroyed and its population removed to Rome.

XXIX. Inter haec iam praemissi Albam erant equites, qui multitudinem traducerent Romam. Legiones deinde ductae ad diruendam urbem. Quae ubi intravere portas, non quidem fuit tumultus ille nec pavor, qualis captarum esse urbium solet, cum effractis portis stratisve ariete muris aut arce vi capta clamor hostilis et cursus per urbem armatorum omnia ferro flammaque miscet, sed silentium triste ac tacita maestitia ita defixit omnium animos, ut prae metu quid relinquerent, quid secum ferrent, deficiente consilio rogitantesque alii alios nunc in liminibus starent, nunc errabundi domos suas ultimum illud visuri pervagarentur. Ut vero iam equitum clamor exire iubentium instabat, iam fragor tectorum quae diruebantur ultimis urbis partibus audiebatur, pulvisque ex distantibus locis ortus velut nube inducta omnia impleverat, raptim quibus quisque poterat elatis, cum larem ac penates tectaque, in quibus natus quisque educatusque esset, relinquentes exirent, iam continens agmen migrantium impleverat vias. Et conspectus aliorum mutua miseratione integrabat lacrimas; vocesque etiam miserabiles exaudiebantur mulierum praecipue, cum obsessa ab armatis templa augusta praeterirent ac velut captos relinquerent deos. Egressis urbe Albanis Romanus passim publica privataque omnia tecta adaequat solo, unaque hora quadringentorum annorum opus, quibus Alba steterat, excidio ac ruinis dedit; templis tamen deum — ita enim edictum ab rege fuerat — temperatum est.

Growth of the city. War against the Sabines.

XXX. Roma interim crescit Albae ruinis: duplicatur civium numerus; Caelius additur urbi mons, et quo frequentius habitaretur, eam sedem Tullus regiae capit, ibique deinde habitavit. Principes Albanorum in patres, ut ea quoque pars rei publicae cresceret, legit, Iulios, Servilios, Quinctios, Geganios, Curiatios, Cloelios, templumque ordini ab se aucto curiam fecit, quae Hostilia usque ad patrum nostrorum aetatem appellata est. Et ut omnium ordinum viribus aliquid ex novo populo adiceretur, equitum decem turmas ex Albanis legit, legiones et veteres eodem supplemento explevit et novas scripsit.

Hac fiducia virium Tullus Sabinis bellum indicit, genti ea tempestate secundum Etruscos opulentissimae viris armisque. Utrimque iniuriae factae ac res nequiquam erant repetitae: Tullus ad Feroniae fanum mercatu frequenti negotiatores Romanos conprehensos querebatur; Sabini suos prius in lucum confugisse ac Romae retentos. Hae causae belli ferebantur. Sabini, haud parum memores et suarum virium partem Romae ab Tatio locatam et Romanam rem nuper etiam adiectione populi Albani auctam, circumspicere et ipsi externa auxilia. Etruria erat vicina, proximi Etruscorum Veientes. Inde ob residuas bellorum iras maxime sollicitatis ad defectionem animis voluntarios traxere, et apud vagos quosdam ex inopi plebe etiam merces valuit: publico auxilio nullo adiuti sunt, valuitque apud Veientes — nam de ceteris minus mirum est — pacta cum Romulo indutiarum fides. Cum bellum utrimque summa ope pararent, vertique in eo res videretur, utri prius arma inferrent, occupat Tullus in agrum Sabinum transire. Pugna atrox ad Silvam Malitiosam fuit, ubi et peditum quidem robore, ceterum equitatu aucto nuper plurimum Romana acies valuit. Ab equitibus repente invectis turbati ordines sunt Sabinorum; nec pugna deinde illis constare nec fuga explicari sine magna caede potuit.

A shower of stones is expiated by a nine days' feast. During a pestilence Tullus falls a prey to superstitious terrors, and is finally destroyed by a thunderbolt.

XXXI. Devictis Sabinis cum in magna gloria magnisque opibus regnum Tulli ac tota res Romana esset, nuntiatum regi patribusque est in monte Albano lapidibus pluvisse. Quod cum credi vix posset, missis ad id visendum prodigium in conspectu haud aliter, quam cum grandinem venti glomeratam in terras agunt, crebri cecidere caelo lapides. Visi etiam audire vocem ingentem ex summi cacuminis luco, ut patrio ritu sacra Albani facerent, quae velut diis quoque simul cum patria relictis oblivioni dederant, et aut Romana sacra susceperant aut fortunae, ut fit, obirati cultum reliquerant deum. Romanis quoque ab eodem prodigio novendiale sacrum publice susceptum est, seu voce caelesti ex Albano monte missa — nam id quoque traditur — seu haruspicum monitu; mansit certe sollemne, ut, quandoque idem prodigium nuntiaretur, feriae per novem dies agerentur.

Haud ita multo post pestilentia laboratum est. Unde cum pigritia militandi oreretur, nulla tamen ab armis quies dabatur a bellicoso rege, salubriora etiam credente militiae quam domi iuvenum corpora esse, donec ipse quoque longinquo morbo est implicitus. Tunc adeo fracti simul cum corpore sunt spiritus illi feroces, ut, qui nihil ante ratus esset minus regium quam sacris dedere animum, repente omnibus magnis parvisque superstitionibus obnoxius degeret, religionibusque etiam populum impleret. Vulgo iam homines, eum statum rerum, qui sub Numa rege fuerat, requirentes, unam opem aegris corporibus relictam, si pax veniaque ab diis impetrata esset, credebant. Ipsum regem tradunt volventem comentarios Numae, cum ibi quaedam occulta sollemnia sacrificia Iovi Elicio facta invenisset, operatum iis sacris se abdidisse; sed non rite initum aut curatum id sacrum esse, nec solum nullam ei oblatam caelestium speciem, sed ira Iovis sollicitati prava religione fulmine ictum cum domo conflagrasse. Tullus magna gloria belli regnavit annos duos et triginta.

Ancus Marcius is elected fourth king. His character. Regulation of the ceremonies to be observed in declaring war.

XXXII. Mortuo Tullo res, ut institutum iam inde ab initio erat, ad patres redierat, hique interregem nominaverant. Quo comitia habente Ancum Marcium regem populus creavit; patres fuere auctores. Numae Pompili regis nepos filia ortus Ancus Marcius erat. Qui ut regnare coepit, et avitae gloriae memor, et quia proximum regnum, cetera egregium, ab una parte haud satis prosperum fuerat aut neglectis religionibus aut prave cultis, longe antiquissimum ratus sacra publica ut ab Numa instituta erant facere, omnia ea ex commentariis regis pontificem in album relata proponere in publico iubet. Inde et civibus otii cupidis et finitimis civitatibus facta spes in avi mores atque instituta regem abiturum. Igitur Latini, cum quibus Tullo regnante ictum foedus erat, sustulerant animos; et, cum incursionem in agrum Romanum fecissent, repetentibus res Romanis superbe responsum reddunt, desidem Romanum regem inter sacella et aras acturum esse regnum rati. Medium erat in Anco ingenium, et Numae et Romuli memor; et praeterquam quod avi regno magis necessariam fuisse pacem credebat cum in novo tum feroci populo, etiam quod illi contigisset otium, sine iniuria id se haud facile habiturum; temptari patientiam et temptatam contemni, temporaque esse Tullo regi aptiora quam Numae. Ut tamen, quoniam Numa in pace religiones instituisset, a se bellicae caerimoniae proderentur, nec gererentur solum sed etiam indicerentur bella aliquo ritu, ius ab antiqua gente Aequiculis, quod nunc fetiales habent, descripsit, quo res repetuntur.

Legatus ubi ad fines eorum venit, unde res repetuntur, capite velato filo — lanae velamen est — "Audi, Iuppiter," inquit, "audite fines" — cuiuscumque gentis sunt, nominat, — "audiat fas! ego sum publicus nuntius populi Romani; iuste pieque legatus venio verbisque meis fides sit." Peragit inde postulata. Inde Iovem testem facit: "Si ego iniuste inpieque illos homines illasque res dedier mihi exposco, tum patriae compotem me numquam siris esse." Haec, cum fines suprascandit, haec, quicumque ei primus vir obvius fuit, haec portam ingrediens, haec forum ingressus paucis verbis carminis concipiendique iuris iurandi mutatis peragit. Si non deduntur quos exposcit, diebus tribus et triginta — tot enim sollemnes sunt — peractis bellum ita indicit: "Audi Iuppiter et tu Iane Quirine diique omnes caelestes vosque terrestres vosque inferni audite! Ego vos testor, populum illum" — quicumque est, nominat — "iniustum esse, neque ius persolvere. Sed de istis rebus in patria maiores natu consulemus, quo pacto ius nostrum adipiscamur." Tum nuntius Romam ad consulendum redit. Confestim rex his ferme verbis patres consulebat: "Quarum rerum litium causarum condixit pater patratus populi Romani Quiritium patri patrato Priscorum Latinorum hominibusque Priscis Latinis, quas res nec dederunt nec solverunt nec fecerunt, quas res dari solvi fieri oportuit, dic," inquit ei, quem primum sententiam rogabat, "quid censes?" Tum ille: "Puro pioque duello quaerendas censeo, itaque consentio consciscoque." Inde ordine alii rogabantur, quandoque pars maior eorum qui aderant in eandem sententiam ibat, bellum erat consensum. Fieri solitum, ut fetialis hastam ferratam aut praeustam sanguineam ad fines eorum ferret, et non minus tribus puberibus praesentibus diceret: "Quod populi Priscorum Latinorum hominesque Prisci Latini adversus populum Romanum Quiritium fecerunt, deliquerunt, quod populus Romanus Quiritium bellum cum Priscis Latinis iussit esse, senatusque populi Romani Quiritium censuit, consensit, conscivit, ut bellum cum Priscis Latinis fieret, ob eam rem ego populusque Romanus populis Priscorum Latinorum hominibusque Priscis Latinis bellum indico facioque." Id ubi dixisset, hastam in fines eorum emittebat. Hoc tum modo ab Latinis repetitae res ac bellum indictum, moremque eum posteri acceperunt.

Capture of Politorium, settlement of the Aventine Hill, war with the Latins, fortification of the Janiculum, and extension of the frontiers.

XXXIII. Ancus demandata cura sacrorum flaminibus sacerdotibusque aliis exercitu novo conscripto profectus Politorium urbem Latinorum vi cepit, secutusque morem regum priorum, qui rem Romanam auxerant hostibus in civitatem accipiendis, multitudinem omnem Romam traduxit. Et cum circa Palatium, sedem veterum Romanorum, Sabini Capitolium atque arcem, Caelium montem Albani inplessent, Aventinum novae multitudini datum. Additi eodem haud ita multo post Tellenis Ficanaque captis novi cives. Politorium inde rursus bello repetitum, quod vacuum occupaverant Prisci Latini. Eaque causa diruendae urbis eius fuit Romanis, ne hostium semper receptaculum esset. Postremo omni bello Latino Medulliam conpulso aliquamdiu ibi Marte incerto varia victoria pugnatum est: nam et urbs tuta munitionibus praesidioque firmata valido erat, et castris in aperto positis aliquotiens exercitus Latinus comminus cum Romanis signa contulerat. Ad ultimum omnibus copiis conisus Ancus acie primum vincit, inde ingenti praeda potens Romam redit, tum quoque multis milibus Latinorum in civitatem acceptis, quibus, ut iungeretur Palatio Aventinum, ad Murciae datae sedes. Ianiculum quoque adiectum, non inopia loci, sed ne quando ea arx hostium esset. Id non muro solum, sed etiam ob commoditatem itineris ponte Sublicio, tum primum in Tiberi facto, coniungi urbi placuit. Quiritium quoque fossa, haud parvum munimentum a planioribus aditu locis, Anci regis opus est. Ingenti incremento rebus auctis cum in tanta multitudine hominum discrimine recte an peram facti confuso facinora clandestina fierent, carcer ad terrorem increscentis audaciae media urbe inminens foro aedificatur. Nec urbs tantum hoc rege crevit sed etiam ager finesque: silva Mesia Veientibus adempta usque ad mare imperium prolatum, et in ore Tiberis Ostia urbs condita, salinae circa factae; egregieque rebus bello gestis aedis Iovis Feretrii amplificata.

Tarquinius Priscus comes from Etruria to Rome, where he gains the affections of the people and the confidence of the king.

XXXIV. Anco regnante Lucumo, vir inpiger ac divitiis potens, Romam commigravit cupidine maxime ac spe magni honoris, cuius adipiscendi Tarquiniis — nam ibi quoque peregrina stirpe oriundus erat — facultas non fuerat. Demarati Corinthii filius erat, qui ob seditiones domo profugus cum Tarquiniis forte consedisset, uxore ibi ducta duos filios genuit. Nomina his Lucumo atque Arruns fuerunt. Lucumo superfuit patri bonorum omnium heres, Arruns prior quam pater moritur uxore gravida relicta. Nec diu manet superstes filio pater; qui cum ignorans nurum ventrem ferre inmemor in testando nepotis decessisset, puero post avi mortem in nullam sortem bonorum nato ab inopia Egerio inditum nomen. Lucumoni contra omnium heredi bonorum cum

divitiae iam animos facerent, auxit ducta in matrimonium
Tanaquil summo loco nata, et quae haud facile his, in
quibus nata erat, humiliora sineret ea, quo innupsisset.
Spernentibus Etruscis Lucumonem exule advena ortum,
ferre indignitatem non potuit, oblitaque ingenitae erga
patriam caritatis, dummodo virum honoratum videret,
consilium migrandi ab Tarquiniis cepit. Roma est ad
id potissimum visa: in novo populo, ubi omnis repentina atque ex virtute nobilitas sit, futurum locum forti
ac strenuo viro; regnasse Tatium Sabinum, arcessitum
in regnum Numam a Curibus, et Ancum Sabina matre
ortum nobilemque una imagine Numae esse. Facile
persuadet ut cupido honorum, et cui Tarquinii materna
tantum patria esset.

Sublatis itaque rebus amigrant Romam. Ad Ianiculum forte ventum erat. Ibi ei carpento sedenti cum
uxore aquila suspensis demissa leniter alis pilleum aufert,
superque carpentum cum magno clangore volitans rursus,
velut ministerio divinitus missa, capiti apte reponit, inde
sublimis abit. Accepisse id augurium laeta dicitur Tanaquil, perita, ut vulgo Etrusci, caelestium prodigiorum
mulier. Excelsa et alta sperare complexa virum iubet:
eam alitem, ea regione caeli et eius dei nuntiam venisse,
circa summum culmen hominis auspicium fecisse, levasse
humano superpositum capiti decus, ut divinitus eidem
redderet. Has spes cogitationesque secum portantes urbem ingressi sunt, domicilioque ibi comparato L. Tarquinium Priscum edidere nomen. Romanis conspicuum
eum novitas divitiaeque faciebant, et ipse fortunam be-
nigno adloquio, comitate invitandi beneficiisque quos poterat sibi conciliando adiuvabat, donec in regiam quoque
de eo fama perlata est. Notitiamque eam brevi apud
regem liberaliter dextreque obeundo officia in familiaris
amicitiae adduxerat iura, ut publicis pariter ac privatis
consiliis bello domique interesset, et per omnia ex-

pertus postremo tutor etiam liberis regis testamento institueretur.

At the death of Ancus he is chosen fifth king. He establishes the "gentes minores," conquers Apiolae, lays out the Circus Maximus, and institutes the "ludi Romani."

XXXV. Regnavit Ancus annos quattuor et viginti, cuilibet superiorum regum belli pacisque et artibus et gloria par. Iam filii prope puberem aetatem erant. Eo magis Tarquinius instare, ut quam primum comitia regi creando fierent; quibus indictis sub tempus pueros venatum ablegavit. Isque primus et petisse ambitiose regnum et orationem dicitur habuisse ad conciliandos plebis animos compositam: se non rem novam petere, quippe qui non primus, quod quisquam indignari mirarive posset, sed tertius Romae peregrinus regnum adfectet; et Tatium non ex peregrino solum sed etiam ex hoste regem factum, et Numam ignarum urbis non petentem in regnum ultro accitum: se, ex quo sui potens fuerit, Romam cum coniuge ac fortunis omnibus commigrasse; maiorem partem aetatis eius, qua civilibus officiis fungantur homines, Romae se quam in vetere patria vixisse; domi militiaeque sub haud paenitendo magistro, ipso Anco rege, Romana se iura, Romanos ritus didicisse; obsequio et observantia in regem cum omnibus, benignitate erga alios cum rege ipso certasse: — haec eum haud falsa memorantem ingenti consensu populus Romanus regnare iussit. Ergo virum cetera egregium secuta, quam in petendo habuerat, etiam regnantem ambitio est; nec minus regni sui firmandi quam augendae rei publicae memor centum in patres legit, qui deinde minorum gentium sunt appellati, factio haud dubia regis, cuius beneficio in curiam venerant. Bellum primum cum Latinis gessit, et oppidum ibi Apiolas vi cepit, praedaque inde maiore, quam quanta belli fama fuerat, revecta ludos opulentius instructiusque quam priores reges fecit. Tunc primum circo, qui nunc Maximus dicitur, designatus locus est. Loca divisa patribus equitibusque, ubi spectacula sibi quisque facerent, fori appellati. Spectavere furcis duo- 5 denos ab terra spectacula alta sustinentibus pedes. Ludicrum fuit equi pugilesque ex Etruria maxime acciti. Sollemnes deinde annui mansere ludi, Romani Magnique varie appellati. Ab eodem rege et circa forum privatis aedificanda divisa sunt loca, porticus tabernaeque factae. 10

War with the Sabines. Increase of the equites *despite the opposition of the augur Attus Navius.*

XXXVI. Muro quoque lapideo circumdare urbem parabat, cum Sabinum bellum coeptis intervenit. Adeoque ea subita res fuit, ut prius Anienem transirent hostes, quam obviam ire ac prohibere exercitus Romanus posset. Itaque trepidatum Romae est. Et primo dubia vic- 15 toria magna utrimque caede pugnatum est. Reductis deinde in castra hostium copiis datoque spatio Romanis ad comparandum de integro bellum, Tarquinius, equitem maxime suis deesse viribus ratus, ad Ramnes Titienses Luceres, quas centurias Romulus scripserat, addere alias 20 constituit, suoque insignis relinquere nomine. Id quia inaugurato Romulus fecerat, negare Attus Navius, inclitus ea tempestate augur, neque mutari neque novum constitui, nisi aves addixissent, posse. Ex eo ira regi mota, eludensque artem ut ferunt, "Age dum" inquit, 25 "divine tu, inaugura, fierine possit, quod nunc ego mente concipio." Cum ille augurio rem expertus profecto futuram dixisset, "Atqui hoc animo agitavi" inquit, "te novacula cotem discissurum: cape haec et perage, quod aves tuae fieri posse portendunt." Tum illum haud 30 cunctanter discidisse cotem ferunt. Statua Atti capite velato, quo in loco res acta est, in comitio, in gradibus ipsis ad laevam curiae fuit, cotem quoque eodem loco sitam fuisse memorant, ut esset ad posteros miraculi eius monumentum. Auguriis certe sacerdotioque augurum tantus honos accessit, ut nihil belli domique postea nisi auspicato gereretur, concilia populi, exercitus vocati, summa rerum, ubi aves non admisissent, dirimerentur. Neque tum Tarquinius de equitum centuriis quicquam mutavit, numero alterum tantum adiecit, ut mille et octingenti equites in tribus centuriis essent. Posteriores modo sub isdem nominibus qui additi erant appellati sunt, quas nunc, quia geminatae sunt, sex vocant centurias.

The Sabines are defeated and their spoils offered to Vulcan.

XXXVII. Hac parte copiarum aucta iterum cum Sabinis confligitur. Sed praeterquam quod viribus creverat Romanus exercitus, ex occulto etiam additur dolus, missis qui magnam vim lignorum in Anienis ripa iacentem ardentem in flumen conicerent; ventoque iuvante accensa ligna, et pleraque in ratibus inpacta sublicis cum haererent pontem incendunt. Ea quoque res in pugna terrorem attulit Sabinis, et fusis eadem fugam inpediit, multique mortales, cum hostem effugissent, in flumine ipso periere; quorum fluitantia arma ad urbem cognita in Tiberi prius paene, quam nuntiari posset, insignem victoriam fecere. Eo proelio praecipua equitum gloria fuit: utrimque ab cornibus positos, cum iam pelleretur media peditum suorum acies, ita incurrisse ab lateribus ferunt, ut non sisterent modo Sabinas legiones ferociter instantes cedentibus, sed subito in fugam averterent. Montes effuso cursu Sabini petebant; et pauci tenuere; maxima pars, ut ante dictum est, ab equitibus in flumen acti sunt. Tarquinius instandum perterritis ratus, praeda captivisque Romam missis, spoliis hostium — id votum Vulcano erat — ingenti cumulo accensis pergit porro in agrum Sabinum exercitum inducere; et quamquam male gestae res erant, nec gesturos melius sperare poterant, tamen, quia consulendi res non dabat spatium, iere obviam Sabini tumultuario milite; iterumque ibi fusi perditis iam prope rebus pacem petiere.

Surrender of Collatia. Victories over the Latins. Public works at Rome.

XXXVIII. Collatia et quidquid citra Collatiam agri erat Sabinis ademptum, Egerius — fratris hic filius erat regis — Collatiae in praesidio relictus. Deditosque Collatinos ita accipio eamque deditionis formulam esse: rex interrogavit "Estisne vos legati oratoresque missi a populo Conlatino, ut vos populumque Conlatinum dederetis?" "Sumus." "Estne populus Conlatinus in sua potestate?" "Est." "Deditisne vos populumque Conlatinum, urbem, agros, aquam, terminos, delubra, utensilia, divina humanaque omnia in meam populique Romani dicionem?" "Dedimus." "At ego recipio." Bello Sabino perfecto Tarquinius triumphans Romam redit. Inde Priscis Latinis bellum fecit. Ubi nusquam ad universae rei dimicationem ventum est; ad singula oppida circumferendo arma omne nomen Latinum domuit. Corniculum, Ficulea vetus, Cameria, Crustumerium, Ameriola, Medullia, Nomentum, haec de Priscis Latinis aut qui ad Latinos defecerant capta oppida. Pax deinde est facta.

Maiore inde animo pacis opera inchoata quam quanta mole gesserat bella, ut non quietior populus domi esset, quam militiae fuisset: nam et muro lapideo, cuius exordium operis Sabino bello turbatum erat, urbem, qua nondum munierat, cingere parat; et infima urbis loca circa forum aliasque interiectas collibus convalles, quia ex planis locis haud facile evehebant aquas, cloacis fastigio in Tiberim ductis siccat; et aream ad aedem in Capitolio Iovis, quam voverat bello Sabino, iam praesagiente animo futuram olim amplitudinem loci occupat fundamentis.

A flame appears upon the head of Servius Tullius, a young boy asleep in the palace of Tarquin. The queen predicts his future eminence.

XXXIX. Eo tempore in regia prodigium visu eventuque mirabile fuit: puero dormienti, cui Servio Tullio fuit nomen, caput arsisse ferunt multorum in conspectu. Plurimo igitur clamore inde ad tantae rei miraculum orto excitos reges, et, cum quidam familiarium aquam ad restinguendum ferret, ab regina retentum, sedatoque eam tumultu moveri vetuisse puerum, donec sua sponte experrectus esset. Mox cum somno et flammam abisse. Tum abducto in secretum viro Tanaquil "Viden tu puerum hunc" inquit, "quem tam humili cultu educamus? Scire licet hunc lumen quondam rebus nostris dubiis futurum praesidiumque regiae adflictae: proinde materiam ingentis publice privatimque decoris omni indulgentia nostra nutriamus." Inde puerum liberum loco coeptum haberi erudirique artibus, quibus ingenia ad magnae fortunae cultum excitantur. Evenit facile, quod diis cordi esset. Iuvenis evasit vere indolis regiae, nec cum quaereretur gener Tarquinio, quisquam Romanae iuventutis ulla arte conferri potuit, filiamque ei suam rex despondit.

Hic quacumque de causa tantus illi honos habitus credere prohibet serva natum eum parvumque ipsum servisse. Eorum magis sententiae sum, qui Corniculo capto Servi Tulli, qui princeps in illa urbe fuerat, gravidam viro occiso uxorem, cum inter reliquas captivas

cognita esset, ob unicam nobilitatem ab regina Romana
prohibitam ferunt servitio partum Romae edidisse Prisci
Tarquini in domo. Inde tanto beneficio et inter mulieres
familiaritatem auctam, et puerum, ut in domo a parvo
eductum, in caritate atque honore fuisse; fortunam matris, quod capta patria in hostium manus venerit, ut
serva natus crederetur fecisse.

*Tarquin is murdered at the instigation of the sons of Ancus
Marcius.*

XL. Duodequadragesimo ferme anno, ex quo regnare
coeperat Tarquinius, non apud regem modo sed apud
patres plebemque longe maximo honore Servius Tullius
erat. Tum Anci filii duo, etsi antea semper pro indignissimo habuerant se patrio regno tutoris fraude pulsos,
regnare Romae advenam non modo vicinae sed ne Italicae
quidem stirpis, tum inpensius iis indignitas crescere,
si ne ab Tarquinio quidem ad se rediret regnum, sed
praeceps inde porro ad servitia caderet, ut in eadem
civitate post centesimum fere annum quod Romulus,
deo prognatus, deus ipse, tenuerit regnum, donec in
terris fuerit, id servus, serva natus, possideat. Cum
commune Romani nominis tum praecipue id domus
suae dedecus fore, si Anci regis virili stirpe salva non
modo advenis sed servis etiam regnum Romae pateret.
Ferro igitur eam arcere contumeliam statuunt. Sed et
iniuriae dolor in Tarquinium ipsum magis quam in Servium eos stimulabat, et quia gravior ultor caedis, si
superesset, rex futurus erat quam privatus; tum Servio
occiso quemcumque alium generum delegisset, eundem
regni heredem facturus videbatur: — ob haec ipsi regi
insidiae parantur. Ex pastoribus duo ferocissimi delecti
ad facinus, quibus consueti erant uterque agrestibus ferramentis, in vestibulo regiae quam potuere tumultuosissime

specie rixae in se omnes apparitores regios convertunt.
Inde, cum ambo regem appellarent clamorque eorum
penitus in regiam pervenisset, vocati ad regem pergunt.
Primo uterque vociferari et certatim alter alteri obstre-
5 pere. Coerciti ab lictore et iussi in vicem dicere tandem obloqui desistunt; unus rem ex composito orditur.
Dum intentus in eum se rex totus averteret, alter elatam
securim in caput deiecit, relictoque in vulnere telo ambo
se foras eiciunt.

*His death is concealed until, by the assistance of Tanaquil,
Servius Tullius is established as sixth king.*

10 XLI. Tarquinium moribundum cum qui circa erant
excepissent, illos fugientes lictores comprehendunt. Clamor inde concursusque populi mirantium, quid rei esset.
Tanaquil inter tumultum claudi regiam iubet, arbitros
eicit; simul quae curando vulneri opus sunt, tamquam
15 spes subesset, sedulo conparat, simul, si destituat spes,
alia praesidia molitur. Servio propere accito cum paene
exsanguem virum ostendisset, dextram tenens orat, ne
inultam mortem soceri, ne socrum inimicis ludibrio esse
sinat. "Tuum est" inquit, "Servi, si vir es, regnum,
20 non eorum, qui alienis manibus pessimum facinus fecere. Erige te deosque duces sequere, qui clarum hoc
fore caput divino quondam circumfuso igni portende-
runt. Nunc te illa caelestis excitet flamma, nunc ex-
pergiscere vere. Et nos peregrini regnavimus. Qui sis,
25 non unde natus sis, reputa. Si tua re subita consilia
torpent, at tu mea consilia sequere." Cum clamor
impetusque multitudinis vix sustineri posset, ex superiore parte aedium per fenestras in Novam Viam versas
— habitabat enim rex ad Iovis Statoris — populum Ta-
30 naquil adloquitur. Iubet bono animo esse: sopitum
fuisse regem subito ictu, ferrum haud alte in corpus

descendisse, iam ad se redisse; inspectum vulnus absterso cruore; omnia salubria esse. Confidere propediem ipsum eos visuros; interim Servio Tullio iubere populum dicto audientem esse; eum iura redditurum obiturumque alia regis munia esse. Servius cum trabea et lictoribus prodit, ac sede regia sedens alia decernit, de aliis consulturum se regem esse simulat. Itaque per aliquot dies, cum iam exspirasset Tarquinius, celata morte per speciem alienae fungendae vicis suas opes firmavit. Tum demum palam factum est conploratione in regia orta. Servius praesidio firmo munitus primus iniussu populi voluntate patrum regnavit. Anci liberi iam tum conprensis sceleris ministris, ut vivere regem et tantas esse opes Servi nuntiatum est, Suessam Pometiam exulatum ierant.

Servius marries his daughters to the sons of Tarquin. War with Veii. Institution of the census.

XLII. Nec iam publicis magis consiliis Servius quam privatis munire opes, et ne, qualis Anci liberum animus adversus Tarquinium fuerat, talis adversus se Tarquini liberum esset, duas filias iuvenibus regiis Lucio atque Arrunti Tarquiniis iungit. Nec rupit tamen fati necessitatem humanis consiliis, quin invidia regni etiam inter domesticos infida omnia atque infesta faceret. Peropportune ad praesentis quietem status bellum cum Veientibus — iam enim indutiae exierant — aliisque Etruscis sumptum. In eo bello et virtus et fortuna enituit Tulli; fusoque ingenti hostium exercitu haud dubius rex, seu patrum seu plebis animos periclitaretur, Romam rediit.

Adgrediturque inde ad pacis longe maximum opus, ut, quem ad modum Numa divini auctor iuris fuisset, ita Servium conditorem omnis in civitate discriminis ordinumque, quibus inter gradus dignitatis fortunaeque aliquid interlucet, posteri fama ferrent. Censum enim instituit, rem saluberrimam tanto futuro imperio, ex quo belli pacisque munia non viritim ut ante, sed pro habitu pecuniarum fierent. Tum classes centuriasque et hunc ordinem ex censu discripsit vel paci decorum vel bello.

The reformed constitution and the Comitia Centuriata.

XLIII. Ex iis, qui centum milium aeris aut maiorem censum haberent, octoginta confecit centurias, quadragenas seniorum ac iuniorum: prima classis omnes appellati; seniores ad urbis custodiam ut praesto essent, iuvenes ut foris bella gererent. Arma his imperata galea, clipeum, ocreae, lorica, omnia ex aere; haec ut tegumenta corporis essent: tela in hostem hastaque et gladius. Additae huic classi duae fabrum centuriae, quae sine armis stipendia facerent; datum munus ut machinas in bello ferrent. Secunda classis intra centum usque ad quinque et septuaginta milium censum instituta, et ex iis, senioribus iunioribusque, viginti conscriptae centuriae. Arma imperata scutum pro clipeo, et praeter loricam omnia eadem. Tertiae classis quinquaginta milium censum esse voluit. Totidem centuriae et hae eodemque discrimine aetatium factae; nec de armis quicquam mutatum, ocreae tantum ademptae. In quarta classe census quinque et viginti milium; totidem centuriae factae; arma mutata, nihil praeter hastam et verutum datum. Quinta classis aucta, centuriae triginta factae. Fundas lapidesque missiles hi secum gerebant. His accensi cornicines tubicinesque, in duas centurias distributi. Undecim milibus haec classis censebatur. Hoc minor census reliquam multitudinem habuit: inde una centuria facta est immunis militia. Ita pedestri exercitu ornato distributoque equitum ex primoribus civitatis duodecim scripsit centurias. Sex item alias centurias, tribus ab

Romulo institutis, sub isdem, quibus inauguratae erant, nominibus fecit. Ad equos emendos dena milia aeris ex publico data, et quibus equos alerent, viduae adtributae, quae bina milia aeris in annos singulos penderent. Haec omnia in dites a pauperibus inclinata onera.

Deinde est honos additus: non enim, ut ab Romulo traditum ceteri servaverant reges, viritim suffragium eadem vi eodemque iure promisce omnibus datum est; sed gradus facti, ut neque exclusus quisquam suffragio videretur, et vis omnis penes primores civitatis esset. Equites enim vocabantur primi, octoginta inde primae classis centuriae; ibi si variaret, quod raro incidebat, secundae classis; nec fere umquam infra ita descenderunt ut ad infimos pervenirent. Nec mirari oportet hunc ordinem, qui nunc est post expletas quinque et triginta tribus duplicato earum numero centuriis iuniorum seniorumque, ad institutam ab Servio Tullio summam non convenire. Quadrifariam enim urbe divisa regionibus collibusque, qui habitabantur, partes eas tribus appellavit, ut ego arbitror ab tributo — nam eius quoque aequaliter ex censu conferendi ab eodem inita ratio est; — neque eae tribus ad centuriarum distributionem numerumque quicquam pertinuere.

The ceremonies of the Lustrum. *The seven hills of the city are enclosed with a ring-wall.*

XLIV. Censu perfecto, quem maturaverat metu legis de incensis latae cum vinculorum minis mortisque, edixit ut omnes cives Romani, equites peditesque, in suis quisque centuriis in Campo Martio prima luce adessent. Ibi instructum exercitum omnem suovetaurilibus lustravit, idque conditum lustrum appellatum, quia is censendo finis factus est. Milia LXXX eo lustro civium censa dicuntur. Adicit scriptorum antiquissimus Fabius Pictor eorum qui arma ferre possent eum numerum fuisse.

Ad eam multitudinem urbs quoque amplificanda visa est. Addit duos colles, Quirinalem Viminalemque; inde deinceps auget Esquilias, ibique ipse, ut loco dignitas fieret, habitat. Aggere et fossis et muro circumdat urbem; ita pomerium profert. Pomerium, verbi vim solam intuentes, postmoerium interpretantur esse; est autem magis circamoerium, locus, quem in condendis urbibus quondam Etrusci, qua murum ducturi erant, certis circa terminis inaugurato consecrabant, ut neque interiore parte aedificia moenibus continuarentur, quae nunc vulgo etiam coniungunt, et extrinsecus puri aliquid ab humano cultu pateret soli. Hoc spatium, quod neque habitari neque arari fas erat, non magis quod post murum esset, quam quod murus post id, pomerium Romani appellarunt, et in urbis incremento semper, quantum moenia processura erant, tantum termini hi consecrati proferebantur.

A temple to Diana is built on the Aventine Hill as a common sanctuary for Rome and Latium.

XLV. Aucta civitate magnitudine urbis, formatis omnibus domi et ad belli et ad pacis usus, ne semper armis opes adquirerentur, consilio augere imperium conatus est, simul et aliquod addere urbi decus. Iam tum erat inclitum Dianae Ephesiae fanum. Id communiter a civitatibus Asiae factum fama ferebat. Eum consensum deosque consociatos laudare mire Servius inter proceres Latinorum, cum quibus publice privatimque hospitia amicitiasque de industria iunxerat. Saepe iterando eadem perpulit tandem, ut Romae fanum Dianae populi Latini cum populo Romano facerent. Ea erat confessio caput rerum Romam esse, de quo totiens armis certatum fuerat. Id quamquam omissum iam ex omnium cura Latinorum ob rem totiens infeliciter temptatam armis videbatur, uni se ex Sabinis fors dare visa est privato consilio imperii recuperandi. Bos in Sabinis nata cuidam patri familiae dicitur miranda magnitudine ac specie. Fixa per multas aetates cornua in vestibulo templi Dianae monumentum ei fuere miraculo. Habita, ut erat, res prodigii loco est; et cecinere vates, cuius civitatis eam cives Dianae immolassent, ibi fore imperium; idque carmen pervenerat ad antistitem fani Dianae, Sabinusque, ut prima apta dies sacrificio visa est, bovem Romam actam deducit ad fanum Dianae et ante aram statuit. Ibi antistes Romanus, cum eum magnitudo victumae celebrata fama movisset, memor responsi Sabinum ita adloquitur: "Quidnam tu, hospes, paras," inquit, "inceste sacrificium Dianae facere? Quin tu ante vivo perfunderis flumine? Infima valle praefluit Tiberis." Religione tactus hospes, qui omnia, ut prodigio responderet eventus, cuperet rite facta, extemplo descendit ad Tiberim. Interea Romanus immolat Dianae bovem. Id mire gratum regi atque civitati fuit.

Servius' daughter and her husband Lucius Tarquinius conspire against him.

XLVI. Servius quamquam iam usu haud dubie regnum possederat, tamen, quia interdum iactari voces a iuvene Tarquinio audiebat se iniussu populi regnare, conciliata prius voluntate plebis agro capto ex hostibus viritim diviso ausus est ferre ad populum, vellent iuberentne se regnare; tantoque consensu, quanto haud quisquam alius ante, rex est declaratus. Neque ea res Tarquinio spem adfectandi regni minuit: immo eo inpensius, quia de agro plebis adversa patrum voluntate senserat agi, criminandi Servi apud patres crescendique in curia sibi occasionem datam ratus est, et ipse iuvenis ardentis animi et domi uxore Tullia inquietum animum stimulante. Tulit enim et Romana regia sceleris tragici exemplum, ut taedio regum maturior veniret libertas, ultimumque regnum esset, quod scelere partum foret. Hic L. Tarquinius — Prisci Tarquini regis filius neposne fuerit, parum liquet; pluribus tamen auctoribus filium ediderim — fratrem habuerat Arruntem Tarquinium, mitis ingenii iuvenem. His duobus, ut ante dictum est, duae Tulliae regis filiae nupserant, et ipsae longe dispares moribus. Forte ita inciderat, ne duo violenta ingenia matrimonio iungerentur, fortuna credo populi Romani, quo diuturnius Servi regnum esset, constituique civitatis mores possent. Angebatur ferox Tullia nihil materiae in viro neque ad cupiditatem neque ad audaciam esse; tota in alterum aversa Tarquinium eum mirari, eum virum dicere ac regio sanguine ortum; spernere sororem, quod virum nacta muliebri cessaret audacia. Contrahit celeriter similitudo eos, ut fere fit; malum malo aptissimum; sed initium turbandi omnia a femina ortum est. Ea secretis viri alieni adsuefacta sermonibus nullis verborum contumeliis parcere de viro ad fratrem, de sorore ad virum; et se rectius viduam et illum caelibem futurum fuisse contendere quam cum inpari iungi, ut elanguescendum aliena ignavia esset. Si sibi eum, quo digna esset, dii dedissent virum, domi se prope diem visuram regnum fuisse, quod apud patrem videat. Celeriter adulescentem suae temeritatis implet. Lucius Tarquinius et Tullia minor prope continuatis funeribus cum domos vacuas novo matrimonio fecissent, iunguntur nuptiis magis non prohibente Servio quam adprobante.

Tarquin, incited by his wife to seize the throne, goes with armed men to the Forum, summons the Senate, and inveighs violently against Servius.

XLVII. Tum vero in dies infestior Tulli senectus, infestius coepit regnum esse. Iam enim ab scelere ad aliud spectare mulier scelus, nec nocte nec interdiu virum conquiescere pati, ne gratuita praeterita parricidia essent: non sibi defuisse cui nupta diceretur, nec cum quo tacita serviret; defuisse qui se regno dignum putaret, qui meminisset se esse Prisci Tarquini filium, qui habere quam sperare regnum mallet. "Si tu is es cui nuptam esse me arbitror, et virum et regem appello; sin minus, eo nunc peius mutata res est, quod istic cum ignavia est scelus. Quin accingeris? Non tibi ab Corintho nec ab Tarquiniis, ut patri tuo, peregrina regna moliri necesse est; di te penates patriique et patris imago et domus regia et in domo regale solium et nomen Tarquinium creat vocatque regem. Aut si ad haec parum est animi, quid frustraris civitatem? Quid te ut regium iuvenem conspici sinis? Facesse hinc Tarquinios aut Corinthum, devolvere retro ad stirpem, fratris similior quam patris." His aliisque increpando iuvenem instigat, nec conquiescere ipsa potest, si, cum Tanaquil, peregrina mulier, regna viro ac deinceps genero dedisset, ipsa, regio semine orta, nullum momentum in dando adimendoque regno faceret. His muliebribus instinctus furiis Tarquinius circumire et prensare minorum maxime gentium patres, admonere paterni beneficii, ac pro eo gratiam repetere; allicere donis iuvenes; cum de se ingentia pollicendo tum regis criminibus omnibus locis crescere. Postremo, ut iam agendae rei tempus visum est, stipatus agmine armatorum in forum inrupit. Inde omnibus perculsis pavore in regia sede pro curia sedens patres in curiam per praeconem ad regem Tarquinium citari iussit. Convenere extemplo, alii iam ante ad hoc praeparati, alii metu, ne non venisse fraudi esset, novitate ac miraculo attoniti et iam de Servio actum rati. Ibi Tarquinius maledicta ab stirpe ultima orsus: servum servaque natum post mortem indignam parentis sui, non interregno, ut antea, inito, non comitiis habitis, non per suffragium populi, non

auctoribus patribus, muliebri dono regnum occupasse.
Ita natum, ita creatum regem, fautorem infimi generis
hominum, ex quo ipse sit, odio alienae honestatis ereptum
primoribus agrum sordidissimo cuique divisisse; omnia
5 onera, quae communia quondam fuerint, inclinasse in
primores civitatis; instituisse censum, ut insignis ad
invidiam locupletiorum fortuna esset, et parata unde,
ubi vellet, egentissimis largiretur.

*Servius is murdered, and his daughter drives over his body.
The length of his reign. His character.*

XLVIII. Huic orationi Servius cum intervenisset tre-
10 pido nuntio excitatus, extemplo a vestibulo curiae magna
voce "Quid hoc" inquit, "Tarquini, rei est? Qua tu
audacia me vivo vocare ausus es patres aut in sede
considere mea?" Cum ille ferociter ad haec: se patris sui tenere sedem, multo quam servum potiorem,
15 filium regis, regni heredem; satis illum diu per licentiam eludentem insultasse dominis; clamor ab utriusque
fautoribus oritur, et concursus populi fiebat in curiam,
apparebatque regnaturum qui vicisset. Tum Tarquinius,
necessitate iam etiam ipsa cogente ultima audere, multo
20 et aetate et viribus validior medium arripit Servium,
elatumque e curia in inferiorem partem per gradus deicit;
inde ad cogendum senatum in curiam redit. Fit fuga regis
apparitorum atque comitum. Ipse prope exsanguis ab
iis, qui missi ab Tarquinio fugientem consecuti erant,
25 interficitur. Creditur, quia non abhorret a cetero scelere,
admonitu Tulliae id factum. Carpento certe, id quod
satis constat, in forum invecta nec reverita coetum
virorum evocavit virum e curia, regemque prima appellavit. A quo facessere iussa ex tanto tumultu cum se
30 domum reciperet, pervenissetque ad summum Cyprium
vicum, ubi Dianium nuper fuit, flectenti carpentum dextra

in Urbium clivum, ut in collem Esquiliarum eveheretur, restitit pavidus atque inhibuit frenos is qui iumenta agebat, iacentemque dominae Servium trucidatum ostendit. Foedum inhumanumque inde traditur scelus monumentoque locus est: Sceleratum vicum vocant, quo amens agitantibus furiis sororis ac viri Tullia per patris corpus carpentum egisse fertur, partemque sanguinis ac caedis paternae cruento vehiculo contaminata ipsa respersaque tulisse ad penates suos virique sui, quibus iratis malo regni principio similes prope diem exitus sequerentur. Servius Tullius regnavit annos IIII et XL ita, ut bono etiam moderatoque succedenti regi difficilis aemulatio esset. Ceterum id quoque ad gloriam accessit, quod cum illo simul iusta ac legitima regna occiderunt. Id ipsum tam mite ac tam moderatum imperium tamen, quia unius esset, deponere eum in animo habuisse quidam auctores sunt, ni scelus intestinum liberandae patriae consilia agitanti intervenisset.

Tarquin, surnamed the Proud, becomes the seventh and last king. He mistrusts his subjects, weakens the Senate, but conciliates the Latins.

XLIX. Inde L. Tarquinius regnare occepit, cui Superbo cognomen facta indiderunt, quia socerum gener sepultura prohibuit, Romulum quoque insepultum perisse dictitans; primoresque patrum, quos Servi rebus favisse credebat, interfecit; conscius deinde male quaerendi regni ab se ipso adversus se exemplum capi posse, armatis corpus circumsaepsit. Neque enim ad ius regni quicquam praeter vim habebat, ut qui neque populi iussu neque auctoribus patribus regnaret. Eo accedebat, ut in caritate civium nihil spei reponenti metu regnum tutandum esset. Quem ut pluribus incuteret, cognitiones capitalium rerum sine consiliis per se solus exercebat,

perque eam causam occidere, in exilium agere, bonis
multare poterat non suspectos modo aut invisos, sed
unde nihil aliud quam praedam sperare posset. Praecipue
ita patrum numero imminuto statuit nullos in patres
legere, quo contemptior paucitate ipsa ordo esset, minusque
per se nihil agi indignarentur. Hic enim regum primus
traditum a prioribus morem de omnibus senatum consulendi solvit, domesticis consiliis rem publicam admi-
nistravit, bellum, pacem, foedera, societates per se ipse
cum quibus voluit, iniussu populi ac senatus fecit di-
remitque. Latinorum sibi maxime gentem conciliabat, ut
peregrinis quoque opibus tutior inter civis esset, neque
hospitia modo cum primoribus eorum sed adfinitates
quoque iungebat. Octavio Mamilio Tusculano — is
longe princeps Latini nominis erat, si famae credimus,
ab Ulixe deaque Circa oriundus, — ei Mamilio filiam
nuptum dat, perque eas nuptias multos sibi cognatos
amicosque eius conciliat.

*Turnus Herdonius of Aricia at a meeting of the Latin league
attacks Tarquin in a violent harangue.*

L. Iam magna Tarquini auctoritas inter Latinorum
proceres erat, cum in diem certam ut ad lucum Ferentinae conveniant indicit: esse quae agere de rebus com-
munibus velit. Conveniunt frequentes prima luce. Ipse
Tarquinius diem quidem servavit, sed paulo ante quam
sol occideret, venit. Multa ibi toto die in concilio
variis iactata sermonibus erant. Turnus Herdonius ab
Aricia ferociter in absentem Tarquinium erat invectus:
haud mirum esse Superbo inditum Romae cognomen —
iam enim ita clam quidem mussitantes, vulgo tamen
eum appellabant; — an quicquam superbius esse quam
ludificari sic omne nomen Latinum? Principibus longe
ab domo excitis, ipsum, qui concilium indixerit, non

adesse. Temptari profecto patientiam, ut, si iugum acceperint, obnoxios premat. Cui enim non apparere, adfectare eum imperium in Latinos? Quod si sui bene crediderint cives, aut si creditum illud et non raptum parricidio sit, credere et Latinos, quamquam ne sic quidem alienigenae, debere: sin suos eius paeniteat, quippe qui alii super alios trucidentur, exulatum eant, bona amittant, quid spei melioris Latinis portendi? Si se audiant domum suam quemque inde abituros neque magis observaturos diem concilii quam ipse, qui indixerit, observet. Haec atque alia eodem pertinentia seditiosus facinorosusque homo hisque artibus opes domi nactus cum maxime dissereret, intervenit Tarquinius. Is finis orationi fuit. Aversi omnes ad Tarquinium salutandum; qui silentio facto monitus a proximis, ut purgaret se, quod id temporis venisset, disceptatorem ait se sumptum inter patrem et filium, cura reconciliandi eos in gratiam moratum esse; et quia ea res exemisset illum diem, postero die acturum quae constituisset. Ne id quidem ab Turno tulisse tacitum ferunt; dixisse enim nullam breviorem esse cognitionem quam inter patrem et filium, paucisque transigi verbis posse: ni pareat patri, habiturum infortunium esse.

Turnus, falsely accused by Tarquin of a treasonable conspiracy, is put to death without a trial.

LI. Haec Aricinus in regem Romanum increpans ex concilio abiit. Quam rem Tarquinius aliquanto quam videbatur aegrius ferens confestim Turno necem machinatur, ut eundem terrorem, quo civium animos domi oppresserat, Latinis iniceret. Et quia pro imperio palam interfici non poterat, oblato falso crimine insontem oppressit. Per adversae factionis quosdam Aricinos servum Turni auro corrupit, ut in deversorium eius vim magnam gladiorum inferri clam sineret. Ea cum una nocte perfecta essent, Tarquinius paulo ante lucem accitis ad se principibus Latinorum quasi re nova perturbatus, moram suam hesternam, velut deorum quadam providentia inlatam, ait saluti sibi atque illis fuisse. Ab Turno dici sibi et primoribus populorum parari necem, ut Latinorum solus imperium teneat. Adgressurum fuisse hesterno die in concilio; dilatam rem esse, quod auctor concilii afuerit, quem maxime peteret. Inde illam absentis insectationem esse natam, quod morando spem destituerit. Non dubitare, si vera deferantur, quin prima luce, ubi ventum in concilium sit, instructus cum coniuratorum manu armatusque venturus sit. Dici gladiorum ingentem esse numerum ad eum convectum. Id vanum necne sit, extemplo sciri posse. Rogare eos, ut inde secum ad Turnum veniant. Suspectam fecit rem et ingenium Turni ferox et oratio hesterna et mora Tarquini, quod videbatur ob eam differri caedes potuisse. Eunt inclinatis quidem ad credendum animis, tamen nisi gladiis deprehensis cetera vana existimaturi. Ubi est eo ventum, Turnum ex somno excitatum circumsistunt custodes; conprehensisque servis, qui caritate domini vim parabant, cum gladii abditi ex omnibus locis deverticuli protraherentur, enimvero manifesta res visa, iniectaeque Turno catenae; et confestim Latinorum concilium magno cum tumultu advocatur. Ibi tam atrox invidia orta est gladiis in medio positis, ut indicta causa novo genere leti deiectus ad caput aquae Ferentinae crate superne iniecta saxisque congestis mergeretur.

Rome's supremacy is acknowledged by the Latins and confirmed by a treaty.

LII. Revocatis deinde ad concilium Latinis Tarquinius conlaudatisque, qui Turnum novantem res pro manifesto parricidio merita poena adfecissent, ita verba fecit: posse quidem se vetusto iure agere, quod, cum omnes Latini ab Alba oriundi sint, eo foedere teneantur, quo ab Tullo res omnis Albana cum coloniis suis in Romanum cesserit imperium; ceterum se utilitatis id magis omnium causa censere, ut renovetur id foedus, secundaque potius fortuna populi Romani ut participes Latini fruantur, quam urbium excidia vastationesque agrorum, quas Anco prius, patre deinde suo regnante perpessi sint, semper aut expectent aut patiantur. Haud difficulter persuasum Latinis, quamquam in eo foedere superior Romana res erat. Ceterum et capita nominis Latini stare ac sentire cum rege videbant, et Turnus sui cuique periculi, si adversatus esset, recens erat documentum. Ita renovatum foedus, indictumque iunioribus Latinorum, ut ex foedere die certa ad lucum Ferentinae armati frequentes adessent. Qui ubi ad edictum Romani regis ex omnibus populis convenere, ne ducem suum neve secretum imperium propriave signa haberent, miscuit manipulos ex Latinis Romanisque, ut ex binis singulos faceret binosque ex singulis; ita geminatis manipulis centuriones imposuit.

War with the Volscians and capture of Suessa Pometia with rich spoil. Tarquin resorts to a stratagem to gain possession of Gabii.

LIII. Nec, ut iniustus in pace rex, ita dux belli pravus fuit; quin ea arte aequasset superiores reges, ni degeneratum in aliis huic quoque decori offecisset. Is primus Volscis bellum in ducentos amplius post suam aetatem annos movit, Suessamque Pometiam ex his vi cepit. Ubi cum divendita praeda quadraginta talenta argenti refecisset, concepit animo eam amplitudinem Iovis templi, quae digna deum hominumque rege, quae

Romano imperio, quae ipsius etiam loci maiestate esset. Captivam pecuniam in aedificationem eius templi seposuit.

Excepit deinde eum lentius spe bellum, quo Gabios propinquam urbem, nequiquam vi adortus, cum obsidendi quoque urbem spes pulso a moenibus adempta esset, postremo minime arte Romana, fraude ac dolo, adgressus est. Nam cum velut posito bello fundamentis templi iaciendis aliisque urbanis operibus intentum se esse simularet, Sextus filius eius, qui minimus ex tribus erat, transfugit ex composito Gabios, patris in se saevitiam intolerabilem conquerens: iam ab alienis in suos vertisse superbiam, et liberorum quoque eum frequentiae taedere, ut, quam in curia solitudinem fecerit, domi quoque faciat, ne quam stirpem, ne quem heredem regni relinquat. Se quidem inter tela et gladios patris elapsum nihil usquam sibi tutum nisi apud hostes L. Tarquini credidisse. Nam ne errarent, manere iis bellum, quod positum simuletur, et per occasionem eum incautos invasurum. Quod si apud eos supplicibus locus non sit, pererraturum se omne Latium Volscosque inde et Aequos et Hernicos petiturum, donec ad eos perveniat, qui a patrum crudelibus atque impiis suppliciis tegere liberos sciant. Forsitan etiam ardoris aliquid ad bellum armaque se adversus superbissimum regem ac ferocissimum populum inventurum. Cum, si nihil morarentur, infensus ira porro inde abiturus videretur, benigne ab Gabinis excipitur. Vetant mirari si, qualis in cives, qualis in socios, talis ad ultimum in liberos esset. In se ipsum postremo saeviturum, si alia desint. Sibi vero gratum adventum eius esse, futurumque credere brevi, ut illo adiuvante a portis Gabinis sub Romana moenia bellum transferatur.

Sextus Tarquin, after gaining the confidence of the Gabines, betrays their city to his father.

LIV. Inde in consilia publica adhiberi. Ubi cum de aliis rebus adsentire se veteribus Gabinis diceret, quibus eae notiores essent: ipse identidem belli auctor esse, et in eo sibi praecipuam prudentiam adsumere, quod utriusque populi vires nosset, sciretque invisam profecto superbiam regiam civibus esse, quam ferre ne liberi quidem potuissent. Ita cum sensim ad rebellandum primores Gabinorum incitaret, ipse cum promptissimis iuvenum praedatum atque in expeditiones iret, et dictis factisque omnibus ad fallendum instructis vana adcresceret fides, dux ad ultimum belli legitur. Ibi cum inscia multitudine, quid ageretur, proelia parva inter Romam Gabiosque fierent, quibus plerumque Gabina res superior esset, tum certatim summi infimique Gabinorum Sex. Tarquinium dono deum sibi missum ducem credere. Apud milites vero obeundo pericula ac labores pariter, praedam munifice largiendo tanta caritate esse, ut non pater Tarquinius potentior Romae quam filius Gabiis esset. Itaque postquam satis virium collectum ad omnes conatus videbat, tum ex suis unum sciscitatum Romam ad patrem mittit, quidnam se facere vellet, quandoquidem, ut omnia unus Gabiis posset, ei dii dedissent. Huic nuntio, quia, credo, dubiae fidei videbatur, nihil voce responsum est. Rex velut deliberabundus in hortum aedium transit sequente nuntio filii; ibi inambulans tacitus summa papaverum capita dicitur baculo decussisse. Interrogando expectandoque responsum nuntius fessus, ut re inperfecta, redit Gabios; quae dixerit ipse quaeque viderit, refert: seu ira seu odio seu superbia insita ingenio nullam eum vocem emisisse. Sexto ubi, quid vellet parens, quidve praeciperet tacitis ambagibus, patuit, primores civitatis criminando alios apud populum, alios sua ipsos invidia opportunos interemit. Multi palam, quidam, in quibus minus speciosa criminatio erat futura, clam interfecti. Patuit quibusdam volentibus fuga, aut in exilium acti sunt, absentiumque bona iuxta atque interemptorum divisui fuere. Largitiones inde praedaeque; et dulcedine privati commodi sensus malorum publicorum adimi, donec orba consilio auxilioque Gabina res regi Romano sine ulla dimicatione in manum traditur.

The foundations of the Capitoline Temple are laid; Terminus refuses to withdraw from the site.

LV. Gabiis receptis Tarquinius pacem cum Aequorum gente fecit, foedus cum Tuscis renovavit. Inde ad negotia urbana animum convertit; quorum erat primum, ut Iovis templum in monte Tarpeio monumentum regni sui nominisque relinqueret: Tarquinios reges ambos, patrem vovisse, filium perfecisse. Et ut libera a ceteris religionibus area esset tota Iovis templique eius, quod inaedificaretur, exaugurare fana sacellaque statuit, quae aliquot ibi a T. Tatio rege primum in ipso discrimine adversus Romulum pugnae vota, consecrata inaugurataque postea fuerant. Inter principia condendi huius operis movisse numen ad indicandam tanti imperii molem traditur deos; nam cum omnium sacellorum exaugurationes admitterent aves, in Termini fano non addixere. Idque omen auguriumque ita acceptum est, non motam Termini sedem unumque eum deorum non evocatum sacratis sibi finibus firma stabiliaque cuncta portendere. Hoc perpetuitatis auspicio accepto secutum aliud magnitudinem imperii portendens prodigium est: caput humanum integra facie aperientibus fundamenta templi dicitur apparuisse, quae visa species haud per ambages arcem eam imperii caputque rerum fore portendebat;

idque ita cecinere vates, quique in urbe erant, quosque ad eam rem consultandam ex Etruria acciverant. Augebatur ad inpensas regis animus. Itaque Pomptinae manubiae, quae perducendo ad culmen operi destinatae erant, vix in fundamenta suppeditavere. Eo magis Fabio, praeterquam quod antiquior est, crediderim quadraginta ea sola talenta fuisse, quam Pisoni, qui quadraginta milia pondo argenti seposita in eam rem scribit, quippe summam pecuniae neque ex unius tum urbis praeda sperandam, et nullorum ne huius quidem magnificentiae operum fundamenta non exsuperaturam.

Public works and colonies. Terrified by an omen, Tarquin sends to consult the oracle at Delphi.

LVI. Intentus perficiendo templo fabris undique ex Etruria accitis non pecunia solum ad id publica est usus, sed operis etiam ex plebe. Qui cum haud parvus et ipse militiae adderetur labor, minus tamen plebs gravabatur se templa deum exaedificare manibus suis, quam postquam et ad alia, ut specie minora sic laboris aliquanto maioris, traducebantur opera, foros in circo faciendos Cloacamque Maximam, receptaculum omnium purgamentorum urbis, sub terra agendam; quibus duobus operibus vix nova haec magnificentia quicquam adaequare potuit. His laboribus exercita plebe, quia et urbi multitudinem, ubi usus non esset, oneri rebatur esse, et colonis mittendis occupari latius imperii fines volebat, Signiam Circeiosque colonos misit, praesidia urbi futura terra marique.

Haec agenti portentum terribile visum: anguis ex columna lignea elapsus cum terrorem fugamque in regia fecisset, ipsius regis non tam subito pavore perculit pectus quam anxiis inplevit curis. Itaque cum ad publica prodigia Etrusci tantum vates adhiberentur, hoc velut domestico exterritus visu Delphos ad maxime inclitum in terris oraculum mittere statuit. Neque responsa sortium ulli alii committere ausus duos filios per ignotas ea tempestate terras, ignotiora maria, in Graeciam misit. Titus et Arruns profecti. Comes iis additus L. Iunius Brutus, Tarquinia, sorore regis, natus, iuvenis longe alius ingenio, quam cuius simulationem induerat. Is cum primores civitatis in quibus fratrem suum ab avunculo interfectum audisset, neque in animo suo quicquam regi timendum neque in fortuna concupiscendum relinquere statuit, contemptuque tutus esse, ubi in iure parum praesidii esset. Ergo ex industria factus ad imitationem stultitiae cum se suaque praedae esse regi sineret, Bruti quoque haud abnuit cognomen, ut sub eius obtentu cognominis liberator ille populi Romani animus latens opperiretur tempora sua. Is tum ab Tarquiniis ductus Delphos, ludibrium verius quam comes, aureum baculum inclusum corneo cavato ad id baculo tulisse donum Apollini dicitur, per ambages effigiem ingenii sui. Quo postquam ventum est, perfectis patris mandatis cupido incessit animos iuvenum sciscitandi ad quem eorum regnum Romanum esset venturum. Ex infimo specu vocem redditam ferunt: "Imperium summum Romae habebit qui vestrum primus, o iuvenes, osculum matri tulerit." Tarquinii, ut Sextus, qui Romae relictus fuerat, ignarus responsi expersque imperii esset, rem summa ope taceri iubent; ipsi inter se, uter prior, cum Romam redissent, matri osculum daret, sorti permittunt. Brutus alio ratus spectare Pythicam vocem, velut si prolapsus cecidisset, terram osculo contigit, scilicet quod ea communis mater omnium mortalium esset. Reditum inde Romam, ubi adversus Rutulos bellum summa vi parabatur.

*A dispute among the princes and their friends, engaged in the
siege of Ardea, about the comparative merits of their wives,
is settled by visiting all the ladies unexpectedly. Sextus
Tarquin conceives a guilty passion for Lucretia, wife of his
cousin Collatinus.*

LVII. Ardeam Rutuli habebant, gens, ut in ea regione atque in ea aetate, divitiis praepollens. Eaque ipsa causa belli fuit, quod rex Romanus cum ipse ditari exhaustus magnificentia publicorum operum, tum praeda delenire popularium animos studebat, praeter aliam superbiam regno infestos etiam quod se in fabrorum ministeriis ac servili tam diu habitos opere ab rege indignabantur. Temptata res est, si primo impetu capi Ardea posset. Ubi id parum processit, obsidione munitionibusque coepti premi hostes. In his stativis, ut fit longo magis quam acri bello, satis liberi commeatus erant, primoribus tamen magis quam militibus; regii quidem iuvenes interdum otium conviviis comisationibusque inter se terebant. Forte potantibus his apud Sex. Tarquinium, ubi et Conlatinus cenabat Tarquinius Egerii filius, incidit de uxoribus mentio; suam quisque laudare miris modis. Inde certamine accenso Conlatinus negat verbis opus esse, paucis id quidem horis posse sciri, quantum ceteris praestet Lucretia sua. "Quin, si vigor iuventae inest, conscendimus equos, invisimusque praesentes nostrarum ingenia? Id cuique spectatissimum sit, quod necopinato viri adventu occurrerit oculis." Incaluerant vino. "Age sane!" omnes. Citatis equis avolant Romam. Quo cum primis se intendentibus tenebris pervenissent, pergunt inde Collatiam, ubi Lucretiam haudquaquam ut regias nurus, quas in convivio luxuque cum aequalibus viderant tempus terentes, sed nocte sera deditam lanae inter lucubrantes ancillas in medio aedium sedentem inveniunt. Muliebris certaminis laus penes Lucretiam fuit. Adveniens vir Tarquinii-que excepti benigne; victor maritus comiter invitat regios iuvenes. Ibi Sex. Tarquinium mala libido Lucretiae per vim stuprandae capit; cum forma tum spectata castitas incitat. Et tum quidem ab nocturno iuvenali ludo in castra redeunt.

A few days later he goes secretly to Collatia and violates her chastity. She sends for her father and husband and slays herself after hearing their vow of vengeance.

LVIII. Paucis interiectis diebus Sex. Tarquinius inscio Conlatino cum comite uno Collatiam venit. Ubi exceptus benigne ab ignaris consilii cum post cenam in hospitale cubiculum deductus esset, amore ardens, postquam satis tuta circa sopitique omnes videbantur, stricto gladio ad dormientem Lucretiam venit, sinistraque manu mulieris pectore oppresso "Tace, Lucretia," inquit; "Sex. Tarquinius sum; ferrum in manu est; moriere, si emiseris vocem." Cum pavida ex somno mulier nullam opem, prope mortem inminentem videret, tum Tarquinius fateri amorem, orare, miscere precibus minas, versare in omnes partes muliebrem animum. Ubi obstinatam videbat et ne mortis quidem metu inclinari, addit ad metum dedecus: cum mortua iugulatum servum nudum positurum ait, ut in sordido adulterio necata dicatur. Quo terrore cum vicisset obstinatam pudicitiam velut vi atrox libido, profectusque inde Tarquinius ferox expugnato decore muliebri esset, Lucretia maesta tanto malo nuntium Romam eundem ad patrem Ardeamque ad virum mittit, ut cum singulis fidelibus amicis veniant: ita facto maturatoque opus esse; rem atrocem incidisse. Sp. Lucretius cum P. Valerio Volesi filio, Conlatinus cum L. Iunio Bruto venit, cum quo forte Romam rediens ab nuntio uxoris erat conventus. Lucretiam sedentem maestam in cubiculo inveniunt. Adventu suorum lacrimae obortae. Quaerentique viro "Satin salve?" "Minime" inquit; "quid enim salvi est mulieri amissa pudicitia? Vestigia viri alieni, Conlatine, in lecto sunt tuo. Ceterum corpus est tantum violatum, animus insons; mors testis erit. Sed date dexteras fidemque haud 5 inpune adultero fore. Sex. est Tarquinius, qui hostis pro hospite priore nocte vi armatus mihi sibique, si vos viri estis, pestiferum hinc abstulit gaudium." Dant ordine omnes fidem; consolantur aegram animi avertendo noxam ab coacta in auctorem delicti: mentem peccare non corpus, 10 et unde consilium afuerit, culpam abesse. "Vos" inquit, "videritis, quid illi debeatur; ego me etsi peccato absolvo, supplicio non libero; nec ulla deinde inpudica Lucretiae exemplo vivet." Cultrum, quem sub veste abditum habebat, eum in corde defigit, prolapsaque in 15 vulnus moribunda cecidit. Conclamat vir paterque.

Brutus arouses the people at Rome. Tarquin is deposed and banished with all his house.

LIX. Brutus illis luctu occupatis cultrum ex vulnere Lucretiae extractum manantem cruore prae se tenens "Per hunc" inquit, "castissimum ante regiam iniuriam sanguinem iuro, vosque, dii, testes facio, me L. Tarquinium 20 Superbum cum scelerata coniuge et omni liberorum stirpe ferro, igni, quacumque denique vi possim, exacturum, nec illos nec alium quemquam regnare Romae passurum." Cultrum deinde Conlatino tradit, inde Lucretio ac Valerio, stupentibus miraculo rei, unde novum in Bruti pectore 25 ingenium. Ut praeceptum erat, iurant; totique ab luctu versi in iram Brutum, iam inde ad expugnandum regnum vocantem, sequuntur ducem. Elatum domo Lucretiae corpus in forum deferunt, concientque miraculo, ut fit, rei novae atque indignitate homines. Pro se quisque 30 scelus regium ac vim queruntur. Movet cum patris maestitia, tum Brutus castigator lacrimarum atque inertium querellarum auctorque, quod viros, quod Romanos deceret, arma capiendi adversus hostilia ausos. Ferocissimus quisque iuvenum cum armis voluntarius adest; sequitur et cetera iuventus. Inde parte praesidio relicta Collatiae, custodibusque datis, ne quis eum motum regibus nuntiaret, ceteri armati duce Bruto Romam profecti. Ubi eo ventum est, quacumque incedit armata multitudo, pavorem ac tumultum facit. Rursus ubi anteire primores civitatis vident, quidquid sit, haud temere esse rentur. Nec minorem motum animorum Romae tam atrox res facit, quam Collatiae fecerat. Ergo ex omnibus locis urbis in forum curritur. Quo simul ventum est, praeco ad tribunum Celerum, in quo tum magistratu forte Brutus erat, populum advocavit. Ibi oratio habita nequaquam eius pectoris ingeniique, quod simulatum ad eam diem fuerat, de vi ac libidine Sex. Tarquinii, de stupro infando Lucretiae et miserabili caede, de orbitate Tricipitini, cui morte filiae causa mortis indignior ac miserabilior esset. Addita superbia ipsius regis miseriaeque et labores plebis in fossas cloacasque exhauriendas demersae: Romanos homines, victores omnium circa populorum, opifices ac lapicidas pro bellatoribus factos. Indigna Servi Tulli regis memorata caedis et invecta corpori patris nefando vehiculo filia, invocatique ultores parentum dii. His atrocioribusque, credo, aliis, quae praesens rerum indignitas haudquaquam relatu scriptoribus facilia subicit, memoratis incensam multitudinem perpulit, ut imperium regi abrogaret, exulesque esse iuberet L. Tarquinium cum coniuge ac liberis. Ipse iunioribus, qui ultro nomina dabant, lectis armatisque ad concitandum inde adversus regem exercitum Ardeam in castra est profectus; imperium in urbe Lucretio, praefecto urbis iam ante ab rege instituto, relinquit. Inter hunc tumultum Tullia domo profugit exsecrantibus, quacumque incedebat, invocantibusque parentum furias viris mulieribusque.

The Tarquins go into exile. Sextus is killed at Gabii. The Republic is inaugurated with Brutus and Collatinus as the first consuls.

LX. Harum rerum nuntiis in castra perlatis cum re nova trepidus rex pergeret Romam ad comprimendos motus, flexit viam Brutus — senserat enim adventum, — ne obvius fieret; eodemque fere tempore diversis itineribus Brutus Ardeam, Tarquinius Romam venerunt. Tarquinio clausae portae exiliumque indictum; liberatorem urbis laeta castra accepere, exactique inde liberi regis. Duo patrem secuti sunt, qui exulatum Caere in Etruscos ierunt; Sex. Tarquinius Gabios tamquam in suum regnum profectus ab ultoribus veterum simultatium, quas sibi ipse caedibus rapinisque conciverat, est interfectus. L. Tarquinius Superbus regnavit annos quinque et viginti. Regnatum Romae ab condita urbe ad liberatam annos ducentos quadraginta quattuor. Duo consules inde comitiis centuriatis a praefecto urbis ex commentariis Servi Tulli creati sunt, L. Iunius Brutus et L. Tarquinius Conlatinus.

TITI LIVI AB URBE CONDITA

LIBER XXI

The subject of the third Decade is the Hannibalic or Second Punic War.

I. In parte operis mei licet mihi praefari, quod in principio summae totius professi plerique sunt rerum scriptores, bellum maxime omnium memorabile, quae umquam gesta sint, me scripturum, quod Hannibale duce Carthaginienses cum populo Romano gessere. Nam neque validiores opibus ullae inter se civitates gentesque contulerunt arma, neque his ipsis tantum umquam virium aut roboris fuit; et haud ignotas belli artes inter sese, sed expertas primo Punico conferebant bello, et adeo varia fortuna belli ancepsque Mars fuit, ut propius periculum fuerint, qui vicerunt. Odiis etiam prope maioribus certarunt quam viribus, Romanis indignantibus, quod victoribus victi ultro inferrent arma, Poenis, quod superbe avareque crederent inperitatum victis esse. Fama est etiam Hannibalem annorum ferme novem, pueriliter blandientem patri Hamilcari uti duceretur in Hispaniam, cum perfecto Africo bello exercitum eo traiecturus sacrificaret, altaribus admotum tactis sacris iure iurando adactum se, cum primum posset, hostem fore populo Romano. Angebant ingentis spiritus virum Sicilia Sardiniaque amissae: nam et Siciliam nimis celeri desperatione rerum concessam et Sardiniam inter motum Africae fraude Romanorum stipendio etiam insuper inposito interceptam.

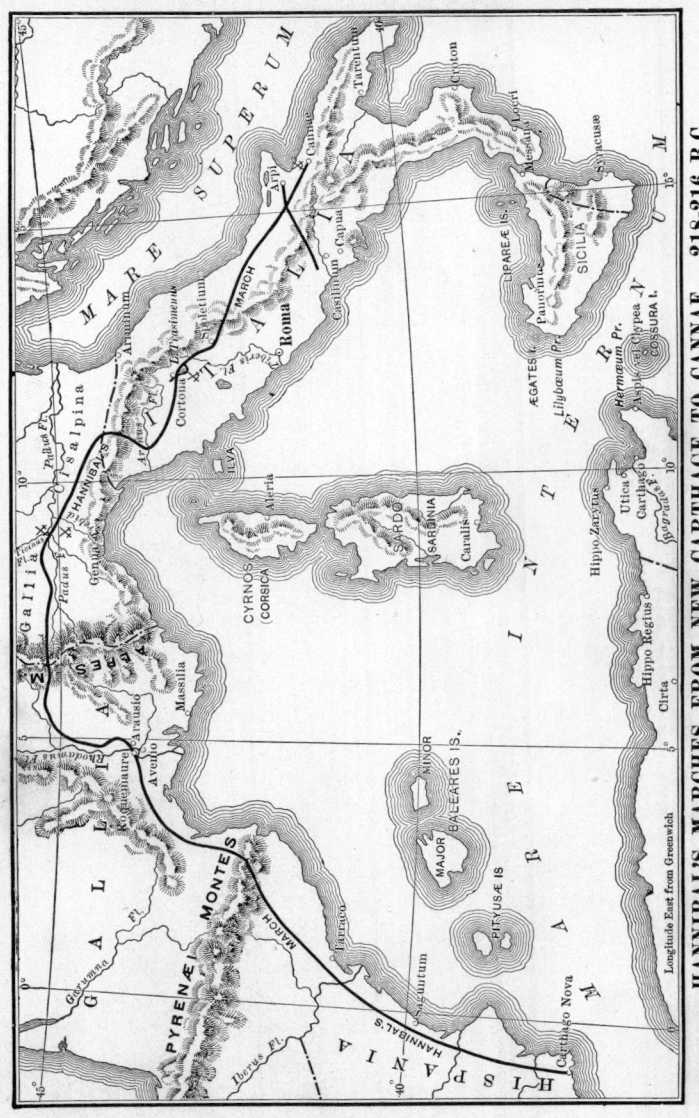

HANNIBAL'S MARCHES FROM NEW CARTHAGE TO CANNAE. 218-216 B.C.

Conquests by Hamilcar and Hasdrubal in Spain.

II. His anxius curis ita se Africo bello, quod fuit sub recentem Romanam pacem, per quinque annos, ita deinde novem annis in Hispania augendo Punico imperio gessit, ut appareret maius eum, quam quod gereret, agitare in animo bellum, et, si diutius vixisset, Hamilcare duce Poenos arma Italiae inlaturos fuisse, cui Hannibalis ductu intulerunt.

Mors Hamilcaris peropportuna et pueritia Hannibalis distulerunt bellum. Medius Hasdrubal inter patrem ac filium octo ferme annos imperium obtinuit, flore aetatis, uti ferunt, primo Hamilcari conciliatus, gener inde ob aliam indolem profecto animi adscitus, et, quia gener erat, factionis Barcinae opibus, quae apud milites plebemque plus quam modicae erant, haud sane voluntate principum in imperio positus. Is plura consilio quam vi gerens hospitiis magis regulorum conciliandisque per amicitiam principum novis gentibus quam bello aut armis rem Carthaginiensem auxit. Ceterum nihilo ei pax tutior fuit: barbarus eum quidam palam ob iram interfecti ab eo domini obtruncat; conprensusque ab circumstantibus haud alio, quam si evasisset, vultu, tormentis quoque cum laceraretur, eo fuit habitu oris, ut superante laetitia dolores ridentis etiam speciem praebuerit. Cum hoc Hasdrubale, quia mirae artis in sollicitandis gentibus imperioque suo iungendis fuerat, foedus renovaverat populus Romanus, ut finis utriusque imperii esset amnis Hiberus, Saguntinisque mediis inter imperia duorum populorum libertas servaretur.

Hannibal is chosen commander of the Punic armies in Spain.

III. In Hasdrubalis locum haud dubia res fuit, quin praerogativa militaris, qua extemplo iuvenis Hannibal in praetorium delatus imperatorque ingenti omnium clamore atque adsensu appellatus erat, . . . favor plebis sequebatur. Hunc vixdum puberem Hasdrubal litteris ad se accersierat, actaque res etiam in senatu fuerat. Barcinis nitentibus, ut adsuesceret militiae Hannibal atque in paternas succederet opes, Hanno, alterius factionis princeps "Et aecum postulare videtur" inquit, "Hasdrubal, et ego tamen non censeo quod petit tribuendum." Cum admiratione tam ancipitis sententiae in se omnis convertisset, "Florem aetatis" inquit, "Hasdrubal, quem ipse patri Hannibalis fruendum praebuit, iusto iure eum a filio repeti censet; nos tamen minime decet iuventutem nostram pro militari rudimento adsuefacere libidini praetorum. An hoc timemus, ne Hamilcaris filius nimis sero imperia inmodica et regni paterni speciem videat, et, cuius regis genero hereditarii sint relicti exercitus nostri, eius filio parum mature serviamus? Ego istum iuvenem domi tenendum, sub legibus, sub magistratibus docendum vivere aequo iure cum ceteris censeo, ne quandoque parvus hic ignis incendium ingens exsuscitet."

The character of Hannibal.

IV. Pauci ac ferme optimus quisque Hannoni adsentiebantur; sed, ut plerumque fit, maior pars meliorem vicit.

Missus Hannibal in Hispaniam primo statim adventu omnem exercitum in se convertit: Hamilcarem iuvenem redditum sibi veteres milites credere; eundem vigorem in vultu vimque in oculis, habitum oris lineamentaque intueri. Dein brevi effecit, ut pater in se minimum momentum ad favorem conciliandum esset. Numquam ingenium idem ad res diversissimas, parendum atque imperandum, habilius fuit. Itaque haud facile discerneres, utrum imperatori an exercitui carior esset; neque

Hasdrubal alium quemquam praeficere malle, ubi quid fortiter ac strenue agendum esset, neque milites alio duce plus confidere aut audere. Plurimum audaciae ad pericula capessenda, plurimum consilii inter ipsa pericula erat. Nullo labore aut corpus fatigari aut animus vinci poterat. Caloris ac frigoris patientia par; cibi potionisque desiderio naturali, non voluptate modus finitus; vigiliarum somnique nec die nec nocte discriminata tempora: id, quod gerendis rebus superesset, quieti datum; ea neque molli strato neque silentio accersita; multi saepe militari sagulo opertum humi iacentem inter custodias stationesque militum conspexerunt. Vestitus nihil inter aequales excellens; arma atque equi conspiciebantur. Equitum peditumque idem longe primus erat. Princeps in proelium ibat, ultimus conserto proelio excedebat. Has tantas viri virtutes ingentia vitia aequabant: inhumana crudelitas, perfidia plus quam Punica, nihil veri, nihil sancti, nullus deum metus, nullum ius iurandum, nulla religio. Cum hac indole virtutum atque vitiorum triennio sub Hasdrubale imperatore meruit nulla re, quae agenda videndaque magno futuro duci esset, praetermissa.

V. *His victories over the Spanish tribes.*

He lays siege to Saguntum in 219 B.C. Surprise of the Romans.

VI. Cum Saguntinis bellum nondum erat, ceterum iam belli causa certamina cum finitimis serebantur, maxime Turdetanis. Quibus cum adesset idem, qui litis erat sator, nec certamen iuris, sed vim quaeri appareret, legati a Saguntinis Romam missi auxilium ad bellum iam haud dubie inminens orantes. Consules tunc Romae erant P. Cornelius Scipio et Ti. Sempronius Longus. Qui cum legatis in senatum introductis de re publica

retulissent, placuissetque mitti legatos in Hispaniam ad
res sociorum inspiciendas, quibus si videretur digna
causa, et Hannibali denuntiarent, ut ab Saguntinis, sociis populi Romani, abstineret, et Carthaginem in Afri-
5 cam traicerent ac sociorum populi Romani querimonias
deferrent, — hac legatione decreta necdum missa, omnium
spe celerius Saguntum oppugnari adlatum est. Tunc
relata de integro res ad senatum; et alii provincias
consulibus Hispaniam atque Africam decernentes terra
10 marique rem gerendam censebant, alii totum in Hispaniam Hannibalemque intendebant bellum; erant qui non
temere movendam rem tantam expectandosque ex Hispania legatos censerent. Haec sententia, quae tutissima
videbatur, vicit; legatique eo maturius missi P. Valerius
15 Flaccus et Q. Baebius Tamphilus Saguntum ad Hannibalem atque inde Carthaginem, si non absisteretur bello, ad
ducem ipsum in poenam foederis rupti deposcendum.

Nationality of the Saguntines. Hannibal is wounded.

VII. Dum ea Romani parant consultantque, iam
Saguntum summa vi oppugnabatur. Civitas ea longe
20 opulentissima ultra Hiberum fuit, sita passus mille ferme
a mari. Oriundi a Zacyntho insula dicuntur, mixtique
etiam ab Ardea Rutulorum quidam generis; ceterum in
tantas brevi creverant opes seu maritimis seu terrestribus fructibus, seu multitudinis incremento, seu disciplinae
25 sanctitate, qua fidem socialem usque ad perniciem suam
coluerunt. Hannibal infesto exercitu ingressus fines, per-
vastatis passim agris, urbem tripertito adgreditur. Angulus muri erat in planiorem patentioremque quam cetera
circa vallem vergens; adversus eum vineas agere insti-
30 tuit, per quas aries moenibus admoveri posset. Sed ut
locus procul muro satis aequus agendis vineis fuit, ita
haudquaquam prospere, postquam ad effectum operis

ventum est, coeptis succedebat. Et turris ingens inminebat, et murus, ut in suspecto loco, supra ceterae modum altitudinis emunitus erat, et iuventus delecta, ubi plurimum periculi ac timoris ostendebatur, ibi vi maiore obsistebant. Ac primo missilibus submovere hostem nec quicquam satis tutum munientibus pati; deinde iam non pro moenibus modo atque turri tela micare, sed ad erumpendum etiam in stationes operaque hostium animus erat; quibus tumultuariis certaminibus haud ferme plures Saguntini cadebant quam Poeni. Ut vero Hannibal ipse, dum murum incautius subit, adversum femur tragula graviter ictus cecidit, tanta circa fuga ac trepidatio fuit, ut non multum abesset, quin opera ac vineae desererentur.

A breach is made in the wall, but an attempt to storm the town fails.

VIII. Obsidio deinde per paucos dies magis quam oppugnatio fuit, dum vulnus ducis curaretur. Per quod tempus ut quies certaminum erat, ita ab apparatu operum ac munitionum nihil cessatum. Itaque acrius de integro coortum est bellum, pluribusque partibus, vix accipientibus quibusdam opera locis, vineae coeptae agi admoverique aries. Abundabat multitudine hominum Poenus — ad centum quinquaginta milia habuisse in armis satis creditur; — oppidani ad omnia tuenda atque obeunda multifariam distineri coepti non sufficiebant. Itaque iam feriebantur arietibus muri, quassataeque multae partes erant; una continentibus ruinis nudaverat urbem; tres deinceps turres quantumque inter eas muri erat cum fragore ingenti prociderant. Captum oppidum ea ruina crediderant Poeni, qua, velut si pariter utrosque murus texisset, ita utrimque in pugnam procursum est. Nihil tumultuariae pugnae simile erat, quales in oppugnationibus urbium per occasionem partis alterius conseri solent, sed iustae acies velut patenti campo inter ruinas muri tectaque urbis modico distantia intervallo constiterant. Hinc spes, hinc desperatio animos inritat, Poeno cepisse iam se urbem, si paulum adnitatur, credente, Saguntinis pro nudata moenibus patria corpora opponentibus nec ullo pedem referente, ne in relictum a se locum hostem inmitteret. Itaque quo acrius et confertim magis utrimque pugnabant, eo plures vulnerabantur nullo inter arma corporaque vano intercidente telo. Phalarica erat Saguntinis missile telum hastili abiegno et cetera tereti praeterquam ad extremum, unde ferrum extabat; id, sicut in pilo, quadratum stuppa circumligabant linebantque pice; ferrum autem tres longum habebat pedes, ut cum armis transfigere corpus posset. Sed id maxime, etiam si haesisset in scuto nec penetrasset in corpus, pavorem faciebat, quod, cum medium accensum mitteretur conceptumque ipso motu multo maiorem ignem ferret, arma omitti cogebat nudumque militem ad insequentes ictus praebebat.

A Roman embassy, not being received by Hannibal, proceeds to Carthage.

IX. Cum diu anceps fuisset certamen, et Saguntinis, quia praeter spem resisterent, crevissent animi, Poenus, quia non vicisset, pro victo esset, clamorem repente oppidani tollunt hostemque in ruinas muri expellunt, inde inpeditum trepidantemque exturbant, postremo fusum fugatumque in castra redigunt.

Interim ab Roma legatos venisse nuntiatum est; quibus obviam ad mare missi ab Hannibale qui dicerent nec tuto eos adituros inter tot tam effrenatarum gentium arma nec Hannibali in tanto discrimine rerum operae esse legationes audire. Apparebat non admissos protinus Carthaginem ituros. Litteras igitur nuntiosque ad principes factionis Barcinae praemittit, ut praepararent suorum animos, ne quid pars altera gratificari populo Romano posset.

Hanno in the Carthaginian Senate supports the claims of Rome.

X. Itaque, praeterquam quod admissi auditique sunt, ea quoque vana atque inrita legatio fuit. Hanno unus adversus senatum causam foederis magno silentio propter auctoritatem suam, non cum adsensu audientium egit, per deos foederum arbitros ac testes senatum obtestans, ne Romanum cum Saguntino suscitarent bellum: monuisse, praedixisse se, ne Hamilcaris progeniem ad exercitum mitterent; non manes, non stirpem eius conquiescere viri, nec umquam, donec sanguinis nominisque Barcini quisquam supersit, quietura Romana foedera. "Iuvenem flagrantem cupidine regni viamque unam ad id cernentem, si ex bellis bella serendo succinctus armis legionibusque vivat, velut materiam igni praebentes, ad exercitus misistis. Aluistis ergo hoc incendium, quo nunc ardetis. Saguntum vestri circumsedent exercitus, unde arcentur foedere; mox Carthaginem circumsedebunt Romanae legiones ducibus isdem dis, per quos priore bello rupta foedera sunt ulti. Utrum hostem an vos an fortunam utriusque populi ignoratis? Legatos ab sociis et pro sociis venientes bonus imperator vester in castra non admisit, ius gentium sustulit; hi tamen, unde ne hostium quidem legati arcentur pulsi, ad vos venerunt; res ex foedere repetunt. Ut publica fraus absit, auctorem culpae et reum criminis deposcunt. Quo lenius agunt, segnius incipiunt, eo, cum coeperint, vereor ne perseverantius saeviant. Aegatis insulas Erycemque ante oculos proponite, quae terra marique per quattuor et viginti annos passi sitis. Nec puer hic dux erat, sed pater ipse Hamilcar, Mars alter, ut isti volunt. Sed Tarento, id est Italia, non abstinueramus ex foedere, sicut nunc Sagunto non abstinemus. Vicerunt ergo di homines, et, id de quo verbis ambigebatur, uter populus foedus rupisset, eventus belli velut aecus iudex, unde ius stabat, ei victoriam dedit. Carthagini nunc Hannibal vineas turresque admovet, Carthaginis moenia quatit ariete; Sagunti ruinae — falsus utinam vates sim — nostris capitibus incident, susceptumque cum Saguntinis bellum habendum cum Romanis est. Dedemus ergo Hannibalem? dicet aliquis. Scio meam levem esse in eo auctoritatem propter paternas inimicitias; sed et Hamilcarem eo perisse laetatus sum, quod, si ille viveret, bellum iam haberemus cum Romanis, et hunc iuvenem tamquam furiam facemque huius belli odi ac detestor; nec dedendum solum arbitror ad piaculum rupti foederis, sed, si nemo deposceret, devehendum in ultimas maris terrarumque oras, ablegandum eo, unde nec ad nos nomen famaque eius accidere neque ille sollicitare quietae civitatis statum posset. Ego ita censeo, legatos extemplo Romam mittendos, qui senatui satisfaciant, alios, qui Hannibali nuntient, ut exercitum ab Sagunto abducat, ipsumque Hannibalem ex foedere Romanis dedant; tertiam legationem ad res Saguntinis reddendas decerno."

The Senate refuses the Roman demands, and the siege of Saguntum goes on.

XI. Cum Hanno perorasset, nemini omnium certare oratione cum eo necesse fuit: adeo prope omnis senatus Hannibalis erat, infestiusque locutum arguebant Hannonem quam Flaccum Valerium, legatum Romanum. Responsum inde legatis Romanis est bellum ortum ab Saguntinis, non ab Hannibale esse; populum Romanum iniuste facere, si Saguntinos vetustissimae Carthaginiensium societati praeponat.

Dum Romani tempus terunt legationibus mittendis, Hannibal, quia fessum militem proeliis operibusque habebat, paucorum iis dierum quietem dedit stationibus ad custodiam vinearum aliorumque operum dispositis. Interim animos eorum nunc ira in hostis stimulando, nunc spe praemiorum accendit. Ut vero pro contione praedam captae urbis edixit militum fore, adeo accensi omnes sunt, ut, si extemplo signum datum esset, nulla vi resisti videretur posse. Saguntini, ut a proeliis quietem habuerant, nec lacessentes nec lacessiti per aliquot dies, ita non nocte, non die umquam cessaverant ab opere, ut novum murum ab ea parte, qua patefactum oppidum ruinis erat, reficerent. Inde oppugnatio eos aliquanto atrocior quam ante adorta est; nec, qua primum aut potissimum parte ferrent opem, cum omnia variis clamoribus streperent, satis scire poterant. Ipse Hannibal, qua turris mobilis omnia munimenta urbis superans altitudine agebatur, hortator aderat. Quae cum admota catapultis ballistisque per omnia tabulata dispositis muros defensoribus nudasset, tum Hannibal occasionem ratus quingentos ferme Afros cum dolabris ad subruendum ab imo murum mittit. Nec erat difficile opus, quod caementa non calce durata erant, sed interlita luto structurae antiquo genere. Itaque latius, quam qua caederetur, ruebat, perque patentia ruinis agmina armatorum in urbem vadebant. Locum quoque editum capiunt, conlatisque eo catapultis ballistisque, ut castellum in ipsa urbe velut arcem inminentem haberent, muro circumdant. Et Saguntini murum interiorem ab nondum capta parte urbis ducunt. Utrimque summa vi et muniunt et pugnant; sed interiora tuendo minorem in dies urbem Saguntini faciunt. Simul crescit inopia omnium longa obsidione et minuitur expectatio externae opis, cum tam procul Romani, unica spes, circa omnia hostium essent. Paulisper tamen adfectos animos recreavit repentina profectio Hannibalis in Oretanos Carpetanosque, qui duo populi, dilectus acerbitate consternati, 5 retentis conquisitoribus metum defectionis cum praebuissent, oppressi celeritate Hannibalis omiserunt mota arma.

Attempt to storm the city. Overtures of surrender.

XII. Nec Sagunti oppugnatio segnior erat, Maharbale Himilconis filio — eum praefecerat Hannibal — ita inpi-10 gre rem agente, ut ducem abesse nec cives nec hostes sentirent. Is et proelia aliquot secunda fecit, et tribus arietibus aliquantum muri discussit, strataque omnia recentibus ruinis advenienti Hannibali ostendit. Itaque ad ipsam arcem extemplo ductus exercitus, atroxque 15 proelium cum multorum utrimque caede initum, et pars arcis capta est.

* * * * * * *

XIII. *Address of Alorcus to the Saguntines.*

Saguntum is taken by storm.

XIV. Ad haec audienda cum circumfusa paulatim multitudine permixtum senatui esset populi concilium, repente primores secessione facta, priusquam responsum 20 daretur, argentum aurumque omne ex publico privatoque in forum conlatum in ignem ad id raptim factum conicientes eodem plerique semet ipsi praecipitaverunt. Cum ex eo pavor ac trepidatio totam urbem pervasisset, alius insuper tumultus ex arce auditur. Turris diu 25 quassata prociderat, perque ruinam eius cohors Poenorum impetu facto cum signum imperatori dedisset nudatam stationibus custodiisque solitis hostium esse urbem,

non cunctandum in tali occasione ratus Hannibal totis
viribus adgressus urbem momento cepit signo dato, ut
omnes puberes interficerentur. Quod imperium crudele,
ceterum prope necessarium cognitum ipso eventu est:
cui enim parci potuit ex iis, qui aut inclusi cum con- 5
iugibus ac liberis domos super se ipsos concremaverunt,
aut armati nullum ante finem pugnae quam morientes
fecerunt?

The great booty captured. Duration of the siege.

XV. Captum oppidum est cum ingenti praeda. Quamquam pleraque ab dominis de industria corrupta erant, 10
et in caedibus vix ullum discrimen aetatis ira fecerat,
et captivi militum praeda fuerant, tamen et ex pretio
rerum venditarum aliquantum pecuniae redactum esse
constat, et multam pretiosam supellectilem vestemque
missam Carthaginem. 15

Octavo mense, quam coeptum oppugnari, captum Saguntum quidam scripsere; inde Carthaginem Novam in
hiberna Hannibalem concessisse; quinto deinde mense,
quam ab Carthagine profectus sit, in Italiam pervenisse.
Quae si ita sunt, fieri non potuit, ut P. Cornelius Ti. 20
Sempronius consules fuerint, ad quos et principio oppugnationis legati Saguntini missi sint, et qui in suo
magistratu cum Hannibale, alter ad Ticinum amnem,
ambo aliquanto post ad Trebiam pugnaverint. Aut
omnia breviora aliquanto fuere, aut Saguntum principio 25
anni, quo P. Cornelius Ti. Sempronius consules fuerunt,
non coeptum oppugnari est, sed captum. Nam excessisse pugna ad Trebiam in annum Cn. Servili et C.
Flamini non potest, quia C. Flaminius Arimini consulatum iniit, creatus a Ti. Sempronio consule, qui post 30
pugnam ad Trebiam ad creandos consules Romam cum
venisset, comitiis perfectis ad exercitum in hiberna rediit.

Consternation at Rome on hearing the news.

XVI. Sub idem fere tempus et legati, qui redierant ab Carthagine, Romam rettulerunt omnia hostilia esse, et Sagunti excidium nuntiatum est, tantusque simul maeror patres misericordiaque sociorum peremptorum indigne et pudor non lati auxilii et ira in Carthaginienses metusque de summa rerum cepit, velut si iam ad portas hostis esset, ut tot uno tempore motibus animi turbati trepidarent magis quam consulerent: nam neque hostem acriorem bellicosioremque secum congressum, nec rem Romanam tam desidem umquam fuisse atque inbellem. Sardos Corsosque et Histros atque Illyrios lacessisse magis quam exercuisse Romana arma, et cum Gallis tumultuatum verius quam belligeratum; Poenum hostem veteranum, trium et viginti annorum militia durissima inter Hispanas gentes semper victorem, duci acerrimo adsuetum, recentem ab excidio opulentissimae urbis Hiberum transire; trahere secum tot excitos Hispanorum populos; conciturum avidas semper armorum Gallicas gentes; cum orbe terrarum bellum gerendum in Italia ac pro moenibus Romanis esse.

Preparations at Rome for war.

XVII. Nominatae iam antea consulibus provinciae erant, tum sortiri iussi. Cornelio Hispania, Sempronio Africa cum Sicilia evenit. Sex in eum annum decretae legiones et socium quantum ipsis videretur et classis quanta parari posset. Quattuor et viginti peditum Romanorum milia scripta et mille octingenti equites, sociorum quadraginta milia peditum, quattuor milia et quadringenti equites; naves ducentae viginti quinqueremes, celoces viginti deducti. Latum inde ad populum, vellent iuberent populo Carthaginiensi bellum indici;

eiusque belli causa supplicatio per urbem habita atque adorati di, ut bene ac feliciter eveniret quod bellum populus Romanus iussisset. Inter consules ita copiae divisae: Sempronio datae legiones duae — ea quaterna milia erant peditum et treceni equites — et sociorum sedecim milia peditum, equites mille octingenti, naves longae centum sexaginta, celoces duodecim. Cum his terrestribus maritimisque copiis Ti. Sempronius missus in Siciliam, ita in Africam transmissurus, si ad arcendum Italia Poenum consul alter satis esset. Cornelio minus copiarum datum, quia L. Manlius praetor et ipse cum haud invalido praesidio in Galliam mittebatur; navium maxime Cornelio numerus deminutus. Sexaginta quinqueremes datae — neque enim mari venturum aut ea parte belli dimicaturum hostem credebant — et duae Romanae legiones cum suo iusto equitatu et quattuordecim milibus sociorum peditum, equitibus mille sescentis. Duas legiones Romanas et decem milia sociorum peditum, mille equites socios, sescentos Romanos Gallia provincia eodem versa in Punicum bellum habuit.

A Roman embassy declares war at Carthage.

XVIII. His ita conparatis, ut omnia iusta ante bellum fierent, legatos maiores natu, Q. Fabium M. Livium L. Aemilium C. Licinium Q. Baebium, in Africam mittunt ad percunctandos Carthaginienses, publicone consilio Hannibal Saguntum oppugnasset, et, si, id quod facturi videbantur, faterentur ac defenderent publico consilio factum, ut indicerent populo Carthaginiensi bellum. Romani postquam Carthaginem venerunt, cum senatus datus esset et Q. Fabius nihil ultra quam unum, quod mandatum erat, percunctatus esset, tum ex Carthaginiensibus unus: "Praeceps vestra, Romani, et prior legatio fuit, cum Hannibalem tamquam suo consilio Saguntum

oppugnantem deposcebatis; ceterum haec legatio verbis
adhuc lenior est, re asperior. Tunc enim Hannibal et
insimulabatur et deposcebatur; nunc ab nobis et confessio culpae exprimitur, et ut a confessis res extemplo
5 repetuntur. Ego autem non, privato publicone consilio
Saguntum oppugnatum sit, quaerendum censeam, sed
utrum iure an iniuria; nostra enim haec quaestio atque
animadversio in civem nostrum est, quid nostro aut suo
fecerit arbitrio; vobiscum una disceptatio est, licueritne
10 per foedus fieri. Itaque quoniam discerni placet, quid
publico consilio, quid sua sponte imperatores faciant,
nobis vobiscum foedus est a C. Lutatio consule ictum,
in quo cum caveretur utrorumque sociis, nihil de Saguntinis — necdum enim erant socii vestri — cautum est.
15 At enim eo foedere, quod cum Hasdrubale ictum est,
Saguntini excipiuntur. Adversus quod ego nihil dicturus
sum, nisi quod a vobis didici: vos enim quod C. Lutatius
consul primo nobiscum foedus icit, quia neque ex auctoritate patrum nec populi iussu ictum erat, negastis
20 vos eo teneri; itaque aliud de integro foedus publico
consilio ictum est. Si vos non tenent foedera vestra
nisi ex auctoritate aut iussu vestro icta, ne nos quidem
Hasdrubalis foedus, quod nobis insciis icit, obligare potuit. Proinde omittite Sagunti atque Hiberi mentionem
25 facere, et, quod diu parturit animus vester, aliquando
pariat." Tum Romanus, sinu ex toga facto, "Hic"
inquit "vobis bellum et pacem portamus, utrum placet,
sumite." Sub hanc vocem haud minus ferociter, daret,
utrum vellet, subclamatum est. Et cum is iterum sinu
30 effuso bellum dare dixisset, accipere se omnes respon-
derunt et, quibus acciperent animis, iisdem se gesturos.

XIX. *Futility of disputing about treaties. The Romans fail to
gain allies in Spain.*

XX. *Similar failure in Gaul. The envoys return home by way of Massilia.*

Hannibal gives his army a furlough. Final preparations for the invasion of Italy in the spring of 218 B.C.

XXI. Hannibal Sagunto capto Carthaginem Novam in hiberna concesserat, ibique auditis, quae Romae quaeque Carthagine acta decretaque forent, seque non ducem solum sed etiam causam esse belli, partitis divenditisque reliquiis praedae nihil ultra differendum ratus, Hispani generis milites convocat. "Credo ego vos" inquit, "socii, et ipsos cernere, pacatis omnibus Hispaniae populis, aut finiendam nobis militiam exercitusque dimittendos esse aut in alias terras transferendum bellum; ita enim hae gentes non pacis solum, sed etiam victoriae bonis florebunt, si ex aliis gentibus praedam et gloriam quaeremus. Itaque cum longinqua a domo instet militia, incertumque sit, quando domos vestras et quae cuique ibi cara sunt visuri sitis, si quis vestrum suos invisere volt, commeatum do. Primo vere edico adsitis, ut dis bene iuvantibus bellum ingentis gloriae praedaeque futurum incipiamus." Omnibus fere visendi domos oblata ultro potestas grata erat, et iam desiderantibus suos et longius in futurum providentibus desiderium. Per totum tempus hiemis quies inter labores aut iam exhaustos aut mox exhauriendos renovavit corpora animosque ad omnia de integro patienda. Vere primo ad edictum convenere.

Hannibal, cum recensuisset omnium gentium auxilia, Gadis profectus Herculi vota exsolvit, novisque se obligat votis, si cetera prospera evenissent. Inde partiens curas simul in inferendum atque arcendum bellum, ne, dum ipse terrestri per Hispaniam Galliasque itinere Italiam peteret, nuda apertaque Romanis Africa ab Sicilia esset, valido praesidio firmare eam statuit. Pro eo supplementum ipse ex Africa maxime iaculatorum, levium armis, petiit, ut Afri in Hispania, Hispani in Africa, melior procul ab domo futurus uterque miles, velut mutuis pigneribus obligati, stipendia facerent. Tredecim milia octingentos quinquaginta pedites caetratos misit in Africam et funditores Baliares octingentos septuaginta, equites mixtos ex multis gentibus mille ducentos. Has copias partim Carthagini praesidio esse, partim distribui per Africam iubet. Simul conquisitoribus in civitates missis quattuor milia conscripta delectae iuventutis, praesidium eosdem et obsides, duci Carthaginem iubet.

Hasdrubal is left to defend Spain. Hannibal's miraculous vision.

XXII. Neque Hispaniam neglegendam ratus, atque id eo minus, quod haud ignarus erat circumitam ab Romanis eam legatis ad sollicitandos principum animos, Hasdrubali fratri, viro inpigro, eam provinciam destinat firmatque eam Africis maxime praesidiis, peditum Afrorum undecim milibus octingentis quinquaginta, Liguribus trecentis, Baliaribus quingentis. Ad haec peditum auxilia additi equites Libyphoenices, mixtum Punicum Afris genus, quadringenti quinquaginta et Numidae Maurique, accolae Oceani, ad mille octingenti et parva Ilergetum manus ex Hispania, trecenti equites, et, ne quod terrestris deesset auxilii genus, elephanti viginti unus, classis praeterea data tuendae maritumae orae, quia, qua parte belli vicerant, ea tum quoque rem gesturos Romanos credi poterat, quinquaginta quinqueremes, quadriremes duae, triremes quinque; sed aptae instructaeque remigio triginta et duae quinqueremes erant et triremes quinque.

Ab Gadibus Carthaginem ad hiberna exercitus redit. Atque inde profectus praeter Onusam urbem ad Hi-

berum marituma ora ducit. Ibi fama est in quiete visum
ab eo iuvenem divina specie, qui se ab Iove diceret
ducem in Italiam Hannibali missum: proinde sequeretur
neque usquam a se deflecteret oculos. Pavidum primo
nusquam circumspicientem aut respicientem secutum;
deinde cura ingenii humani, cum, quidnam id esset, quod
respicere vetitus esset, agitaret animo, temperare oculis
nequivisse; tum vidisse post sese serpentem mira magnitudine cum ingenti arborum ac virgultorum strage
ferri ac post insequi cum fragore caeli nimbum. Tum,
quae moles ea quidve prodigii esset, quaerentem audisse,
vastitatem Italiae esse: pergeret porro ire nec ultra
inquireret sineretque fata in occulto esse.

*The army, 102,000 strong, crosses the Ebro and reaches the
Pyrenees. Desertion of 3000 Spaniards.*

XXIII. Hoc visu laetus tripertito Hiberum copias
traiecit praemissis, qui Gallorum animos, qua traducen-
dus exercitus erat, donis conciliarent Alpiumque transitus specularentur. Nonaginta milia peditum, duodecim
milia equitum Hiberum traduxit. Ilergetes inde Bargu-
siosque et Ausetanos et Lacetaniam, quae subiecta Pyre-
naeis montibus est, subegit, oraeque huic omni praefecit
Hannonem, ut fauces, quae Hispanias Galliis iungunt,
in potestate essent. Decem milia peditum Hannoni
ad praesidium obtinendae regionis data et mille equites.
Postquam per Pyrenaeum saltum traduci exercitus est
coeptus, rumorque per barbaros manavit certior de bello
Romano, tria milia inde Carpetanorum peditum iter
averterunt. Constabat non tam bello motos quam lon-
ginquitate viae inexsuperabilique Alpium transitu. Hannibal, quia revocare aut vi retinere eos anceps erat, ne
ceterorum etiam feroces animi inritarentur, supra septem
milia hominum domos remisit, quos et ipsos gravari militia senserat, Carpetanos quoque ab se dimissos simulans.

Crossing of the Pyrenees. Friendly interviews with the Gauls.

XXIV. Inde, ne mora atque otium animos sollicitaret, cum reliquis copiis Pyrenaeum transgreditur et ad oppidum Iliberri castra locat. Galli quamquam Italiae bellum inferri audiebant, tamen, quia vi subactos trans Pyrenaeum Hispanos fama erat praesidiaque valida inposita, metu servitutis ad arma consternati, Ruscinonem aliquot populi conveniunt. Quod ubi Hannibali nuntiatum est, moram magis quam bellum metuens, oratores ad regulos eorum misit: conloqui semet ipsum cum iis velle, et vel illi propius Iliberrim accederent, vel se Ruscinonem processurum, ut ex propinquo congressus facilior esset: nam et accepturum eos in castra sua se laetum, nec cunctanter se ipsum ad eos venturum. Hospitem enim se Galliae, non hostem advenisse, nec stricturum ante gladium, si per Gallos liceat, quam in Italiam venisset. Et per nuntios quidem haec; ut vero reguli Gallorum castris ad Iliberrim extemplo motis haud gravate ad Poenum venerunt, capti donis cum bona pace exercitum per finis suos praeter Ruscinonem oppidum transmiserunt.

XXV. *The praetor Manlius is sent to put down a rising of the Cisalpine Gauls.*

XXVI. *The praetor Atilius is sent to help him. The consul Scipio, on the way to Spain, finds Hannibal about to cross the Rhone.*

* * * * * * *

Et P. Cornelius in locum eius, quae missa cum praetore erat, scripta legione nova profectus ab urbe sexaginta longis navibus praeter oram Etruriae Ligurumque et inde Salluvium montis pervenit Massiliam, et ad proximum ostium Rhodani — pluribus enim divisus am-

nis in mare decurrit — castra locat, vixdum satis credens
Hannibalem superasse Pyrenaeos montis. Quem ut de
Rhodani quoque transitu agitare animadvertit, incertus,
quonam ei loco occurreret, necdum satis refectis ab iactatione marituma militibus, trecentos interim delectos
equites ducibus Massiliensibus et auxiliaribus Gallis ad
exploranda omnia visendosque ex tuto hostes praemittit.
Hannibal ceteris metu aut pretio pacatis iam in Volcarum pervenerat agrum, gentis validae. Incolunt autem
circa utramque ripam Rhodani; sed diffisi citeriore agro
arceri Poenum posse, ut flumen pro munimento haberent, omnibus ferme suis trans Rhodanum traiectis ulte-
riorem ripam amnis armis obtinebant. Ceteros accolas
fluminis Hannibal et Volcarum ipsorum, quos sedes suae
tenuerant, simul perlicit donis ad naves undique con-
trahendas fabricandasque, simul et ipsi traici exercitum
levarique quam primum regionem suam tanta hominum
urgente turba cupiebant. Itaque ingens coacta vis navium est lintriumque temere ad vicinalem usum parata-
rum; novasque alias primum Galli inchoantes cavabant
ex singulis arboribus, deinde et ipsi milites simul copia
materiae simul facilitate operis inducti alveos informes,
nihil, dummodo innare aquae et capere onera possent, cu-
rantes, raptim, quibus se suaque transveherent, faciebant.

Passage of the Rhone by the Punic army.

XXVII. Iamque omnibus satis conparatis ad traiciendum terrebant ex adverso hostes omnem ripam equites
virique obtinentes. Quos ut averteret, Hannonem Bomilcaris filium vigilia prima noctis cum parte copiarum,
maxime Hispanis, adverso flumine ire iter unius diei
iubet et, ubi primum possit, quam occultissime traiecto
amni circumducere agmen, ut, cum opus facto sit, ado-
riatur ab tergo hostes. Ad id dati duces Galli edocent

inde milia quinque et viginti ferme supra parvae insulae circumfusum amnem latiore, ubi dividebatur, eoque minus alto alveo transitum ostendere. Ibi raptim caesa materia ratesque fabricatae, in quibus equi virique et alia onera traicerentur. Hispani sine ulla mole in utres vestimentis coniectis ipsi caetris superpositis incubantes flumen tranavere. Et alius exercitus ratibus iunctis traiectus, castris prope flumen positis, nocturno itinere atque operis labore fessus quiete unius diei reficitur, intento duce ad consilium opportune exequendum. Postero die profecti ex composito fumo significant transisse et haud procul abesse. Quod ubi accepit Hannibal, ne tempori deesset, dat signum ad traiciendum. Iam paratas aptatasque habebat pedes lintres, eques fere propter equos naves. Navium agmen ad excipiendum adversi impetum fluminis parte superiore transmittens tranquillitatem infra traicientibus lintribus praebebat. Equorum pars magna nantes loris a puppibus trahebantur praeter eos, quos instratos frenatosque, ut extemplo egresso in ripam equiti usui essent, inposuerant in naves.

The Gauls are driven off and the elephants brought across the river.

XXVIII. Galli occursant in ripa cum variis ululatibus cantuque moris sui quatientes scuta super capita vibrantesque dexteris tela, quamquam et ex adverso terrebat tanta vis navium cum ingenti sono fluminis et clamore vario nautarum, militum, et qui nitebantur perrumpere impetum fluminis, et qui ex altera ripa traicientes suos hortabantur. Iam satis paventes adverso tumultu terribilior ab tergo adortus clamor castris ab Hannone captis. Mox et ipse aderat, ancepsque terror circumstabat et a navibus tanta vi armatorum in terram evadente et ab tergo inprovisa premente acie. Galli postquam utroque vim facere conati pellebantur, qua patere visum maxime iter, perrumpunt, trepidique in vicos passim suos diffugiunt. Hannibal ceteris copiis per otium traiectis spernens iam Gallicos tumultus castra locat.

Elephantorum traiciendorum varia consilia fuisse credo, certe variat memoria actae rei. Quidam congregatis ad ripam elephantis tradunt ferocissimum ex iis inritatum ab rectore suo, cum refugientem in aquam sequeretur, nantem traxisse gregem, ut quemque timentem altitudinem destitueret vadum, impetu ipso fluminis in alteram ripam rapiente. Ceterum magis constat ratibus traiectos; id ut tutius consilium ante rem foret, ita acta re ad fidem pronius est. Ratem unam ducentos longam pedes, quinquaginta latam, a terra in amnem porrexerunt, quam, ne secunda aqua deferretur, pluribus validis retinaculis parte superiore ripae religatam pontis in modum humo iniecta constraverunt, ut beluae audacter velut per solum ingrederentur. Altera ratis aeque lata, longa pedes centum, ad traiciendum flumen apta, huic copulata est; tum elephanti per stabilem ratem tamquam viam praegredientibus feminis acti ubi in minorem applicatam transgressi sunt, extemplo resolutis, quibus leviter adnexa erat, vinculis, ab actuariis aliquot navibus ad alteram ripam pertrahitur. Ita primis expositis alii deinde repetiti ac traiecti sunt. Nihil sane trepidabant, donec continenti velut ponte agerentur; primus erat pavor, cum soluta ab ceteris rate in altum raperentur. Ibi urgentes inter se cedentibus extremis ab aqua trepidationis aliquantum edebant, donec quietem ipse timor circumspectantibus aquam fecisset. Excidere etiam saevientes quidam in flumen, sed pondere ipso stabiles deiectis rectoribus quaerendis pedetemptim vadis in terram evasere.

Encounter of Hannibal's and Scipio's cavalry.

XXIX. Dum elephanti traiciuntur, interim Hannibal Numidas equites quingentos ad castra Romana miserat speculatum, ubi et quantae copiae essent et quid pararent. Huic alae equitum missi, ut ante dictum est, ab ostio Rhodani trecenti Romanorum equites occurrunt. Proelium atrocius quam pro numero pugnantium editur: nam praeter multa vulnera caedes etiam prope par utrimque fuit, fugaque et pavor Numidarum Romanis iam admodum fessis victoriam dedit. Victores ad centum quadraginta, nec omnes Romani, sed pars Gallorum, victi amplius ducenti ceciderunt. Hoc principium simul omenque belli ut summae rerum prosperum eventum, ita haud sane incruentam ancipitisque certaminis victoriam Romanis portendit.

Ut re ita gesta ad utrumque ducem sui redierunt, nec Scipioni stare sententia poterat, nisi ut ex consiliis coeptisque hostis et ipse conatus caperet, et Hannibalem incertum, utrum coeptum in Italiam intenderet iter an cum eo, qui primus se obtulisset Romanus exercitus, manus consereret, avertit a praesenti certamine Boiorum legatorum regulique Magali adventus, qui se duces itinerum, socios periculi fore adfirmantes, integro bello nusquam ante libatis viribus Italiam adgrediendam censent. Multitudo timebat quidem hostem nondum oblitterata memoria superioris belli, sed magis iter inmensum Alpesque, rem fama utique inexpertis horrendam, metuebat.

Hannibal, resolving to push on at once to the Alps, addresses his men.

XXX. Itaque Hannibal, postquam ipsi sententia stetit pergere ire atque Italiam petere, advocata contione varie militum versat animos castigando adhortandoque: mirari se, quinam pectora semper impavida repens terror invaserit. Per tot annos vincentis eos stipendia facere, neque ante Hispania excessisse, quam omnes gentesque et terrae, quas duo diversa maria amplectantur, Carthaginiensium essent. Indignatos deinde, quod quicumque Saguntum obsedissent velut ob noxam sibi dedi postularet populus Romanus, Hiberum traicisse ad delendum nomen Romanorum liberandumque orbem terrarum. Tum nemini visum id longum, cum ab occasu solis ad exortus intenderent iter; nunc, postquam multo maiorem partem itineris emensam cernant, Pyrenaeum saltum inter ferocissimas gentes superatum, Rhodanum, tantum amnem, tot milibus Gallorum prohibentibus, domita etiam ipsius fluminis vi traiectum, in conspectu Alpis habeant, quarum alterum latus Italiae sit, in ipsis portis hostium fatigatos subsistere, — quid Alpis aliud esse credentes quam montium altitudines? Fingerent altiores Pyrenaei iugis; nullas profecto terras caelum contingere nec inexsuperabiles humano generi esse; Alpis quidem habitari, coli, gignere atque alere animantes; pervias faucis esse exercitibus. Eos ipsos, quos cernant, legatos non pinnis sublime elatos Alpis transgressos. Ne maiores quidem eorum indigenas, sed advenas Italiae cultores has ipsas Alpis ingentibus saepe agminibus cum liberis ac coniugibus migrantium modo tuto transmisisse. Militi quidem armato nihil secum praeter instrumenta belli portanti quid invium aut inexsuperabile esse? Saguntum ut caperetur, quid per octo menses periculi, quid laboris exhaustum esse? Romam, caput orbis terrarum, petentibus quicquam adeo asperum atque arduum videri, quod inceptum moretur? Cepisse quondam Gallos ea, quae adiri posse Poenus desperet; proinde aut cederent animo atque virtute genti per eos dies totiens ab se victae, aut itineris finem sperent campum interiacentem Tiberi ac moenibus Romanis.

The march up the Rhone, through the country of the Allobroges, where Hannibal settles a civil war, and thence toward the mountains.

XXXI. His adhortationibus incitatos corpora curare atque ad iter se parare iubet. Postero die profectus adversa ripa Rhodani mediterranea Galliae petit, non quia rectior ad Alpes via esset, sed quantum a mari recessisset, minus obvium fore Romanum credens, cum quo, priusquam in Italiam ventum foret, non erat in animo manus conserere. Quartis castris ad Insulam pervenit. Ibi Isara Rhodanusque amnes diversis ex Alpibus decurrentes agri aliquantum amplexi confluunt in unum; mediis campis Insulae nomen inditum. Incolunt prope Allobroges, gens iam inde nulla Gallica gente opibus aut fama inferior. Tum discors erat. Regni certamine ambigebant fratres; maior et qui prius imperitarat, Braneus nomine, a minore fratre et coetu iuniorum, qui iure minus, vi plus poterat, pellebatur. Huius seditionis peropportuna disceptatio cum ad Hannibalem reiecta esset, arbiter regni factus, quod ea senatus principumque sententia fuerat, imperium maiori restituit. Ob id meritum commeatu copiaque rerum omnium, maxime vestis, est adiutus, quam infames frigoribus Alpes praeparari cogebant. Sedatis Hannibal certaminibus Allobrogum cum iam Alpes peteret, non recta regione iter instituit, sed ad laevam in Tricastinos flexit; inde per extremam oram Vocontiorum agri tendit in Tricorios haud usquam inpedita via, priusquam ad Druentiam flumen pervenit. Is et ipse Alpinus amnis longe omnium Galliae fluminum difficillimus transitu est. Nam cum aquae vim vehat ingentem, non tamen navium patiens est, quia nullis coercitus ripis, pluribus simul neque iisdem alveis fluens, nova semper vada novosque gurgites gignit — et ob eadem pediti

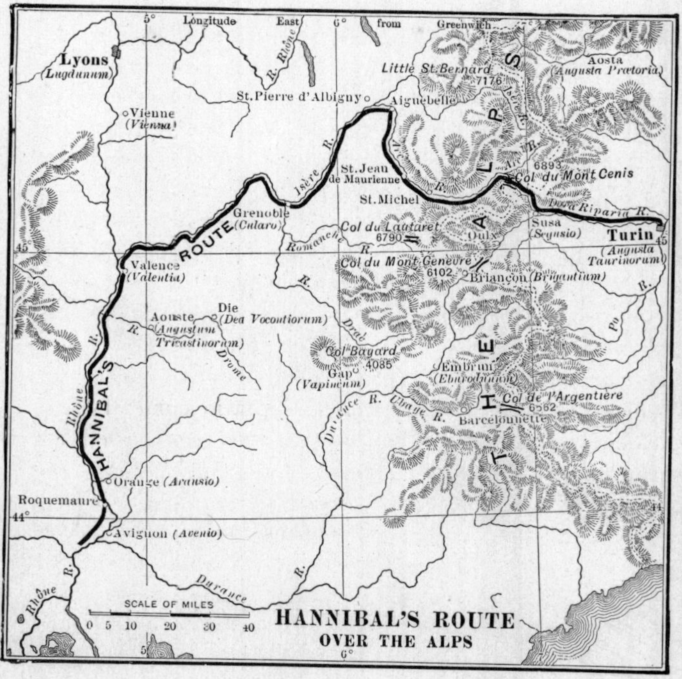

HANNIBAL'S ROUTE
OVER THE ALPS

quoque incerta via est — ad hoc saxa glareasque volvens, nihil stabile nec tutum ingredienti praebet; et tum forte imbribus auctus ingentem transgredientibus tumultum fecit, cum super cetera trepidatione ipsi sua atque incertis clamoribus turbarentur.

Scipio sends his army to Spain and returns to Italy. Hannibal meets with some opposition on his march.

XXXII. P. Cornelius consul triduo fere post, quam Hannibal a ripa Rhodani movit, quadrato agmine ad castra hostium venerat, nullam dimicandi moram facturus. Ceterum ubi deserta munimenta nec facile se tantum praegressos adsecuturum videt, ad mare ac naves rediit, tutius faciliusque ita descendenti ab Alpibus Hannibali occursurus. Ne tamen nuda auxiliis Romanis Hispania esset, quam provinciam sortitus erat, Cn. Scipionem fratrem cum maxima parte copiarum adversus Hasdrubalem misit, non ad tuendos tantummodo veteres socios conciliandosque novos, sed etiam ad pellendum Hispania Hasdrubalem. Ipse cum admodum exiguis copiis Genuam repetit eo qui circa Padum erat exercitus, Italiam defensurus.

Hannibal ab Druentia campestri maxime itinere ad Alpis cum bona pace incolentium ea loca Gallorum pervenit. Tum, quamquam fama prius, qua incerta in maius vero ferri solent, praecepta res erat, tamen ex propinquo visa montium altitudo nivesque caelo prope inmixtae, tecta informia inposita rupibus, pecora iumentaque torrida frigore, homines intonsi et inculti, animalia inanimaque omnia rigentia gelu, cetera visu quam dictu foediora, terrorem renovarunt. Erigentibus in primos agmen clivos apparuerunt inminentes tumulos insidentes montani, qui, si valles occultiores insedissent, coorti ad pugnam repente ingentem fugam stragemque dedissent. Hannibal consistere signa iussit; Gallisque ad visenda loca praemissis postquam conperit transitum ea non esse, castra inter confragosa omnia praeruptaque quam extentissima potest valle locat. Tum per eosdem Gallos, haud sane multum lingua moribusque abhorrentis, cum se inmiscuissent conloquiis montanorum, edoctus interdiu tantum obsideri saltum, nocte in sua quemque dilabi tecta, luce prima subiit tumulos, ut ex aperto atque interdiu vim per angustias facturus. Die deinde simulando aliud, quam quod parabatur, consumpto, cum eodem, quo constiterant, loco castra communissent, ubi primum digressos tumulis montanos laxatasque sensit custodias, pluribus ignibus quam pro numero manentium in speciem factis inpedimentisque cum equite relictis et maxima parte peditum ipse cum expeditis, acerrimo quoque viro, raptim angustias evadit iisque ipsis tumulis, quos hostes tenuerant, consedit.

Attacks on the Carthaginians in a narrow pass. Then three days of easy marching.

XXXIII. Prima deinde luce castra mota et agmen relicum incedere coepit. Iam montani signo dato ex castellis ad stationem solitam conveniebant, cum repente conspiciunt alios arce occupata sua super caput inminentis, alios via transire hostis. Utraque simul obiecta res oculis animisque inmobiles parumper eos defixit; deinde, ut trepidationem in angustiis suoque ipsum tumultu misceri agmen videre, equis maxime consternatis, quidquid adiecissent ipsi terroris, satis ad perniciem fore rati, diversis rupibus iuxta in vias ac devia adsueti decurrunt. Tum vero simul ab hostibus simul iniquitate locorum Poeni oppugnabantur, plusque inter ipsos, sibi quoque tendente, ut periculo prius evaderet, quam cum hostibus certaminis erat. Equi maxime infestum agmen faciebant, qui et clamoribus dissonis, quos nemora etiam repercussaeque valles augebant, territi trepidabant, et icti forte aut vulnerati adeo consternabantur, ut stragem ingentem simul hominum ac sarcinarum omnis generis facerent; multosque turba, cum praecipites deruptaeque utrimque angustiae essent, in inmensum altitudinis deiecit, quosdam et armatos; sed ruinae maxime modo iumenta cum oneribus devolvebantur. Quae quamquam foeda visu erant, stetit parumper tamen Hannibal ac suos continuit, ne tumultum ac trepidationem augeret. Deinde, postquam interrumpi agmen vidit periculumque esse, ne exutum inpedimentis exercitum nequiquam incolumem traduxisset, decurrit ex superiore loco et, cum impetu ipso fudisset hostem, suis quoque tumultum auxit. Sed is tumultus momento temporis postquam liberata itinera fuga montanorum erant, sedatur, nec per otium modo, sed prope silentio mox omnes traducti. Castellum inde, quod caput eius regionis erat, viculosque circumiectos capit, et captivo cibo ac pecoribus per triduum exercitum aluit, et, quia nec a montanis primo perculsis nec loco magno opere inpediebantur, aliquantum eo triduo viae confecit.

Treachery of the mountaineers.

XXXIV. Perventum inde ad frequentem cultoribus alium, ut inter montanos, populum. Ibi non bello aperto, sed suis artibus, fraude et insidiis, est prope circumventus. Magno natu principes castellorum oratores ad Poenum veniunt, alienis malis, utili exemplo, doctos memorantes amicitiam malle quam vim experiri Poenorum; itaque oboedienter imperata facturos; commeatum itinerisque duces et ad fidem promissorum obsides acciperet. Hannibal nec temere credendum nec aspernandum ratus, ne repudiati aperte hostes fierent, benigne

cum respondisset, obsidibus, quos dabant, acceptis et
commeatu, quem in viam ipsi detulerant, usus, nequaquam ut inter pacatos, conposito agmine duces eorum
sequitur. Primum agmen elephanti et equites erant,
5 ipse post cum robore peditum circumspectans omnia
sollicitusque incedebat. Ubi in angustiorem viam et
parte altera subiectam iugo insuper inminenti ventum
est, undique ex insidiis barbari, a fronte ab tergo coorti,
comminus eminus petunt, saxa ingentia in agmen de-
10 volvunt. Maxima ab tergo vis hominum urgebat. In
eos versa peditum acies haud dubium fecit, quin, nisi
firmata extrema agminis fuissent, ingens in eo saltu accipienda clades fuerit. Tunc quoque ad extremum
periculi ac prope perniciem ventum est. Nam dum
15 cunctatur Hannibal demittere agmen in angustias, quia
non, ut ipse equitibus praesidio erat, ita peditibus quicquam ab tergo auxilii reliqui erat, occursantes per obliqua montani interrupto medio agmine viam insedere;
noxque una Hannibali sine equitibus atque inpedimen-
20 tis acta est.

*The summit of the pass is reached. Two days' halt. Beginning
of the descent.*

XXXV. Postero die iam segnius intercursantibus bar-
baris iunctae copiae, saltusque haud sine clade, maiore
tamen iumentorum quam hominum pernicie, superatus.
Inde montani pauciores iam et latrocinii magis quam
25 belli more concursabant modo in primum, modo in novissimum agmen, utcumque aut locus opportunitatem
daret aut progressi morative aliquam occasionem fecissent. Elephanti, sicut per artas praecipites vias magna
mora agebantur, ita tutum ab hostibus quacumque ince-
30 derent, quia insuetis adeundi propius metus erat, agmen
praebebant.

Nono die in iugum Alpium perventum est per invia pleraque et errores, quos aut ducentium fraus aut, ubi fides iis non esset, temere initae valles a coniectantibus iter faciebant. Biduum in iugo stativa habita, fessisque labore ac pugnando quies data militibus; iumentaque aliquot, quae prolapsa in rupibus erant, sequendo vestigia agminis in castra pervenere. Fessis taedio tot malorum nivis etiam casus occidente iam sidere Vergiliarum ingentem terrorem adiecit. Per omnia nive oppleta cum signis prima luce motis segniter agmen incederet, pigritiaque et desperatio in omnium vultu emineret, praegressus signa Hannibal in promunturio quodam, unde longe ac late prospectus erat, consistere iussis militibus Italiam ostentat subiectosque Alpinis montibus circumpadanos campos, moeniaque eos tum transcendere non Italiae modo, sed etiam urbis Romanae; cetera plana, proclivia fore, uno aut summum altero proelio arcem et caput Italiae in manu ac potestate habituros.

Procedere inde agmen coepit, iam nihil ne hostibus quidem praeter parva furta per occasionem temptantibus. Ceterum iter multo, quam in ascensu fuerat — ut pleraque Alpium ab Italia sicut breviora ita arrectiora sunt, — difficilius fuit. Omnis enim ferme via praeceps, angusta, lubrica erat, ut neque sustinere se a lapsu possent, nec, qui paulum titubassent, haerere adfixi vestigio suo, aliique super alios et iumenta in homines occiderent.

At one point the road becomes impassable.

XXXVI. Ventum deinde ad multo angustiorem rupem, atque ita rectis saxis, ut aegre expeditus miles temptabundus manibusque retinens virgulta ac stirpes circa eminentes demittere sese posset. Natura locus iam ante praeceps recenti lapsu terrae in pedum mille admodum altitudinem abruptus erat. Ibi cum velut ad finem viae equites constitissent, miranti Hannibali, quae res moraretur agmen, nuntiatur rupem inviam esse. Digressus deinde ipse ad locum visendum. Haud dubia res visa, quin per invia circa nec trita antea quamvis longo ambitu circumduceret agmen. Ea vero via inexsuperabilis fuit: nam cum super veterem nivem intactam nova modicae altitudinis esset, molli nec praealtae facile pedes ingredientium insistebant; ut vero tot hominum iumentorumque incessu dilapsa est, per nudam infra glaciem fluentemque tabem liquescentis nivis ingrediebantur. Taetra ibi luctatio erat, via lubrica non recipiente vestigium et in prono citius pedes fallente, ut, seu manibus in adsurgendo seu genu se adiuvissent, ipsis adminiculis prolapsis iterum corruerent; nec stirpes circa radicesve, ad quas pede aut manu quisquam eniti posset, erant; ita in levi tantum glacie tabidaque nive volutabantur. Iumenta secabant interdum etiam infimam ingredientia nivem, et prolapsa iactandis gravius in conitendo ungulis penitus perfringebant, ut pleraque velut pedica capta haererent in dura et alte concreta glacie.

The obstruction is removed after four days, and the descent accomplished in three more.

XXXVII. Tandem nequiquam iumentis atque hominibus fatigatis castra in iugo posita, aegerrime ad id ipsum loco purgato; tantum nivis fodiendum atque egerendum fuit. Inde ad rupem muniendam, per quam unam via esse poterat, milites ducti, cum caedendum esset saxum, arboribus circa inmanibus deiectis detruncatisque struem ingentem lignorum faciunt, eamque, cum et vis venti apta faciendo igni coorta esset, succendunt, ardentiaque saxa infuso aceto putrefaciunt. Ita torridam

incendio rupem ferro pandunt, molliuntque anfractibus
modicis clivos, ut non iumenta solum, sed elephanti
etiam deduci possent. Quadriduum circa rupem consumptum iumentis prope fame absumptis; nuda enim
fere cacumina sunt, et, si quid est pabuli, obruunt nives.
Inferiora valles apricosque quosdam colles habent rivosque prope silvas et iam humano cultu digniora loca.
Ibi iumenta in pabulum missa, et quies muniendo fessis
hominibus data. Triduo inde ad planum descensum,
iam et locis mollioribus et accolarum ingeniis.

XXXVIII. *The length of Hannibal's march from Spain, his
route over the Alps, and the number of his troops.*

*Hannibal captures a town of the Taurini. Scipio hastens to
meet him beyond the Po.*

XXXIX. Peropportune ad principia rerum Taurinis,
proximae genti, adversus Insubres motum bellum erat.
Sed armare exercitum Hannibal, ut parti alteri auxilio
esset, in reficiendo maxime sentientem contracta ante
mala, non poterat; otium enim ex labore, copia ex inopia, cultus ex inluvie tabeque squalida et prope efferata
corpora varie movebat. Ea P. Cornelio consuli causa
fuit, cum Pisas navibus venisset, exercitu a Manlio Atilioque accepto tirone et in novis ignominiis trepido, ad Padum
festinandi, ut cum hoste nondum refecto manus consereret. Sed cum Placentiam consul venit, iam ex stativis
moverat Hannibal Taurinorumque unam urbem, caput
gentis eius, quia volentes in amicitiam non veniebant,
vi expugnarat; et iunxisset sibi non metu solum, sed
etiam voluntate Gallos accolas Padi, ni eos circumspectantis defectionis tempus subito adventu consul oppressisset. Et Hannibal movit ex Taurinis, incertos, quae
pars sequenda esset, Gallos praesentem secuturos esse

ratus. Iam prope in conspectu erant exercitus, convenerantque duces sicuti inter se nondum satis noti, ita iam inbutus uterque quadam admiratione alterius. Nam Hannibalis et apud Romanos iam ante Sagunti 5 excidium celeberrimum nomen erat, et Scipionem Hannibal eo ipso, quod adversus se dux potissimum lectus esset, praestantem virum credebat. Et auxerant inter se opinionem, Scipio, quod relictus in Gallia obvius fuerat in Italiam transgresso Hannibali, Hannibal et conatu tam 10 audaci traiciendarum Alpium et effectu. Occupavit tamen Scipio Padum traicere, et ad Ticinum amnem motis castris, priusquam educeret in aciem, adhortandorum militum causa talem orationem est exorsus.

XL, XLI. *Scipio's address to his army before the battle on the Ticinus.*

Hannibal makes captives fight for life and liberty, as an example to his soldiers.

XLII. Haec apud Romanos consul. Hannibal rebus 15 prius quam verbis adhortandos milites ratus, circumdato ad spectaculum exercitu captivos montanos vinctos in medio statuit, armisque Gallicis ante pedes eorum proiectis, interrogare interpretem iussit, ecquis, si vinculis levaretur armaque et equum victor acciperet, decertare 20 ferro vellet. Cum ad unum omnes ferrum pugnamque poscerent, et deiecta in id sors esset, se quisque eum optabat, quem fortuna in id certamen legeret, cuiusque sors exciderat, alacer inter gratulantes gaudio exultans cum sui moris tripudiis arma raptim capiebat. Ubi 25 vero dimicarent, is habitus animorum non inter eiusdem modo condicionis homines erat, sed etiam inter spectantes vulgo, ut non vincentium magis quam bene morientium fortuna laudaretur.

Hannibal's address to his army.

XLIII. Cum sic aliquot spectatis paribus adfectos dimisisset, contione inde advocata ita apud eos locutus fertur: "Si, quem animum in alienae sortis exemplo paulo ante habuistis, eundem mox in aestimanda fortuna vestra habueritis, vicimus, milites; neque enim spectaculum modo illud, sed quaedam veluti imago vestrae condicionis erat. Ac nescio an maiora vincula maioresque necessitates vobis quam captivis vestris fortuna circumdederit: dextra laevaque duo maria claudunt nullam ne ad effugium quidem navem habentis; circa Padus, amnis maior ac violentior Rhodano; ab tergo Alpes urgent, vix integris vobis ac vigentibus transitae. Hic vincendum aut moriendum, milites, est, ubi primum hosti occurristis. Et eadem fortuna, quae necessitatem pugnandi inposuit, praemia vobis ea victoribus proponit, quibus ampliora homines ne ab dis quidem immortalibus optare solent. Si Siciliam tantum ac Sardiniam parentibus nostris ereptas nostra virtute recuperaturi essemus, satis tamen ampla pretia essent: nunc quidquid Romani tot triumphis partum congestumque possident, id omne vestrum cum ipsis dominis futurum est. In hanc tam opimam mercedem, agite dum, dis bene iuvantibus arma capite. Satis adhuc in vastis Lusitaniae Celtiberiaeque montibus pecora consectando nullum emolumentum tot laborum periculorumque vestrorum vidistis; tempus est iam opulenta vos ac ditia stipendia facere et magna operae pretia mereri, tantum itineris per tot montes fluminaque et tot armatas gentes emensos. Hic vobis terminum laborum fortuna dedit; hic dignam mercedem emeritis stipendiis dabit."

"Nec quam magni nominis bellum est, tam difficilem existimaritis victoriam fore; saepe et contemptus hostis cruentum certamen edidit et incliti populi regesque perlevi momento victi sunt. Nam dempto hoc uno fulgore nominis Romani quid est, cur illi vobis comparandi sint? Ut viginti annorum militiam vestram cum illa virtute, cum illa fortuna taceam, ab Herculis columnis, ab Oceano terminisque ultimis terrarum per tot ferocissimos Hispaniae et Galliae populos vincentes huc pervenistis; pugnabitis cum exercitu tirone, hac ipsa aestate caeso, victo, circumsesso a Gallis, ignoto adhuc duci suo ignorantique ducem. An me in praetorio patris, clarissimi imperatoris, prope natum, certe eductum, domitorem Hispaniae Galliaeque, victorem eundem non Alpinarum modo gentium, sed ipsarum, quod multo maius est, Alpium, cum semestri hoc conferam duce, desertore exercitus sui? Cui si quis demptis signis Poenos Romanosque hodie ostendat, ignoraturum certum habeo, utrius exercitus sit consul. Non ego illud parvi aestimo, milites, quod nemo est vestrum, cuius non ante oculos ipse saepe militare aliquod ediderim facinus, cui non idem ego virtutis spectator ac testis notata temporibus locisque referre sua possim decora. Cum laudatis a me miliens donatisque, alumnus prius omnium vestrum quam imperator, procedam in aciem adversus ignotos inter se ignorantesque."

Continuation of the same.

XLIV. "Quocumque circumtuli oculos, plena omnia video animorum ac roboris, veteranum peditem, generosissimarum gentium equites frenatos infrenatosque, vos socios fidelissimos fortissimosque, vos Carthaginienses cum pro patria tum ob iram iustissimam pugnaturos. Inferimus bellum infestisque signis descendimus in Italiam, tanto audacius fortiusque pugnaturi quam hostis, quanto maior spes, maior est animus inferentis vim quam arcentis. Accendit praeterea et stimulat animos dolor, iniuria, indignitas. Ad supplicium depoposcerunt me ducem primum, deinde vos omnes, qui Saguntum oppugnassetis; deditos ultimis cruciatibus adfecturi fuerunt. Crudelissima ac superbissima gens sua omnia suique arbitrii facit. Cum quibus bellum, cum quibus pacem habeamus, se modum inponere aecum censet. Circumscribit includitque nos terminis montium fluminumque, quos non excedamus, neque eos, quos statuit, terminos observat. 'Ne transieris Hiberum! Ne quid rei tibi sit cum Saguntinis!' 'At liberum est Saguntum.' 'Nusquam te vestigio moveris!' 'Parum est quod veterrimas provincias meas Siciliam ac Sardiniam ademisti? Adimis etiam Hispanias, et inde si decessero, in Africam transcendes.' Transcendes autem? Transcendisse dico. Duos consules huius anni, unum in Africam, alterum in Hispaniam miserunt. Nihil usquam nobis relictum est, nisi quod armis vindicarimus. Illis timidis et ignavis esse licet, qui respectum habent, quos sua terra, suus ager per tuta ac pacata itinera fugientes accipient; vobis necesse est fortibus viris esse et omnibus inter victoriam mortemve certa desperatione abruptis aut vincere aut, si fortuna dubitabit, in proelio potius quam in fuga mortem oppetere. Si hoc bene fixum omnibus, si destinatum animo est, iterum dicam, vicistis: nullum contemptu mortis telum ad vincendum homini ab dis inmortalibus acrius datum est."

The Numidians plunder the tribes friendly to Rome. Scipio crosses the Ticinus and encamps. Hannibal's liberal promises to his men.

XLV. His adhortationibus cum utrimque ad certamen accensi militum animi essent, Romani ponte Ticinum iungunt tutandique pontis causa castellum insuper inponunt; Poenus hostibus opere occupatis Maharbalem cum ala Numidarum, equitibus quingentis, ad depopulandos sociorum populi Romani agros mittit; Gallis parci quam maxime iubet principumque animos ad defectionem sollicitari. Ponte perfecto traductus Romanus exercitus in agrum Insubrium quinque milia passuum a Victumulis consedit. Ibi Hannibal castra habebat; revocatoque propere Maharbale atque equitibus, cum instare certamen cerneret, nihil umquam satis dictum praemonitumque ad cohortandos milites ratus, vocatis ad contionem certa praemia pronuntiat, in quorum spem pugnarent: agrum sese daturum esse in Italia, Africa, Hispania, ubi quisque velit, inmunem ipsi, qui accepisset, liberisque; qui pecuniam quam agrum maluisset, ei se argento satisfacturum; qui sociorum cives Carthaginienses fieri vellent, potestatem facturum; qui domos redire mallent, daturum se operam, ne cuius suorum popularium mutatam secum fortunam esse vellent. Servis quoque dominos prosecutis libertatem proponit, binaque pro iis mancipia dominis se redditurum. Eaque ut rata scirent fore, agnum laeva manu, dextra silicem retinens, si falleret, Iovem ceterosque precatus deos, ita se mactarent, quem ad modum ipse agnum mactasset, secundum precationem caput pecudis saxo elisit. Tum vero omnes, velut dis auctoribus in spem suam quisque acceptis, id morae, quod nondum pugnarent, ad potienda sperata rati, proelium uno animo et voce una poscunt.

The battle of the Ticinus begins unexpectedly to both sides. Defeat of the Romans. Rescue of the consul by his son.

XLVI. Apud Romanos haudquaquam tanta alacritas erat, super cetera recentibus etiam territos prodigiis; nam et lupus intraverat castra laniatisque obviis ipse intactus evaserat, et examen apum in arbore praetorio imminente consederat. Quibus procuratis Scipio cum equitatu iaculatoribusque expeditis profectus ad castra hostium ex propinquo copiasque, quantae et cuius generis essent, speculandas, obvius fit Hannibali et ipsi cum equitibus ad exploranda circa loca progresso. Neutri alteros primo cernebant, densior deinde incessu tot hominum equorum oriens pulvis signum propinquantium hostium fuit. Consistit utrumque agmen et ad proelium sese expediebant. Scipio iaculatores et Gallos equites in fronte locat, Romanos sociorumque quod roboris fuit in subsidiis; Hannibal frenatos equites in medium accipit, cornua Numidis firmat. Vixdum clamore sublato iaculatores fugerunt inter subsidia ad secundam aciem. Inde equitum certamen erat aliquamdiu anceps. Dein, quia turbabant equos pedites intermixti, multis labentibus ex equis aut desilientibus, ubi suos premi circumventos vidissent, iam magna ex parte ad pedes pugna venerat, donec Numidae, qui in cornibus erant, circumvecti paulum ab tergo se ostenderunt. Is pavor perculit Romanos, auxitque pavorem consulis vulnus periculumque intercursu tum primum pubescentis filii propulsatum. Hic erit iuvenis, penes quem perfecti huiusce belli laus est, Africanus ob egregiam victoriam de Hannibale Poenisque appellatus. Fuga tamen effusa iaculatorum maxume fuit, quos primos Numidae invaserunt; alius confertus equitatus consulem in medium acceptum non armis modo, sed etiam corporibus suis protegens in castra nusquam trepide neque effuse cedendo reduxit. Servati consulis decus Caelius ad servum natione Ligurem delegat; malim equidem de filio verum esse, quod et plures tradidere auctores et fama obtinuit.

The Romans retreat to Placentia. Hannibal follows, and encamps six miles away.

XLVII. Hoc primum cum Hannibale proelium fuit, quo facile apparuit equitatu meliorem Poenum esse et ob id campos patentis, quales sunt inter Padum Alpesque, bello gerendo Romanis aptos non esse. Itaque proxima nocte iussis militibus vasa silentio conligere castra ab Ticino mota, festinatumque ad Padum est, ut ratibus, quibus iunxerat flumen, nondum resolutis sine tumultu atque insectatione hostis copias traiceret. Prius Placentiam pervenere, quam satis sciret Hannibal ab Ticino profectos; tamen ad sescentos moratorum in citeriore ripa Padi segniter ratem solventes cepit. Transire ponte non potuit, ut extrema resoluta erant, tota rate in secundam aquam labente. Caelius auctor est Magonem, cum equitatu et Hispanis peditibus flumen extemplo tranasse, ipsum Hannibalem per superiora Padi vada exercitum traduxisse elephantis in ordinem ad sustinendum impetum fluminis oppositis. Ea peritis amnis eius vix fidem fecerint, nam neque equites armis equisque salvis tantam vim fluminis superasse veri simile est, ut iam Hispanos omnes inflati travexerint utres, et multorum dierum circuitu Padi vada petenda fuerunt, qua exercitus gravis impedimentis traduci posset. Potiores apud me auctores sunt, qui biduo vix locum rate iungendo flumini inventum tradunt; ea cum Magone equites et Hispanorum expeditos praemissos. Dum Hannibal, circa flumen legationibus Gallorum audiendis moratus, traicit gravius peditum agmen, interim Mago equitesque ab transitu fluminis diei unius itinere Placentiam ad hostes contendunt. Hannibal paucis post diebus sex milia a Placentia castra communivit et postero die in conspectu hostium acie derecta potestatem pugnae fecit.

Scipio entrenches himself on the Trebia and awaits the coming of his colleague Sempronius.

XLVIII. Insequenti nocte caedes in castris Romanis tumultu tamen quam re maior, ab auxiliaribus Gallis facta est. Ad duo milia peditum et ducenti equites vigilibus ad portas trucidatis ad Hannibalem transfugiunt, quos Poenus benigne adlocutus et spe ingentium donorum accensos in civitates quemque suas ad sollicitandos popularium animos dimisit. Scipio caedem eam signum defectionis omnium Gallorum esse ratus, contactosque eo scelere velut iniecta rabie ad arma ituros, quamquam gravis adhuc vulnere erat, tamen quarta vigilia noctis insequentis tacito agmine profectus ad Trebiam fluvium iam in loca altiora collisque inpeditiores equiti castra movet. Minus quam ad Ticinum fefellit; missisque Hannibal primum Numidis, deinde omni equitatu turbasset utique novissimum agmen, ni aviditate praedae in vacua Romana castra Numidae devertissent. Ibi dum perscrutantes loca omnia castrorum nullo satis digno morae pretio tempus terunt, emissus hostis est de manibus, et cum iam transgressos Trebiam Romanos metantisque castra conspexissent, paucos moratorum occiderunt citra flumen interceptos. Scipio nec vexationem vulneris in via iactati ultra patiens et collegam — iam enim et revocatum ex Sicilia audierat — ratus expectandum, locum, qui prope flumen tutissimus stativis est visus, delectum communiit. Nec procul inde Hannibal cum consedisset, quantum victoria equestri elatus, tantum anxius inopia, quae per hostium agros euntem nusquam praeparatis commeatibus maior in dies excipiebat, ad Clastidium vicum, quo magnum frumenti numerum congesserant Romani, mittit. Ibi cum vim pararent, spes facta proditionis, nec sane magno pretio, nummis aureis quadringentis, Dasio Brundisino, praefecto praesidii, corrupto traditur Hannibali Clastidium. Id horreum fuit Poenis sedentibus ad Trebiam. In captivos ex tradito praesidio, ut fama clementiae in principio rerum colligeretur, nihil saevitum est.

The Carthaginians send a fleet to invade Sicily.

XLIX. Cum ad Trebiam terrestre constitisset bellum, interim circa Siciliam insulasque Italiae inminentes et a Sempronio consule et ante adventum eius terra marique res gestae. Viginti quinqueremes cum mille armatis ad depopulandam oram Italiae a Carthaginiensibus missae; novem Liparas, octo ad insulam Vulcani tenuerunt, tres in fretum avertit aestus. Ad eas conspectas a Messana duodecim naves ab Hierone, rege Syracusanorum, missae, qui tum forte Messanae erat consulem Romanum opperiens, nullo repugnante captas naves Messanam in portum deduxerunt. Cognitum ex captivis praeter viginti naves, cuius ipsi classis essent, in Italiam missas quinque et triginta alias quinqueremes Siciliam petere ad sollicitandos veteres socios; Lilybaei occupandi praecipuam curam esse; credere eadem tempestate, qua ipsi disiecti forent, eam quoque classem ad Aegatis insulas deiectam. Haec, sicut audita erant, rex M. Aemilio praetori, cuius Sicilia provincia erat, perscribit monetque, ut Lilybaeum firmo teneret praesidio. Extemplo et a praetore circa civitates missi legati tribunique suos ad curam custodiae intendere, et ante omnia Lilybaeum teneri apparatu belli, edicto proposito, ut socii navales decem dierum cocta cibaria ad naves deferrent, ut, ubi signum datum esset, ne quid moram conscendendi faceret; perque omnem oram, qui ex speculis prospicerent adventantem hostium classem, missi. Itaque, quamquam de industria ita moderati cursum navium erant Carthaginienses, ut ante lucem accederent Lilybaeum, praesensum tamen est, quia et luna pernox erat et sublatis armamentis veniebant; extemplo datum signum ex speculis et in oppido ad arma conclamatum est et in naves conscensum; pars militum in muris portarumque stationibus, pars in navibus erant. Et Carthaginienses, quia rem fore haud cum inparatis cernebant, usque ad lucem portu se abstinuerunt, demendis armamentis eo tempore aptandaque ad pugnam classe absumpto. Ubi inluxit, recepere classem in altum, ut spatium pugnae esset, exitumque liberum e portu naves hostium haberent. Nec Romani detrectavere pugnam et memoria circa ea ipsa loca gestarum rerum freti et militum multitudine ac virtute.

The Romans defeat it off Lilybaeum. Sempronius arrives at Messana. Hiero of Syracuse promises him support.

L. Ubi in altum evecti sunt, Romanus conserere pugnam et ex propinquo vires conferre velle; contra eludere Poenus et arte, non vi rem gerere, naviumque quam virorum aut armorum malle certamen facere. Nam ut sociis navalibus adfatim instructam classem, ita inopem milite habebant, et, sicubi conserta navis esset, haudquaquam par numerus armatorum ex ea pugnabat. Quod ubi animadversum est, et Romanis multitudo sua auxit animum et paucitas illis minuit. Extemplo septem naves Punicae circumventae; fugam ceterae ceperunt. Mille et septingenti fuere in navibus captis milites nautaeque, in his tres nobiles Carthaginiensium. Classis Romana incolumnis, una tantum perforata navi, sed ea quoque ipsa reduce, in portum rediit.

Secundum hanc pugnam, nondum gnaris eius qui Messanae erant, Ti. Sempronius consul Messanam venit. Ei fretum intranti rex Hiero classem ornatam armatamque obviam duxit, transgressusque ex regia in praetoriam navem, gratulatus sospitem cum exercitu et navibus advenisse precatusque prosperum ac felicem in Siciliam transitum, statum deinde insulae et Carthaginiensium conata exposuit, pollicitusque est, quo animo priore bello populum Romanum iuvenis adiuvisset, eo senem adiuturum; frumentum vestimentaque sese legionibus consulis

sociisque navalibus gratis praebiturum; grande periculum
Lilybaeo maritumisque civitatibus esse, et quibusdam volentibus novas res fore. Ob haec consuli nihil cunctandum visum, quin Lilybaeum classe peteret. Et rex
regiaque classis una profecti. Navigantes inde pugnatum ad Lilybaeum fusasque et captas hostium naves
accepere.

*Minor operations in the Sicilian seas. Sempronius is or-
dered to reinforce Scipio.*

LI. A Lilybaeo consul, Hierone cum classe regia
dimisso relictoque praetore ad tuendam Siciliae oram,
ipse in insulam Melitam, quae a Carthaginiensibus tenebatur, traiecit. Advenienti Hamilcar, Gisgonis filius,
praefectus praesidii, cum paulo minus duobus milibus
militum oppidumque cum insula traditur. Inde post
paucos dies reditum Lilybaeum, captivique et a consule
et a praetore praeter insignes nobilitate viros sub corona
venierunt. Postquam ab ea parte satis tutam Siciliam
censebat consul, ad insulas Vulcani, quia fama erat stare
ibi Punicam classem, traiecit; nec quisquam hostium
circa eas insulas inventus. Iam forte transmiserant ad
vastandam Italiae oram, depopulatoque Viboniensi agro
urbem etiam terrebant. Repetenti Siciliam consuli
escensio hostium in agrum Viboniensem facta nuntiatur,
litteraeque ab senatu de transitu in Italiam Hannibalis,
et ut primo quoque tempore conlegae ferret auxilium,
missae traduntur. Multis simul anxius curis exercitum
extemplo in naves inpositum Ariminum mari supero
misit, Sex. Pomponio legato cum viginti quinque longis
navibus Viboniensem agrum maritimamque oram Italiae
tuendam adtribuit, M. Aemilio praetori quinquaginta navium classem explevit. Ipse compositis Siciliae rebus
decem navibus oram Italiae legens Ariminum pervenit.

Inde cum exercitu suo profectus ad Trebiam flumen conlegae coniungitur.

The consuls disagree. Trifling success of some of Sempronius' troops against the Carthaginians.

LII. Iam ambo consules et quidquid Romanarum virium erat Hannibali oppositum aut illis copiis defendi posse Romanum imperium aut spem nullam aliam esse satis declarabat. Tamen consul alter equestri proelio uno et vulnere suo animi minutus trahi rem malebat; recentis animi alter eoque ferocior nullam dilationem patiebatur. Quod inter Trebiam Padumque agri est Galli tum incolebant, in duorum praepotentium populorum certamine per ambiguum favorem haud dubie gratiam victoris spectantes. Id Romani, modo ne quid moverent, aequo satis, Poenus periniquo animo ferebat, ab Gallis accitum se venisse ad liberandos eos dictitans. Ob eam iram, simul ut praeda militem aleret, duo milia peditum et mille equites, Numidas plerosque, mixtos quosdam et Gallos, populari omnem deinceps agrum usque ad Padi ripas iussit. Egentes ope Galli, cum ad id dubios servassent animos, coacti ab auctoribus iniuriae ad vindices futuros declinant, legatisque ad consules missis auxilium Romanorum terrae ob nimiam cultorum fidem in Romanos laboranti orant. Cornelio nec causa nec tempus agendae rei placebat, suspectaque ei gens erat cum ob infida multa facinora, tum, ut alia vetustate obsolevissent, ob recentem Boiorum perfidiam; Sempronius contra continendis in fide sociis maximum vinculum esse primos, qui eguissent ope, defensos censebat. Is tum collega cunctante equitatum suum mille peditum iaculatoribus ferme admixtis ad defendendum Gallicum agrum trans Trebiam mittit. Sparsos et inconpositos, ad hoc graves praeda plerosque

cum inopinato invasissent, ingentem terrorem caedemque
ac fugam usque ad castra stationesque hostium fecere;
unde multitudine effusa pulsi rursus subsidio suorum proelium restituere. Varia inde pugna sequentes inter cedentesque; cumque ad extremum aequassent certamen, maior
tamen hostium caedes, penes Romanos fama victoriae
fuit.

*Sempronius insists upon fighting, for which Hannibal is equally
eager.*

LIII. Ceterum nemini omnium maior ea iustiorque
quam ipsi consuli videri; gaudio efferri, qua parte copiarum alter consul victus foret, ea se vicisse; restitutos
ac refectos militibus animos, nec quemquam esse praeter
conlegam, qui dilatam dimicationem vellet; eum animo
magis quam corpore aegrum memoria vulneris aciem ac
tela horrere. Sed non esse cum aegro senescendum.
Quid enim ultra differri aut teri tempus? Quem tertium consulem, quem alium exercitum expectari? Castra Carthaginiensium in Italia ac prope in conspectu
urbis esse. Non Siciliam ac Sardiniam victis ademptas,
nec cis Hiberum Hispaniam peti, sed solo patrio ter-
raque, in qua geniti forent, pelli Romanos. "Quantum
ingemiscant" inquit, "patres nostri circa moenia Carthaginis bellare soliti, si videant nos, progeniem suam, duos
consules consularesque exercitus in media Italia paventis
intra castra, Poenum quod inter Alpis Apenninumque
agri sit suae dicionis fecisse?" Haec adsidens aegro
conlegae, haec in praetorio prope contionabundus agere.
Stimulabat et tempus propincum comitiorum, ne in
novos consules bellum differretur, et occasio in se unum
vertendae gloriae, dum aeger conlega erat. Itaque
nequiquam dissentiente Cornelio parari ad propincum
certamen milites iubet.

Hannibal cum, quid optimum foret hosti, cerneret, vix ullam spem habebat temere atque inprovide quicquam consules acturos; cum alterius ingenium, fama prius, deinde re cognitum, percitum ac ferox sciret esse, ferociusque factum prospero cum praedatoribus suis certamine crederet, adesse gerendae rei fortunam haud diffidebat. Cuius ne quod praetermitteret tempus, sollicitus intentusque erat, dum tiro hostium miles esset, dum meliorem ex ducibus inutilem vulnus faceret, dum Gallorum animi vigerent, quorum ingentem multitudinem sciebat segnius secuturam, quanto longius ab domo traherentur. Cum ob haec taliaque speraret propincum certamen et facere, si cessaretur, cuperet speculatoresque Galli, ad ea exploranda, quae vellet, tutiores, quia in utrisque castris militabant, paratos pugnae esse Romanos rettulissent, locum insidiis circumspectare Poenus coepit.

The battle of the Trebia. 2000 Carthaginians lie in ambush. The Romans are provoked to cross the river.

LIV. Erat in medio rivus praealtis utrimque clausus ripis et circa obsitus palustribus herbis et, quibus inculta ferme vestiuntur, virgultis vepribusque. Quem ubi equites quoque tegendo satis latebrosum locum circumvectus ipse oculis perlustravit, "Hic erit locus" Magoni fratri ait, "quem teneas. Delige centenos viros ex omni pedite atque equite, cum quibus ad me vigilia prima venias; nunc corpora curare tempus est." Ita praetorium missum. Mox cum delectis Mago aderat. "Robora virorum cerno" inquit Hannibal; "sed uti numero etiam, non animis modo valeatis, singulis vobis novenos ex turmis manipulisque vestri similes eligite. Mago locum monstrabit, quem insideatis; hostem caecum ad has belli artes habetis." Ita Mago cum mille

equitibus, mille peditibus dimissus. Hannibal prima
luce Numidas equites transgressos Trebiam flumen obe-
quitare iubet hostium portis, iaculandoque in stationes
elicere ad pugnam hostem, iniecto deinde certamine
5 cedendo sensim citra flumen pertrahere. Haec mandata Numidis; ceteris ducibus peditum equitumque
praeceptum, ut prandere omnes iuberent, armatos deinde instratisque equis signum expectare.

Sempronius ad tumultum Numidarum primum omnem
10 equitatum, ferox ea parte virium, deinde sex milia peditum, postremo omnes copias ab destinato iam ante
consilio avidus certaminis eduxit. Erat forte brumae
tempus et nivalis dies in locis Alpibus Apenninoque
interiectis, propinquitate etiam fluminum ac paludium
15 praegelidis. Ad hoc raptim eductis hominibus atque
equis, non capto ante cibo, non ope ulla ad arcendum
frigus adhibita, nihil caloris inerat, et quidquid aurae
fluminis adpropinquabant, adflabat acrior frigoris vis.
Ut vero refugientes Numidas insequentes aquam ingressi
20 sunt — et erat pectoribus tenus aucta nocturno imbri —
tum utique egressis rigere omnibus corpora, ut vix armorum tenendorum potentia esset, et simul lassitudine
et procedente iam die fame etiam deficere.

*The Romans are defeated, mainly by the superiority of the Punic
cavalry.*

LV. Hannibalis interim miles ignibus ante tentoria
25 factis oleoque per manipulos, ut mollirent artus, misso
et cibo per otium capto, ubi transgressos flumen hostis
nuntiatum est, alacer animis corporibusque arma capit
atque in aciem procedit. Baliares locat ante signa ac
levem armaturam, octo ferme milia hominum, dein
30 graviorem armis peditem, quod virium, quod roboris
erat; in cornibus circumfudit decem milia equitum, et
ab cornibus in utramque partem divisos elephantos

statuit. Consul effuse sequentis equites, cum ab resistentibus subito Numidis incauti exciperentur, signo receptui dato revocatos circumdedit peditibus. Duodeviginti milia Romana erant, socium nominis Latini viginti, auxilia praeterea Cenomanorum; ea sola in fide manserat Gallica gens. Iis copiis concursum est. Proelium a Baliaribus ortum est; quibus cum maiore robore legiones obsisterent, diducta propere in cornua levis armatura est; quae res effecit, ut equitatus Romanus extemplo urgeretur. Nam cum vix iam per se resisterent decem milibus equitum quattuor milia et fessi integris plerisque, obruti sunt insuper velut nube iaculorum a Baliaribus coniecta. Ad hoc elephanti eminentes ab extremis cornibus, equis maxime non visu modo sed odore insolito territis, fugam late faciebant. Pedestris pugna par animis magis quam viribus erat, quas recentis Poenus paulo ante curatis corporibus in proelium adtulerat; contra ieiuna fessaque corpora Romanis et rigentia gelu torpebant. Restitissent tamen animis, si cum pedite solum foret pugnatum; sed et Baliares pulso equite iaculabantur in latera, et elephanti iam in mediam peditum aciem sese tulerant, et Mago Numidaeque, simul latebras eorum inprovida praeterlata acies est, exorti ab tergo ingentem tumultum ac terrorem fecere. Tamen in tot circumstantibus malis mansit aliquamdiu inmota acies, maxime praeter spem omnium adversus elephantos. Eos velites ad id ipsum locati verutis coniectis et avertere et insecuti aversos sub caudis, qua maxume molli cute vulnera accipiunt, fodiebant.

Part of the Romans retreat to Placentia. The remnant follow at night from their camp.

LVI. Trepidantisque et prope iam in suos consternatos e media acie in extremam ad sinistrum cornu adversus Gallos auxiliares agi iussit Hannibal. Ibi extemplo

haud dubiam fecere fugam. Quo novus terror additus
Romanis, ut fusa auxilia sua viderunt. Itaque cum
iam in orbem pugnarent, decem milia ferme hominum,
cum alibi evadere nequissent, media Afrorum acie, qua
Gallicis auxiliis firmata erat, cum ingenti caede hostium
perrupere, et, cum neque in castra reditus esset flumine
interclusis, neque prae imbri satis decernere possent,
qua suis opem ferrent, Placentiam recto itinere per-
rexere. Plures deinde in omnes partes eruptiones factae; et qui flumen petiere aut gurgitibus absumpti sunt
aut inter cunctationem ingrediendi ab hostibus oppressi;
qui passim per agros fuga sparsi erant, alii vestigia ceden-
tis sequentes agminis Placentiam contendere; aliis timor
hostium audaciam ingrediendi flumen fecit, transgressique
in castra pervenerunt. Imber nive mixtus et intoleranda
vis frigoris et homines multos et iumenta et elephantos
prope omnis absumpsit. Finis insequendi hostis Poenis
flumen Trebia fuit, et ita torpentes gelu in castra rediere,
ut vix laetitiam victoriae sentirent. Itaque nocte insequenti, cum praesidium castrorum et quod relicum
ex fuga sauciorum ex magna parte militum erat ratibus
Trebiam traicerent, aut nihil sensere obstrepente pluvia
aut, quia iam moveri nequibant prae lassitudine ac
vulneribus, sentire sese dissimularunt, quietisque Poenis
tacito agmine ab Scipione consule exercitus Placentiam
est perductus, inde Pado traiecto Cremonam, ne duorum exercituum hibernis una colonia premeretur.

*Alarm at Rome. The new consuls. Hannibal, repulsed from
Placentia, captures Victumulae.*

LVII. Romam tantus terror ex hac clade perlatus
est, ut iam ad urbem Romanam crederent infestis signis hostem venturum, nec quicquam spei aut auxilii
esse, quo portis moenibusque vim arcerent; uno con-

sule ad Ticinum victo, alterum ex Sicilia revocatum;
duobus consulibus, duobus consularibus exercitibus victis,
quos alios duces, quas alias legiones esse, quae arces-
santur? Ita territis Sempronius consul advenit. Ingenti
periculo per effusos passim ad praedandum hostium
equites audacia magis quam consilio aut spe fallendi
resistendive, si non falleret, transgressus; inde, quod unum
maxime in praesentia desiderabatur, comitiis consularibus habitis, in hiberna rediit. Creati consules Cn.
Servilius et C. Flaminius iterum. * * *

*Hannibal's attempt to cross the Apennines is defeated by tem-
pest and cold.*

LVIII. Haud longi inde temporis, dum intolerabilia
frigora erant, quies militi data est, et ad prima ac dubia
signa veris profectus ex hibernis in Etruriam ducit, eam
quoque gentem, sicut Gallos Liguresque, aut vi aut
voluntate adiuncturus. Transeuntem Apenninum adeo
atrox adorta tempestas est, ut Alpium prope foe-
ditatem superaverit. Vento mixtus imber cum ferretur
in ipsa ora, primo, quia aut arma omittenda erant aut
contra enitentes vertice intorti adfligebantur, constitere;
dein, cum iam spiritum includeret nec reciprocare animam sineret, aversi a vento parumper consedere. Tum
vero ingenti sono caelum strepere et inter horrendos
fragores micare ignes; capti auribus et oculis metu
omnes torpere; tandem effuso imbre, cum eo magis
accensa vis venti esset, ipso illo, quo deprensi erant,
loco castra ponere necessarium visum est. Id vero
laboris velut de integro initium fuit; nam nec explicare
quicquam nec statuere poterant, nec quod statutum esset manebat, omnia perscindente vento et rapiente. Et
mox aqua levata vento, cum super gelida montium iuga
concreta esset, tantum nivis ac grandinis deiecit, ut

omnibus omissis procumberent homines tegminibus suis
magis obruti quam tecti. Tantaque vis frigoris insecuta
est, ut ex illa miserabili hominum iumentorumque strage
cum se quisque attollere ac levare vellet, diu nequiret, quia
5 torpentibus rigore nervis vix flectere artus poterant.
Deinde, ut tandem agitando sese movere ac recipere animos
et raris locis ignis fieri est coeptus, ad alienam opem
quisque inops tendere. Biduum eo loco velut obsessi
mansere. Multi homines, multa iumenta, elephanti
10 quoque ex iis, qui proelio ad Trebiam facto superfuerant,
septem absumpti.

LIX. *An indecisive battle with Sempronius.*

LX. *Cn. Scipio gains over many tribes in the northeastern part
of Spain and defeats Hanno.*

LXI. *Hasdrubal, arriving too late to help Hanno, retires beyond
the Ebro. He returns and stirs up the Ilergetes against the
Romans. Scipio subdues them and winters at Tarraco.*

Prodigies alarm the people at Rome.

LXII. Romae aut circa urbem multa ea hieme prodigia facta aut, quod evenire solet motis semel in religionem animis, multa nuntiata et temere credita sunt,
15 in quis, ingenuum infantem semestrem in foro olitorio
triumphum clamasse, et in foro boario bovem in tertiam
contignationem sua sponte escendisse atque inde tumultu habitatorum territum sese deiecisse, et navium
speciem de caelo adfulsisse, et aedem Spei, quae est
20 in foro olitorio, fulmine ictam; et Lanuvi hastam se
commovisse, et corvum in aedem Iunonis devolasse
atque in ipso pulvinario consedisse, et in agro Amiternino multis locis hominum specie procul candida veste

visos nec cum ullo congressos, et in Piceno lapidibus
pluvisse, et Caere sortes extenuatas, et in Gallia lupum
vigili gladium ex vagina raptum abstulisse. Ob cetera
prodigia libros adire decemviri iussi; quod autem lapidibus pluvisset in Piceno, novemdiale sacrum edictum, 5
et subinde aliis procurandis prope tota civitas operata
fuit. Iam primum omnium urbs lustrata est, hostiaeque
maiores quibus editum est dis caesae, et donum ex auri
pondo quadraginta Lanuvium Iunoni portatum est, et
signum aeneum matronae Iunoni in Aventino dedicave- 10
runt, et lectisternium Caere, ubi sortes adtenuatae erant,
imperatum, et supplicatio Fortunae in Algido; Romae
quoque et lectisternium Iuventati, et supplicatio ad aedem
Herculis nominatim, deinde universo populo circa omnia
pulvinaria indicta, et Genio maiores hostiae caesae quin- 15
que, et C. Atilius Serranus praetor vota suscipere iussus,
si in decem annos res publica eodem stetisset statu.
Haec procurata votaque ex libris Sibyllinis magna ex
parte levaverant religione animos.

*C. Flaminius, popular with the plebeians, is elected consul a
second time, and inaugurated informally at Ariminum.*

LXIII. Consulum designatorum alter Flaminius, cui 20
eae legiones, quae Placentiae hibernabant, sorte evenerant, edictum et litteras ad consulem misit, ut is exercitus idibus Martiis Arimini adesset in castris. Hic in
provincia consulatum inire consilium erat memori veterum certaminum cum patribus, quae tribunus plebis et 25
quae postea consul prius de consulatu, qui abrogabatur,
dein de triumpho habuerat, invisus etiam patribus ob
novam legem, quam Q. Claudius tribunus plebis adversus senatum atque uno patrum adiuvante C. Flaminio
tulerat, ne quis senator cuive senator pater fuisset 30
maritimam navem, quae plus quam trecentarum ampho-

rarum esset, haberet. Id satis habitum ad fructus ex agris vectandos; quaestus omnis patribus indecorus visus. Res per summam contentionem acta invidiam apud nobilitatem suasori legis Flaminio, favorem apud plebem alterumque inde consulatum peperit. Ob haec ratus auspiciis ementiendis Latinarumque feriarum mora et consularibus aliis inpedimentis retenturos se in urbe, simulato itinere privatus clam in provinciam abiit. Ea res ubi palam facta est, novam insuper iram infestis iam ante patribus movit: non cum senatu modo, sed iam cum dis inmortalibus C. Flaminium bellum gerere. Consulem ante inauspicato factum revocantibus ex ipsa acie dis atque hominibus non paruisse; nunc conscientia spretorum et Capitolium et sollemnem votorum nuncupationem fugisse, ne die initi magistratus Iovis Optimi Maximi templum adiret, ne senatum invisus ipse et sibi uni invisum videret consuleretque, ne Latinas indiceret Iovique Latiari sollemne sacrum in monte faceret, ne auspicato profectus in Capitolium ad vota nuncupanda, paludatus inde cum lictoribus in provinciam iret. Lixae modo sine insignibus, sine lictoribus profectum clam, furtim, haud aliter quam si exilii causa solum vertisset. Magis pro maiestate videlicet imperii Arimini quam Romae magistratum initurum et in deversorio hospitali quam apud penates suos praetextam sumpturum. Revocandum universi retrahendumque censuerunt et cogendum omnibus prius praesentem in deos hominesque fungi officiis, quam ad exercitum et in provinciam iret. In eam legationem — legatos enim mitti placuit — Q. Terentius et M. Antistius profecti nihilo magis eum moverunt, quam priore consulatu litterae moverant ab senatu missae. Paucos post dies magistratum iniit, inmolantique ei vitulus iam ictus e manibus sacrificantium sese cum proripuisset, multos circumstantes cruore respersit. Fuga procul etiam maior apud ignaros, quid trepidaretur, et concursatio fuit. Id a plerisque in omen magni terroris acceptum. Legionibus inde duabus a Sempronio prioris anni consule, duabus a C. Atilio praetore acceptis in Etruriam per Apennini tramites exercitus duci est coeptus.

TITI LIVI AB URBE CONDITA

LIBER XXII

Gallic plots against Hannibal. Servilius is inaugurated consul at Rome. Further prodigies occur.

I. Iam ver adpetebat, itaque Hannibal ex hibernis movit, et nequiquam ante conatus transcendere Apenninum intolerandis frigoribus et cum ingenti periculo moratus ac metu. Galli, quos praedae populationumque 5 conciverat spes, postquam pro eo, ut ipsi ex alieno agro raperent agerentque, suas terras sedem belli esse premique utriusque partis exercituum hibernis videre, verterunt retro in Hannibalem ab Romanis odia; petitusque saepe principum insidiis, ipsorum inter se fraude, eadem levitate, 10 qua consenserant, consensum indicantium, servatus erat, et mutando nunc vestem, nunc tegumenta capitis, errore etiam sese ab insidiis munierat. Ceterum hic quoque ei timor causa fuit maturius movendi ex hibernis.

Per idem tempus Cn. Servilius consul Romae idibus 15 Martiis magistratum iniit. Ibi cum de re publica rettulisset, redintegrata in C. Flaminium invidia est: duos se consules creasse, unum habere. Quod enim illi iustum imperium, quod auspicium esse? Magistratus id a domo, publicis privatisque penatibus, Latinis feriis actis, 20 sacrificio in monte perfecto, votis rite in Capitolio nuncupatis secum ferre; nec privatum auspicia sequi, nec sine auspiciis profectum in externo ea solo nova atque integra concipere posse. Augebant metum prodigia ex pluribus simul locis nuntiata: in Sicilia militibus aliquot

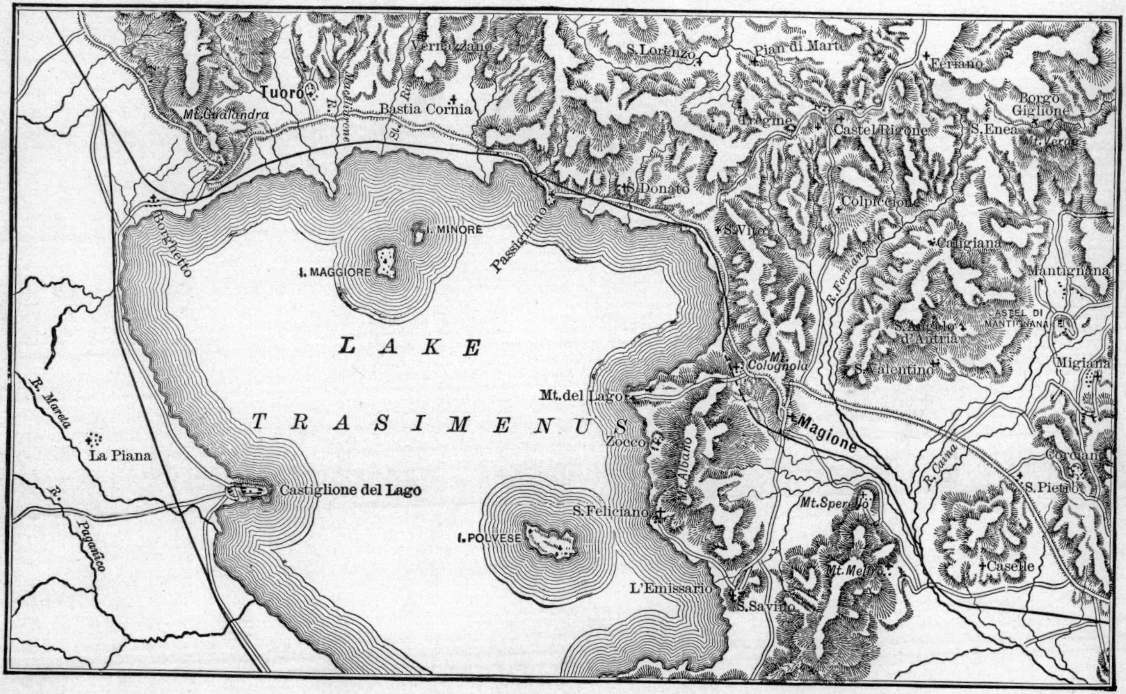
LAKE TRASIMENUS
Verrucciano
Tuoro
Mt. Gualandra
R. Macchiarone
Bastia Cornia
S. Lorenzo
Pian di Marte
Feriano
Borgo Giglione
S. Enea
Mt. Verde
Tragine
Castel Rigone
S. Donato
Colpiccione
S. Vito
Caligiana
Mantignana
R. Formanna
Castel di Mantignana
S. Angelo d'Antria
S. Valentino
Migiana
Mt. Colognola
Borghetto
I. Minore
I. Maggiore
Passignano
Mt. del Lago
Magione
Zocco
Mt. Albano
R. Caina
Corciana
S. Pietro
Mt. Sperello
S. Feliciano
I. Polvese
Castiglione del Lago
La Piana
R. Mareta
R. Paganico
Mt. Melino
Caselle
L'Emissario
S. Savino

spicula, in Sardinia autem in muro circumeunti vigilias
equiti scipionem, quem manu tenuerat, arsisse, et litora
crebris ignibus fulsisse, et scuta duo sanguine sudasse,
et milites quosdam ictos fulminibus, et solis orbem minui visum, et Praeneste ardentes lapides caelo cecidisse,
et Arpis parmas in caelo visas pugnantemque cum luna
solem, et Capenae duas interdiu lunas ortas, et aquas
Caeretes sanguine mixtas fluxisse fontemque ipsum Herculis cruentis manasse respersum maculis, et Antii meten-
tibus cruentas in corbem spicas cecidisse, et Faleriis
caelum findi velut magno hiatu visum, quaque patuerit
ingens lumen effulsisse; sortes sua sponte adtenuatas,
unamque excidisse ita scriptam "Mavors telum suum
concutit," et per idem tempus Romae signum Martis
Appia via ac simulacra luporum sudasse, et Capuae
speciem caeli ardentis fuisse lanaeque inter imbrem ca-
dentis. Inde minoribus etiam dictu prodigiis fides
habita: capras lanatas quibusdam factas, et gallinam in
marem, gallum in feminam sese vertisse. His, sicut
erant nuntiata, expositis auctoribusque in curiam introductis, consul de religione patres consuluit. Decretum,
ut ea prodigia partim maioribus hostiis, partim lacten-
tibus procurarentur, et uti supplicatio per triduum ad
omnia pulvinaria haberetur; cetera, cum decemviri libros
inspexissent, ut ita fierent, quem ad modum cordi esse
divis e carminibus praefarentur. Decemvirorum monitu
decretum est, Iovi primum donum fulmen aureum pondo
quinquaginta fieret, et Iunoni Minervæque ex argento
dona darentur, et Iunoni reginae in Aventino Iunonique So-
spitae Lanuvii maioribus hostiis sacrificaretur, matronae-
que pecunia conlata, quantum conferre cuique commodum
esset, donum Iunoni reginae in Aventinum ferrent, lectisterniumque fieret, et ut libertinae et ipsae, unde Feroniae
donum daretur, pecuniam pro facultatibus suis conferrent.
Haec ubi facta, decemviri Ardeae in foro maioribus hostiis

sacrificarunt. Postremo Decembri iam mense ad aedem Saturni Romae inmolatum est, lectisterniumque imperatum — et eum lectum senatores straverunt — et convivium publicum, ac per urbem Saturnalia diem ac noctem clamata, populusque eum diem festum habere ac servare in perpetuum iussus.

Painful march of the Carthaginians through the marshes of the Arno into Etruria.

II. Dum consul placandis Romae dis habendoque dilectu dat operam, Hannibal profectus ex hibernis, quia iam Flaminium consulem Arretium pervenisse fama erat, cum aliud longius, ceterum commodius ostenderetur iter, propiorem viam per paludem petit, qua fluvius Arnus per eos dies solito magis inundaverat. Hispanos et Afros et omne veterani robur exercitus admixtis ipsorum inpedimentis, necubi consistere coactis necessaria ad usus deessent, primos ire iussit, sequi Gallos, ut id agminis medium esset, novissimos ire equites, Magonem inde cum expeditis Numidis cogere agmen, maxime Gallos, si taedio laboris longaeque viae, ut est mollis ad talia gens, dilaberentur aut subsisterent, cohibentem. Primi, qua modo praeirent duces, per praealtas fluvii ac profundas voragines, hausti paene limo immergentesque se, tamen signa sequebantur. Galli neque sustinere se prolapsi neque adsurgere ex voraginibus poterant neque aut corpora animis aut animos spe sustinebant, alii fessa aegre trahentes membra, alii, ubi semel victis taedio animis procubissent, inter iumenta et ipsa iacentia passim morientes. Maximeque omnium vigiliae conficiebant per quadriduum iam et tres noctes toleratae. Cum omnia obtinentibus aquis nihil, ubi in sicco fessa sternerent corpora, inveniri posset, cumulatis in aqua sarcinis insuper incumbebant, aut iumentorum itinere toto prostratorum passim acervi tantum quod extaret aqua quaerentibus ad quietem parvi temporis necessarium cubile dabant. Ipse Hannibal, aeger oculis ex verna primum intemperie variante calores frigoraque, elephanto, qui unus superfuerat, quo altius ab aqua extaret, vectus, vigiliis tamen et nocturno umore palustrique caelo gravante caput, et quia medendi nec locus nec tempus erat, altero oculo capitur.

Hannibal lays waste the country in order to provoke Flaminius to battle.

III. Multis hominibus iumentisque foede amissis cum tandem de paludibus emersisset, ubi primum in sicco potuit, castra locat, certumque per praemissos exploratores habuit exercitum Romanum circa Arreti moenia esse. Consulis deinde consilia atque animum et situm regionum itineraque et copias ad commeatus expediendos et cetera, quae cognosse in rem erat, summa omnia cum cura inquirendo exequebatur. Regio erat in primis Italiae fertilis, Etrusci campi, qui Faesulas inter Arretiumque iacent, frumenti ac pecoris et omnium copia rerum opulenti. Consul ferox ab consulatu priore et non modo legum aut patrum maiestatis, sed ne deorum quidem satis metuens. Hanc insitam ingenio eius temeritatem fortuna prospero civilibus bellicisque rebus successu aluerat. Itaque satis apparebat nec deos nec homines consulentem ferociter omnia ac praepropere acturum. Quoque pronior esset in vitia sua, agitare eum atque inritare Poenus parat, et laeva relicto hoste Faesulas petens medio Etruriae agro praedatum profectus quantam maximam vastitatem potest caedibus incendiisque consuli procul ostendit. Flaminius, qui ne quieto quidem hoste ipse quieturus erat, tum vero, postquam res sociorum ante oculos prope suos ferri agique vidit, suum id dedecus ratus, per mediam iam Italiam vagari Poenum atque obsistente nullo ad ipsa Romana moenia ire oppugnanda, ceteris omnibus in consilio salutaria magis quam speciosa suadentibus: conlegam expectandum, ut coniunctis exercitibus, communi animo consilioque rem gererent, interim equitatu auxiliisque levium armorum ab effusa praedandi licentia hostem cohibendum, iratus se ex consilio proripuit, signumque simul itineri pugnaeque cum proposuisset, "Immo Arreti ante moenia sedeamus" inquit, "hic enim patria et penates sunt. Hannibal emissus e manibus perpopuletur Italiam vastandoque et urendo omnia ad Romana moenia perveniat, nec ante nos hinc moverimus, quam, sicut olim Camillum a Veiis, C. Flaminium ab Arretio patres acciverint." Haec simul increpans cum ocius signa convelli iuberet et ipse in equum insiluisset, equus repente conruit consulemque lapsum super caput effudit. Territis omnibus, qui circa erant, velut foedo omine incipiendae rei, insuper nuntiatur, signum omni vi moliente signifero convelli nequire. Conversus ad nuntium "Num litteras quoque" inquit, "ab senatu adfers, quae me rem gerere vetent? Abi, nuntia effodiant signum, si ad convellendum manus prae metu obtorpuerint." Incedere inde agmen coepit, primoribus, superquam quod dissenserant ab consilio, territis etiam duplici prodigio, milite in vulgus laeto ferocia ducis, cum spem magis ipsam quam causam spei intueretur.

Ambuscade of the Punic army in a defile near Lake Trasimenus. The Romans fall into the trap.

IV. Hannibal quod agri est inter Cortonam urbem Trasumennumque lacum omni clade belli pervastat, quo magis iram hosti ad vindicandas sociorum iniurias acuat. Et iam pervenerat ad loca nata insidiis, ubi maxime

montes Cortonenses Trasumennus subit. Via tantum
interest perangusta, velut ad id ipsum de industria relicto spatio; deinde paulo latior patescit campus; inde
colles insurgunt. Ibi castra in aperto locat, ubi ipse
cum Afris modo Hispanisque consideret; Baliares ce-
teramque levem armaturam post montis circumducit;
equites ad ipsas fauces saltus, tumulis apte tegentibus,
locat, ut, ubi intrassent Romani, obiecto equitatu clausa
omnia lacu ac montibus essent.

Flaminius cum pridie solis occasu ad lacum pervenisset, inexplorato postero die vixdum satis certa luce
angustiis superatis, postquam in patentiorem campum
pandi agmen coepit, id tantum hostium, quod ex adverso erat, conspexit; ab tergo ac super caput haud
detectae insidiae. Poenus ubi, id quod petierat, clausum
lacu ac montibus et circumfusum suis copiis habuit hostem,
signum omnibus dat simul invadendi. Qui ubi qua cuique
proximum fuit decucurrerunt, eo magis Romanis subita
atque inprovisa res fuit, quod orta ex lacu nebula campo
quam montibus densior sederat, agminaque hostium ex
pluribus collibus ipsa inter se satis conspecta eoque magis
pariter decucurrerant. Romanus clamore prius undique
orto quam satis cerneret se circumventum esse sensit, et
ante in frontem lateraque pugnari coeptum est, quam
satis instrueretur acies aut expediri arma stringique
gladii possent.

*A fog prevents regular formation. The Roman resistance is
fierce but disorderly.*

V. Consul perculsis omnibus ipse satis, ut in re trepida, inpavidus turbatos ordines, vertente se quoque ad
dissonos clamores, instruit, ut tempus locusque patitur
et, quacumque adire audirique potest, adhortatur ac
stare ac pugnare iubet: nec enim inde votis aut inplo-

ratione deum, sed vi ac virtute evadendum esse. Per medias acies ferro viam fieri et, quo timoris minus sit, eo minus ferme periculi esse. Ceterum prae strepitu ac tumultu nec consilium nec imperium accipi poterat, tantumque aberat, ut sua signa atque ordines et locum noscerent, ut vix ad arma capienda aptandaque pugnae conpeteret animus, opprimerenturque quidam onerati magis iis quam tecti. Et erat in tanta caligine maior usus aurium quam oculorum. Ad gemitus vulneratorum ictusque corporum aut armorum et mixtos terrentium paventiumque clamores circumferebant ora oculosque. Alii fugientes pugnantium globo inlati haerebant, alios redeuntes in pugnam avertebat fugientium agmen. Deinde, ubi in omnis partis nequiquam impetus capti, et ab lateribus montes ac lacus, a fronte et ab tergo hostium acies claudebant, apparuitque nullam nisi in dextera ferroque salutis spem esse, tum sibi quisque dux adhortatorque factus ad rem gerendam, et nova de integro exorta pugna est, non illa ordinata per principes hastatosque ac triarios, nec ut pro signis antesignani, post signa alia pugnaret acies, nec ut in sua legione miles aut cohorte aut manipulo esset; fors conglobabat, et animus suus cuique ante aut post pugnandi ordinem dabat; tantusque fuit ardor animorum, adeo intentus pugnae animus, ut eum motum terrae, qui multarum urbium Italiae magnas partes prostravit avertitque cursu rapidos amnis, mare fluminibus invexit, montes lapsu ingenti proruit, nemo pugnantium senserit.

The consul fights bravely, but is killed, and his army almost destroyed.

VI. Tris ferme horas pugnatum est, et ubique atrociter; circa consulem tamen acrior infestiorque pugna est. Eum et robora virorum sequebantur et ipse, quacumque in parte premi ac laborare senserat suos, impigre ferebat opem; insignemque armis et hostes summa vi petebant et tuebantur cives, donec Insuber eques — Ducario nomen erat — facie quoque noscitans consulem "En" inquit, "hic est" popularibus suis, "qui legiones nostras cecidit agrosque et urbem est depopulatus! Iam ego hanc victimam Manibus peremptorum foede civium dabo;" subditisque calcaribus equo per confertissimam hostium turbam impetum facit, obtruncatoque prius armigero, qui se infesto venienti obviam obiecerat, consulem lancea transfixit; spoliare cupientem triarii obiectis scutis arcuere. Magnae partis fuga inde primum coepit; et iam nec lacus nec montes pavori obstabant; per omnia arta praeruptaque velut caeci evadunt, armaque et viri super alios alii praecipitantur. Pars magna, ubi locus fugae deest, per prima vada paludis in aquam progressi, quoad capitibus umerisve extare possunt, sese inmergunt. Fuere quos inconsultus pavor nando etiam capessere fugam inpulerit, quae ubi inmensa ac sine spe erat, aut deficientibus animis hauriebantur gurgitibus aut nequiquam fessi vada retro aegerrime repetebant atque ibi ab ingressis aquam hostium equitibus passim trucidabantur. Sex milia ferme primi agminis per adversos hostes eruptione inpigre facta, ignari omnium, quae post se agerentur, ex saltu evasere, et, cum in tumulo quodam constitissent, clamorem modo ac sonum armorum audientes, quae fortuna pugnae esset, neque scire nec perspicere prae caligine poterant. Inclinata denique re cum incalescente sole dispulsa nebula aperuisset diem, tum liquida iam luce montes campique perditas res stratamque ostendere foede Romanam aciem. Itaque, ne in conspectos procul inmitteretur eques, sublatis raptim signis quam citatissimo poterant agmine sese abripuerunt. Postero die, cum super cetera extrema fames etiam instaret, fidem dante Maharbale, qui cum omnibus equestribus copiis nocte consecutus erat, si arma tradidissent, abire cum singulis vestimentis passurum, sese dediderunt. Quae Punica religione servata fides ab Hannibale est, atque in vincula omnes coniecti.

Extent of the Roman loss. Reception of the news at Rome.

VII. Haec est nobilis ad Trasumennum pugna atque inter paucas memorata populi Romani clades. Quindecim milia Romanorum in acie caesa; decem milia sparsa fuga per omnem Etruriam diversis itineribus urbem petiere; duo milia quingenti hostium in acie, multi postea ex vulneribus periere. Multiplex caedes utrimque facta traditur ab aliis; ego, praeterquam quod nihil auctum ex vano velim, quo nimis inclinant ferme scribentium animi, Fabium, aequalem temporibus huiusce belli, potissimum auctorem habui. Hannibal captivorum, qui Latini nominis essent, sine pretio dimissis, Romanis in vincula datis, segregata ex hostium coacervatorum cumulis corpora suorum cum sepeliri iussisset, Flamini quoque corpus funeris causa magna cum cura inquisitum non invenit.

Romae ad primum nuntium cladis eius cum ingenti terrore ac tumultu concursus in forum populi est factus. Matronae vagae per vias, quae repens clades adlata quaeve fortuna exercitus esset, obvios percunctantur. Et cum frequentis contionis modo turba in comitium et curiam versa magistratus vocaret, tandem haud multo ante solis occasum M. Pomponius praetor "Pugna" inquit, "magna victi sumus;" et quamquam nihil certius ex eo auditum est, tamen alius ab alio inpleti rumoribus domos referunt consulem cum magna parte copiarum caesum, superesse paucos aut fuga passim per Etruriam sparsos aut captos ab hoste. Quot casus exercitus victi fuerant, tot in curas distracti animi eorum erant, quorum propinqui sub C. Flaminio consule meruerant, ignorantium quae cuiusque suorum fortuna esset; nec quisquam satis certum habet, quid aut speret aut timeat. Postero ac deinceps aliquot diebus ad portas maior prope mulierum quam virorum multitudo stetit, aut suorum aliquem aut nuntios de iis opperiens; circumfundebanturque obviis sciscitantes neque avelli, utique ab notis, priusquam ordine omnia inquisissent, poterant. Inde varios vultus digredientium ab nuntiis cerneres, ut cuique laeta aut tristia nuntiabantur, gratulantisque aut consolantis redeuntibus domos circumfusos. Feminarum praecipue et gaudia insignia erant et luctus; unam in ipsa porta sospiti filio repente oblatam in complexu eius expirasse ferunt, alteram, cui mors fili falso nuntiata erat, maestam sedentem domi ad primum conspectum redeuntis fili gaudio nimio exanimatam. Senatum praetores per dies aliquot ab orto usque ad occidentem solem in curia retinent consultantes, quonam duce aut quibus copiis resisti victoribus Poenis posset.

Four thousand Roman cavalry captured in Umbria. Fabius Maximus appointed dictator.

VIII. Priusquam satis certa consilia essent, repens alia nuntiatur clades, quattuor milia equitum cum C. Centenio propraetore missa ad conlegam ab Servilio consule in Umbria, quo post pugnam ad Trasumennum auditam averterant iter, ab Hannibale circumventa. Eius rei fama varie homines adfecit: pars occupatis maiore aegritudine animis levem ex conparatione priorum ducere recentem equitum iacturam; pars non id, quod acciderat, per se aestimare, sed, ut in adfecto corpore quamvis levis causa magis quam in valido gravior sentiretur, ita tum aegrae et adfectae civitati quodcumque adversi incideret, non rerum magnitudine, sed viribus

extenuatis, quae nihil, quod adgravaret, pati possent,
aestimandum esse. Itaque ad remedium iam diu neque desideratum nec adhibitum, dictatorem dicendum,
civitas confugit. Et quia et consul aberat, a quo uno
dici posse videbatur, nec per occupatam armis Punicis
Italiam facile erat aut nuntium aut litteras mitti, quod
numquam ante eam diem factum erat, dictatorem populus creavit Q. Fabium Maximum et magistrum equitum
M. Minucium Rufum; iisque negotium ab senatu datum, ut muros turresque urbis firmarent et praesidia
disponerent, quibus locis videretur, pontesque rescinderent fluminum: pro urbe ac penatibus dimicandum esse,
quando Italiam tueri nequissent.

*Hannibal marches through Umbria and thence southward into
Apulia. Fabius consults the Senate.*

IX. Hannibal recto itinere per Umbriam usque ad
Spoletium venit. Inde cum perpopulato agro urbem
oppugnare adortus esset, cum magna caede suorum repulsus, coniectans ex unius coloniae haud prospere
temptatae viribus, quanta moles Romanae urbis esset,
in agrum Picenum avertit iter non copia solum omnis
generis frugum abundantem, sed refertum praeda, quam
effuse avidi atque egentes rapiebant. Ibi per dies aliquot stativa habita, refectusque miles hibernis itineribus
ac palustri via proelioque magis ad eventum secundo
quam levi aut facili adfectus. Ubi satis quietis datum
praeda ac populationibus magis quam otio aut requie gaudentibus, profectus Praetutianum Hadrianumque agrum,
Marsos inde Marrucinosque et Paelignos devastat circaque Arpos et Luceriam proximam Apuliae regionem.
Cn. Servilius consul levibus proeliis cum Gallis factis
et uno oppido ignobili expugnato, postquam de conlegae exercitusque caede audivit, iam moenibus patriae

metuens, ne abesset in discrimine extremo, ad urbem
iter intendit. * * *

X. *The people vow a ver sacrum.*

XI. *Military preparations. Servilius joins Fabius. Capture
of a Roman fleet on the way to Spain.*

Fabius watches Hannibal at a safe distance and steadily refuses battle.

XII. Dictator, exercitu consulis accepto a Fulvio
Flacco legato, per agrum Sabinum Tibur, quo diem
ad conveniendum edixerat novis militibus, venit. Inde
Praeneste ac transversis limitibus in viam Latinam est
egressus, unde itineribus summa cum cura exploratis ad
hostem ducit, nullo loco, nisi quantum necessitas cogeret, fortunae se commissurus. Quo primum die haud
procul Arpis in conspectu hostium posuit castra, nulla
mora facta, quin Poenus educeret in aciem copiamque
pugnandi faceret. Sed ubi quieta omnia apud hostes
nec castra ullo tumultu mota videt, increpans quidem,
victos tandem illos Martios animos Romanis debellatumque et concessum propalam de virtute ac gloria esse,
in castra rediit, ceterum tacita cura animum incessit,
quod cum duce haudquaquam Flamini Semproninque
simili futura sibi res esset, ac tum demum edocti malis Romani parem Hannibali ducem quaesissent. Et
prudentiam quidem dictatoris extemplo timuit; constantiam hauddum expertus agitare ac temptare animum movendo crebro castra populandoque in oculis
eius agros sociorum coepit; et modo citato agmine ex
conspectu abibat, modo repente in aliquo flexu viae,
si excipere degressum in aequom posset, occultus subsistebat. Fabius per loca alta agmen ducebat modico

ab hoste intervallo, ut neque omitteret eum neque congrederetur. Castris, nisi quantum usus necessarii cogerent, tenebatur miles; pabulum et ligna nec pauci petebant nec passim; equitum levisque armaturae statio
5 conposita instructaque in subitos tumultus et suo militi tuta omnia et infesta effusis hostium populatoribus praebebat; neque universo periculo summa rerum committebatur, et parva momenta levium certaminum ex tuto coeptorum finitimoque receptu adsuefaciebant territum
10 pristinis cladibus militem minus iam tandem aut virtutis aut fortunae paenitere suae. Sed non Hannibalem magis infestum tam sanis consiliis habebat quam magistrum equitum, qui nihil aliud, quam quod inpar erat imperio, morae ad rem publicam praecipitandam habebat;
15 ferox rapidusque consiliis ac lingua inmodicus primo inter paucos, dein propalam in vulgus pro cunctatore segnem, pro cauto timidum, adfingens vicina virtutibus vitia, compellabat, premendoque superiorem, quae pessima ars nimis prosperis multorum successibus crevit,
20 sese extollebat.

Hannibal marches through Samnium into Campania, hoping to get possession of Capua.

XIII. Hannibal ex Hirpinis in Samnium transit, Beneventanum depopulatur agrum, Telesiam urbem capit, inritat etiam de industria ducem Romanum, si forte accensum tot indignitatibus cladibusque sociorum detrahere
25 ad aecum certamen possit. Inter multitudinem sociorum Italici generis, qui ad Trasumennum capti ab Hannibale dimissique fuerant, tres Campani equites erant, multis iam tum inlecti donis promissisque Hannibalis ad conciliandos popularium animos. Hi nuntiantes, si in
30 Campaniam exercitum admovisset, Capuae potiendae copiam fore, cum res maior quam auctores esset, dubium

Hannibalem alternisque fidentem ac diffidentem tamen, ut
Campanos ex Samnio peteret, moverunt. Monitos, ut
etiam atque etiam promissa rebus adfirmarent, iussosque
cum pluribus et aliquibus principum redire ad se dimisit.
Ipse imperat duci, ut se in agrum Casinatem ducat, 5
edoctus a peritis regionum, si eum saltum occupasset,
exitum Romano ad opem ferendam sociis interclusurum.
Sed Punicum abhorrens ab Latinorum nominum pronuntiatione os, Casilinum pro Casino dux ut acciperet,
fecit, aversusque ab suo itinere per Allifanum Caiatinum- 10
que et Calenum agrum in Campum Stellatem descendit.
Ubi cum montibus fluminibusque clausam regionem circumspexisset, vocatum ducem percunctatur, ubi terrarum
esset. Cum is Casilini eo die mansurum eum dixisset,
tum demum cognitus est error, et Casinum longe inde 15
alia regione esse, virgisque caeso duce et ad reliquorum terrorem in crucem sublato, castris communitis,
Maharbalem cum equitibus in agrum Falernum praedatum dimisit. Usque ad aquas Sinuessanas populatio
ea pervenit. Ingentem cladem, fugam tamen terro- 20
remque latius Numidae fecerunt; nec tamen is terror,
cum omnia bello flagrarent, fide socios dimovit, videlicet
quia iusto et moderato regebantur imperio nec abnuebant, quod unum vinculum fidei est, melioribus parere.

XIV. *Dissatisfaction in the Roman army, encouraged by
Minucius, the Master of Horse.*

Fabius tries to prevent Hannibal's return to Apulia.

XV. Fabius pariter in suos haud minus quam in 25
hostis intentus, prius ab illis invictum animum praestat.
Quamquam probe scit non in castris modo suis, sed
iam etiam Romae infamem suam cunctationem esse,
obstinatus tamen tenore eodem consiliorum aestatis re-

liquom extraxit, ut Hannibal destitutus ab spe summa ope petiti certaminis iam hibernis locum circumspectaret, quia ea regio praesentis erat copiae, non perpetuae, arbusta vineaeque et consita omnia magis amoenis quam necessariis fructibus. Haec per exploratores relata Fabio. Cum satis sciret per easdem angustias, quibus intraverat Falernum agrum, rediturum, Calliculam montem et Casilinum occupat modicis praesidiis, quae urbs Vulturno flumine dirempta Falernum a Campano agro dividit; ipse iugis iisdem exercitum reducit misso exploratum cum quadringentis equitibus sociorum L. Hostilio Mancino. Qui, ex turba iuvenum audientium saepe ferociter contionantem magistrum equitum, progressus primo exploratoris modo, ut ex tuto specularetur hostem, ubi vagos passim per vicos Numidas prospexit, ac per occasionem etiam paucos occidit, extemplo occupatus certamine est animus, excideruntque praecepta dictatoris, qui, quantum tuto posset, progressum prius recipere sese iusserat, quam in conspectum hostium veniret. Numidae alii atque alii occursantes refugientesque ad castra prope ipsa eum cum fatigatione equorum atque hominum pertraxere. Inde Carthalo, penes quem summa equestris imperii erat, concitatis equis invectus, cum prius, quam ad coniectum teli veniret, avertisset hostis, quinque ferme milia continenti cursu secutus est fugientis. Mancinus, postquam nec hostem desistere sequi nec spem vidit effugiendi esse, cohortatus suos in proelium rediit omni parte virium inpar. Itaque ipse et delecti equitum circumventi occiduntur; ceteri effuso cursu Cales primum, inde prope inviis callibus ad dictatorem perfugerunt.

Eo forte die Minucius se coniunxerat Fabio, missus ad firmandum praesidio saltum, qui super Tarracinam in artas coactus fauces inminet mari, ne ab Sinuessa Poenus Appiae limite pervenire in agrum Romanum posset. Coniunctis exercitibus dictator ac magister equitum castra in viam deferunt, qua Hannibal ducturus erat. Duo inde milia hostes aberant.

Hannibal's stratagem to clear the mountain passes.

XVI. Postero die Poeni quod viae inter bina castra erat agmine conplevere. Cum Romani sub ipso constitissent vallo, haud dubie aequiore loco, successit tamen Poenus cum expeditis equitibusque ad lacessendum hostem. Carptim Poeni et procursando recipiendoque sese pugnavere; restitit suo loco Romana acies; lenta pugna et ex dictatoris magis quam Hannibalis fuit voluntate. Ducenti ab Romanis, octingenti hostium cecidere. Inclusus inde videri Hannibal via ad Casilinum obsessa, cum Capua et Samnium et tantum ab tergo divitum sociorum Romanis commeatus subveheret, Poenus inter Formiana saxa ac Literni arenas stagnaque et per horridas silvas hibernaturus esset. Nec Hannibalem fefellit suis se artibus peti. Itaque cum per Casilinum evadere non posset, petendique montes et iugum Calliculae superandum esset, necubi Romanus inclusum vallibus agmen adgrederetur, ludibrium oculorum specie terribile ad frustrandum hostem commentus, principio noctis furtim succedere ad montes statuit. Fallacis consilii talis apparatus fuit: faces undique ex agris conlectae fascesque virgarum atque aridi sarmenti praeligantur cornibus boum, quos domitos indomitosque multos inter ceteram agrestem praedam agebat. Ad duo milia ferme boum effecta, Hasdrubalique negotium datum, ut nocte id armentum accensis cornibus ad montis ageret, maxime, si posset, super saltus ab hoste insessos.

Oxen with torches tied to their horns frighten away the Romans guarding the defiles.

XVII. Primis tenebris silentio mota castra; boves aliquanto ante signa acti. Ubi ad radices montium viasque angustas ventum est, signum extemplo datur, ut accensis cornibus armenta in adversos concitentur montis, et metus ipse relucentis flammae a capite calorque iam ad vivom ad imaque cornua veniens velut stimulatos furore agebat boves. Quo repente discursu haud secus quam silvis montibusque accensis omnia circa virgulta visa ardere, capitumque irrita quassatio excitans flammam hominum passim discurrentium speciem praebebat. Qui ad transitum saltus insidendum locati erant, ubi in summis montibus ac super se quosdam ignis conspexere, circumventos se esse rati praesidio excessere; qua minime densae micabant flammae, velut tutissimum iter petentes summa montium iuga, tamen in quosdam boves palatos a suis gregibus inciderunt. Et primo cum procul cernerent, veluti flammas spirantium miraculo adtoniti constiterunt; deinde ut humana apparuit fraus, tum vero insidias rati esse, cum maiore tumultu concitant se in fugam. Levi quoque armaturae hostium incurrere; ceterum nox aequato timore neutros pugnam incipientis ad lucem tenuit. Interea toto agmine Hannibal transducto per saltum et quibusdam in ipso saltu hostium oppressis in agro Allifano posuit castra.

Fabius follows the Carthaginians into Apulia, and leaves Minucius temporarily in command.

XVIII. Hunc tumultum sensit Fabius; ceterum et insidias esse ratus et ab nocturno utique abhorrens certamine suos munimentis tenuit. Luce prima sub iugo

montis proelium fuit, quo interclusam ab suis levem
armaturam facile — etenim numero aliquantum prae-
stabant — Romani superassent, nisi Hispanorum cohors
ad id ipsum remissa ab Hannibale supervenisset. Ea adsuetior montibus et ad concursandum inter saxa rupes-
que aptior ac levior cum velocitate corporum tum armorum habitu campestrem hostem, gravem armis sta-
tariumque, pugnae genere facile elusit. Ita haudquaquam
pari certamine digressi, Hispani fere omnes incolumes,
Romani aliquot suis amissis in castra contenderunt.

Fabius quoque movit castra, transgressusque saltum
super Allifas loco alto ac munito consedit. Tum per
Samnium Romam se petere simulans Hannibal usque
in Paelignos populabundus rediit; Fabius medius inter
hostium agmen urbemque Romam iugis ducebat nec
absistens nec congrediens. Ex Paelignis Poenus flexit
iter retroque Apuliam repetens Gereonium pervenit, urbem metu, quia conlapsa ruinis pars moenium erat,
ab suis desertam. Dictator in Larinate agro castra communiit. Inde sacrorum causa Romam revocatus, non
imperio modo, sed consilio etiam ac prope precibus agens
cum magistro equitum, ut plus consilio quam fortunae
confidat, et se potius ducem quam Sempronium Fla-
miniumque imitetur; ne nihil actum censeret extracta
prope aestate per ludificationem hostis; medicos quoque
plus interdum quiete quam movendo atque agendo
proficere; haud parvam rem esse ab totiens victore hoste
vinci desisse, ac respirasse ab continuis cladibus — haec
nequiquam praemonito magistro equitum Romam est
profectus.

XIX. *In Spain Cn. Scipio surprises Hasdrubal's fleet at the
mouth of the Ebro.*

XX. *The successes of the Romans cause Hasdrubal to retire into
Lusitania.*

XXI. *Hasdrubal returns near the Ebro to protect his allies, and is attacked by the Celtiberi.*

XXII. *P. Scipio arrives in Spain with a fleet. Spanish hostages, kept at Saguntum by the Carthaginians, are delivered to the Romans.*

XXIII. *Unpopularity of Fabius. Hannibal spares his estates when plundering the country.*

XXIV. *In the absence of Fabius, Minucius gains a trifling victory.*

XXV. *The people make Minucius equal in command with Fabius.*

XXVI. *Varro's successful career as a demagogue. Fabius is not disturbed by the promotion of Minucius.*

XXVII. *They divide the legions equally.*

XXVIII. *Minucius is tempted to battle and badly beaten.*

XXIX. *He is rescued by Fabius and acknowledges his fault.*

XXX. *He resumes his position as subordinate, and Fabius becomes popular at Rome.*

XXXI. *Servilius' ineffectual invasion of Africa. Fabius resigns his command.*

XXXII. *The consuls continue his policy to the end of the year. Loyal Neapolitan embassy to Rome.*

XXXIII. *Roman envoys sent to Macedonia to demand the surrender of Demetrius of Pharos, to Liguria to complain of the help given to Hannibal, and to Illyria to demand the unpaid tribute.*

* * * * * * * Ab eodem praetore ex senatus consulto litterae ad consules missae, ut, si iis videretur, alter eorum ad consules creandos Romam veniret: se in eam

diem, quam iussissent, comitia edicturum. Ad haec a
consulibus rescriptum, sine detrimento rei publicae abscedi
non posse ab hoste; itaque per interregem comitia habenda esse potius, quam consul alter a bello avocaretur.
Patribus rectius visum est dictatorem a consule dici comitiorum habendorum causa. Dictus L. Veturius Philo M.
Pomponium Mathonem magistrum equitum dixit. Iis vitio
creatis iussisque die quarto decimo se magistratu abdicare,
res ad interregnum rediit.

Great excitement attends the choice of consuls for 216 B.C.

XXXIV. Consulibus prorogatum in annum imperium.
Interreges proditi sunt a patribus C. Claudius Appi
filius Cento, inde P. Cornelius Asina. In eius interregno comitia habita magno certamine patrum ac plebis.
C. Terentio Varroni, quem sui generis hominem, plebi
insectatione principum popularibusque artibus concilia-
tum, ab Q. Fabi opibus et dictatorio imperio concusso
aliena invidia splendentem, volgus extrahere ad consulatum nitebatur, patres summa ope obstabant, ne se
insectando sibi aequari adsuescerent homines. Q. Baebius Herennius tribunus plebis, cognatus C. Terenti,
criminando non senatum modo sed etiam augures, quod
dictatorem prohibuissent comitia perficere, per invidiam
eorum favorem candidato suo conciliabat: ab hominibus
nobilibus per multos annos bellum quaerentibus Hannibalem in Italiam adductum; ab iisdem, cum debellari
possit, fraude bellum trahi. Cum quattuor legionibus
universis pugnari prospere posse apparuisset eo, quod
M. Minucius absente Fabio prospere pugnasset, duas
legiones hosti ad caedem obiectas, deinde ex ipsa caede
ereptas, ut pater patronusque appellaretur, qui prius
vincere prohibuisset Romanos quam vinci. Consules
deinde Fabianis artibus, cum debellare possent, bellum

traxisse. Id foedus inter omnes nobilis ictum, nec finem ante belli habituros, quam consulem vere plebeium, id est hominem novum, fecissent; nam plebeios nobiles iam eisdem initiatos esse sacris et contemnere plebem, ex quo contemni a patribus desierint, coepisse. Cui non apparere id actum et quaesitum esse, ut interregnum iniretur, ut in patrum potestate comitia essent? Id consules ambos ad exercitum morando quaesisse; id postea, quia invitis iis dictator esset dictus comitiorum causa, expugnatum esse, ut vitiosus dictator per augures fieret. Habere igitur interregnum eos; consulatum unum certe plebis Romanae esse, et populum liberum habiturum ac daturum ei, qui mature vincere quam diu imperare malit.

Varro and Paulus are elected. Four former praetors are chosen again.

XXXV. Cum his orationibus accensa plebs esset, tribus patriciis petentibus, P. Cornelio Merenda, L. Manlio Volsone, M. Aemilio Lepido, duobus nobilium iam familiarum plebeis, C. Atilio Serrano et Q. Aelio Paeto, quorum alter pontifex, alter augur erat, C. Terentius consul unus creatur, ut in manu eius essent comitia rogando conlegae. Tum experta nobilitas parum fuisse virium in competitoribus eius, L. Aemilium Paulum, qui cum M. Livio consul fuerat, ex damnatione conlegae, ex qua prope ambustus evaserat, infestum plebei, diu ac multum recusantem ad petitionem conpellit. Is proximo comitiali die concedentibus omnibus, qui cum Varrone certaverant, par magis in adversando quam conlega datur consuli. Inde praetorum comitia habita; creati M. Pomponius Matho et P. Furius Philus; Philo Romae iuri dicundo urbana sors, Pomponio inter civis Romanos et peregrinos evenit. Additi duo praetores, M. Claudius Marcellus in Siciliam, L. Postumius Albinus in Galliam. Omnes absentes creati sunt, nec cuiquam eorum praeter Terentium consulem mandatus honos quem non iam antea gessisset, praeteritis aliquot fortibus ac strenuis viris, quia in tali tempore nulli novus magistratus videbatur mandandus.

Great increase of the army. New prodigies alarm the people.

XXXVI. Exercitus quoque multiplicati sunt. Quantae autem copiae peditum equitumque additae sint, adeo et numero et genere copiarum variant auctores, ut vix quicquam satis certum adfirmare ausus sim. Decem milia novorum militum alii scripta in supplementum, alii novas quattuor legiones, ut octo legionibus rem gererent; numero quoque peditum equitumque legiones auctas milibus peditum et centenis equitibus in singulas adiectis, ut quina milia peditum, treceni equites essent, socii duplicem numerum equitum darent peditis aequarent, septemque et octoginta milia armatorum et ducentos in castris Romanis fuisse, cum pugnatum ad Cannas est quidam auctores sunt. Illud haudquaquam discrepat, maiore conatu atque impetu rem actam quam prioribus annis, quia spem posse vinci hostem dictator praebuerat.

Ceterum priusquam signa ab urbe novae legiones moverent, decemviri libros adire atque inspicere iussi propter territos vulgo homines novis prodigiis; nam et Romae in Aventino et Ariciae nuntiatum erat sub idem tempus lapidibus pluvisse, et multo cruore signa in Sabinis sudasse, Caeretes aquas fonte calido gelidas manasse; id quidem etiam, quod saepius acciderat, magis terrebat. Et in via fornicata, quae ad Campum erat, aliquot homines de caelo tacti exanimatique fuerant. Ea prodigia ex libris procurata. Legati a Paesto pateras aureas Romam adtulerunt. Iis sicut Neapolitanis gratiae actae; aurum non acceptum.

XXXVII. *Envoys from Hiero bring gifts and a few choice troops.*

Solemn oath taken by the newly levied soldiers. Boastfulness of Varro and despondency of Paulus.

XXXVIII. Dilectu perfecto consules paucos morati dies, dum ab sociis ac nomine Latino venirent milites. Tum, quod numquam antea factum erat, iure iurando ab tribunis militum adacti milites; nam ad eam diem nihil praeter sacramentum fuerat, iussu consulum conventuros neque iniussu abituros; et ubi ad decuriatum aut centuriatum convenissent, sua voluntate ipsi inter sese decuriati equites, centuriati pedites coniurabant, sese fugae atque formidinis ergo non abituros neque ex ordine recessuros nisi teli sumendi aut repetendi aut hostis feriendi aut civis servandi causa. Id ex voluntario inter ipsos foedere ad tribunos ac legitimam iuris iurandi adactionem translatum.

Contiones, priusquam ab urbe signa moverentur, consulis Varronis multae ac feroces fuere, denuntiantis bellum arcessitum in Italiam ab nobilibus mansurumque in visceribus rei publicae, si plures Fabios imperatores haberet, se, quo die hostem vidisset, perfecturum. Conlegae eius Pauli una pridie, quam urbe proficisceretur, contio fuit, verior quam gratior populo, qua nihil inclementer in Varronem dictum nisi id modo: Mirari se, qui dux, priusquam aut suum aut hostium exercitum, locorum situm, naturam regionis nosset, iam nunc togatus in urbe sciret, quae sibi agenda armato forent, et diem quoque praedicere posset, qua cum hoste signis conlatis esset dimicaturus; se quae consilia magis res dent hominibus quam homines rebus, ea ante tempus inmatura non praecepturum; optare, ut, quae caute ac consulte gesta essent, satis prospere evenirent; temeritatem, praeterquam quod stulta sit, infelicem etiam ad id locorum fuisse. Et sua sponte apparebat, tuta celeribus consiliis praepositurum, et, quo id constantius perseveraret, Q. Fabius Maximus sic eum proficiscentem adlocutus fertur.

XXXIX. *Fabius admonishes Paulus before his departure.*

Paulus' reply. Arriving before the enemy, the consuls form two camps.

XL. Adversus ea oratio consulis haud sane laeta fuit, magis fatentis ea, quae diceret, vera quam facilia factu 5 esse. Dictatori magistrum equitum intolerabilem fuisse; quid consuli adversus conlegam seditiosum ac temerarium virium atque auctoritatis fore? Se populare incendium priore consulatu semustum effugisse; optare, ut omnia prospere evenirent; sed si quid adversi caderet, 10 hostium se telis potius quam suffragiis iratorum civium caput obiecturum. Ab hoc sermone profectum Paulum tradunt prosequentibus primoribus patrum; plebeium consulem sua plebes prosecuta, turba conspectior, cum dignitates deessent. 15

Ut in castra venerunt, permixto novo exercitu ac vetere, castris bifariam factis, ut nova minora essent propius Hannibalem, in veteribus maior pars et omne robur virium esset, consulum anni prioris M. Atilium aetatem excusantem Romam miserunt, Geminum Servilium in 20 minoribus castris legioni Romanae et socium peditum equitumque duobus milibus praeficiunt. Hannibal quamquam parte dimidia auctas hostium copias cernebat, tamen adventu consulum mire gaudere. Non solum enim nihil ex raptis in diem commeatibus superabat, sed 25 ne unde raperet quidem quicquam reliqui erat omni undique frumento, postquam ager parum tutus erat, in urbes munitas convecto, ut vix decem dierum, quod conpertum postea est, frumentum superesset, Hispanorumque ob inopiam transitio parata fuerit, si maturitas temporum expectata foret.

The army's impatience is increased by success in a skirmish. Hannibal tries, by deserting his camp, to lure the Romans from their entrenchments.

XLI. Ceterum temeritati consulis ac praepropero ingenio materiam etiam fortuna dedit, quod in prohibendis praedatoribus tumultuario proelio ac procursu magis militum quam ex praeparato aut iussu imperatorum orto haudquaquam par Poenis dimicatio fuit. Ad mille et septingenti caesi, non plus centum Romanorum sociorumque occisis. Ceterum victoribus effuse sequentibus metu insidiarum obstitit Paulus consul, cuius eo die — nam alternis imperitabant — imperium erat, Varrone indignante ac vociferante emissum hostem e manibus debellarique, ni cessatum foret, potuisse. Hannibal id damnum haud aegerrime pati; quin potius credere velut inescatam temeritatem ferocioris consulis ac novorum maxime militum esse. Et omnia ei hostium haud secus quam sua nota erant: dissimiles discordesque imperitare, duas prope partes tironum militum in exercitu esse. Itaque locum et tempus insidiis aptum se habere ratus, nocte proxima nihil praeter arma ferenti secum milite castra plena omnis fortunae publicae privataeque relinquit, transque proximos montis laeva pedites instructos condit, dextra equites, impedimenta per convallem mediam traducit, ut diripiendis velut desertis fuga dominorum castris occupatum inpeditumque hostem opprimeret. Crebri relicti in castris ignes, ut fides fieret, dum ipse longius spatium fuga praeciperet, falsa imagine castrorum, sicut Fabium priore anno frustratus esset, tenere in locis consules voluisse.

Paulus restrains the army, and deserters betray Hannibal's design.

XLII. Ubi inluxit, subductae primo stationes, deinde propius adeuntibus insolitum silentium admirationem fecit. Tum satis conperta solitudine in castris concursus fit ad praetoria consulum nuntiantium fugam hostium adeo trepidam, ut tabernaculis stantibus castra reliquerint, quoque fuga obscurior esset, crebros etiam relictos ignes. Clamor inde ortus, ut signa proferri iuberent ducerentque ad persequendos hostis ac protinus castra diripienda. Et consul alter velut unus turbae militaris erat; Paulus etiam atque etiam dicere providendum praecavendumque esse; postremo, cum aliter neque seditionem neque ducem seditionis sustinere posset, Marium Statilium praefectum cum turma Lucana exploratum mittit. Qui ubi adequitavit portis, subsistere extra munimenta ceteris iussis ipse cum duobus equitibus vallum intravit, speculatusque omnia cum cura renuntiat insidias profecto esse; ignes in parte castrorum, quae vergat in hostem, relictos, tabernacula aperta et omnia cara in promptu relicta, argentum quibusdam locis temere per vias velut obiectum ad praedam vidisse. Quae ad deterrendos a cupiditate animos nuntiata erant, ea accenderunt, et clamore orto a militibus, ni signum detur, sine ducibus ituros, haudquaquam dux defuit; nam extemplo Varro signum dedit proficiscendi. Paulus, cum ei sua sponte cunctanti pulli quoque auspicio non addixissent, nuntiari iam efferenti porta signa conlegae iussit. Quod quamquam Varro aegre est passus, Flamini tamen recens casus Claudique consulis primo Punico bello memorata navalis clades religionem animo incussit. Di prope ipsi eo die magis distulere quam prohibuere inminentem pestem Romanis. Nam forte ita evenit, ut, cum referri signa in castra iubenti consuli milites non parerent, servi duo, Formiani unus, alter Sidicini equitis, qui Servilio atque Atilio consulibus inter pabulatores excepti a Numidis fuerant, profugerent eo die ad dominos. Deductique ad consules nuntiant omnem exercitum Hannibalis trans proximos montes sedere in insidiis. Horum opportunus adventus consules imperii potentes fecit, cum ambitio alterius suam primum apud eos prava indulgentia maiestatem solvisset.

Hannibal, short of provisions, moves southward, and encamps near Cannae.

XLIII. Hannibal postquam motos magis inconsulte Romanos quam ad ultimum temere evectos vidit, nequiquam detecta fraude in castra rediit. Ibi plures dies propter inopiam frumenti manere nequit, novaque consilia in dies non apud milites solum mixtos ex conluvione omnium gentium, sed etiam apud ducem ipsum oriebantur. Nam cum initio fremitus, deinde aperta vociferatio fuisset exposcentium stipendium debitum querentiumque annonam primo, postremo famem, et mercenarios milites, maxime Hispani generis, de transitione cepisse consilium fama esset, ipse etiam interdum Hannibal de fuga in Galliam dicitur agitasse ita, ut relicto peditatu omni cum equitibus se proriperet. Cum haec consilia atque hic habitus animorum esset in castris, movere inde statuit in calidiora atque eo maturiora messibus Apuliae loca, simul ut, quo longius ab hoste recessisset, transfugia inpeditiora levibus ingeniis essent. Profectus est nocte ignibus similiter factis tabernaculisque paucis in speciem relictis, ut insidiarum par priori metus contineret Romanos. Sed per eundem Lucanum Statilium omnibus ultra castra transque montis exploratis cum relatum esset visum procul hostium agmen, tum de insequendo eo consilia agitari coepta. Cum utriusque con-

sulis eadem quae ante semper fuisset sententia, ceterum
Varroni fere omnes, Paulo nemo praeter Servilium, prioris
anni consulem, adsentiretur, ex maioris partis sententia
ad nobilitandas clade Romana Cannas urgente fato profecti sunt. Prope eum vicum Hannibal castra posuerat
aversa a Volturno vento, qui campis torridis siccitate
nubes pulveris vehit. Id cum ipsis castris percommodum
fuit, tum salutare praecipue futurum erat, cum aciem
dirigerent, ipsi aversi, terga tantum adflante vento, in
occaecatum pulvere offuso hostem pugnaturi.

The Romans follow, and again form two camps.

XLIV. Consules satis exploratis itineribus sequentes
Poenum, ut ventum ad Cannas est, et in conspectu
Poenum habebant, bina castra communiunt eodem ferme
intervallo, quo ad Gereonium, sicut ante copiis divisis.
Aufidus amnis utrisque castris adfluens aditum aquatoribus ex sua cuiusque opportunitate haud sine certamine dabat; ex minoribus tamen castris, quae posita
trans Aufidum erant, liberius aquabantur Romani, quia
ripa ulterior nullum habebat hostium praesidium. Hannibal spem nanctus locis natis ad equestrem pugnam,
qua parte virium invictus erat, facturos copiam pugnandi consules, derigit aciem lacessitque Numidarum procursatione hostis. Inde rursus sollicitari seditione militari ac discordia consulum Romana castra, cum Paulus
Semproniqueque et Flamini temeritatem Varroni, Varro
Paulo speciosum timidis ac segnibus ducibus exemplum
Fabium obiceret, testareturque deos hominesque hic,
nullam penes se culpam esse, quod Hannibal iam velut
usu cepisset Italiam; se constrictum a conlega teneri,
ferrum atque arma iratis et pugnare cupientibus adimi
militibus; ille, si quid proiectis ac proditis ad inconsultam atque inprovidam pugnam legionibus accideret,

se omnis culpae exsortem, omnis eventus participem fore, diceret; videret, ut, quibus lingua prompta ac temeraria, aeque in pugna vigerent manus.

The battle of Cannae. Arrangement of the Roman forces.

XLV. Dum altercationibus magis quam consiliis tempus teritur, Hannibal ex acie, quam ad multum diei tenuerat instructam, cum in castra ceteras reciperet copias, Numidas ad invadendos ex minoribus castris Romanorum aquatores trans flumen mittit. Quam inconditam turbam cum vixdum in ripam egressi clamore ac tumultu fugassent, in stationem quoque pro vallo locatam atque ipsas prope portas evecti sunt. Id vero adeo indignum visum, ab tumultuario auxilio iam etiam castra Romana terreri, ut ea modo una causa, ne extemplo transirent flumen derigerentque aciem, tenuerit Romanos, quod summa imperii eo die penes Paulum fuerit. Itaque postero die Varro, cuius sors eius diei imperii erat, nihil consulto conlega signum proposuit instructasque copias flumen traduxit, sequente Paulo, quia magis non probare quam non adiuvare consilium poterat. Transgressi flumen eas quoque, quas in castris minoribus habuerant, copias suis adiungunt atque ita instruunt aciem: in dextro cornu — id erat flumini propius — Romanos equites locant, deinde pedites; laevum cornu extremi equites sociorum, intra pedites ad medium iuncti legionibus Romanis tenuerunt; iaculatores cum ceteris levium armorum auxiliis prima acies facta. Consules cornua tenuere, Terentius laevum, Aemilius dextrum; Gemino Servilio media pugna tuenda data.

Order of battle of the Punic army.

XLVI. Hannibal luce prima, Baliaribus levique alia armatura praemissa, transgressus flumen, ut quosque tra-

BATTLE OF CANNAE

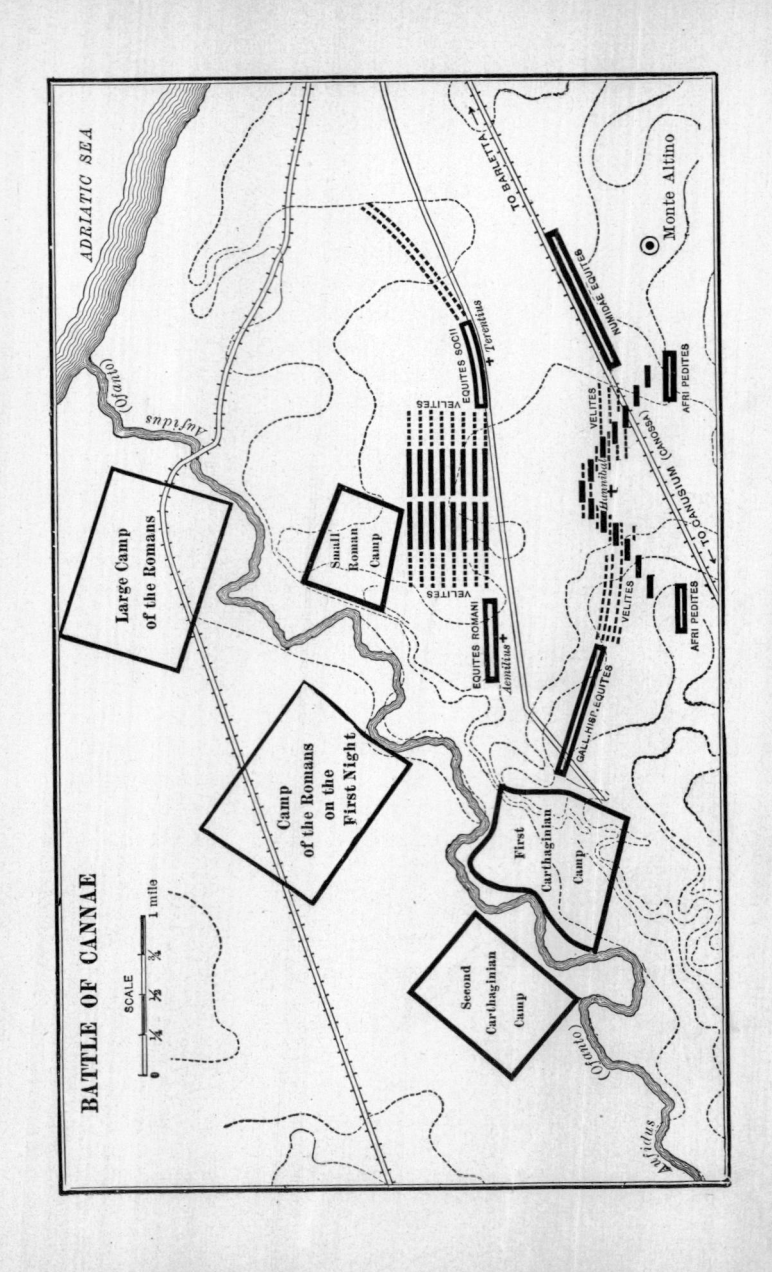

duxerat, ita in acie locabat; Gallos Hispanosque equites prope ripam laevo in cornu adversus Romanum equitatum, dextrum cornu Numidis equitibus datum, media acie peditibus firmata, ita ut Afrorum utraque cornua essent, interponerentur his medii Galli atque Hispani. Afros Romanam crederes aciem; ita armati erant armis et ad Trebiam, ceterum magna ex parte ad Trasumennum captis. Gallis Hispanisque scuta eiusdem formae fere erant, dispares ac dissimiles gladii, Gallis praelongi ac sine mucronibus, Hispano, punctim magis quam caesim adsueto petere hostem, brevitate habiles et cum mucronibus. Ante alios habitus gentium harum cum magnitudine corporum tum specie terribilis erat; Galli super umbilicum erant nudi, Hispani linteis praetextis purpura tunicis candore miro fulgentibus constiterant. Numerus omnium peditum, qui tum stetere in acie, milium fuit quadraginta, decem equitum. Duces cornibus praeerant, sinistro Hasdrubal, dextro Maharbal; mediam aciem Hannibal ipse cum fratre Magone tenuit. Sol, seu de industria ita locatis, seu quod forte ita stetere, peropportune utrique parti obliquus erat, Romanis in meridiem, Poenis in septemtrionem versis. Ventus — Volturnum regionis incolae vocant — adversus Romanis coortus multo pulvere in ipsa ora volvendo prospectum ademit.

The Roman cavalry is driven off the field. The legions, at first apparently successful, are entirely surrounded by the enemy.

XLVII. Clamore sublato procursum ab auxiliis et pugna levibus primum armis commissa; deinde equitum Gallorum Hispanorumque laevum cornu cum dextro Romano concurrit, minime equestris more pugnae; frontibus enim adversis concurrendum erat, quia, nullo circa ad evagandum relicto spatio, hinc amnis, hinc

peditum acies claudebant. (In derectum utrimque nitentes stantibus ac confertis postremo turba equis vir virum amplexus detrahebat equo.) Pedestre magna iam ex parte certamen factum erat; acrius tamen quam
5 diutius pugnatum est, pulsique Romani equites terga vertunt. Sub equestris finem certaminis coorta est peditum pugna, primo et viribus et animis par, dum constabant ordines Gallis Hispanisque; tandem Romani, diu ac saepe conisi, obliqua fronte acieque densa in-
10 pulere hostium cuneum nimis tenuem eoque parum validum, a cetera prominentem acie. Inpulsis deinde ac trepide referentibus pedem institere, ac tenore uno per praeceps pavore fugientium agmen in mediam primum aciem inlati, postremo nullo resistente ad subsidia Afro-
15 rum pervenerunt, qui utrimque reductis alis constiterant, media, qua Galli Hispanique steterant, aliquantum prominente acie. Qui cuneus ut pulsus aequavit frontem primum, dein cedendo etiam sinum in medio dedit, Afri circa iam cornua fecerant, inruentibusque
20 incaute in medium Romanis circumdedere alas; mox cornua extendendo clausere et ab tergo hostis. Hinc Romani, defuncti nequiquam proelio uno, omissis Gallis Hispanisque, quorum terga ceciderant, adversus Afros integram pugnam ineunt, non tantum eo iniquam, quod
25 inclusi adversus circumfusos, sed etiam quod fessi cum recentibus ac vegetis pugnabant.

Stratagem of the Numidians on the Punic right wing.

XLVIII. Iam et sinistro cornu Romano, ubi sociorum equites adversus Numidas steterant, consertum proelium erat, segne primo et a Punica coeptum fraude.
30 Quingenti ferme Numidae, praeter solita arma telaque gladios occultos sub loricis habentes, specie transfugarum cum ab suis parmas post terga habentes adequitassent,

repente ex equis desiliunt, parmisque et iaculis ante pedes hostium proiectis in mediam aciem accepti ductique ad ultimos considere ab tergo iubentur. Ac dum proelium ab omni parte conseritur, quieti manserunt, postquam omnium animos oculosque occupaverat certamen, tum arreptis scutis, quae passim inter acervos caesorum corporum strata erant, aversam adoriuntur Romanam aciem, tergaque ferientes ac poplites caedentes stragem ingentem ac maiorem aliquanto pavorem ac tumultum fecerunt. Cum alibi terror ac fuga, alibi pertinax in mala iam spe proelium esset, Hasdrubal, qui ea parte praeerat, subductos ex media acie Numidas, quia segnis eorum cum adversis pugna erat, ad persequendos passim fugientis mittit, Hispanos et Gallos equites Afris prope iam fessis caede magis quam pugna adiungit.

Paulus, trying to rally the troops, is killed. Enormous loss of the Romans.

XLIX. Parte altera pugnae Paulus, quamquam primo statim proelio funda graviter ictus fuerat, tamen et occurrit saepe cum confertis Hannibali et aliquot locis proelium restituit, protegentibus eum equitibus Romanis, omissis postremo equis, quia consulem ad regendum equum vires deficiebant. Tum denuntianti cuidam iussisse consulem ad pedes descendere equites, dixisse Hannibalem ferunt "Quam mallem, vinctos mihi traderet!" Equitum pedestre proelium, quale iam haud dubia hostium victoria, fuit, cum victi mori in vestigio mallent quam fugere, victores morantibus victoriam irati trucidarent, quos pellere non poterant. Pepulerunt tamen iam paucos superantis et labore ac vulneribus fessos. Inde dissipati omnes sunt, equosque ad fugam qui poterant repetebant. Cn. Lentulus tribunus militum cum praetervehens equo sedentem in saxo cruore oppletum consulem vidisset, "L. Aemili" inquit, "quem unum insontem culpae cladis hodiernae dei respicere debent, cape hunc equum, dum et tibi virium aliquid superest, et comes ego te tollere possum ac protegere. Ne funestam hanc pugnam morte consulis feceris; etiam sine hoc lacrimarum satis luctusque est." Ad ea consul: "Tu quidem, Cn. Corneli, macte virtute esto; sed cave frustra miserando exiguum tempus e manibus hostium evadendi absumas. Abi, nuntia publice patribus, urbem Romanam muniant, ac, priusquam victor hostis advenit, praesidiis firment; privatim Q. Fabio, Aemilium praeceptorum eius memorem et vixisse adhuc et mori. Me in hac strage militum meorum patere expirare, ne aut reus iterum e consulatu sim aut accusator conlegae existam, ut alieno crimine innocentiam meam protegam." Haec eos agentis prius turba fugientium civium, deinde hostes oppressere; consulem ignorantes, quis esset, obruere telis, Lentulum inter tumultum abripuit equus. Tum undique effuse fugiunt. Septem milia hominum in minora castra, decem in maiora, duo ferme in vicum ipsum Cannas perfugerunt, qui extemplo a Carthalone atque equitibus, nullo munimento tegente vicum, circumventi sunt. Consul alter, seu forte seu consilio nulli fugientium insertus agmini, cum quinquaginta fere equitibus Venusiam perfugit. Quadraginta quinque milia quingenti pedites, duo milia septingenti equites, et tantadem prope civium sociorumque pars, caesi dicuntur; in his ambo consulum quaestores, L. Atilius et L. Furius Bibaculus, et undetriginta tribuni militum, consulares quidam praetoriique et aedilicii — inter eos Cn. Servilium Geminum et M. Minucium numerant, qui magister equitum priore anno, aliquot annis ante consul fuerat, — octoginta praeterea aut senatores aut qui eos magistratus gessissent, unde in senatum legi deberent, cum sua voluntate milites in legionibus facti essent. Capta eo proelio tria milia peditum et equites mille et quingenti dicuntur.

Some remnants of the beaten army escape to Canusium by night.

L. Haec est pugna Cannensis, Aliensi cladi nobilitate par, ceterum uti eis, quae post pugnam accidere, levior, quia ab hoste est cessatum, sic strage exercitus gravior foediorque. Fuga namque ad Aliam sicut urbem prodidit, ita exercitum servavit; ad Cannas fugientem consulem vix quinquaginta secuti sunt, alterius morientis prope totus exercitus fuit.

Binis in castris cum multitudo semiermis sine ducibus esset, nuntium qui in maioribus erant mittunt, dum proelio, deinde ex laetitia epulis fatigatos quies nocturna hostes premeret, ut ad se transirent; uno agmine Canusium abituros esse. Eam sententiam alii totam aspernari: cur enim illos, qui se arcessant, ipsos non venire, cum aeque coniungi possent? Quia videlicet plena hostium omnia in medio essent, et aliorum quam sua corpora tanto periculo mallent obicere. Aliis non tam sententia displicere quam animus deesse. Tum P. Sempronius Tuditanus tribunus militum "Capi ergo mavultis" inquit, "ab avarissimo et crudelissimo hoste, aestimarique capita vestra et exquiri pretia ab interrogantibus, Romanus civis sis an Latinus socius, ut ex tua contumelia et miseria alteri honos quaeratur? Non tu, si quidem L. Aemili consulis, qui se bene mori quam turpiter vivere maluit, et tot fortissimorum virorum, qui circa eum cumulati iacent, cives estis. Sed antequam opprimit lux, maioraque hostium agmina obsaepiunt iter, per hos, qui inordinati atque inconpositi obstrepunt portis, erumpamus. Ferro atque audacia via fit quamvis per confertos hostis. Cuneo quidem hoc laxum atque solutum agmen, ut si nihil obstet, disicias. Itaque ite mecum, qui et vosmet ipsos et rem publicam salvam vultis." Haec ubi dicta dedit, stringit gladium cuneoque facto per medios vadit hostis. Et cum in latus dextrum, quod patebat, Numidae iacularentur, translatis in dextrum scutis in maiora castra ad sescenti evaserunt, atque inde protinus alio magno agmine adiuncto Canusium incolumes perveniunt. Haec apud victos magis impetu animorum, quos ingenium suum cuique aut fors dabat, quam ex consilio ipsorum aut imperio cuiusquam agebantur.

Maharbal urges an immediate movement upon Rome. The horrors of the battle-field.

LI. Hannibali victori cum ceteri circumfusi gratularentur suaderentque, ut tanto perfunctus bello diei quod relicum esset noctisque insequentis quietem et ipse sibi sumeret et fessis daret militibus, Maharbal, praefectus equitum, minime cessandum ratus, "Immo ut, quid hac pugna sit actum, scias, die quinto" inquit, "victor in Capitolio epulaberis. Sequere; cum equite, ut prius venisse quam venturum sciant, praecedam." Hannibali nimis laeta res est visa maiorque, quam ut eam statim capere animo posset. Itaque voluntatem se laudare Maharbalis ait, ad consilium pensandum temporis opus esse. Tum Maharbal: "Non omnia nimirum eidem di dedere; vincere scis, Hannibal, victoria uti nescis." Mora eius diei satis creditur saluti fuisse urbi atque imperio.

Postero die ubi primum inluxit, ad spolia legenda foedamque etiam hostibus spectandam stragem insistunt. Iacebant tot Romanorum milia, pedites passim equitesque, ut quem cuique fors aut pugna iunxerat aut fuga. Adsurgentes quidam ex strage media cruenti, quos stricta matutino frigore excitaverant vulnera, ab hoste oppressi sunt. Quosdam et iacentis vivos succisis feminibus poplitibusque invenerunt, nudantis cervicem iugulumque et relicum sanguinem iubentes haurire. Inventi quidam sunt mersis in effossam terram capitibus, quos sibi ipsos fecisse foveas obruentisque ora superiecta humo interclusisse spiritum apparebat. Praecipue convertit omnes subtractus Numida mortuo superincubanti Romano vivus naso auribusque laceratis, cum ille manibus ad capiendum telum inutilibus, in rabiem ira versa, laniando dentibus hostem expirasset.

Surrender of some Romans in their camps. Kindness shown the fugitives at Canusium.

LII. Spoliis ad multum diei lectis, Hannibal ad minora ducit castra oppugnanda, et omnium primum brachio obiecto flumine eos excludit. Ceterum ab omnibus labore, vigiliis, vulneribus etiam fessis maturior ipsius spe deditio est facta. Pacti, ut arma atque equos traderent, in capita Romana trecenis nummis quadrigatis, in socios ducenis, in servos centenis, et ut eo pretio persoluto cum singulis abirent vestimentis, in castra hostis acceperunt, traditique in custodiam omnes sunt, seorsum cives sociique. Dum ibi tempus teritur, interea cum ex maioribus castris, quibus satis virium et animi fuit, ad quattuor milia hominum et ducenti equites, alii agmine, alii palati passim per agros, quod haud minus tutum erat, Canusium perfugissent, castra ipsa ab sauciis timidisque eadem condicione, qua altera, tradita hosti. Praeda ingens parta est, et praeter equos virosque et si quid argenti — quod plurimum in phaleris equorum erat, nam ad vescendum facto perexiguo, utique militantes, utebantur — omnis cetera praeda diripienda data est. Tum sepeliendi causa conferri in unum corpora suorum iussit. Ad octo milia fuisse dicuntur fortissimorum virorum.

Consulem quoque Romanum conquisitum sepultumque quidam auctores sunt.

Eos, qui Canusium perfugerant, mulier Apula nomine Busa, genere clara ac divitiis, moenibus tantum tectisque a Canusinis acceptos, frumento, veste, viatico etiam iuvit, pro qua ei munificentia postea, bello perfecto, ab senatu honores habiti sunt.

Young P. Scipio suppresses a plot of some young nobles to desert their country.

LIII. Ceterum cum ibi tribuni militum quattuor essent, Q. Fabius Maximus de legione prima, cuius pater priore anno dictator fuerat, et de legione secunda L. Publicius Bibulus et P. Cornelius Scipio, et de legione tertia Ap. Claudius Pulcher, qui proxime aedilis fuerat, omnium consensu ad P. Scipionem admodum adulescentem et ad Ap. Claudium summa imperii delata est. Quibus consultantibus inter paucos de summa rerum nuntiat P. Furius Philus, consularis viri filius, nequiquam eos perditam spem fovere; desperatam conploratamque rem esse publicam; nobiles iuvenes quosdam, quorum principem M. Caecilium Metellum, mare ac naves spectare, ut deserta Italia ad regum aliquem transfugiant. Quod malum, praeterquam atrox, super tot clades etiam novum, cum stupore ac miraculo torpidos defixisset qui aderant, et consilium advocandum de eo censerent, negat consilii rem esse Scipio iuvenis, fatalis dux huiusce belli. Audendum atque agendum, non consultandum ait in tanto malo esse; irent secum extemplo armati, qui rem publicam salvam vellent; nulla verius, quam ubi ea cogitentur, hostium castra esse. Pergit ire sequentibus paucis in hospitium Metelli et, cum concilium ibi iuvenum, de quibus adlatum erat, invenisset, stricto super capita consultantium gladio "Ex mei animi sententia" inquit, "ut ego rem publicam populi Romani non deseram, neque alium civem Romanum deserere patiar; si sciens fallo, tum me Iuppiter optimus maximus domum, familiam remque meam pessimo leto adficiat. In haec verba, M. Caecili, iures postulo ceterique qui adestis; qui non iuraverit, in se hunc gladium strictum esse sciat." Haud secus pavidi, quam si victorem Hannibalem cernerent, iurant omnes custodiendosque semet ipsos Scipioni tradunt.

Varro unites the remnants of the army at Canusium. Exaggerated reports at Rome.

LIV. Eo tempore, quo haec Canusii agebantur, Venusiam ad consulem ad quattuor milia et quingenti pedites equitesque, qui sparsi fuga per agros fuerant, pervenere. Eos omnes Venusini per familias benigne accipiendos curandosque cum divisissent, in singulos equites togas et tunicas et quadrigatos nummos quinos vicenos et pediti denos, et arma quibus deerant dederunt, ceteraque publice ac privatim hospitaliter facta, certatumque, ne a muliere Canusina populus Venusinus officiis vinceretur. Sed gravius onus Busae multitudo faciebat, et iam ad decem milia hominum erant, Appiusque et Scipio, postquam incolumem esse alterum consulem acceperunt, nuntium extemplo mittunt, quantae secum peditum equitumque copiae essent, sciscitatumque simul, utrum Venusiam adduci exercitum an manere iuberet Canusii. Varro ipse Canusium copias traduxit. Et iam aliqua species consularis exercitus erat, moenibusque se certe, etsi non armis, ab hoste videbantur defensuri.

Romam ne has quidem reliquias superesse civium sociorumque, sed occidione occisum cum ducibus exercitum deletasque omnes copias adlatum fuerat. Numquam

salva urbe tantum pavoris tumultusque intra moenia
Romana fuit. Itaque succumbam oneri neque adgrediar
narrare, quae edissertando minora vero faciam. Consule
exercituque ad Trasumennum priore anno amisso, non
vulnus super vulnus, sed multiplex clades, cum duobus
consulibus duo consulares exercitus amissi nuntiabantur,
nec ulla iam castra Romana nec ducem nec militem esse;
Hannibalis Apuliam, Samnium ac iam prope totam Italiam
factam. Nulla profecto alia gens tanta mole cladis non
obruta esset. Conpares aut cladem ad Aegatis insulas
Carthaginiensium proelio navali acceptam, qua fracti
Sicilia ac Sardinia cessere, et vectigalis ac stipendiarios
fieri se passi sunt, aut pugnam adversam in Africa, cui
postea hic ipse Hannibal succubuit: nulla ex parte com-
parandae sunt, nisi quod minore animo latae sunt.

The Senate assembles, and order is restored to the city.

LV. P. Furius Philus et M. Pomponius praetores
senatum in curiam Hostiliam vocaverunt, ut de urbis
custodia consulerent; neque enim dubitabant deletis
exercitibus hostem ad oppugnandam Romam, quod
unum opus belli restaret, venturum. Cum in malis
sicuti ingentibus, ita ignotis ne consilium quidem satis
expedirent, obstreperetque clamor lamentantium mulierum, et, nondum palam facto, vivi mortuique per omnes paene domos promiscue conplorarentur, tum Q.
Fabius Maximus censuit equites expeditos et Appia et
Latina via mittendos, qui obvios percunctando — aliquos
profecto ex fuga passim dissipatos fore — referant, quae
fortuna consulum atque exercituum sit, et, si quid di
inmortales, miseriti imperii, relicum Romani nominis
fecerint, ubi eae copiae sint; quo se Hannibal post proelium contulerit, quid paret, quid agat acturusque sit.
Haec exploranda noscendaque per inpigros iuvenes esse;

illud per patres ipsos agendum, quoniam magistratuum
parum sit, ut tumultum ac trepidationem in urbe tollant,
matronas publico arceant continerique intra suum quamque limen cogant, conploratus familiarum coerceant,
silentium per urbem faciant, nuntios rerum omnium ad
praetores deducendos curent, suae quisque fortunae domi
auctorem expectet, custodesque praeterea ad portas
ponant, qui prohibeant quemquam egredi urbe, cogantque
homines nullam nisi urbe ac moenibus salvis salutem
sperare. Ubi conticuerit tumultus, tum in curiam patres
revocandos consulendumque de urbis custodia esse.

*Tidings come at last from Varro. The Senate shortens the
period of mourning. Bad news from Sicily.*

LVI. Cum in hanc sententiam pedibus omnes issent, submotaque foro per magistratus turba, patres
diversi ad sedandos tumultus discessissent, tum demum
litterae a C. Terentio consule adlatae sunt: L. Aemilium consulem exercitumque caesum; sese Canusii esse,
reliquias tantae cladis velut ex naufragio colligentem.
Ad decem milia militum ferme esse inconpositorum inordinatorumque. Poenum sedere ad Cannas, in captivorum pretiis praedaque alia nec victoris animo nec
magni ducis more nundinantem. Tum privatae quoque
per domos clades vulgatae sunt, adeoque totam urbem
opplevit luctus, ut sacrum anniversarium Cereris inter-
missum sit, quia nec lugentibus id facere est fas, nec
ulla in illa tempestate matrona expers luctus fuerat.
Itaque ne ob eandem causam alia quoque sacra publica
aut privata desererentur, senatus consulto diebus triginta luctus est finitus. Ceterum cum, sedato urbis
tumultu, revocati in curiam patres essent, aliae insuper
ex Sicilia litterae adlatae sunt ab T. Otacilio pro praetore: regnum Hieronis classe Punica vastari; cui cum

opem inploranti ferre vellet, nuntiatum sibi esse aliam
classem ad Aegatis insulas stare paratam instructamque,
ut, ubi se versum ad tuendam Syracusanam oram Poeni
sensissent, Lilybaeum extemplo provinciamque aliam
Romanam adgrederentur; itaque classe opus esse, si
regem socium Siciliamque tueri vellent.

*Execution of two Vestals. Human sacrifices are offered. Re-
inforcements are sent to the army, and new levies raised.*

LVII. Litteris consulis praetorisque recitatis, censuerunt praetorem M. Claudium, qui classi ad Ostiam stanti
praeesset, Canusium ad exercitum mittendum, scriben-
dumque consuli, ut, cum praetori exercitum tradidisset,
primo quoque tempore, quantum per commodum rei
publicae fieri posset, Romam veniret. Territi etiam
super tantas clades cum ceteris prodigiis, tum quod duae
Vestales eo anno, Opimia atque Floronia, stupri con-
pertae, et altera sub terra, uti mos est, ad portam Collinam
necata fuerat, altera sibimet ipsa mortem consciverat.
L. Cantilius, scriba pontificius, quos nunc minores pontifices adpellant, qui cum Floronia stuprum fecerat, a
pontifice maximo eo usque virgis in comitio caesus erat,
ut inter verbera expiraret. Hoc nefas cum inter tot,
ut fit, clades in prodigium versum esset, decemviri libros
adire iussi sunt, et Q. Fabius Pictor Delphos ad oraculum
missus est sciscitatum quibus precibus suppliciisque deos
possent placare, et quaenam futura finis tantis cladibus
foret. Interim ex fatalibus libris sacrificia aliquot ex-
traordinaria facta; inter quae Gallus et Galla, Graecus
et Graeca in foro bovario sub terram vivi demissi sunt
in locum saxo consaeptum, iam ante hostiis humanis,
minime Romano sacro, inbutum.

Placatis satis, ut rebantur, deis, M. Claudius Marcellus ab Ostia mille et quingentos milites, quos in classem
scriptos habebat, Romam, ut urbi praesidio essent, mittit;

ipse, legione classica — ea legio tertia erat — cum tribunis militum Teanum Sidicinum praemissa, classe tradita P. Furio Philo conlegae, paucos post dies Canusium magnis itineribus contendit. Inde dictator ex auctoritate patrum dictus M. Iunius et Ti. Sempronius magister equitum dilectu edicto iuniores ab annis septemdecim et quosdam praetextatos scribunt. Quattuor ex his legiones et mille equites effecti. Item ad socios Latinumque nomen ad milites ex formula accipiendos mittunt. Arma, tela, alia parari iubent et vetera spolia hostium detrahunt templis porticibusque. Et formam novi dilectus inopia liberorum capitum ac necessitas dedit; octo milia iuvenum validorum ex servitiis prius sciscitantes singulos, vellentne militare, empta publice armaverunt. Hic miles magis placuit, cum pretio minore redimendi captivos copia fieret.

Hannibal's treatment of his prisoners. The captive Romans send to the capital to ask a ransom.

LVIII. Namque Hannibal secundum tam prosperam ad Cannas pugnam victoris magis quam bellum gerentis intentus curis, cum, captivis productis segregatisque, socios, sicut ante ad Trebiam Trasumennumque lacum, benigne adlocutus sine pretio dimisisset, Romanos quoque vocatos, quod nunquam alias antea, satis miti sermone adloquitur: non internecivum sibi esse cum Romanis bellum; de dignitate atque imperio certare. Et patres virtuti Romanae cessisse, et se id adniti, ut suae in vicem simul felicitati et virtuti cedatur. Itaque redimendi se captivis copiam facere; pretium fore in capita equiti quingenos quadrigatos nummos, trecenos pediti, servo centenos. Quamquam aliquantum adiciebatur equitibus ad id pretium, quo pepigerant dedentes se, laeti tamen quamcumque condicionem paciscendi acceperunt. Placuit suffragio ipsorum decem deligi, qui Romam ad

senatum irent, nec pignus aliud fidei, quam ut iurarent
se redituros, acceptum. Missus cum his Carthalo nobilis
Carthaginiensis, qui, si forte ad pacem inclinare cerneret
animos, condiciones ferret. Cum egressi castris essent,
5 unus ex iis, minime Romani ingenii homo, veluti aliquid
oblitus, iuris iurandi solvendi causa cum in castra redisset,
ante noctem comites adsequitur. Ubi Romam venire
eos nuntiatum est, Carthaloni obviam lictor missus, qui
dictatoris verbis nuntiaret, ut ante noctem excederet
10 finibus Romanis.

LIX. *Speech of their envoys before the Senate.*

LX. *Manlius Torquatus opposes the request of the captives.*

*The Senate decides not to redeem the prisoners. The Romans
are deserted by many of their allies.*

LXI. Postquam Manlius dixit, quamquam patrum
quoque plerosque captivi cognatione attingebant, praeter
exemplum civitatis minime in captivos iam inde an-
tiquitus indulgentis, pecuniae quoque summa homines
15 movit, quia nec aerarium exhauriri, magna iam summa
erogata in servos ad militiam emendos armandosque,
nec Hannibalem maxime huiusce rei, ut fama erat, egen-
tem locupletari volebant. Cum triste responsum, non
redimi captivos, redditum esset, novusque super veterem
20 luctus tot iactura civium adiectus esset, cum magnis
fletibus questibusque legatos ad portam prosecuti sunt.
Unus ex iis domum abiit, quod fallaci reditu in castra
iure iurando se exsolvisset. Quod ubi innotuit relatum-
que ad senatum est, omnes censuerunt conprehendendum
25 et custodibus publice datis deducendum ad Hannibalem
esse.

Est et alia de captivis fama: decem primo venisse;
de eis cum dubitatum in senatu esset, admitterentur in

urbem necne, ita admissos esse, ne tamen iis senatus daretur. Morantibus deinde longius omnium spe alios tris insuper legatos venisse, L. Scribonium et C. Calpurnium et L. Manlium; tum demum ab cognato Scriboni tribuno plebis de redimendis captivis relatum esse, nec censuisse redimendos senatum; et novos legatos tris ad Hannibalem revertisse, decem veteres remansisse, quod per causam recognoscendi nomina captivorum ad Hannibalem ex itinere regressi religione sese exsolvissent; de iis dedendis magna contentione actum in senatu esse, victosque paucis sententiis qui dedendos censuerint; ceterum proxumis censoribus adeo omnibus notis ignominiisque confectos esse, ut quidam eorum mortem sibi ipsi extemplo consciverint, ceteri non foro solum omni deinde vita, sed prope luce ac publico caruerint. Mirari magis adeo discrepare inter auctores, quam, quid veri sit, discernere queas.

Quanto autem maior ea clades superioribus cladibus fuerit, vel ea res indicio est, quod fides sociorum, quae ad eam diem firma steterat, tum labare coepit, nulla profecto alia de re, quam quod desperaverant de imperio. Defecere autem ad Poenos hi populi: Campani, Atellani, Calatini, Hirpini, Apulorum pars, Samnites praeter Pentros, Bruttii omnes, Lucani, praeter hos Uzentini et Graecorum omnis ferme ora, Tarentini, Metapontini, Crotonienses Locrique, et Cisalpini omnes Galli. Nec tamen eae clades defectionesque sociorum moverunt, ut pacis umquam mentio apud Romanos fieret, neque ante consulis Romam adventum nec postquam is rediit renovavitque memoriam acceptae cladis. Quo in tempore ipso adeo magno animo civitas fuit, ut consuli ex tanta clade, cuius ipse causa maxima fuisset, redeunti et obviam itum frequenter ab omnibus ordinibus sit et gratiae actae, quod de re publica non desperasset; qui si Carthaginiensium ductor fuisset, nihil recusandum supplicii foret.

TITI LIVI AB URBE CONDITA

LIBER XXVI

Military arrangements of the Romans for 211 B.C.

I. Cn. Fulvius Centimalus P. Sulpicius Galba consules cum idibus Martiis magistratum inissent, senatu in Capitolium vocato de re publica, de administratione belli, de provinciis exercitibusque patres consuluerunt. Q. Fulvio Ap. Claudio, prioris anni consulibus, prorogatum imperium est atque exercitus, quos habebant, decreti adiectumque, ne a Capua, quam obsidebant, abscederent prius quam expugnassent. Ea tum cura maxime intentos habebat Romanos, non ab ira tantum, quae in nullam umquam civitatem iustior fuit, quam quod urbs tam nobilis ac potens, sicut defectione sua traxerat aliquot populos, ita recepta inclinatura rursus animos videbatur ad veteris imperii respectum. Et praetoribus prioris anni, M. Iunio in Etruria, P. Sempronio in Gallia, cum binis legionibus, quas habuerant, prorogatum est imperium; prorogatum et M. Marcello, ut pro consule in Sicilia reliqua belli perficeret eo exercitu, quem haberet; si supplemento opus esset, suppleret de legionibus, quibus P. Cornelius propraetor in Sicilia praeesset, dum ne quem militem legeret ex eo numero, quibus senatus missionem reditumque in patriam negasset ante belli finem. C. Sulpicio, cui Sicilia evenerat, duae legiones quas P. Cornelius habuisset decretae et supplementum de exercitu Cn. Fulvii, qui priore anno in Apulia foede caesus fugatusque erat. Huic generi militum senatus eundem quem Cannensibus finem statuerat militiae. Additum etiam utrorumque ignominiae est, ne in oppidis hibernarent neve hiberna propius ullam urbem decem milibus passuum aedificarent. L. Cornelio in Sardinia duae legiones datae, quibus Q. Mucius praefuerat; supplementum, si opus esset, consules scribere iussi. T. Otacilio et M. Valerio Siciliae Graeciaeque ora cum legionibus classibusque, quibus praeerant, decretae; quinquaginta Graecia cum legione una, centum Sicilia cum duabus legionibus habebant naves. Tribus et viginti legionibus Romanis eo anno bellum terra marique est gestum.

The siege of Capua continues and Hannibal is summoned to its relief.

IV. Inter haec vis omnis belli versa in Capuam erat; obsidebatur tamen acrius quam oppugnabatur; nec aut famem tolerare servitia ac plebs poterant aut mittere nuntios ad Hannibalem per custodias tam artas. Inventus est Numida, qui acceptis litteris evasurum se professus praestaret promissum. Per media Romana castra nocte egressus spem accendit Campanis, dum aliquid virium superesset, ab omni parte eruptionem temptandi. Ceterum in multis certaminibus equestria proelia ferme prospera faciebant, pedite superabantur. Sed nequaquam tam laetum vincere quam triste vinci ulla parte erat ab obsesso et prope expugnato hoste. Inita tandem ratio est, ut quod viribus deerat arte aequaretur. Ex omnibus legionibus electi sunt iuvenes maxime vigore ac levitate corporum veloces; eis parmae breviores quam equestres et septena iacula quaternos longa pedes data praefixa ferro, quale hastis velitaribus inest. Eos singulos in equos suos accipientes equites adsuefecerunt et vehi post sese et desilire perniciter, ubi datum

signum esset. Id postquam adsuetudine cotidiana satis
intrepide fieri visum est, in campum, qui medius inter
castra murumque erat, adversus instructos Campanorum
equites processerunt, et, ubi ad coniectum teli ventum
est, signo dato velites desiliunt. Pedestris inde acies ex
equitatu repente in hostium equites incurrit, iaculaque
cum impetu alia super alia emittunt. Quibus plurimis
in equos virosque passim coniectis permultos volnera-
verunt, pavoris tamen plus ex re nova atque inopinata
iniectum est, et in perculsum hostem equites invecti fugam
stragemque eorum usque ad portas fecerunt. Inde equitatu quoque superior Romana res fuit. Institutum ut
velites in legionibus essent. Auctorem peditum equiti
inmiscendorum centurionem Q. Navium ferunt, honorique
id ei apud imperatorem fuisse.

But fails to raise the siege.

V. Cum in hoc statu ad Capuam res essent, Hannibalem diversum Tarentinae arcis potiundae Capuaeque
retinendae trahebant curae. Vicit tamen respectus Capuae, in quam omnium sociorum hostiumque conversos
videbat animos, documento futurae, qualemcumque eventum defectio ab Romanis habuisset. Igitur, magna parte
impedimentorum relicta in Bruttiis et omni graviore
armatu, cum delectis peditum equitumque quam poterat
aptissimus ad maturandum iter in Campaniam contendit.
Secuti tamen tam raptim euntem tres et triginta elephanti. In valle occulta post Tifata montem imminentem
Capuae consedit. Adveniens cum castellum Galatiam
praesidio vi pulso cepisset, in circumsedentis Capuam se
vertit, praemissisque nuntiis Capuam, quo tempore castra
Romana adgressurus esset, ut eodem et illi ad eruptionem
parati portis omnibus sese effunderent, ingentem praebuit
terrorem. Nam alia parte ipse adortus est, alia Campani

omnes, equites peditesque, et cum iis Punicum praesidium, cui Bostar et Hanno praeerant, erupit. Romani ut in re trepida, ne ad unam concurrendo partem aliquid indefensi relinquerent, ita inter sese copias partiti sunt: Ap. Claudius Campanis, Fulvius Hannibali est oppositus; C. Nero propraetor cum equitibus sex legionum via, quae Suessulam fert, C. Fulvius Flaccus legatus cum sociali equitatu constitit e regione Volturni amnis. Proelium non solito modo clamore ac tumultu est coeptum, sed ad alium virorum, equorum armorumque sonum disposita in muris Campanorum inbellis multitudo tantum cum aeris crepitu, qualis in defectu lunae silenti nocte cieri solet, edidit clamorem, ut averteret etiam pugnantium animos. Campanos facile a vallo Appius arcebat; maior vis ab altera parte Fulvium Hannibal et Poeni urgebant. Legio ibi sexta loco cessit, qua pulsa cohors Hispanorum cum tribus elephantis usque ad vallum pervasit, ruperatque mediam aciem Romanorum et in ancipiti spe ac periculo erat, utrum in castra perrumperet an intercluderetur a suis. Quem pavorem legionis periculumque castrorum Fulvius ubi vidit, Q. Navium primoresque alios centurionum hortatur, ut cohortem hostium sub vallo pugnantem invadant: in summo discrimine rem verti; aut viam dandam iis esse, et minore conatu, quam condensam aciem rupissent, in castra inrupturos, aut conficiendos sub vallo esse. Nec magni certaminis rem fore: paucos esse et ab suis interclusos, et quae, dum paveat Romanus, interrupta acies videatur, eam, si se utrimque in hostem vertat, ancipiti pugna medios circumventuram. Navius ubi haec imperatoris dicta accepit, secundi hastati signum ademptum signifero in hostis infert, iacturum in medios eos minitans, ni se propere sequantur milites et partem capessant pugnae. Ingens corpus erat, et arma honestabant, et sublatum alte signum converterat ad spectaculum cives

hostesque. Ceterum postquam iam ad signa pervenerat
Hispanorum, tum undique in eum tragulae coniectae et
prope tota in unum acies versa; sed neque multitudo
hostium neque telorum vis arcere impetum eius viri
potuerunt.

VI. Et M. Atilius legatus primi principis ex eadem
legione signum inferre in cohortem Hispanorum coepit;
et qui castris praeerant L. Porcius Licinus et T. Popilius
legati pro vallo acriter propugnant elephantosque trans-
gredientes in ipso vallo conficiunt. Quorum corporibus
cum oppleta fossa esset, velut aggere aut ponte iniecto
transitum hostibus dedit. Ibi super stragem iacentium
elephantorum atrox edita caedes. Altera in parte castrorum iam inpulsi erant Campani Punicumque praesidium et sub ipsa porta Capuae, quae Vulturnum fert,
pugnabatur; neque tam armati inrumpentibus Romanis
resistebant, quam porta ballistis scorpionibusque instructa missilibus procul hostis arcebat. Et suppressit
impetum Romanorum vulnus imperatoris Ap. Claudi,
cui suos ante prima signa adhortanti sub laevo umero
summum pectus gaeso ictum est. Magna vis tamen
hostium ante portam est caesa, ceteri trepidi in urbem
conpulsi. Et Hannibal, postquam cohortis Hispanorum
stragem vidit summaque vi castra hostium defendi,
omissa oppugnatione recipere signa et convertere agmen
peditum obiecto ab tergo equitatu, ne hostis instaret,
coepit. Legionum ardor ingens ad hostem insequendum
fuit; Flaccus receptui cani iussit, satis ad utrumque
profectum ratus, ut et Campani, quam haud multum
in Hannibale praesidii esset, et ipse Hannibal sentiret.
Caesa eo die qui huius pugnae auctores sunt octo milia
hominum de Hannibalis exercitu, tria ex Campanis
tradunt, signaque Carthaginiensibus quindecim adempta,
duodeviginti Campanis. Apud alios nequaquam tantam
molem pugnae inveni plusque pavoris quam certaminis

fuisse, cum inopinato in castra Romana Numidae
Hispanique cum elephantis inrupissent, elephanti per
media castra vadentes stragem tabernaculorum ingenti
sonitu ac fugam abrumpentium vincula iumentorum
facerent; fraudem quoque super tumultum adiectam
immissis ab Hannibale, qui habitu Italico gnari Latinae
linguae iuberent consulum verbis, quoniam amissa castra
essent, pro se quemque militum in proxumos montes
fugere; sed eam celeriter cognitam fraudem oppressamque
magna caede hostium; elephantos igni e castris exactos.
Hoc ultimum — utcumque initum finitumque est — ante
deditionem Capuae proelium fuit. Medix tuticus, qui
summus magistratus apud Campanos est, eo anno Seppius
Loesius erat, loco obscuro tenuique fortuna ortus.
Matrem eius quondam pro pupillo eo procurantem familiare ostentum, cum respondisset haruspex summum
quod esset imperium Capuae perventurum ad eum puerum,
nihil ad eam spem adgnoscentem dixisse ferunt "Ne tu
perditas res Campanorum narras, ubi summus honos
ad filium meum perveniet." Ea ludificatio veri et ipsa
in verum vertit; nam cum fame ferroque urgerentur
nec spes ulla superesset sisti posse, iis, qui nati in
spem honorum erant, honores detrectantibus, Loesius
querendo desertam ac proditam a primoribus Capuam
summum magistratum ultimus omnium Campanorum
cepit.

He attempts a diversion by beginning a march to Rome.

VII. Ceterum Hannibal ut nec hostis elici amplius
ad pugnam vidit neque per castra eorum perrumpi ad
Capuam posse, ne suos quoque commeatus intercluderent
novi consules, abscedere inrito incepto et movere a Capua
statuit castra. Multa secum, quonam inde ire pergeret,
volventi subiit animum impetus caput ipsum belli Romam

petendi, cuius rei semper cupitae praetermissam occasionem post Cannensem pugnam et alii vulgo fremebant et ipse non dissimulabat: necopinato pavore ac tumultu non esse desperandum aliquam partem urbis occupari posse; et, si Roma in discrimine esset, Capuam extemplo omissuros aut ambo imperatores Romanos aut alterum ex iis, et, si divisissent copias, utrumque infirmiorem factum aut sibi aut Campanis bene gerendae rei fortunam daturos esse. Una ea cura angebat, ne, ubi abscessisset, extemplo dederentur Campani. Numidam promptum ad omnia audenda agendaque donis perlicit, ut litteris acceptis specie transfugae castra Romana ingressus altera parte clam Capuam pervadat. Litterae autem erant adhortatione plenae: profectionem suam, quae salutaris illis foret, abstracturam ad defendendam Romam ab oppugnanda Capua duces atque exercitus Romanos. Ne desponderent animos; tolerando paucos dies totam soluturos obsidionem. Inde navis in flumine Vulturno conprehensas subigi ad id, quod iam ante praesidii causa fecerat, castellum iussit. Quarum ubi tantam copiam esse, ut una nocte traici posset exercitus, allatum est, cibariis decem dierum praeparatis deductas nocte ad fluvium legiones ante lucem traiecit.

But the Romans continue the siege.

VIII. Id priusquam fieret, ita futurum conpertum ex transfugis Fulvius Flaccus senatui Romam cum scripsisset, varie animi hominum pro cuiusque ingenio adfecti sunt. Ut in re tam trepida senatu extemplo vocato P. Cornelius, cui Asinae cognomen erat, omnes duces exercitusque ex tota Italia neque Capuae neque ullius alterius rei memor ad urbis praesidium revocabat; Fabius Maximus abscedi a Capua terrerique et circumagi ad nutus comminationesque Hannibalis flagi-

tiosum ducebat: qui ad Cannas victor ire tamen ad
urbem ausus non esset, eum a Capua repulsum spem
potiundae urbis Romae cepisse! Non ad Romam obsidendam, sed ad Capuae liberandam obsidionem ire.
Romam cum eo exercitu, qui ad urbem esset, Iovem
foederum ruptorum ab Hannibale testem deosque alios
defensuros esse. Has diversas sententias media sententia P. Valerii Flacci vicit, qui utriusque rei memor
imperatoribus, qui ad Capuam essent, scribendum censuit, quid ad urbem praesidii esset; quantas autem
Hannibal copias duceret aut quanto exercitu ad Capuam obsidendam opus esset, ipsos scire. Si ita Romam
e ducibus alter et exercitus pars mitti posset, ut ab re-
liquo et duce et exercitu Capua recte obsideretur, inter
se compararent Claudius Fulviusque, utri obsidenda
Capua, utri ad prohibendam obsidione patriam Romam
veniundum esset. Hoc senatus consulto Capuam per-
lato Q. Fulvius proconsul, cui, collega ex vulnere aegro,
digrediundum Romam erat, e tribus exercitibus milite
electo, ad quindecim milia peditum, mille equites Vulturnum traducit. Inde cum Hannibalem Latina via
iturum satis comperisset, ipse per Appiae municipia
quaeque propter eam viam sunt, Setiam, Coram, Lavinium praemisit, ut commeatus paratos et in urbibus haberent et ex agris deviis in viam proferrent praesidiaque
in urbes contraherent, ut sua cuique res publica in manu
esset.

*Hannibal crosses the Volturnus, marches north, and encamps
8 miles east of Rome.*

IX. Hannibal quo die Vulturnum est transgressus,
haud procul a flumine castra posuit; postero die praeter
Cales in agrum Sidicinum pervenit. Ibi diem unum
populando moratus per Suessanum Allifanumque et

Casinatem agrum via Latina ducit. Sub Casino biduo
stativa habita et passim populationes factae. Inde praeter Interamnam Aquinumque in Fregellanum agrum ad
Lirim fluvium ventum, ubi intercisum pontem a Fre-
gellanis morandi itineris causa invenit. Et Fulvium
Vulturnus tenuerat amnis navibus ab Hannibale incensis rates ad traiciendum exercitum in magna inopia
materiae aegre comparantem. Traiecto ratibus exercitu
relicum Fulvio expeditum iter non per urbes modo sed
circa viam expositis benigne commeatibus erat, alacresque
milites alius alium, ut adderet gradum memor ad defendendam iri patriam, hortabantur. Romam Fregellanus
nuntius diem noctemque itinere continuato ingentem attulit terrorem; tumultuosius, quam quod allatum erat,
concursus hominum adfingentium vana auditis totam
urbem concitat. Ploratus mulierum non ex privatis solum
domibus exaudiebatur, sed undique matronae in publicum
effusae circa deum delubra discurrunt, crinibus passis aras
verrentes, nixae genibus, supinas manus ad caelum ac
deos tendentes orantesque, ut urbem Romanam e manibus
hostium eriperent matresque Romanas et liberos parvos
inviolatos servarent. Senatus magistratibus in foro praesto est, si quid consulere velint. Alii accipiunt imperia
disceduntque ad suas quisque officiorum partes, alii
offerunt se, si quo usus operae sit. Praesidia in arce, in
Capitolio, in muris, circa urbem, in monte etiam Albano
atque arce Aefulana ponuntur. Inter hunc tumultum
Q. Fulvium proconsulem profectum cum exercitu Capua
adfertur; cui ne minueretur imperium, si in urbem
venisset, decernit senatus, ut Q. Fulvio par cum consulibus imperium esset. Hannibal infestius perpopulato
agro Fregellano propter intercisos pontis, per Frusi-
natem Ferentinatemque et Anagninum agrum in Labi-
canum venit. Inde Algido Tusculum petiit, nec receptus
moenibus infra Tusculum dextrorsus Gabios descendit.

Inde in Pupiniam exercitu demisso octo milia passuum ab Roma posuit castra. Quo propius hostis accedebat, eo maior caedes fiebat fugientium praecedentibus Numidis, pluresque omnium generum atque aetatium capiebantur.

Hannibal at the gates.

X. In hoc tumultu Fulvius Flaccus porta Capena cum exercitu Romam ingressus media urbe per Carinas Esquilias contendit; inde egressus inter Esquilinam Collinamque portam posuit castra. Aediles plebis commeatum eo conportarunt. Consules senatusque in castra venerunt. Ibi de summa re publica consultatum. Placuit consules circa portas Collinam Esquilinamque ponere castra, C. Calpurnium praetorem urbanum Capitolio atque arci praeesse et senatum frequentem in foro contineri, si quid in tam subitis rebus consulto opus esset. Inter haec Hannibal ad Anienem fluvium tria milia passuum ab urbe castra admovit. Ibi stativis positis ipse cum duobus milibus equitum ad portam Collinam usque ad Herculis templum est progressus atque, unde proxime poterat, moenia situmque urbis obequitans contemplabatur. Id eum tam licenter atque otiose facere Flacco indignum visum est; itaque immisit equites summoverique atque in castra redigi hostium equitatum iussit. Cum commissum proelium esset, consules transfugas Numidarum, qui tum in Aventino ad mille et ducenti erant, media urbe transire Esquilias iusserunt, nullos aptiores inter convalles tectaque hortorum et sepulcra et cavas undique vias ad pugnandum futuros rati. Quos cum ex arce Capitolioque clivo Publicio in equis decurrentis quidam vidissent, captum Aventinum conclamaverunt. Ea res tantum tumultum ac fugam praebuit ut, nisi castra Punica extra urbem fuissent, effusura se omnis pavida multitudo fuerit; tunc in domos atque in tecta refugiebant vagosque in viis suos pro hostibus lapidibus telisque incessebant. Nec comprimi tumultus aperirique error poterat refertis itineribus agrestium turba pecorumque, quae repentinus pavor in urbem compulerat. Equestre proelium secundum fuit, summotique hostes sunt. Et quia multis locis comprimendi tumultus erant, qui temere oriebantur, placuit omnes qui dictatores, consules censoresve fuissent, cum imperio esse, donec recessisset a muris hostis. Et diei quod reliquum fuit et nocte insequenti multi temere excitati tumultus sunt compressique.

Battles prevented by violent storms. Hannibal retreats.

XI. Postero die transgressus Anienem Hannibal in aciem omnis copias eduxit; nec Flaccus consulesque certamen detrectavere. Instructis utrimque exercitibus in eius pugnae casum in qua urbs Roma victori praemium esset, imber ingens grandine mixtus ita utramque aciem turbavit ut vix armis retentis in castra sese receperint nullius rei minore quam hostium metu. Et postero die eodem loco acies instructas eadem tempestas diremit. Ubi recepissent se in castra, mira serenitas cum tranquillitate oriebatur. In religionem ea res apud Poenos versa est, auditaque vox Hannibalis fertur, potiundae sibi urbis Romae modo mentem non dari, modo fortunam. Minuere etiam spem eius duae aliae, parva magnaque, res: magna illa, quod, cum ipse ad moenia urbis Romae armatus sederet, milites sub vexillis in supplementum Hispaniae profectos audiit; parva autem, quod per eos dies eum forte agrum in quo ipse castra haberet, venisse nihil ob id deminuto pretio cognitum ex quodam captivo est. Id vero adeo superbum atque indignum visum, eius soli quod ipse bello captum possideret haberetque inventum Romae emptorem, ut extemplo vocato praecone tabernas argentarias quae circa forum Romanum essent, iusserit venire. His motus ad Tutiam fluvium castra rettulit, sex milia passuum ab urbe. Inde ad lucum Feroniae pergit ire, templum ea tempestate inclutum divitiis. Capenates aliique qui accolae eius erant primitias frugum eo donaque alia pro copia portantes multo auro argentoque id exornatum habebant. Iis omnibus donis tum spoliatum templum. Aeris acervi, cum rudera milites religione inducti iacerent, post profectionem Hannibalis magni inventi. Huius populatio templi haud dubia inter scriptores est. Coelius Romam euntem ab Ereto devertisse eo Hannibalem tradit iterque eius ab Reate Cutiliisque et ab Amiterno orditur; ex Campania in Samnium, inde in Paelignos pervenisse praeterque oppidum Sulmonem in Marrucinos transisse, inde Albensi agro in Marsos, hinc Amiternum Forulosque vicum venisse. Neque ibi error est, quod tanti ducis tantique exercitus vestigia intra tam brevis aevi memoriam potuerint confundi — isse enim ea constat — tantum id interest, veneritne eo itinere ad urbem, an ab urbe in Campaniam redierit.

The Capuans and the Punic garrison try again to get help from Hannibal — in vain.

XII. Ceterum non quantum Romanis pertinaciae ad premendam obsidione Capuam fuit, tantum ad defendendam Hannibali. Namque per Samnium et Lucanos in Bruttium agrum ad fretum ac Regium eo cursu contendit, ut prope repentino adventu incautos oppresserit. Capua etsi nihilo segnius obsessa per eos dies fuerat, tamen adventum Flacci sensit, et admiratio orta est non simul regressum Hannibalem. Inde per conloquia intellexerunt relictos se desertosque et spem Capuae retinendae de-

ploratam apud Poenos esse. Accessit edictum proconsulis
ex senatus consulto propositum vulgatumque apud hostis,
ut qui civis Campanus ante certam diem transisset, sine
fraude esset. Nec ulla facta est transitio metu magis eos
quam fide continente, quia maiora in defectione de-
liquerant, quam quibus ignosci posset. Ceterum quem
ad modum nemo privato consilio ad hostem transibat,
ita nihil salutare in medium consulebatur. Nobilitas
rem publicam deseruerant neque in senatum cogi poterant; in magistratu erat, qui non sibi honorem adiecisset,
sed indignitate sua vim ac ius magistratui, quem gerebat,
dempsisset; iam ne in foro quidem aut publico loco principum quisquam apparebat, domibus inclusi patriae occasum cum suo exitio in dies expectabant; summa curae
omnis in Bostarem Hannonemque, praefectos praesidii
Punici versa erat, suo, non sociorum periculo sollicitos.
Ii conscriptis ad Hannibalem litteris non libere modo
sed etiam aspere, quibus non Capuam solam traditam
in manum hostibus, sed se quoque et praesidium in omnis
cruciatus proditos incusabant: abisse eum in Bruttios
velut avertentem sese, ne Capua in oculis eius caperetur;
at hercule Romanos ne oppugnatione quidem urbis
Romanae abstrahi a Capua obsidenda potuisse; tanto
constantiorem inimicum Romanum quam amicum Poenum
esse. Si redeat Capuam bellumque omne eo vertat, et se
et Campanos paratos eruptioni fore. Non cum Reginis
neque Tarentinis bellum gesturos transisse Alpis; ubi
Romanae legiones sint, ibi et Carthaginiensium exercitus
debere esse. Sic ad Cannas, sic ad Trasumennum rem
bene gestam coeundo conferundoque cum hoste castra,
fortunam temptando. In hanc sententiam litterae cons-
scriptae Numidis proposita mercede eam professis operam
dantur. Ii specie transfugarum cum ad Flaccum in
castra venissent, ut inde tempore capto abirent, famesque,
quae iam diu Capuae erat, nulli non probabilem causam

transitionis faceret, mulier repente Campana in castra
venit, scortum transfugarum unius, indicatque imperatori Romano Numidas fraude composita transisse litterasque ad Hannibalem ferre: id unum ex iis, qui sibi
rem aperuisset, arguere sese paratam esse. Productus
primo satis constanter ignorare se mulierem simulabat;
paulatim dein convictus veris, cum tormenta posci et
parari videret, fassus id ita esse, litteraeque prolatae,
et additum etiam indicio, quod celabatur, et alios specie
transfugarum Numidas vagari in castris Romanis. Ii
supra septuaginta comprensi et cum transfugis novis
mulcati virgis manibusque praecisis Capuam rediguntur.
Conspectum tam triste supplicium fregit animos Campanorum.

A Capuan senator's counsel of despair.

XIII. Concursus ad curiam populi factus coegit
Loesium senatum vocare; et primoribus, qui iam diu
publicis consiliis aberant, propalam minabantur, nisi
venirent in senatum, circa domos eorum ituros se et in
publicum omnis vi extracturos esse. Is timor frequentem
senatum magistratui praebuit. Ibi cum ceteri de legatis
mittendis ad imperatores Romanos agerent, Vibius Virrius, qui defectionis auctor ab Romanis fuerat, interrogatus
sententiam negat eos, qui de legatis et de pace ac deditione
loquantur, meminisse, nec quid facturi fuerint, si Romanos
in potestate habuissent, nec quid ipsis patiendum sit.
"Quid? vos" inquit, "eam deditionem fore censetis, qua
quondam, ut adversus Samnites auxilium impetraremus,
nos nostraque omnia Romanis dedidimus? Iam e memoria excessit, quo tempore et in qua fortuna a populo
Romano defecerimus? Iam, quem ad modum in defectione praesidium, quod poterat emitti, per cruciatum
et ad contumeliam necarimus? Quotiens in obsidentis

quam inimice eruperimus, castra oppugnarimus, Hannibalem vocaverimus ad opprimendos eos? Hoc, quod recentissimum est, ad oppugnandam Romam hinc eum miserimus? Age contra, quae illi infeste in nos fecerint, repetite, ut ex eo, quid speretis, habeatis. Cum hostis alienigena in Italia esset, et Hannibal hostis, et cuncta bello arderent, omissis omnibus, omisso ipso Hannibale ambo consules et duo consulares exercitus ad Capuam oppugnandam miserunt. Alterum annum circumvallatos inclusosque nos fame macerant, et ipsi nobiscum ultima pericula et gravissimos labores perpessi, circa vallum ac fossas saepe trucidati ac prope ad extremum castris exuti. Sed omitto haec: vetus atque usitata res est in oppugnanda hostium urbe labores ac pericula pati. Illud irae atque odii execrabilis inexpiabilisque indicium est: Hannibal ingentibus copiis peditum equitumque castra oppugnavit et ex parte cepit; tanto periculo nihil moti sunt ab obsidione; profectus trans Vulturnum perussit Calenum agrum; nihil tanta sociorum clade avocati sunt; ad ipsam urbem Romam infesta signa ferri iussit; eam quoque tempestatem imminentem spreverunt; transgressus Anienem amnem tria milia passuum ab urbe castra posuit, postremo ad moenia ipsa et ad portas accessit, Romam se adempturum eis, nisi omitterent Capuam, ostendit; non omiserunt. Feras bestias, caeco impetu ac rabie concitatas, si ad cubilia et catulos earum ire pergas, ad opem suis ferendam avertas; Romanos Roma circumsessa, coniuges, liberi, quorum ploratus hinc prope exaudiebantur, arae, foci, deum delubra, sepulcra maiorum temerata ac violata a Capua non averterunt; tanta aviditas supplicii expetendi, tanta sanguinis nostri hauriendi est sitis. Nec iniuria forsitan; nos quoque idem fecissemus, si data fortuna esset. Itaque quoniam aliter dis immortalibus est visum, cum mortem ne recusare quidem debeam, cruciatus contumeliasque, quas parat hostis, dum liber, dum mei potens sum, effugere morte, praeterquam honesta, etiam leni possum. Non videbo Ap. Claudium et Q. Fulvium victoria insolenti subnixos, neque vinctus per urbem Romanam triumphi spectaculum trahar, ut deinde in carcere expirem aut ad palum deligatus lacerato virgis tergo cervicem securi Romanae subiciam; nec dirui incendique patriam videbo, nec rapi ad stuprum matres Campanas virginesque et ingenuos pueros. Albam, unde ipsi oriundi erant, a fundamentis proruerunt, ne stirpis, ne memoria originum suarum extaret; nedum eos Capuae parsuros credam, cui infestiores quam Carthagini sunt. Itaque quibus vestrum ante fato cedere, quam haec tot tam acerba videant, in animo est, iis apud me hodie epulae instructae parataeque sunt. Satiatis vino ciboque poculum idem, quod mihi datum fuerit, circumferetur; ea potio corpus a cruciatu, animum a contumeliis, oculos, auris a videndis audiendisque omnibus acerbis indignisque, quae manent victos, vindicabit. Parati erunt, qui magno rogo in propatulo aedium accenso corpora exanima iniciant. Haec una via et honesta et libera ad mortem. Et ipsi virtutem mirabuntur hostes, et Hannibal fortis socios sciet ab se desertos ac proditos esse."

Suicide of many leading citizens. Surrender of the city.

XIV. Hanc orationem Virri plures cum adsensu audierunt, quam forti animo id, quod probabant, exsequi potuerunt; maior pars senatus, multis saepe bellis expertam populi Romani clementiam haud diffidentes sibi quoque placabilem fore, legatos ad dedendam Romanis Capuam decreverunt miseruntque. Vibium Virrium septem et viginti ferme senatores domum secuti sunt epulatique cum eo et, quantum facere potuerant alienatis mentibus vino ab imminentis sensu mali, ve-

nenum omnes sumpserunt; inde misso convivio dextris
inter se datis ultimoque conplexu conlacrimantes suum
patriaeque casum alii, ut eodem rogo cremarentur, manserunt, alii domos digressi sunt. Inpletae cibis vinoque
5 venae minus efficacem in maturanda morte vim veneni
fecerunt; itaque noctem totam plerique eorum et diei
insequentis partem cum animam egissent, omnes tamen
prius, quam aperirentur hostibus portae, expirarunt.

Postero die porta Iovis, quae adversus castra Romana
10 erat, iussu proconsulis aperta est. Ea intromissa legio
una et duae alae cum C. Fulvio legato. Is cum omnium
primum arma telaque, quae Capuae erant, ad se con-
ferenda curasset, custodiis ad omnes portas dispositis,
ne quis exire aut emitti posset, praesidium Punicum
15 comprehendit, senatum Campanum ire in castra ad
imperatores Romanos iussit. Quo cum venissent, extemplo iis omnibus catenae iniectae, iussique ad quaestores deferre quod auri atque argenti haberent. Auri
pondo duo milia septuaginta fuit, argenti triginta milia
20 pondo et mille ducenta. Senatores quinque et viginti
Cales in custodiam, duodetriginta Teanum missi, quorum
de sententia maxime descitum ab Romanis constabat.

Execution of the Capuan senators.

XV. De supplicio Campani senatus haudquaquam
inter Fulvium Claudiumque conveniebat: facilis im-
25 petrandae veniae Claudius, Fulvio durior sententia erat.
Itaque Appius Romam ad senatum arbitrium eius rei
totum reiciebat: percunctandi etiam aequum esse potestatem fieri patribus, num communicassent consilia
cum aliquis sociorum Latini nominis et num ope
30 eorum in bello forent adiuti. Id vero minime committendum esse Fulvius dicere, ut sollicitarentur criminibus dubiis sociorum fidelium animi et subicerentur in-

dicibus, quis neque quid dicerent neque quid facerent,
quicquam umquam pensi fuisset; itaque se eam quaestionem oppressurum extincturumque. Ab hoc sermone
cum digressi essent, et Appius quamvis ferociter loquentem
collegam non dubitaret tamen litteras super tanta re ab
Roma expectaturum, Fulvius, ne id ipsum impedimentum
incepto foret, dimittens praetorium tribunis militum ac
praefectis socium imperavit, uti duobus milibus equitum
delectis denuntiarent, ut ad tertiam bucinam praesto
essent. Cum hoc equitatu nocte Teanum profectus
prima luce portam intravit atque in forum perrexit;
concursuque ad primum equitum ingressum facto magistratum Sidicinum citari iussit imperavitque, ut produceret Campanos, quos in custodia haberet. Producti
omnes virgisque caesi ac securi percussi. Inde citato
equo Cales percurrit; ubi cum in tribunali consedisset
productique Campani deligarentur ad palum, eques citus
ab Roma venit litterasque a C. Calpurnio praetore Fulvio
et senatus consultum tradit. Murmur ab tribunali
totam contionem pervasit, differri rem integram ad
patres de Campanis. Et Fulvius id ita esse ratus acceptas litteras neque resolutas cum in gremio reposuisset,
praeconi imperavit, ut lictorem lege agere iuberet. Ita
de iis quoque, qui Calibus erant, sumptum supplicium.
Tum litterae lectae senatusque consultum serum ad
impediendam rem actam, quae summa ope adproperata
erat, ne impediri posset. Consurgentem iam Fulvium
Taurea Vibellius Campanus, per mediam vadens turbam,
nomine inclamavit et, cum mirabundus, quidnam sese
vellet, resedisset Flaccus, "Me quoque" inquit, "iube
occidi, ut gloriari possis multo fortiorem, quam ipse es,
virum abs te occisum esse." Cum Flaccus negaret profecto satis compotem mentis esse, modo prohiberi etiam
se, si id vellet, senatus consulto diceret, tum Vibellius
"Quando quidem" inquit, "capta patria, propinquis

amicisque amissis, cum ipse manu mea coniugem liberosque interfecerim, ne quid indigni paterentur, mihi ne mortis quidem copia eadem est, quae his civibus meis, petatur a virtute invisae huius vitae vindicta." Atque ita gladio, quem veste texerat, per adversum pectus transfixus ante pedes imperatoris moribundus procubuit.

* * * * * *

The capture of New Carthage.

XLII. Hac oratione accensis militum animis, relicto ad praesidium regionis eius M. Silano cum tribus milibus peditum et trecentis equitibus, ceteras omnes copias — erant autem viginti quinque milia peditum, duo milia quingenti equites — Hiberum traiecit. Ibi quibusdam suadentibus ut, quoniam in tres tam diversas regiones discessissent Punici exercitus, proximum adgrederetur, periculum esse ratus ne eo facto in unum omnes contraheret nec par esset unus tot exercitibus, Carthaginem Novam interim oppugnare statuit, urbem cum ipsam opulentam suis opibus, tum hostium omni bellico apparatu plenam — ibi arma, ibi pecunia, ibi totius Hispaniae obsides erant —, sitam praeterea cum opportune ad traiciendum in Africam, tum super portum satis amplum quantaevis classi et nescio an unum in Hispaniae ora, qua nostro adiacet mari. Nemo omnium, quo iretur, sciebat praeter C. Laelium. Is classe circummissus ita moderari cursum navium iussus erat, ut eodem tempore Scipio ab terra exercitum ostenderet et classis portum intraret. Septimo die ab Hibero Carthaginem ventum est simul terra marique. Castra ab regione urbis, qua in septemtrionem versa est, posita; his ab tergo — nam frons natura tuta erat — duplex vallum obiectum. Etenim sita Carthago sic est: sinus est maris media fere Hispaniae ora, maxime Africo vento oppositus, ad duo milia et quingentos passus introrsus retractus, paulo

plus mille et ducentos passus in latitudinem patens.
Huius in ostio sinus parva insula obiecta ab alto portum
ab omnibus ventis praeterquam Africo tutum facit. Ab
intimo sinu paeninsula excurrit, tumulus is ipse, in quo
condita urbs est, ab ortu solis et a meridie cincta mari;
ab occasu stagnum claudit paulum etiam ad septemtrionem fusum, incertae altitudinis utcumque exaestuat
aut deficit mare. Continenti urbem iugum ducentos
fere et quinquaginta passus patens coniungit. Unde
cum tam parvi operis munitio esset, non obiecit vallum
imperator Romanus, seu fiduciam hosti superbe ostentans,
sive ut subeunti saepe ad moenia urbis recursus pateret.

XLIII. Cetera, quae munienda erant, cum perfecisset,
naves etiam in portu, velut maritimam quoque ostentans
obsidionem, instruxit; circumvectusque classem cum
monuisset praefectos navium ut vigilias nocturnas intenti
servarent, omnia ubique primo obsessum hostem conari,
regressus in castra ut consilii sui rationem, quod ab urbe
potissimum oppugnanda bellum orsus esset, militibus
ostenderet et spem potiundae cohortando faceret, contione advocata ita disseruit: "Ad urbem unam oppugnandam si quis vos adductos credit, is magis operis vestri
quam emolumenti rationem exactam, milites, habet.
Oppugnabitis enim vere moenia unius urbis, sed in una
urbe universam ceperitis Hispaniam. Hic sunt obsides
omnium nobilium regum populorumque; qui simul in
potestate vestra erunt, extemplo omnia, quae nunc sub
Carthaginiensibus sunt, in dicionem tradent; hic pecunia omnis hostium, sine qua neque illi gerere bellum
possunt, quippe qui mercennarios exercitus alant, et quae
nobis maximo usui ad conciliandos animos barbarorum
erit; hic tormenta, arma, omnis apparatus belli est, qui
simul et vos instruet et hostis nudabit. Potiemur praeterea cum pulcherrima opulentissimaque urbe, tum oppor-
tunissima portu egregio, unde terra marique, quae belli

usus poscunt, suppeditentur. Quae cum magna ipsi habebimus, tum dempserimus hostibus multo maiora. Haec illis arx, hoc horreum, aerarium, armamentarium, hoc omnium rerum receptaculum est; huc rectus ex Africa cursus est; haec una inter Pyrenaeum et Gadis statio; hinc omni Hispaniae imminet Africa." * * *

XLIV. * armaverat. Cum terra marique instrui oppugnationem videret, et ipse copias ita disponit: oppidanorum duo milia ab ea parte, qua castra Romana erant, opponit, quingentis militibus arcem insidit, quingentos tumulo urbis in orientem verso inponit; multitudinem aliam, quo clamor, quo subita vocasset res, intentam ad omnia occurrere iubet. Patefacta deinde porta eos, quos in via ferente ad castra hostium instruxerat emittit. Romani duce ipso praecipiente parumper cessere ut propiores subsidiis in certamine ipso summittendis essent. Et primo haud impares stetere acies; subsidia deinde identidem summissa e castris non averterunt solum in fugam hostis, sed adeo effusis institerunt ut nisi receptui cecinisset, permixti fugientibus inrupturi fuisse in urbem viderentur. Trepidatio vero non in proelio maior quam tota urbe fuit. Multae stationes pavore atque fuga desertae sunt, relictique muri, cum qua cuique erat proximum desiluissent. Quod ubi egressus Scipio in tumulum, quem Mercuri vocant, animadvertit, multis partibus nudata defensoribus moenia esse, omnis e castris excitos ire ad oppugnandam urbem et ferre scalas iubet. Ipse trium prae se iuvenum validorum scutis oppositis — ingens enim iam vis omnis generis telorum e muris volabat — ad urbem succedit, hortatur, imperat quae in rem sunt, quodque plurumum ad accendendos militum animos intererat, testis spectatorque virtutis atque ignaviae cuiusque adest. Itaque in vulnera ac tela ruunt, neque illos muri neque superstantes armati arcere queunt quin certatim ascendant. Et ab navibus eodem tempore

ea quae mari adluitur pars urbis oppugnari coepta est.
Ceterum tumultus inde maior quam vis adhiberi poterat.
Dum adplicant, dum raptim exponunt scalas militesque,
dum qua cuique proximum est in terram evadere properant, ipsa festinatione et certamine alii alios inpediunt.

XLV. Inter haec repleverat iam Poenus armatis
muros, et vis magna ex ingenti copia congesta telorum
suppeditabat. Sed neque viri nec tela nec quicquam
aliud aeque quam moenia ipsa sese defendebant. Rarae
enim scalae altitudini aequari poterant, et quo quaeque
altiores, eo infirmiores erant. Itaque cum summus quisque evadere non posset, subirent tamen alii, onere ipso
frangebantur. Quidam stantibus scalis, cum altitudo
caliginem oculis offudisset, ad terram delati sunt. Et
cum passim homines scalaeque ruerent et ipso successu
audacia atque alacritas hostium cresceret, signum receptui datum est, quod spem non praesentis modo ab
tanto certamine ac labore quietis obsessis, sed etiam in
posterum dedit, scalis et corona capi urbem non posse,
opera et difficilia esse et tempus datura ad ferendam
opem imperatoribus suis.

Vix prior tumultus conticuerat, cum Scipio ab defessis
iam vulneratisque recentis integrosque alios accipere
scalas iubet et vi maiore adgredi urbem. Ipse, ut ei
nuntiatum est aestum decedere, quod per piscatores
Tarraconenses nunc levibus cumbis, nunc ubi eae siderent
vadis pervagatos stagnum conpertum habebat, facilem
pedibus ad murum transitum dari, eo secum armatos
quingentos duxit. Medium ferme diei erat, et ad id quod
sua sponte cedente in mare aestu trahebatur aqua, acer
etiam septemtrio ortus inclinatum stagnum eodem quo
aestus ferebat et adeo nudaverat vada, ut alibi umbilico
tenus aqua esset, alibi genua vix superaret. Hoc cura
ac ratione compertum in prodigium ac deos vertens Scipio,
qui ad transitum Romanis mare verterent et stagna

auferrent viasque ante numquam initas humano vestigio
aperirent, Neptunum iubebat ducem itineris sequi ac
medio stagno evadere ad moenia.

XLVI. Ab terra ingens labor succedentibus erat; nec
altitudine tantum moenium impediebantur, sed quod e
turribus pugnantes ad ancipites utrimque ictus subiectos
habebant Romanos, ut latera infestiora subeuntibus quam
adversa corpora essent. At parte in alia quingentis et
per stagnum facilis transitus et in murum ascensus inde
fuit; nam neque opere emunitus erat, ut ubi ipsius loci
ac stagni praesidio satis creditum foret, nec ulla armatorum
statio aut custodia opposita intentis omnibus ad
opem eo ferendam, unde periculum ostendebatur. Ubi
urbem sine certamine intravere, pergunt inde quanto
maximo cursu poterant ad eam portam circa quam omne
contractum certamen erat. In quod adeo intenti omnium
non animi solum fuere, sed etiam oculi auresque pugnantium
spectantiumque et adhortantium pugnantis, ut
nemo ante ab tergo senserit captam urbem, quam tela
in aversos inciderunt et utrimque ancipitem hostem
habebant. Tunc turbatis defensoribus metu et moenia
capta, et porta intus forisque pariter refringi coepta;
et mox caedendo confectis ac distractis, ne iter inpediretur,
foribus armati impetum fecerunt. Magna multitudo
et muros transcendebat, sed ii passim ad caedem
oppidanorum versi; illa quae portam ingressa erat iusta
acies cum ducibus, cum ordinibus media urbe usque in
forum processit. Inde cum duobus itineribus fugientis
videret hostis, alios ad tumulum in orientem versum qui
tenebatur quingentorum militum praesidio, alios in arcem
in quam et ipse Mago cum omnibus fere armatis qui
muris pulsi fuerant refugerat, partem copiarum ad tumulum
expugnandum mittit, partem ipse ad arcem ducit.
Et tumulus primo impetu est captus, et Mago arcem
conatus defendere, cum omnia hostium plena videret

neque spem ullam esse, se arcemque et praesidium dedidit.
Quoad dedita arx est, caedes tota urbe passim factae, nec
ulli puberum qui obvius fuit parcebatur; tum signo dato
caedibus finis factus; ad praedam victores versi, quae
ingens omnis generis fuit.

XLVII. Liberorum capitum virile secus ad decem
milia capta. Inde, qui cives Novae Carthaginis erant,
dimisit, urbemque et sua omnia quae reliqua eis bellum
fecerat restituit. Opifices ad duo milia hominum erant:
eos publicos fore populi Romani edixit cum spe propin-
qua libertatis, si ad ministeria belli enixe operam na-
vassent. Ceteram multitudinem incolarum iuvenum ac
validorum servorum in classem ad supplementum remigum
dedit; et auxerat navibus octo captivis classem. Extra
hanc multitudinem Hispanorum obsides erant, quorum,
perinde ac si sociorum liberi essent, cura habita. Captus
et apparatus ingens belli: catapultae maximae formae
centum viginti, minores ducentae octoginta una, ballistae
maiores viginti tres, minores quinquaginta duae, scor-
pionum maiorum minorumque et armorum telorumque
ingens numerus, signa militaria septuaginta quattuor.
Et auri argentique relata ad imperatorem magna vis:
paterae aureae fuerunt ducentae septuaginta sex, librae
ferme omnes pondo; argenti infecti signatique decem
et octo milia et trecenta pondo, vasorum argenteorum
magnus numerus. Haec omnia C. Flaminio quaestori
adpensa adnumerataque sunt; tritici quadringenta milia
modium, hordei ducenta septuaginta. Naves onerariae
sexaginta tres in portu expugnatae captaeque, quaedam
cum suis oneribus, frumento, armis, aere praeterea ferroque et linteis et sparto et navali alia materia ad classem
aedificandam, ut minimum omnium inter tantas opes
belli captas Carthago ipsa fuerit.

TITI LIVI AB URBE CONDITA

LIBER XXVII

Hasdrubal's invasion of Italy. Roman military measures for 207 B.C.

XXXVI. De Hasdrubalis adventu in Italiam cura in dies crescebat. Massiliensium primum legati nuntiaverant eum in Galliam transgressum, erectosque adventu eius, quia magnum pondus auri attulisse diceretur ad mercede auxilia conducenda, Gallorum animos. Missi deinde cum iis legati ab Roma Sex. Antistius et M. Raecius ad rem inspiciendam rettulerant misisse se cum Massiliensibus ducibus, qui per hospites eorum, principes Gallorum, omnia explorata referrent; pro comperto habere Hasdrubalem ingenti iam coacto exercitu proximo vere Alpes traiecturum, nec tum eum quicquam aliud morari, nisi quod clausae hieme Alpes essent.* * * *

Consulatum inde ineunt C. Claudius Nero et M. Livius iterum. Qui quia iam designati provincias sortiti erant, praetores sortiri iusserunt. C. Hostilio iurisdictio urbana evenit; addita et peregrina, ut tres in provincias exire possent; A. Hostilio Sardinia, C. Mamilio Sicilia, L. Porcio Gallia evenit. Summa legionum trium et viginti ita per provincias divisa: binae consuli essent, quattuor Hispania haberet, binas tres praetores, in Sicilia et Sardinia et Gallia, duas C. Terentius in Etruria, duas Q. Fulvius in Bruttiis, duas Q. Claudius circa Tarentum et Sallentinos, unam C. Hostilius Tubulus Capuae; duae

Details of Hasdrubal's route. He is checked at Placentia.

XXXIX. Auxerunt Romae tumultum litterae ex Gallia allatae ab L. Porcio praetore: Hasdrubalem movisse ex hibernis et iam Alpes transire; octo milia Ligurum conscripta armataque coniunctura se transgresso in Italiam esse, nisi mitteretur in Ligures, qui eos bello occuparet; se cum invalido exercitu, quoad tutum putaret, progressurum. Hae litterae consules raptim confecto dilectu maturius, quam constituerant, exire in provincias coegerunt ea mente, ut uterque hostem in sua provincia contineret neque coniungi aut conferre in unum vires pateretur. Plurimum in eam rem adiuvit opinio Hannibalis, quod, etsi ea aestate transiturum in Italiam fratrem crediderat, recordando, quae ipse in transitu nunc Rhodani, nunc Alpium cum hominibus locisque pugnando per quinque menses exhausisset, haudquaquam tam facilem maturumque transitum expectabat; ea tardius movendi ex hibernis causa fuit. Ceterum Hasdrubali et sua et aliorum spe omnia celeriora atque expeditiora fuere. Non enim receperunt modo Arverni eum deincepsque aliae Gallicae atque Alpinae gentes, sed etiam secutae sunt ad bellum. Et cum per munita pleraque transitu fratris, quae antea invia fuerant, ducebat, tum etiam duodecim annorum adsuetudine perviis Alpibus factis inter mitiora iam transibat hominum ingenia. Invisitati namque antea alienigenis nec videre ipsi advenam in sua terra adsueti, omni generi humano insociabiles erant. Et primo ignari, quo Poenus pergeret, suas rupes suaque castella et pecorum hominumque praedam peti crediderant; fama deinde Punici belli, quo duodecimum annum Italia urebatur, satis edocuerat

viam tantum Alpes esse, duas praevalidas urbes, magno
inter se maris terrarumque spatio discretas, de imperio
et opibus certare. Hae causae aperuerant Alpes Hasdrubali. Ceterum quod celeritate itineris profectum
erat, id mora ad Placentiam, dum frustra obsidet magis
quam oppugnat, conrupit. Crediderat campestris oppidi
facilem expugnationem esse, et nobilitas coloniae in-
duxerat eum, magnum se excidio eius urbis terrorem
ceteris ratum iniecturum. Non ipse se solum ea oppugnatione inpediit, sed Hannibalem post famam transitus
eius tanto spe sua celeriorem iam moventem ex hibernis
continuerat, quippe reputantem, non solum quam lenta
urbium oppugnatio esset, sed etiam quam ipse frustra
eandem illam coloniam ab Trebia victor regressus temptasset.

The consuls take command, one in the north, the other in the south of Italy.

XL. Consules diversis itineribus profecti ab urbe velut
in duo pariter bella distenderant curas hominum, simul
recordantium, quas primus adventus Hannibalis intulisset
Italiae clades, simul cum illa angeret cura, quos tam
propitios urbi atque imperio fore deos ut eodem tempore
utrobique res publica prospere gereretur? Adhuc adversa
secundis pensando rem ad id tempus extractam esse:
cum in Italia ad Trasumennum et Cannas praecipitasset
Romana res, prospera bella in Hispania prolapsam eam
erexisse; postea, cum in Hispania alia super aliam clades
duobus egregiis ducibus amissis duos exercitus ex parte
delesset, multa secunda in Italia Siciliaque gesta quas-
satam rem publicam excepisse; et ipsum intervallum
loci, quod in ultimis terrarum oris alterum bellum gereretur, spatium dedisse ad respirandum: nunc duo bella
in Italiam accepta, duo celeberrimi nominis duces cir-

cumstare urbem Romanam, et unum in locum totam
periculi molem, omne onus incubuisse. Qui eorum prior
vicisset, intra paucos dies castra cum altero iuncturum.
Terrebat et proximus annus lugubris duorum consulum
funeribus. His anxii curis homines digredientes in pro- 5
vincias consules prosecuti sunt. Memoriae proditum est
plenum adhuc irae in civis M. Livium ad bellum proficiscentem monenti Q. Fabio ne, priusquam genus hostium
cognosset, temere manum consereret, respondisse, ubi
primum hostium agmen conspexisset, pugnaturum. Cum 10
quaereretur quae causa festinandi esset, "Aut ex hoste
egregiam gloriam" inquit, "aut ex civibus victis gaudium
meritum certe, etsi non honestum, capiam."

XLI, XLII.   *Minor operations in southern Italy.*

*After intercepting Hasdrubal's couriers, Claudius hastens north
to help Livius.*

XLIII. Inter haec ab Hasdrubale, postquam a Placentiae obsidione abscessit, quattuor Galli equites, duo 15
Numidae cum litteris missi ad Hannibalem cum per
medios hostes totam ferme longitudinem Italiae emensi
essent, dum Metapontum cedentem Hannibalem sequuntur, incertis itineribus Tarentum delati a vagis per
agros pabulatoribus Romanis ad Q. Claudium proprae- 20
torem deducuntur. Eum primo incertis inplicantes re-
sponsis, ut metus tormentorum admotus fateri vera coegit,
edocuerunt litteras se ab Hasdrubale ad Hannibalem ferre.
Cum iis litteris sicut erant signatis L. Verginio tribuno
militum ducendi ad Claudium consulem traduntur. 25
Duae simul turmae Samnitium praesidii causa missae.
Qui ubi ad consulem pervenerunt litteraeque lectae per
interpretem sunt et ex captivis percunctatio facta, tum
Claudius non id tempus esse rei publicae ratus, quo con-

siliis ordinariis provinciae suae quisque finibus per exercitus suos cum hoste destinato ab senatu bellum gereret; audendum ac novandum aliquid inprovisum, inopinatum, quod coeptum non minorem apud cives quam hostes terrorem faceret, perpetratum in magnam laetitiam ex magno metu verteret, litteris Hasdrubalis Romam ad senatum missis simul et ipse patres conscriptos quid pararet, edocet: ut, cum in Umbria se occursurum Hasdrubal fratri scribat, legionem a Capua Romam arcessant, dilectum Romae habeant, exercitum urbanum ad Narniam hosti opponant. Haec senatui scripta. Praemissi item per agrum Larinatem Marrucinum Frentanum Praetutianum, qua exercitum ducturus erat, ut omnes ex agris urbibusque commeatus paratos militi ad vescendum in viam deferrent, equos iumentaque alia producerent, ut vehiculorum fessis copia esset. Ipse de toto exercitu civium sociorumque quod roboris erat delegit, sex milia peditum, mille equites; pronuntiat occupare se in Lucanis proximam urbem Punicumque in ea praesidium velle: ut ad iter parati omnes essent. Profectus nocte flexit in Picenum.

Et consul quidem quantis maximis itineribus poterat ad conlegam ducebat relicto Q. Catio legato, qui castris praeesset.

Intense excitement at Rome.

XLIV. Romae haud minus terroris ac tumultus erat, quam fuerat biennio ante, cum castra Punica obiecta Romanis moenibus portisque fuerant. Neque satis constabat animis, tam audax iter consulis laudarent vituperarentne; apparebat, quo nihil iniquius est, ex eventu famam habiturum; castra prope Hannibalem hostem relicta sine duce, cum exercitu, cui detractum foret omne quod roboris, quod floris fuerit, et consulem in Lucanos

ostendisse iter, cum Picenum et Galliam peteret, castra
relinquentem nulla alia re tutiora quam errore hostis, qui
ducem inde atque exercitus partem abesse ignoraret.
Quid futurum, si id palam fiat, et aut insequi Neronem
cum sex milibus armatorum profectum Hannibal toto 5
exercitu velit aut castra invadere praedae relicta sine
viribus, sine imperio, sine auspicio? Veteres eius belli
clades, duo consules proximo anno interfecti terrebant;
et ea omnia accidisse, cum unus imperator, unus exercitus
hostium in Italia esset; nunc duo bella Punica facta, duos 10
ingentes exercitus, duos prope Hannibales in Italia esse.
Quippe et Hasdrubalem patre eodem Hamilcare genitum,
aeque inpigrum ducem, per tot annos in Hispania Romano
exercitatum bello, gemina victoria insignem duobus exercitibus cum clarissimis ducibus deletis. Nam itineris 15
quidem celeritate ex Hispania et concitatis ad arma
Gallicis gentibus multo magis quam Hannibalem ipsum
gloriari posse: quippe in iis locis hunc coegisse exercitum,
quibus ille maiorem partem militum fame ac frigore, quae
miserrima mortis genera sint, amisisset. Adiciebant etiam 20
periti rerum Hispaniae, haud cum ignoto eum duce C.
Nerone congressurum, sed quem in saltu impedito de-
prensus forte haud secus quam puerum conscribendis
fallacibus condicionibus pacis frustratus elusisset. Omnia
maiora etiam vero praesidia hostium, minora sua, metu 25
interprete semper in deteriora inclinato, ducebant.

Enthusiasm of the people along the line of march.

XLV. Nero postquam iam tantum intervalli ab hoste
fecerat, ut detegi consilium satis tutum esset, paucis
milites alloquitur. Negat ullius consilium imperatoris
in speciem audacius, re ipsa tutius fuisse quam suum. 30
Ad certam eos se victoriam ducere: quippe ad quod
bellum collega non ante, quam ad satietatem ipsius pedi-

tum atque equitum datae ab senatu copiae fuissent maiores instructioresque, quam si adversus ipsum Hannibalem iret, profectus sit, eo ipsi si quantumcumque virium momentum addiderint, rem omnem inclinaturos. Auditum modo in acie — nam ne ante audiatur, daturum operam — alterum consulem et alterum exercitum advenisse haud dubiam victoriam facturum. Famam bellum conficere, et parva momenta in spem metumque impellere animos; gloriae quidem ex re bene gesta partae fructum prope omnem ipsos laturos; semper quod postremum adiectum sit, id rem totam videri traxisse. Cernere ipsos, quo concursu, qua admiratione, quo favore hominum iter suum celebretur. Et hercule per instructa omnia ordinibus virorum mulierumque undique ex agris effusorum, inter vota ac preces et laudes ibant; illos praesidia rei publicae, vindices urbis Romanae imperiique appellabant; in illorum armis dextrisque suam liberorumque suorum salutem ac libertatem repositam esse. Deos omnes deasque precabantur, ut illis faustum iter, felix pugna, matura ex hostibus victoria esset, damnarenturque ipsi votorum, quae pro iis suscepissent, ut, quem ad modum nunc solliciti prosequerentur eos, ita paucos post dies laeti ovantibus victoria obviam irent. Invitare inde pro se quisque et offerre et fatigare precibus, ut, quae ipsis iumentisque usui essent, ab se potissimum sumerent; benigne omnia cumulata dare. Modestia certare milites, ne quid ultra usum necessarium sumerent; nihil morari, nec ab signis abire nec subsistere cibum capientes; diem ac noctem ire; vix quod satis ad naturale desiderium corporum esset, quieti dare. Et ad collegam praemissi erant, qui nuntiarent adventum percunctarenturque, clam an palam, interdiu an noctu venire sese vellet, isdem an aliis considere castris. Nocte clam ingredi melius visum est.

The arrival of the army of Claudius at Livius' camp is at first concealed.

XLVI. Tessera per castra ab Livio consule data erat ut tribunus tribunum, centurio centurionem, eques equitem, pedes peditem acciperet: neque enim dilatari castra opus esse, ne hostis adventum alterius consulis sentiret; et coartatio plurium in angusto tendentium facilior futura erat, quod Claudianus exercitus nihil ferme praeter arma secum in expeditionem tulerat. Ceterum in ipso itinere auctum voluntariis agmen erat, offerentibus ultro sese et veteribus militibus perfunctis iam militia et iuvenibus, quos certatim nomina dantes si quorum corporis species roburque virium aptum militiae videbatur, conscripserat. Ad Senam castra alterius consulis erant, et quingentos ferme inde passus Hasdrubal aberat. Itaque cum iam adpropinquaret, tectus montibus substitit Nero, ne ante noctem castra ingrederetur. Silentio ingressi, ab sui quisque ordinis hominibus in tentoria abducti, cum summa omnium laetitia hospitaliter excipiuntur. Postero die consilium habitum, cui et L. Porcius Licinus praetor adfuit. Castra iuncta consulum castris habebat, et ante adventum eorum per loca alta ducendo exercitum, cum modo insideret angustos saltus, ut transitum clauderet, modo ab latere aut ab tergo carperet agmen, ludificatus hostem omnibus artibus belli fuerat; is tum in consilio aderat. Multorum eo inclinabant sententiae ut, dum fessum via ac vigiliis reficeret militem Nero, simul et ad noscendum hostem paucos sibi sumeret dies, tempus pugnae differretur; Nero non suadere modo sed summa ope orare institit ne consilium suum, quod tutum celeritas fecisset, temerarium morando facerent: errore qui non diuturnus futurus esset, velut torpentem Hannibalem nec castra sua sine duce relicta adgredi nec ad sequendum se iter intendisse. Antequam se moveat, deleri exercitum Hasdrubalis posse redirique in Apuliam. Qui prolatando spatium hosti det, eum et illa castra prodere Hannibali et aperire in Galliam iter, ut per otium ubi velit Hasdrubali coniungatur. Extemplo signum dandum et exeundum in aciem abutendumque errore hostium absentium praesentiumque, dum neque illi sciant cum paucioribus nec hi cum pluribus et validioribus rem esse. Consilio dimisso signum pugnae proponitur, confestimque in aciem procedunt.

When Hasdrubal discovers it, he decides to move up the Metaurus valley.

XLVII. Iam hostes ante castra instructi stabant. Moram pugnae attulit, quod Hasdrubal provectus ante signa cum paucis equitibus, scuta vetera hostium notavit, quae ante non viderat, et strigosiores equos; multitudo quoque maior solita visa est. Suspicatus enim id quod erat, receptui propere cecinit ac misit ad flumen unde aquabantur, ubi et excipi aliqui possent et notari oculis si qui forte adustioris coloris ut ex recenti via essent; simul circumvehi procul castra iubet specularique, num auctum aliqua parte sit vallum, et ut attendant semel bisne signum canat in castris. Ea cum ordine omnia relata essent, castra nihil aucta errorem faciebant; bina erant, sicut ante adventum consulis alterius fuerant, una M. Livii, altera L. Porci, neutris quicquam quo latius tenderetur ad munimenta adiectum. Illud veterem ducem adsuetumque Romano hosti movit, quod semel in praetoriis castris signum, bis in consularibus referebant cecinisse. Duos profecto consules esse; et quonam modo alter ab Hannibale abscessisset cura angebat. Minime id quod erat suspicari poterat, tantae rei frustratione Hannibalem elusum ut, ubi dux, ubi exercitus esset cum quo

castra conlata haberet, ignoraret; profecto haud mediocri
clade absterritum insequi non ausum; magno opere vereri,
ne perditis rebus serum ipse auxilium venisset, Romanisque
eadem iam fortuna in Italia quae in Hispania esset.
Interdum litteras suas ad eum non pervenisse credere, 5
interceptisque iis consulem ad sese opprimendum adcelerasse.
His anxius curis extinctis ignibus vigilia prima
dato signo, ut taciti vasa colligerent, signa ferri iussit.
In trepidatione et nocturno tumultu duces parum intente
adservati, alter in destinatis iam ante animo latebris 10
subsedit, alter per vada nota Metaurum flumen tranavit.
Ita desertum ab ducibus agmen primo per agros palatur,
fessique aliquot itinere ac vigiliis sternunt somno corpora
passim atque infrequentia relinquunt signa. Hasdrubal,
dum lux viam ostenderet, ripa fluminis signa ferri iubet, 15
et per tortuosi amnis sinus flexusque cum iter errore
revolvens haud multum processisset, ubi prima lux transitum
opportunum ostendisset, transiturus erat. Sed cum
quantum a mari abscedebat, tanto altioribus coercentibus
amnem ripis non inveniret vada, diem terendo spatium 20
dedit ad insequendum sese hosti.

He is overtaken by the Romans, and defeated.

XLVIII. Nero primum cum omni equitatu advenit,
Porcius deinde adsecutus cum levi armatura. Qui cum
fessum agmen carperent ab omni parte incursarentque,
et iam omisso itinere, quod fugae simile erat, castra metari 25
Poenus in tumulo super fluminis ripam vellet, advenit
Livius peditum omnibus copiis non itineris modo, sed
ad conserendum extemplo proelium instructis armatisque.
Sed ubi omnes copias coniunxerunt, derectaque acies est,
Claudius dextro in cornu, Livius ab sinistro pugnam 30
instruit, media acies praetori tuenda data. Hasdrubal
omissa munitione castrorum postquam pugnandum vidit,

in prima acie ante signa elephantos locat, circa eos laevo
in cornu adversus Claudium Gallos opponit, haud tantum
iis fidens quantum ab hoste timeri eos credebat; ipse
dextrum cornu adversus M. Livium sibi atque Hispanis
— et ibi maxime in vetere milite spem habebat — sumpsit; Ligures in medio post elephantos positi. Sed longior
quam latior acies erat; Gallos prominens collis tegebat.
Ea frons, quam Hispani tenebant, cum sinistro Romanorum cornu concurrit; dextra omnis acies extra proelium
eminens cessabat; collis oppositus arcebat, ne aut a fronte
aut ab latere adgrederentur. Inter Livium Hasdrubalemque ingens contractum certamen erat, atroxque caedes
utrimque edebatur. Ibi duces ambo, ibi pars maior
peditum equitumque Romanorum, ibi Hispani, vetus
miles peritusque Romanae pugnae, et Ligures, durum in
armis genus. Eodem versi elephanti, qui primo impetu
turbaverant antesignanos et iam signa moverant loco;
deinde crescente certamine et clamore inpotentius iam
regi et inter duas acies versari, velut incerti quorum
essent, haud dissimiliter navibus sine gubernaculo vagis.
Claudius "Quid ergo praecipiti cursu tam longum iter
emensi sumus?" clamitans militibus, cum in adversum
collem frustra signa erigere conatus esset, postquam ea
regione penetrari ad hostem non videbat posse, cohortes
aliquot subductas e dextro cornu, ubi stationem magis
segnem quam pugnam futuram cernebat, post aciem
circumducit et non hostibus modo sed etiam suis inopinantibus in dextrum hostium latus incurrit; tantaque celeritas fuit ut, cum ostendissent se ab latere, mox
in terga iam pugnarent. Ita ex omnibus partibus, ab
fronte, ab latere, ab tergo, trucidantur Hispani Liguresque,
et ad Gallos iam caedes pervenerat. Ibi minimum certaminis fuit: nam et pars magna ab signis aberant, nocte
dilapsi stratique somno passim per agros, et qui aderant,
itinere ac vigiliis fessi, intolerantissima laboris corpora,

vix arma umeris gestabant; et iam diei medium erat,
sitisque et calor hiantes caedendos capiendosque adfatim
praebebat.

Hasdrubal's death. Great slaughter of his army.

XLIX. Elephanti plures ab ipsis rectoribus quam ab
hoste interfecti. Fabrile scalprum cum malleo habebant;
id, ubi saevire beluae ac ruere in suos coeperant, magister
inter aures positum, ipso in articulo quo iungitur capiti
cervix, quanto maximo poterat ictu adigebat. Ea ce-
lerrima via mortis in tantae molis belua inventa erat ubi
regentis imperium sprevissent, primusque id Hasdrubal
instituerat, dux cum saepe alias memorabilis, tum illa
praecipue pugna. Ille pugnantes hortando pariterque
obeundo pericula sustinuit, ille fessos abnuentesque taedio
et labore nunc precando nunc castigando accendit; ille
fugientes revocavit omissamque pugnam aliquot locis
restituit; postremo cum haud dubie fortuna hostium
esset, ne superstes tanto exercitui suum nomen secuto
esset, concitato equo se in cohortem Romanam inmisit.
Ibi, ut patre Hamilcare et Hannibale fratre dignum erat,
pugnans cecidit.

Numquam eo bello una acie tantum hostium interfectum
est, redditaque aequa Cannensi clades vel ducis vel exercitus interitu videbatur. Quinquaginta sex milia hostium
occisa, capta quinque milia et quadringenti; magna
praeda alia cum omnis generis, tum auri etiam argentique.
Civium etiam Romanorum, qui capti apud hostes erant,
supra quattuor milia capitum recepta. Id solacii fuit pro
amissis eo proelio militibus. Nam haudquaquam in-
cruenta victoria fuit: octo ferme milia Romanorum
sociorumque occisa; adeoque etiam victores sanguinis
caedisque ceperat satietas ut postero die, cum esset
nuntiatum Livio consuli Gallos Cisalpinos Liguresque

qui aut proelio non adfuissent aut inter caedem effugissent uno agmine abire sine certo duce, sine signis, sine ordine ullo aut imperio; si una equitum ala mittatur, posse omnes deleri: "Supersint," inquit, "aliqui nuntii et hostium cladis et nostrae virtutis."

Claudius' triumphant return. First tidings of victory at Rome.

L. Nero ea nocte, quae secuta est pugnam, profectus citatiore quam inde venerat agmine die sexto ad stativa sua atque ad hostem pervenit. Iter eius frequentia minore, quia nemo praecesserat nuntius, laetitia vero tanta, vix ut compotes mentium prae gaudio essent, celebratum est. Nam Romae neuter animi habitus satis dici enarrarique potest, nec quo incerta expectatione eventus civitas fuerat, nec quo victoriae famam accepit. Numquam per omnis dies, ex quo Claudium consulem profectum fama attulit, ab orto sole ad occidentem aut senator quisquam a curia atque ab magistratibus abscessit aut populus e foro. Matronae, quia nihil in ipsis opis erat, in preces obtestationesque versae, per omnia delubra vagae suppliciis votisque fatigare deos. Tam sollicitae ac suspensae civitati fama incerta primo accidit duos Narnienses equites in castra, quae in faucibus Umbriae opposita erant, venisse ex proelio nuntiantes caesos hostes. Et primo magis auribus quam animis id acceptum erat ut maius laetiusque, quam quod mente capere aut satis credere possent, et ipsa celeritas fidem impediebat, quod biduo ante pugnatum dicebatur. Litterae deinde ab L. Manlio Acidino missae ex castris adferuntur de Narniensium equitum adventu. Hae litterae per forum ad tribunal praetoris latae senatum curia exciverunt; tantoque certamine ac tumultu populi ad fores curiae concursum est, ut adire nuntius non posset, sed traheretur a percunctantibus vociferantibusque, ut in rostris prius

quam in senatu litterae recitarentur. Tandem summoti
et coerciti a magistratibus, dispensarique laetitia inter
inpotentes eius animos potuit. In senatu primum, deinde
in contione litterae recitatae sunt; et pro cuiusque ingenio aliis iam certum gaudium, aliis nulla ante futura 5
fides erat, quam legatos consulumve litteras audissent.

*Official report from the front. Thanksgivings at the temples.
Hasdrubal's head sent to Hannibal.*

LI. Ipsos deinde adpropinquare legatos adlatum est.
Tunc enim vero omnis aetas currere obvii, primus quisque oculis auribusque haurire tantum gaudium cupientes.
Ad Mulvium usque pontem continens agmen pervenit. 10
Legati — ii erant L. Veturius Philo P. Licinius Varus Q.
Caecilius Metellus — circumfusi omnis generis hominum
frequentia in forum pervenerunt, cum alii ipsos, alii
comites eorum, quae acta essent, percunctarentur. Et
ut quisque audierat exercitum hostium imperatoremque 15
occisum, legiones Romanas incolumes, salvos consules
esse, extemplo aliis porro impertiebant gaudium suum.
Cum aegre in curiam perventum esset, multo aegrius
summota turba, ne patribus misceretur, litterae in senatu
recitatae sunt. Inde traducti in contionem legati. L. 20
Veturius litteris recitatis ipse planius omnia, quae acta
erant, exposuit cum ingenti adsensu, postremo etiam
clamore universae contionis, cum vix gaudium animis
caperent. Discursum inde ab aliis circa templa deum,
ut grates agerent, ab aliis domos, ut coniugibus liberisque 25
tam laetum nuntium impertirent. Senatus, quod M.
Livius et C. Claudius consules incolumni exercitu ducem
hostium legionesque occidissent, supplicationem in triduum decrevit. Eam supplicationem C. Hostilius praetor
pro contione edixit, celebrataque a viris feminisque est; 30
omniaque templa per totum triduum aequalem turbam

habuere, cum matronae amplissima veste cum liberis, perinde ac si debellatum foret, omni solutae metu deis immortalibus grates agerent. Statum quoque civitatis ea victoria movit, ut iam inde haud secus quam in pace res inter se contrahere vendendo, emendo, mutuum dando argentum creditumque solvendo auderent.

C. Claudius consul cum in castra redisset, caput Hasdrubalis, quod servatum cum cura attulerat proici ante hostium stationes captivosque Afros vinctos ut erant ostendi, duos etiam ex iis solutos ire ad Hannibalem et expromere, quae acta essent, iussit. Hannibal, tanto simul publico familiarique ictus luctu, agnoscere se fortunam Carthaginis fertur dixisse; castrisque inde motis, ut omnia auxilia, quae diffusa latius tueri non poterat, in extremum Italiae angulum Bruttios contraheret, et Metapontinos, civitatem universam, excitos sedibus suis et Lucanorum qui suae dicionis erant in Bruttium agrum traduxit.

TITI LIVI AB URBE CONDITA

LIBER XXX

Hannibal's departure from Italy.

XIX. * * * Nihil certe ultra rei in Italia ab Hannibale gestum; nam ad eum quoque legati ab Carthagine vocantes in Africam iis forte diebus, quibus ad Magonem, venerunt.

XX. Frendens gemensque ac vix lacrimis temperans dicitur legatorum verba audisse. Postquam edita sunt mandata, "Iam non perplexe" inquit, "sed palam revocant, qui vetando supplementum et pecuniam mitti iam pridem retrahebant. Vicit ergo Hannibalem non populus Romanus, totiens caesus fugatusque, sed senatus Carthaginiensis obtrectatione atque invidia. Neque hac deformitate reditus mei tam P. Scipio exultabit atque efferet sese quam Hanno, qui domum nostram, quando alia re non potuit, ruina Carthaginis oppressit." Iam hoc ipsum praesagiens animo praeparaverat ante naves. Itaque inutili militum turba praesidii specie in oppida Bruttii agri, quae pauca metu magis quam fide continebantur, dimissa, quod roboris in exercitu erat in Africam transvexit, multis Italici generis, qui in Africam secuturos abnuentes concesserant in Iunonis Laciniae delubrum inviolatum ad eam diem, in templo ipso foede interfectis. Raro quemquam alium patriam exilii causa relinquentem tam maestum abisse ferunt quam Hannibalem hostium terra excedentem. Respexisse saepe

Italiae litora, et deos hominesque accusantem, in se quoque ac suum ipsius caput execratum, quod non cruentum ab Cannensi victoria militem Romam duxisset. Scipionem ire ad Carthaginem ausum, qui consul hostem Poenum in Italia non vidisset; se centum milibus armatorum ad Trasumennum, ad Cannas caesis circa Casilinum Cumasque et Nolam consenuisse. Haec accusans querensque ex diutina possessione Italiae est detractus.

* * * * * *

Mingled joy and anxiety at Rome.

XXVIII. Simul spes simul cura in dies crescebat, nec satis certum constare apud animos poterat, utrum gaudio dignius esset Hannibalem post sextum decimum annum ex Italia decedentem vacuam possessionem eius reliquisse populo Romano, an magis metuendum, quod incolumi exercitu in Africam transisset: locum nimirum, non periculum mutatum; cuius tantae dimicationis vatem, qui nuper decessisset, Q. Fabium haud frustra canere solitum graviorem in sua terra futurum hostem Hannibalem, quam in aliena fuisset. Nec Scipioni aut cum Syphace, inconditae barbariae rege, cui Statorius semilixa docere exercitus solitus sit, aut cum socero eius Hasdrubale, fugacissimo duce, rem futuram aut tumultuariis exercitibus ex agrestium semermi turba subito conlectis, sed cum Hannibale, prope nato in praetorio patris, fortissimi ducis, alito atque educato inter arma, puero quondam milite, vixdum iuvene imperatore, qui senex vincendo factus Hispanias, Gallias, Italiam ab Alpibus ad fretum monumentis ingentium rerum complesset. Ducere exercitum aequalem stipendiis suis, duratum omnium rerum patientia, quas vix fides fiat homines passos, perfusum miliens cruore Romano, exuvias non militum tantum sed etiam imperatorum portantem. Multos occursuros

Scipioni in acie, qui praetores, qui imperatores, qui consules Romanos manu sua occidissent, muralibus vallaribusque insignes coronis, pervagatos capta castra, captas urbes Romanas. Non esse hodie tot fasces magistratibus populi Romani, quot captos ex caede imperatorum prae se ferre posset Hannibal. Has formidines agitando animis ipsi curas et metus augebant, etiam quod, cum adsuessent per aliquot annos bellum ante oculos aliis atque aliis in Italiae partibus lenta spe in nullum propinquum debellandi finem gerere, erexerant omnium animos Scipio et Hannibal, velut ad supremum certamen comparati duces. Eis quoque, quibus erat ingens in Scipione fiducia et victoriae spes, quo magis in propinquam eam imminebant animis, eo curae intentiores erant. Haud dispar habitus animorum Carthaginiensibus erat, quos modo petisse pacem, intuentes Hannibalem ac rerum gestarum eius magnitudinem, paenitebat, modo, cum respicerent bis sese acie victos, Syphacem captum, pulsos se Hispania, pulsos Italia, atque ea omnia unius virtute et consilio Scipionis facta, velut fatalem eum ducem in exitium suum natum horrebant.

Conference between Hannibal and Scipio.

XXIX. Iam Hadrumetum pervenerat Hannibal, unde, ad reficiendum ex iactatione maritima militem paucis diebus sumptis, excitus pavidis nuntiis omnia circa Carthaginem obtineri armis adferentium, magnis itineribus Zamam contendit. Zama quinque dierum iter ab Carthagine abest. Inde praemissi speculatores cum excepti ab custodibus Romanis deducti ad Scipionem essent, traditos eos tribunis militum iussosque omisso metu visere omnia per castra, qua vellent, circumduci iussit; percunctatusque, satin per commodum omnia explorassent, datis, qui prosequerentur,

retro ad Hannibalem dimisit. Hannibal nihil quidem
eorum, quae nuntiabantur — nam et Masinissam cum
sex milibus peditum, quattuor equitum venisse eo ipso
forte die adferebant — laeto animo audivit, maxime
hostis fiducia audaciaque, non de nihilo profecto con-
cepta, perculsus est. Itaque quamquam et ipse causa
belli erat et adventu suo turbaverat et pactas indutias
et spem foederum, tamen, si integer quam si victus peteret pacem, aequiora impetrari posse ratus, nuntium ad
Scipionem misit, ut conloquendi secum potestatem faceret.
Id utrum sua sponte fecerit an publico consilio, neutrum
cur adfirmem habeo. Valerius Antias primo proelio
victum eum ab Scipione, quo duodecim milia armatorum
in acie sint caesa, mille et septingenti capti, legatum cum
aliis decem legatis tradit in castra ad Scipionem venisse.
Ceterum Scipio cum conloquium haud abnuisset, ambo
ex composito duces castra protulerunt, ut coire ex propinquo possent. Scipio haud procul Naraggara urbe,
cum ad cetera loco opportuno tum quod aquatio intra
teli coniectum erat, consedit. Hannibal tumulum a
quattuor milibus inde, tutum commodumque alioqui,
nisi quod longinquae aquationis erat, cepit. Ibi in medio
locus conspectus undique, ne quid insidiarum esset,
delectus.

Hannibal's speech.

XXX. Summotis pari spatio armatis cum singulis
interpretibus congressi sunt, non suae modo aetatis
maximi duces, sed omnis ante se memoriae, omnium
gentium cuilibet regum imperatorumve pares. Paulisper alter alterius conspectu, admiratione mutua prope
attoniti, conticuere. Tum Hannibal prior: "Si hoc ita
fato datum erat, ut qui primus bellum intuli populo Romano quique totiens prope in manibus victoriam habui,

is ultro ad pacem petendam venirem, laetor te mihi sorte potissimum datum, a quo peterem. Tibi quoque inter multa egregia non in ultimis laudum hoc fuerit, Hannibalem, cui tot de Romanis ducibus victoriam di dedissent, tibi cessisse, teque huic bello, vestris prius quam nostris cladibus insigni, finem imposuisse. Hoc quoque ludibrium casus ediderit fortuna, ut, cum patre tuo consule ceperim arma, cum eodem primum Romano imperatore signa contulerim, ad filium eius inermis ad pacem petendam veniam. Optimum quidem fuerat eam patribus nostris mentem datam ab dis esse, ut et vos Italiae et nos Africae imperio contenti essemus; neque enim ne vobis quidem Sicilia ac Sardinia satis digna pretia sunt pro tot classibus, tot exercitibus, tot tam egregiis amissis ducibus. Sed praeterita magis reprehendi possunt quam corrigi. Ita aliena adpetivimus, ut de nostris dimicaremus, nec in Italia solum nobis bellum, vobis in Africa esset, sed et vos in portis vestris prope ac moenibus signa armaque hostium vidistis et nos ab Carthagine fremitum castrorum Romanorum exaudimus. Quod igitur nos maxime abominaremur, vos ante omnia optaretis, in meliore vestra fortuna de pace agitur. Agimus ei, quorum et maxime interest pacem esse, et qui quodcumque egerimus, ratum civitates nostrae habiturae sunt. Animo tantum nobis opus est non abhorrente a quietis consiliis. Quod ad me attinet, iam aetas senem in patriam revertentem, unde puer profectus sum, iam secundae, iam adversae res ita erudierunt, ut rationem sequi quam fortunam malim; tuam et adulescentiam et perpetuam felicitatem, ferociora utraque quam quietis opus est consiliis, metuo. Non temere incerta casuum reputat, quem fortuna numquam decepit. Quod ego fui ad Trasumennum, ad Cannas, id tu hodie es. Vixdum militari aetate imperio accepto omnia audacissime incipientem nusquam fefellit fortuna. Patris et patrui persecutus mortem ex calamitate vestrae

domus decus insigne virtutis pietatisque eximiae cepisti;
amissas Hispanias reciperasti quattuor inde Punicis
exercitibus pulsis; consul creatus, cum ceteris ad tutandam Italiam parum animi esset, transgressus in Afri-
5 cam, duobus hic exercitibus caesis, binis eadem hora captis
simul incensisque castris, Syphace potentissimo rege capto,
tot urbibus regni eius, tot nostri imperii ereptis, me sextum
decimum iam annum haerentem in possessione Italiae
detraxisti. Potest victoriam malle quam pacem animus.
10 Novi spiritus magnos magis quam utiles; et mihi talis
aliquando fortuna adfulsit. Quodsi in secundis rebus
bonam quoque mentem darent dei, non ea solum, quae
evenissent, sed etiam ea, quae evenire possent, reputa-
remus. Ut omnium obliviscaris aliorum, satis ego docu-
15 menti in omnes casus sum, quem, modo castris inter
Anienem atque urbem vestram positis signa inferentem
ac iam prope scandentem moenia Romana, hic cernas
duobus fratribus, fortissimis viris, clarissimis imperatoribus orbatum ante moenia prope obsessae patriae,
20 quibus terrui vestram urbem, ea pro mea deprecantem.
Maximae cuique fortunae minime credendum est. In
bonis tuis rebus, nostris dubiis, tibi ampla ac speciosa
danti est pax, nobis petentibus magis necessaria quam
honesta. Melior tutiorque est certa pax quam sperata
25 victoria; haec in tua, illa in deorum manu est. Ne tot
annorum felicitatem in unius horae dederis discrimen;
cum tuas vires, tum vim fortunae Martemque belli communem propone animo. Utrimque ferrum, utrimque
corpora humana erunt; nusquam minus quam in bello
30 eventus respondent. Non tantum ad id, quod data pace
iam habere potes, si proelio vincas, gloriae adieceris,
quantum dempseris, si quid adversi eveniat. Simul parta
ac sperata decora unius horae fortuna evertere potest.
Omnia in pace iugenda tuae potestatis sunt, P. Corneli;
35 tunc ea habenda fortuna erit, quam di dederint. Inter

pauca felicitatis virtutisque exempla M. Atilius quondam
in hac eadem terra fuisset, si victor pacem petentibus
dedisset patribus nostris; sed non statuendo felicitati
modum nec cohibendo efferentem se fortunam, quanto
altius elatus erat, eo foedius conruit. Est quidem eius,
qui dat, non qui petit, condiciones dicere pacis; sed
forsitan non indigni simus, qui nobismet ipsi multam
inrogemus. Non recusamus, quin omnia, propter quae
ad bellum itum est, vestra sint, Sicilia, Sardinia, Hispania, quidquid insularum toto inter Africam Italiamque
continetur mari. Carthaginienses inclusi Africae litoribus
vos, quando ita dis placuit, externa etiam terra marique
videamus regentes imperio. Haud negaverim propter
non nimis sincere petitam aut expectatam nuper pacem
suspectam esse vobis Punicam fidem. Multum, per quos
petita sit, ad fidem tuendae pacis pertinet, Scipio. Vestri
quoque, ut audio, patres non nihil etiam ob hoc, quia
parum dignitatis in legatione erat, negaverunt pacem;
Hannibal peto pacem, qui neque peterem, nisi utilem
crederem, et propter eandem utilitatem tuebor eam,
propter quam petii. Et quem ad modum, quia a me
bellum coeptum est, ne quem eius paeniteret, quoad ipsi
invidere dei, praestiti, ita adnitar, ne quem pacis per me
partae paeniteat."

Scipio's reply.

XXXI. Adversus haec imperator Romanus in hanc
fere sententiam respondit: "Non me fallebat, Hannibal,
adventus tui spe Carthaginienses et praesentem indutiarum fidem et spem pacis turbasse; neque tu id
sane dissimulas, qui de condicionibus superioribus pacis
omnia subtrahas praeter ea, quae iam pridem in nostra
potestate sunt. Ceterum ut tibi curae est sentire cives
tuos, quanto per te onere leventur, sic mihi laborandum

est, ne, quae tunc pepigerunt, hodie subtracta ex condicionibus pacis praemia perfidiae habeant. Indigni quibus eadem pateat condicio, etiam ut prosit vobis fraus petitis. Neque patres nostri priores de Sicilia, neque nos de Hispania fecimus bellum; et tunc Mamertinorum sociorum periculum et nunc Sagunti excidium nobis pia ac iusta induerunt arma; vos lacessisse et tu ipse fateris et dei testes sunt, qui et illius belli exitum secundum ius fasque dederunt et huius dant et dabunt. Quod ad me attinet, et humanae infirmitatis memini et vim fortunae reputo et omnia, quaecumque agimus, subiecta esse mille casibus scio; ceterum, quem ad modum superbe et violenter me faterer facere, si, priusquam in Africam traiecissem, te tua voluntate cedentem Italia et inposito in naves exercitu ipsum venientem ad pacem petendam aspernarer, sic nunc, cum prope manu consertum restitantem ac tergiversantem in Africam adtraxerim, nulla sum tibi verecundia obstrictus. Proinde si quid ad ea, in quae tum pax conventura videbatur, quasi multa navium cum commeatu per indutias expugnatarum legatorumque violatorum, adicitur, est quod referam ad consilium; sin illa quoque gravia videntur, bellum parate, quoniam pacem pati non potuistis."

Ita infecta pace ex conloquio ad suos cum se recepissent, frustra verba praelata renuntiant: armis decernendum esse habendamque eam fortunam, quam dei dedissent.

The Battle of Zama.

XXXII. In castra ut est ventum, pronuntiant ambo, arma expedirent milites animosque ad supremum certamen, non in unum diem sed in perpetuum, si felicitas adesset, victores. Roma an Carthago iura gentibus daret, ante crastinam noctem scituros; neque enim Africam aut Italiam, sed orbem terrarum victoriae praemium fore;

par periculum praemio, quibus adversa pugnae fortuna fuisset. Nam neque Romanis effugium ullum patebat in aliena ignotaque terra et Carthagini supremo auxilio effuso adesse videbatur praesens excidium.

Ad hoc discrimen procedunt postero die duorum opulentissimorum populorum duo longe clarissimi duces, duo fortissimi exercitus, multa ante parta decora aut cumulaturi eo die aut eversuri. Anceps igitur spes et metus miscebant animos; contemplantibusque modo suam modo hostium aciem, cum non oculis magis quam ratione pensarent vires, simul laeta simul tristia obversabantur. Quae ipsis sua sponte non succurrebant, ea duces admonendo atque hortando subiciebant. Poenus sedecim annorum in terra Italia res gestas, tot duces Romanos, tot exercitus occidione occisos et sua cuique decora, ubi ad insignem alicuius pugnae memoria militem venerat, referebat; Scipio Hispanias et recentia in Africa proelia et confessionem hostium, quod neque non petere pacem propter metum neque manere in ea prae insita animis perfidia potuissent. Ad hoc conloquium Hannibalis, in secreto habitum ac liberum fingenti, qua vult, flectit; ominatur, quibus quondam auspiciis patres eorum ad Aegates pugnaverint insulas, ea illis exeuntibus in aciem portendisse deos. Adesse finem belli ac laboris. In manibus esse praedam Carthaginis, reditum domum in patriam ad parentes, liberos, coniuges penatesque deos. Celsus haec corpore vultuque ita laeto, ut vicisse iam crederes, dicebat. Instruit deinde primos hastatos, post eos principes, triariis postremam aciem clausit.

XXXIII. Non confertas autem cohortes ante sua quamque signa instruebat, sed manipulos aliquantum inter se distantes, ut esset spatium, qua elephanti hostium acti nihil ordines turbarent. Laelium, cuius ante legati, eo anno quaestoris extra sortem ex senatus consulto opera utebatur, cum Italico equitatu ab sinistro cornu,

Masinissam Numidasque ab dextro opposuit. Vias patentes inter manipulos antesignanorum velitibus — ea tunc levis armatura erat — complevit, dato praecepto, ut ad impetum elephantorum aut post directos refugerent ordines aut in dextram laevamque discursu applicantes se antesignanis viam, qua inruerent in ancipitia tela, beluis darent. Hannibal ad terrorem primos elephantos — octoginta autem erant, quot nulla umquam in acie ante habuerat — instruxit, deinde auxilia Ligurum Gallorumque Baliaribus Maurisque admixtis; in secunda acie Carthaginienses Afrosque et Macedonum legionem; modico deinde intervallo relicto subsidiariam aciem Italicorum militum — Bruttii plerique erant, vi ac necessitate plures quam sua voluntate decedentem ex Italia secuti — instruxit. Equitatum et ipse circumdedit cornibus; dextrum Carthaginienses, sinistrum Numidae tenuerunt. Varia adhortatio erat in exercitu inter tot homines, quibus non lingua, non mos, non lex, non arma, non vestitus habitusque, non causa militandi eadem esset. Auxiliaribus et praesens et multiplicata ex praeda merces ostentatur; Galli proprio atque insito in Romanos odio accenduntur; Liguribus campi uberes Italiae deductis ex asperrimis montibus in spem victoriae ostentantur; Mauros Numidasque Masinissae inpotenti futuro dominatu terret; aliis aliae spes ac metus iactantur. Carthaginiensibus moenia patriae, di penates, sepulcra maiorum, liberi cum parentibus coniugesque pavidae, aut excidium servitiumque aut imperium orbis terrarum, nihil aut in metum aut in spem medium, ostentatur.

Cum maxime haec imperator apud Carthaginienses, duces suarum gentium inter populares, pleraque per interpretes inter immixtos alienigenas agerent, tubae cornuaque ab Romanis cecinerunt, tantusque clamor ortus, ut elephanti in suos, sinistrum maxime cornu, verterentur, Mauros ac Numidas. Addidit facile Masi-

nissa perculsis terrorem nudavitque ab ea parte aciem
equestri auxilio. Paucae tamen bestiarum intrepidae in
hostem actae inter velitum ordines cum multis suis vulneribus ingentem stragem edebant. Resilientes enim ad
manipulos velites, cum viam elephantis, ne obtererentur, 5
fecissent, in ancipites ad ictum utrimque coniciebant
hastas, nec pila ab antesignanis cessabant, donec undique
incidentibus telis exacti ex Romana acie hi quoque in
suos dextrum cornu, ipsos Carthaginienses equites, in
fugam verterunt. Laelius ut turbatos vidit hostes, 10
addidit perculsis terrorem.

XXXIV. Utrimque nudata equite erat Punica acies,
cum pedes concurrit, nec spe nec viribus iam par. Ad
hoc dictu parva, sed magna eadem in re gerenda momenta: congruens clamor ab Romanis eoque maior et 15
terribilior, dissonae illis, ut gentium multarum discre-
pantibus linguis, voces; pugna Romana stabilis et suo
et armorum pondere incumbentium in hostem, concursatio et velocitas illinc maior quam vis. Igitur primo
impetu extemplo movere loco hostium aciem Romani. 20
Ala deinde et umbonibus pulsantes, in summotos gradu
inlato, aliquantum spatii velut nullo resistente incessere,
urgentibus et novissimis primos, ut semel motam aciem
sensere, quod ipsum vim magnam ad pellendum hostem
addebat. Apud hostes auxiliares cedentes secunda acies, 25
Afri et Carthaginienses, adeo non sustinebant, ut contra
etiam, ne resistentes pertinaciter primos caedendo ad se
perveniret hostis, pedem referrent. Igitur auxiliares terga
dant repente, et in suos versi partim refugere in secundam
aciem, partim non recipientes caedere, ut et paulo ante 30
non adiuti et tunc exclusi. Et prope duo iam permixta
proelia erant, cum Carthaginienses simul cum hostibus,
simul cum suis cogerentur manus conserere. Non tamen
ita perculsos iratosque in aciem accepere, sed densatis
ordinibus in cornua vacuumque circa campum extra 35

proelium eiecere, ne pavido fuga et vulneribus milite
sinceram et integram aciem miscerent. Ceterum tanta
strages hominum armorumque locum, in quo steterant
paulo ante auxiliares, compleverat, ut prope difficilior
transitus esset, quam per confertos hostes fuerat. Itaque,
qui primi erant, hastati per cumulos corporum armorumque et tabem sanguinis, qua quisque poterat, sequentes
hostem et signa et ordines confuderunt. Principum
quoque signa fluctuari coeperant vagam ante se cernendo
aciem. Quod Scipio ubi vidit, receptui propere canere
hastatis iussit et sauciis in postremam aciem subductis
principes triariosque in cornua inducit, quo tutior firmior-
que media hastatorum acies esset. Ita novum de integro
proelium ortum est; quippe ad veros hostes perventum
erat, et armorum genere et usu militiae et fama rerum
gestarum et magnitudine vel spei vel periculi pares. Sed
et numero superior Romanus erat et animo, quod iam
equites, iam elephantos fuderat, iam prima acie pulsa in
secundam pugnabat.

XXXV. In tempore Laelius ac Masinissa, pulsos per
aliquantum spatii secuti equites, revertentes in aversam
hostium aciem incurrere. Is demum equitum impetus
perculit hostem. Multi circumventi in acie caesi; multi
per patentem circa campum fuga sparsi tenente omnia
equitatu passim interierunt. Carthaginiensium sociorumque caesa eo die supra viginti milia; par ferme numerus captus cum signis militaribus centum triginta
duobus, elephantis undecim. Victores ad mille et quingentos cecidere.

Hannibal cum paucis equitibus inter tumultum elapsus
Hadrumetum perfugit, omnia et integro proelio et in-
clinante acie, priusquam excederet pugna, expertus et
confessione etiam Scipionis omniumque peritorum militiae
illam laudem adeptus, singulari arte aciem eo die in-
struxisse: elephantos in prima fronte, quorum fortuitus

impetus atque intolerabilis vis signa sequi et servare ordines, in quo plurimum spei ponerent, Romanos prohiberent; deinde auxiliares ante Carthaginiensium aciem, ne homines mixti ex conluvione omnium gentium, quos non fides teneret, sed merces, liberum receptum fugae haberent, simul primum ardorem atque impetum hostium excipientes fatigarent ac, si nihil aliud, vulneribus suis ferrum hostile hebetarent; tum, ubi omnis spes esset, milites Carthaginienses Afrosque, ut, omnibus rebus aliis pares, eo, quod integri cum fessis ac sauciis pugnarent, superiores essent; Italicos intervallo quoque diremptos, incertos, socii an hostes essent, in postremam aciem summotos. Hoc edito velut ultimo virtutis opere Hannibal cum Hadrumetum refugisset, accitusque inde Carthaginem sexto ac tricesimo post anno, quam puer inde profectus erat, redisset, fassus in curia est non proelio modo se sed bello victum, nec spem salutis alibi quam in pace impetranda esse.

The terms of peace.

XXXVI. Scipio confestim a proelio expugnatis hostium castris direptisque cum ingenti praeda ad mare ac naves rediit nuntio allato P. Lentulum cum quinquaginta rostratis, centum onerariis, cum omni genere commeatus ad Uticam accessisse. Admovendum igitur undique terrorem perculsae Carthagini ratus, misso Laelio Romam cum victoriae nuntio Cn. Octavium terrestri itinere ducere legiones Carthaginem iubet; ipse ad suam veterem nova Lentuli classe adiuncta profectus ab Utica portum Carthaginis petit. Haud procul aberat, cum velata infulis ramisque oleae Carthaginiensium occurrit navis. Decem legati erant, principes civitatis, auctore Hannibale missi ad petendam pacem. Qui cum ad puppim praetoriae navis accessissent velamenta supplicum porrigentes, orantes implorantesque fidem ac misericordiam Scipionis, nullum iis aliud responsum datum, quam ut Tynetem venirent; eo se moturum castra. Ipse ad contemplandum Carthaginis situm non tam noscendi in praesentia quam terrendi hostis causa provectus, Uticam, eodem et Octavio revocato, rediit. Inde procedentibus ad Tynetem nuntius allatus Verminam Syphacis filium cum equitibus pluribus quam peditibus venire Carthaginiensibus auxilio. Pars exercitus cum omni equitatu Saturnalibus primis agmen adgressa Numidarum levi certamine fudit. Exitu quoque fugae intercluso ab omni parte circumdatis equitibus quindecim milia hominum caesa, mille et ducenti vivi capti, et equi Numidici mille et quingenti, signa militaria duo et septuaginta. Regulus ipse inter tumultum cum paucis effugit. Tum ad Tynetem eodem quo antea loco castra posita, legatique triginta ab Carthagine ad Scipionem venerunt. Et illi quidem multo miserabilius quam antea, quo magis cogebat fortuna, egerunt; sed aliquanto minore cum misericordia ab recenti memoria perfidiae auditi sunt. In consilio quamquam iusta ira omnes ad delendam stimulabat Carthaginem, tamen cum et quanta res esset et quam longi temporis obsidio tam munitae et tam validae urbis reputarent, et ipsum Scipionem expectatio successoris venturi ad paratam alterius labore ac periculo finiti belli famam sollicitaret, ad pacem omnium animi versi sunt.

XXXVII. Postero die revocatis legatis et cum multa castigatione perfidiae monitis, ut tot cladibus edocti tandem deos et ius iurandum esse crederent, condiciones pacis dictae, ut liberi legibus suis viverent; quas urbes quosque agros quibusque finibus ante bellum tenuissent, tenerent, populandique finem eo die Romanus faceret; perfugas fugitivosque et captivos omnes redderent Romanis et naves rostratas praeter decem triremes traderent elephantosque, quos haberent, domitos, neque domarent alios; bellum neve in Africa neve extra Africam iniussu populi Romani gererent; Masinissae res redderent foedusque cum eo facerent; frumentum stipendiumque auxiliis, donec ab Roma legati redissent, praestarent. Decem milia talenti argenti, discripta pensionibus aequis in annos quinquaginta, solverent; obsides centum arbitratu Scipionis darent, ne minores quattuordecim annis neu triginta maiores. Indutias ita se daturum, si per priores indutias naves onerariae captae, quaeque fuissent in navibus, restituerentur; aliter nec indutias nec spem pacis ullam esse.

Has condiciones legati cum domum referre iussi in contione ederent, et Gisgo ad dissuadendam pacem processisset audireturque a multitudine inquieta eadem et inbelli, indignatus Hannibal dici ea in tali tempore audirique, arreptum Gisgonem manu sua ex superiore loco detraxit. Quae insueta liberae civitati species cum fremitum populi movisset, perturbatus militaris vir urbana libertate "Novem" inquit, "annorum a vobis profectus post sextum et tricesimum annum redii. Militares artes, quas me a puero fortuna nunc privata nunc publica docuit, probe videor scire; urbis ac fori iura, leges, mores vos me oportet doceatis." Excusata inprudentia de pace multis verbis disseruit, quam nec iniqua et necessaria esset. Id omnium maxime difficile erat, quod ex navibus per indutias captis nihil praeter ipsas comparebat naves; nec inquisitio erat facilis, adversantibus paci qui arguerentur. Placuit naves reddi et homines utique inquiri; cetera, quae abessent, aestimanda Scipioni permitti, atque ita pecunia luere Carthaginienses. Sunt, qui Hannibalem ex acie ad mare pervenisse, inde praeparata nave ad regem Antiochum extemplo profectum tradant, postulantique ante omnia Scipioni, ut Hannibal sibi traderetur, responsum esse Hannibalem in Africa non esse.

NOTES

NOTES

B. = Bennett's Latin Grammar.
A. = Allen and Greenough's New Latin Grammar.
H. = Harkness's Complete Latin Grammar.
G. = Gildersleeve-Lodge's Latin Grammar.
Wsb. = Weissenborn-Müller's Livy (annotated edition).
cf. = *confer*, compare.
sc. = *scilicet*, supply, understand, namely.

Page 1. Preface. 1. Facturusne operae pretium sim: *whether I shall accomplish something worth the trouble*, i.e. something of real merit and value; cf. *non operae est*, 'it is not worth while,' page 30, line 28. See *Classical Review*, 1894, p. 345. *Facturus sim*, B. 300; A. 575, *a*; H. 649, II.; G. 467. Quintilian (*Inst. Orat.* ix. 4, 74) remarks that Livy begins his preface with part of a hexameter verse. Such metrical lines, considered a fault in prose writers, were doubtless unconscious and accidental. Cf. page 164, line 2, *Haec ubi dicta dedit*, etc., a hexameter and a half; but that may be a quotation. **a primordio**: he is about to write of Roman history as a whole, not, like Caesar or Sallust, of a single portion.

2. res: sc. *gestas*.   **perscripserim**: the perfect subjunctive here in *oratio obliqua* represents the future perfect indicative of *oratio recta*. This, being a clause of protasis, is, of course, a dependent clause. B. 314, 319; A. 589, 1, 2, *a*, 3; H. 644, 2; G. 650, 656, 1. **si sciam**: *if I should know;* the supposition is regarded not as contrary to fact, but as possible. B. 303; A. 516, 2, *b*; H. 576; G. 596, 1.

3. ausim: archaic, for *ausus sim:* this form is not generally used in prose. Similar forms are *faxo* and *faxim*, which are often used by Livy. A. 183, 3; 192, *a*; H. 244, 4; G. 131, 4 (*b*), 2.   **quippe qui . . . videam**: *inasmuch as I see.* B. 283, 3; A. 535, *e*, N. 1; H. 592; G. 633.   **cum . . . tum**: *both . . . and.*

4. rem: *the undertaking.*   **dum**: not merely temporal, but introducing a reason for the preceding statement.   **semper**: construe with *novi;* the idea is *novi semper existunt auctores qui credunt.*

5. in rebus certius aliquid: *something more reliable in the way of fact.*

6. rudem vetustatem: *the inartistic simplicity of the ancients.* **Utcumque erit**: *however this may be,* i.e. however my success may be judged. B. 312; A. 519; G. 625, 1.

7. memoriae: dative; construe with *consuluisse*. **principis terrarum populi**: *of the leading nation of the world.*

8. pro virili parte: *to the best of my ability, as far as in me lies.* Cf. the English colloquial " like a man."

9. in tanta scriptorum turba: many of the author's countrymen had written history, some of them famous men, like Cato, Sulla, and Caesar. **in obscuro sit**: a favorite form of expression with Livy; instead of the simple predicate adjective we have the neuter singular used substantively with a preposition. **nobilitate**: *celebrity.*

10. nomini = *famae.*

11. Res est praeterea, etc.: the second ground for hesitancy in undertaking the work. We notice here a confusion between the history and its subject, both signified by *res*. **ut quae . . . repetatur**: *since it reaches back,* or *must be traced back.* Livy was born 695 A.U.C. Cf. note on *videam*, line 3. Notice how often Livy uses *ut qui* where Cicero would use *quippe qui.*

12. quae . . . creverit: in this second relative clause *res* takes on a new sense; it is no longer the historian's undertaking, but the empire itself, the subject of his work.

14. laboret: *is burdened;* its vastness has become a source of weakness. **et legentium**, etc.: a third ground of hesitancy.

15. quin . . . praebitura . . . sint: B. 298; A. 558, *a*; H. 595, 1; 596, 1; G. 555, 2.

16. festinantibus: dative, agrees with *plerisque*, line 14. **haec**: i.e. contemporary with the writer.

17. se conficiunt: *is exhausting itself.*

18. contra: adverb. **ut . . . avertam**: a substantive clause of object, in apposition with *praemium*. B. 295; A. 570; H. 564, III.; G. 546.

19. malorum: i.e., the civil wars of the last generation.

21. curae: B. 204, 1; A. 349, *a*; H. 450, 451, 1; G. 374. In dealing with recent events a historian could scarcely help offending many of his contemporaries, inasmuch as the era of the civil wars had just closed. These wars had caused the utmost bitterness, and it was impossible to discuss the period from any point of view in a manner that would please everybody.

22. posset: imperfect subjunctive in apodosis, where a protasis contrary to fact is implied; i.e. ' could render the mind anxious, if the writer were not *expers curae.*' B. 304, 305, 1; A. 517, 521; H. 579; G. 597, 600. Translate, *which otherwise might,* etc.

23. ante conditam condendamve urbem: *before the city was founded or should be founded;* i.e. not everything that occurred before the foundation of Rome is to be considered, but simply those things that necessarily preceded its foundation and had some relation thereto. The first expression, being too broad and general, is limited by the second. We might translate, ' founded or planned.' Some translate, ' built or building.' **poeticis magis . . . monumentis**: *suitable rather to the fictitious tales of poets than to reliable records of history.* B. 192, 2; A. 384; H. 434, 2; G. 359. Or, *tricked out with poets' tales rather than* (resting on) *authentic memorials of history. Fabulis* and *monumentis* would then be ablatives.

Page 2. 1. traduntur: *are handed down* (by tradition) *as having occurred.*

3. humana divinis: adjectives used as substantives; on the case of *divinis,* see B. 218, 5; A. 368, 3, N.; 413. *a,* N.; H. 427, 474, 2; G. 346, N. 6; 348, R. 1.

5. ea = *talis* or *tanta.*

7. potissimum: *in preference to all others.* **ferat**: *claims;* subjunctive in intermediate clause (attraction). B. 324; A. 593; H. 652; G. 663, 1. **tam**: construe with *aequo.* **tam . . . patiuntur**: *the races of mankind endure this* (claim or boast) *as patiently as they submit to the dominion* (of Rome).

10. haud in magno . . . discrimine: *I shall not consider of any great importance.* **mihi**: ethical dative: B. 188, 2, *b*); A. 380; H. 452; G. 351. *What I wish is that each one,* etc.

12. artibus: *methods.*

13. labente deinde . . . , etc.: *then let him follow with his attention the character of the people, giving way as the tone of public morality declined, then* (observe) *how it sank more and more, and at last began to fall headlong in ruin, until one comes down to the present age, in which we can endure neither the evils of our time nor their remedies.* The metaphor is that of a building which settles at its foundations, then decays, and finally collapses in a heap of ruins. The objects of *sequatur,* line 15, are the noun *mores* and the two following indirect questions *ut lapsi . . . sint . . . coeperint; ut* being here interrogative. B. 300; A. 573; H. 649, II.; G. 467.

17. remedia: the cure for the desperate social and political evils of the time was the empire, established on the ruins of the republic, — monarchy substituted for anarchy. To many the remedy seemed as intolerable as the disease. It is well known that there was great opposition to the reforms of Augustus.

18. illud: predicate. **rerum**: sc. *gestarum; of history.*

19. omnis . . . exempli documenta: *useful examples for every occasion.* **te**: *you;* indefinite, = 'one.'

20. monumento: *record.* **tibi tuaeque rei publicae**: *for yourself and for your state;* the moral and political lessons of history are both indicated.

21. quod imitere capias: *you may choose what to imitate.* **inceptu . . . exitu**: B. 226; A. 418; H. 480; G. 397.

22. quod vites (*capias*): *you may understand what to avoid.* For the mood of *imitere* and *vites*, see B. 282, 2; A. 531, 2; H. 590; G. 545, 1. **Ceterum**: see Introduction, III. 7, *c.*

24. sanctior: *purer.* **nec in quam**, etc.: *nor was there ever a state into which*, etc.

25. serae: adjective used adverbially. **inmigraverint**: B. 283, 2; A. 535, *a*; H. 591, 1.; G. 631, 2.

26. paupertati: *poverty; paupertas* means lack of riches, rather than actual destitution (*egestas*). **parsimoniae**: *frugality.*

27. rerum: sc. *familiarium.*

28. Nuper: especially since the time of Sulla. Cf. Sall. *Cat.* 10.

29. desiderium . . . pereundi perdendique . . ., etc.: paronomasia and oxymoron; it is not meant that men really have such a wish, but that they act as if they had it. **luxum**: actual indulgence in extravagance and luxury, manifested outwardly; *luxuria* is the corresponding inward tendency of character.

32. initio . . . ordiendae: pleonasm.

34. si . . . esset . . . inciperemus: B. 304; A. 517; H. 579; G. 597. **nobis**: i.e. historians.

35. orsis (*nobis*): dative. **tantum operis** = *tantum opus*, direct object of *orsis*; see Introduction, III, 2, *b.*

BOOK I

Page 3. Chapter I. 1. satis constat: *it is generally agreed.* Livy gives the commonly accepted account; but here, as in other places where he uses this expression, he is not to be understood as vouching for the truth of the story.

2. saevitum esse, etc.: *that cruelty was vented upon the rest of the Trojans*, i.e. they were massacred. A passive impersonal; B. 187, II. *b.*; A. 372; H. 518, 1; G. 208, 2. **duobus**: B. 188, 2, *d*); A. 381, 376; H. 425, 2; G. 345, R. 1. Notice Livy's fondness for the dative of reference, and sparing use of prepositions. **Aenēae Antēnorique**: the former, the founder (through one of his descendants) of Rome, the historian's mother city; the latter, of Patavium, his birthplace. The two heroes are closely connected in *Iliad*, ii. 822.

3. iure hospitii: Antenor had entertained Menelaus and Ulysses when they came to ask for the restoration of Helen; *Iliad*, iii. 207. **reddendaeque Helĕnae**: Antenor advised the return of Helen; *Iliad*, iii. 148 sqq.; vii. 350 sqq.

4. omne ius belli ... abstinuisse: *refrained from every exercise of the right of conquest;* the laws of war, as then understood, permitted the killing, maiming, or enslavement of captives.

5. deinde: connect this word with *variis;* diverging thenceforward.

6. Enĕtum: our author has a fondness for this form of genitive plural in the second declension, a form especially affected by the poets. Pylaemĕnes, king of the Enĕti, allies of the Trojans, coming from Paphlagonia, was slain by Menelaus; see *Iliad*, v. 576. **seditione**: *civil discord;* from *sē-(d)-ire; sē* or *sēd* = ' without,' ' apart '; cf. *sē-curus, sē-cerno*.

7. ad Troiam: *before Troy; Troiae* would mean ' in Troy.'

8. venisse: cf. Vergil, *Aeneid*, i. 242 sqq.

9. Euganeisque: of unknown origin; their name is preserved in the Euganean hills, near Padua.

10. in quem ... locum: translate, *locus, in quem,* etc. The relative clause standing first, the antecedent, as usual, is attracted into it and assimilated in case with the relative pronoun. B. 251, 4; A. 307, *b*; H. 399, 3; G. 616. Notice the separation of *quem* and *locum* by intervening words.

12. Troiano: attracted to the case of *pago*, instead of agreeing with *nomen*. This is frequent in giving names. B. 190, 1; A. 373, *a*; H. 430, 1; G. 349, R. 5. **appellati**: here agrees with the predicate nominative rather than with the subject. The real origin of the Veneti is uncertain. The resemblance here noticed is probably accidental.

13. ab: *in consequence of.* Notice that Livy is especially free in the use of *ab*, rather than *a*, before consonants. G. 417, 1, N. **domo**: why no preposition? B. 229, 1; A. 427, 1; H. 462, 4; G. 390, 2. **ad maiora rerum initia**: a case of hypallage; *maiora* should properly agree with *rerum*, and is to be translated accordingly. For this figure, cf. page 7, lines 7, 8, and page 13, line 33.

14. in Macedoniam: where he founded the city of Aenea on the peninsula of Pallene.

15. in Siciliam: to Egesta. The myth of Aeneas is connected with the worship of Venus at Egesta.

16. Laurentem agrum: a strip of the Latin coast from the Tiber southward to Lavinium; the vicinity of Laurentum. **tenuisse**: sc. *cursum* or some similar word as direct object. This infinitive clause is subject of *constat*, line 1. **Troia**: the more usual construction would make this a dative. Cf. *Troiano*, above, line 12; the position is emphatic.

17. ut quibus ... superesset: a causal relative clause. B. 283, 3; A. 535, *e*, N. 1; H. 592, 1; G. 626, R., N. 1; 633.

18. immenso: *unmeasured, infinite*. Milton says, "Of amplitude almost *immense*."

20. Aborigines: (*ab, origine*), yet the Sicŭli are spoken of as earlier inhabitants, a branch of the great Latin stock, found later in Southwestern Italy and in Sicily. It is hard to tell whether the derivation here suggested is real or only a popular notion. Some think the word is a sort of corruption of *Aurunci*.

23. adfinitatem: *connection by marriage*, while blood-relationship is *consanguinitas*.

24. signa canerent: *signa* is nominative; *the signals* (i.e. the trumpets) *sounded*.

Page 4. 2. percunctatum: as well as *admiratum*, line 8, perfect participle (not infinitive), agreeing with the subject of *sanxisse*, line 10.

3. mortales: poetic for *homines*. The first book of Livy, dealing largely with myths and legends, is full of poetic diction, and in its whole spirit resembles an epic poem.

5. postquam audierit: a subordinate clause of *oratio obliqua* requires its verb in the subjunctive. B. 314; A. 580; H. 643; G. 650. *Postquam* oftener takes the perfect than the imperfect or pluperfect subjunctive in *oratio obliqua*, when depending on a perfect infinitive. In *oratio recta* it would be followed by a perfect or historical present indicative. Notice how the points of the answer correspond to the points of the question.

6. cremata patria: this ablative absolute expresses both the time and cause of their emigration. **patria**: *native city*.

8. nobilitatem: *celebrity*. **vel**: old imperative of *volo*; i.e. 'whichever you please,' — expresses the utmost freedom of choice between alternatives.

9. fidem ... sanxisse: *gave a solemn pledge*.

10. foedus ictum: sc. *esse; ictum* because the making of a league or treaty was solemnized by slaying (*icere*) an animal in sacrifice.

12. penates: guardians of the *penus*, house-provision; then guardians of the family; the state considered as an enlarged family had its *Penates* also.

14. Ea res utique: *this fact at any rate.* **Troianis**: we may translate this dative as if it were genitive; B. 188, 1; A. 377; H. 425, N.; G. 350, 1.

15. sede: ablative of means rather than of place.

16. Lavinium: the religious centre of the Latin confederacy, because it was the home of the Penates of Latium, where in later times the Roman consuls and praetors sacrificed to Vesta and the Penates, on entering and on quitting office. In reality the lady's name comes from the city's name, not *vice versa*. **Brevi**: sc. *tempore.*

17. stirpis: nominative, though not the usual form. **Ascanium**: in apposition with *nomen;* cf. *Troiano*, page 3, line 12, and note.

18. dixere nomen: cf. Vergil, *Aeneid*, iii. 693, *nomen dixere priores Ortygiam.*

Chapter II. 20. Turnus: i.e. Τυρρηνός, Tyrrhenian, Tuscan. **Rutŭlorum**: an Umbro-Sabellian people of ancient Latium, whose capital was Ardĕa. **pacta . . . fuerat**: this form of pluperfect is very frequent in Livy. See Introduction, III. 8, *c.*

24. Latīnum: he was, according to tradition, afterward worshipped as *Iuppiter Latiaris.*

25. rebus: dative, with *diffisi.* **florentes**: the metaphor is the same in English. The Etruscan empire in early times extended as far south as Campania.

26. Caere: most probably locative ablative; the omission of *in* before *opulento oppido* is hardly conclusive proof that its appositive *Caere* is dative after *imperitans*, a case which nowhere else appears. Cf. *Praeneste*, page 131, line 5.

27. imperitans: notice our author's excessive fondness for frequentative or intensive verbs. **iam inde ab**: Livy is fond of this emphatic form of expression. Translate, *from the very beginning.*

28. minime: *by no means,* amounting, as usual, to an emphatic negative. **nimio**: B. 223; A. 414; H. 479, 1; G. 403.

30. haud: *haud* usually negatives a particular word, *non* a proposition in general; hence *haud* is chiefly and most properly used with adjectives and adverbs. **gravatim**: the termination *-im* appearing in many adverbs, a form of which our author is particularly fond, is an old accusative case-ending. A few of these adverbs, e.g. *partim*, are true accusatives; the rest, formations by analogy. Cf. page 94, line 17, *gravate*, the usual form. **socia**: proleptic; *in alliance;* they were not allied till they had been joined.

Page 5. 1. nec ... solum: = *et ... non solum.* **nomine**: sc. *eodem.*

2. Latinos: it is much more likely that the king's name was derived from that of the nation. Cf. note on *Lavinium*, page 4, line 16.

3. deinde: *from that time on.* **Troianis**: dative. **studio ac fide**: cf. page 2, line 21, and note on *inceptu.*

4. in dies: *day by day;* denotes a process. 'Every day' = *cotidie.*

10. inde proelium: *the battle which ensued.*

11. Situs est: a usual inscription on a tomb was H·S·E, *hic situs est.* **quemcumque eum dici ius fasque est**: *whatever by human and divine law it is right that he be called,* i.e. whether man, god, or hero. The author scruples to speak more definitely: in being buried, Aeneas appears a mortal; as Jupiter Indiges, he appears a god.

12. super Numīcum: *on the banks of the Numicus* (or Numicius), a small stream flowing into the sea a few miles south of the Tiber.

13. indigĕtem (*indu, gigno*): the Indigetes, "native" gods, were deities exercising protection over certain localities. This Jupiter or Pater Indiges was probably the river-god Numicus, thought of as an ancient king of that valley (cf. Tiberinus and the Tiber River, page 6, lines 14, 15), worshipped as a hero after his death in this locality, and later identified with Aeneas. The inscription on the so-called *herōum* of Aeneas, according to Dionysius, was Πατρὸς Θεοῦ Χθονίου ὃς Ποταμοῦ Νομίκου ῥεῦμα διέπει; i.e. *Divi Patris Indigetis, qui Numici amnis undas temperat.* See Preller, *Römische Mythologie*, 80 sqq.; Wissowa, *Religion und Kultus der Römer*, 183, 184, foot-note 4.

Chapter III. 14. imperio: B. 192, 2; A. 384; H. 434, 2; G. 359. The dative with *maturus* is rather poetic and post-classical.

17. res = *res publica.*

19. adfirmet: dubitative subjunctive. B. 162, 3; 277, *a*; A. 444; H. 557, 559, 5, N.; G. 466.

21. quem Iūlum eundem: *whom, as he also was named Iulus,* etc.

24. multitudine: *population.*

26. sub Albano monte: *at the foot of the Alban mountain,* now Monte Cavo (3147 feet high), eighteen miles from Rome and plainly visible thence. There are many opinions as to its site, but they are mere conjectures.

27. porrectae: generally applied to horizontal extension, as here. **Longa Alba**: *Longa* is emphasized by being placed first, reversing the usual order. The length of the city is here the point of special attention. The name is usually understood as the Long White Town, but some prefer to derive Alba from √ALB (cf. *Alpes*) = √TEB, i.e. a height, a mountain, Sabine or Oscan *teba* (cf. *Tibur, Tiberis*).

Page 6. 1. Lavinium: sc. *conditum*.

2. triginta . . . anni: cf. the prediction of the Tiber god to Aeneas. *Aeneid*, viii. 43 sqq.: —

> A sow beneath an oak shall lie along,
> All white herself, and white her thirty young.
> When thirty rolling years have run their race,
> Thy son Ascanius, on this empty space,
> Shall build a royal town of lasting fame,
> Which from this omen shall receive the name.
> — DRYDEN'S TRANSLATION.

But it is more natural to interpret this as representing Alba and the thirty Latin cities, than a period of thirty years. **ferme**: *about*, not 'almost.' **tamen**: notwithstanding the short interval.

3. morte: temporal.

4. muliebrem . . . puerilis: notice the fondness of the Latin for adjectives where we use nouns in the genitive. Cf. *muliebri*, page 5, line 16.

6. ausi sint: in clauses of result the perfect subjunctive is regularly used as a historical tense; B. 268, 6; A. 485, c; H. 550; G. 513.

7. Albŭla: the "whitish" river (unless we follow a similar etymology to that suggested for *Alba*), owing to the character of the soil through which it flows. Cf. Horace's *flavus Tiberis*, 'the yellow Tiber.' The other etymology would give the same meaning for both *Albula* and *Tiberis*, 'mountain stream.' See Ampère, *L'Histoire Romaine à Rome*, Vol. I. chap. ii.

9. in silvis natus: the derivation of *Silvius* from *silva* is a fair specimen of the etymological myth, so dear to the Romans, of which innumerable examples occur in Livy's earlier books.

11. Prisci Latini: i.e. the people of the ancient Latin towns, some of them older than Rome, as distinguished from the later "Latin colonies" all over Italy. Livy evidently takes the thirty Latin towns for colonies of Alba; cf. page 65, line 33.

12. cognomen: strictly speaking, it has the form of a *nomen* (*gentile*). This altogether imaginary list of kings was needed to fill the interval between the fall of Troy and the founding of Rome, which Vergil (*Aeneid*, i. 265 sqq.) makes three hundred and thirty-three years: i.e. three for the reign of Aeneas, thirty for Ascanius, and three hundred for the Alban dynasty before Romulus. The accepted dates, 1184 and 753 B.C., would make the interval a century longer. But it is interesting to note that Ennius thought of Rome as seven hundred years old in his time, putting the founding one hundred to one hundred and twenty years earlier than the commonly accepted date.

15. ad posteros: construe with *celebre; flumini* with *dedit; ad* here = *apud*.

17. Aventino: dative.

18. per manus tradidit: *handed down*.

19. Romanae ... urbis: more sonorous and stately than the usual *Romae*.

20. Proca: the Greek form *Procas* is more usual.

21. stirpis: cf. page 4, line 17, and note.   **maximus**: sc. *natu*, superlative here used in speaking of two.

23. aetatis: his brother's superior age. B. 200; A. 348; H. 440, 2; G. 363, 2.

25. Reae: dative after *adimit;* B. 188, 2, *d*); A. 381; H. 427; G. 345, R. 1. The word is explained as *rea*, ' the culprit,' alluding to her loss of chastity, or *rea voti*, ' under the obligation of a vow '; the spelling *Rhea* suggests the Phrygian goddess and the supposed Trojan extraction of the Silvii. Observe how the king as the high priest of the nation appoints the Vestals.

26. Vestalem: sc. *virginem;* the worship of Vesta was common to all the Latins. Her altar, with its ever burning fire, was the family hearth of the state, from which the household fires were kindled at certain dates. It was tended by the Vestal Virgins, who were looked upon as the cherished daughters of the nation. Upon this subject in general, consult the interesting chapter in Lanciani's *Ancient Rome in the Light of Recent Discoveries*, chap. vi.

Chapter IV. 29. secundum: preposition; *next after*.

Page 7. 1. seu ita rata: *either because she believed the fact to be so.*   **honestior**: *more creditable* to herself.

2. incertae = *spuriae*.

3. regia = *regis;* cf. *muliebrem, puerilis,* page 6, lines 4, 5, and note.

4. Sacerdos: emphatic; she was punished because she was a priestess.
5. profluentem aquam: *the current of the stream.* **iubet**: sc. *rex.*
6. Forte quadam divinitus: *by some providential chance.* See Introduction, III. 7, *b.* Livy frequently uses an adverb for an attributive adjective. **Tiberis**, etc.: order, *Tiberis, effusus super ripas lenibus stagnis, nec usquam adiri poterat ad cursum iusti amnis et spem dabat ferentibus*, etc.; *adiri* is here used transitively.
7. ad iusti cursum . . . amnis: i.e. *ad iustum cursum amnis;* hypallage.
8. et: *and yet.*
9. imperio: B. 218, 1; A. 410; H. 477, 1; G. 407.
10. in proxima eluvie: *at the edge of the overflow.* **Ruminalis**: Rumina was the goddess of suckling; *ruma = mamma.* The Ficus Ruminalis stood on the slope of the Palatine Hill, toward the Tiber, near the Lupercal cave.
11. Romularem: a false notion of later times. **Vastae**: *waste* or *wild;* 'vast' is quite a secondary meaning; cf. *vastare,* 'devastate.'
13. quo: instrumental rather than locative. **tenuis**: *shallow.*
17. regii = *regis.*
18. Faustulo: perhaps from FAV (*faveo*) and √TUL (*tuli, opitul-ari*); perhaps merely a diminutive form of Faustus; identical with Faunus, an ancient pastoral divinity; and *Larentia* is no other than Acca Larentia, mother of the *Lares,* guardian spirits of the Roman land. **ad stabula . . . datos**: *brought to the sheepfolds and given to his wife to bring up.*
19. qui . . . putent: relative clause of characteristic; B. 283, 2; A. 535, *a*; H. 591, 1; G. 631, 2.
20. vulgato corpore: ablative absolute; *by reason of her prostitution.* This kind of rationalistic interpretation of a myth is called "Euhemeristic." Euhemerus was a philosopher of the time of Alexander the Great.
21. fabulae ac miraculo: hendiadys; *for the marvellous tale.*
23. nec . . . segnes: concessive. **ad pecora**: i.e. when they were at pasture. **peragrare** and the subsequent infinitives are historical; this usage is most frequent in rapid narration.
25. feras: sc. *bestias;* see Introduction, III. 6, *c.* **subsistere**: transitive: *they withstood.*
27. seria: such encounters as are mentioned above; **iocos**, sports, such as are mentioned in the next chapter. **celebrare**: *they engaged continually* or *habitually in.*

Chapter V. 28. Lupercal hoc: *the present, now existing Lupercal.* *Lupercus* ('wolf'), according to Wissowa, *Religion und Kultus der Römer,* 172, was the name of the priest of Faunus, originally a god of shepherds, in the pastoral age of civilization. *Lupercal* generally means the cave of Lycaean Pan, on the Palatine near the Ficus Ruminalis; here it means the annual festival held in his honor on February 15.

30. Palatium: perhaps from the same root as *pasco, Pales;* 'pasture'; the etymology in the text is quite fanciful.

Page 8. 1. genere: i.e. *gente,* the Arcadian tribe living about Pallanteum. **tempestatibus**: poetic for *temporibus;* B. 223; A. 414; H. 479, 1; G. 403, 4 (*a*).

2. solemne: substantive; *custom;* see Introduction, III. 6, *c.* **ut . . . currerent**: substantive clause, appositive to *sollemne.* B. 294, 297; A. 567, 570; H. 571, 4; G. 507, A, II. 2; 553, 4.

3. Lycaeum Pana: Pan was worshipped by shepherds on Mt. Lycaeus in Arcadia. *Pan* and *Inuus* (*in, eo,* god of copulation of cattle) seem to be only different names for Faunus, who corresponds substantially with the Greek Pan. As to the festival of the Lupercalia, see Fowler, *Roman Festivals,* 310–321.

5. deditis: dative; sc. *iis* or *pastoribus,* from the last sentence of chapter iv.

6. insidiatos: agrees with *latrones,* subject of *cepisse.*

8. ultro: 'beyond,' then beyond what is naturally expected or decent, *outrageously, impudently.* **Crimini**: a so-called dative of service. B. 191; A. 382; H. 433, 3; G. 356.

9. iis: Romulus and Remus.

10. hostilem in modum = *hostiliter.* **praedas agere**: the Latin equivalent of 'cattle-lifting'; the cattle are driven, not carried; cf. ἄγειν καὶ φέρειν, applied to animate and inanimate plunder.

12. Iam inde ab: cf. page 4, line 27, and note. **regiam**: this is the emphatic word, specifying the nature of Faustulus's hope.

14. et tempus, quo . . . congruere: *and that the time when he himself had rescued them, exactly corresponded with that time.* *Congruere* is usually followed by the dative.

18. Numitori: dative of reference qualifying the whole statement in a more remote and general way, instead of a possessive genitive modifying *animum.*

19. geminos: predicate; standing first because emphatic.

21. eodem pervenit: *arrived at the same conclusion* (as Faustulus).

22. esset: impersonal; its subject is the clause *quin . . . agnosceret.* B. 294; A. 558; H. 595, 1; G. 556, last example.

24. globo: a poetic word, used eleven times by Livy; cf. page 13, line 28; page 17, line 14; page 136, line 12; Vergil, *Aeneid*, x. 373, *globus ille virum densissimus;* ix. 515, *globus imminet ingens.* **ad . . . par**: *strong enough for.*

25. aliis alio itinere: *some by one way, some by another.* **certo**: *appointed.*

26. ad regem: *in regem* would be more natural.

Chapter VI. 29. Numitor . . . ostendit: a perfect example of the periodic sentence, with all modifying elements and subordinate clauses standing between the subject of the principal clause, which is the first word, and its verb, which is the last.

30. regiam: sc. *domum.* **pubem**: the young men of military age; a poetic word.

Page 9. 1. in arcem . . . obtinendam = *in arcem, ad eam obtinendam, into the citadel, to hold it.* **praesidio armisque**: hendiadys = *praesidio armato.* **avocasset**: *had called them away* from the protection of the king.

4. ut . . . ut . . . ut: interrogatives.

5. se . . . auctorem . . . ostendit: *assumed the responsibility.*

6. agmine: ablative of manner or accompaniment.

8. ratum . . . efficit: *confirmed.*

10. re: sc. *publica.*

12. supererat multitudo: *the population was excessive.*

13. ad id . . . accesserant, qui . . . facerent: *besides this* (excess of numbers in Alba), *there were also the shepherds, so that altogether they readily created a hope that,* etc. **qui . . . facerent**: a clause of result or characteristic. B. 284, 2, *a*; A. 537, 2; H. 591, 2; G. 631. **parvam . . . parvum**: repetition for emphasis.

17. inde = *ex ea,* i.e. *cupidine.*

18. essent . . . posset: reasons stated not as facts, but as influencing the minds of the brothers; B. 286, 1; A. 591, 592, 3; H. 588, II.; G. 541. **aetatis verecundia**: cf. page 6, line 23.

19. tutelae: *under whose protection;* a predicative genitive of possession, characteristic of Livy; B. 198, 3; A. 343, *b*; H. 439; G. 366. See Introduction, III. 2, *a*.

20. essent: subjunctive in a clause logically subordinate to *legerent.* B. 324; A. 593; H. 652; G. 663, 1. **auguriis**: *au* is *avi*, the stem of *avis;* the latter part of the word is of uncertain derivation.

qui ... qui: strictly *uter* should be used, as but two persons are in question. *Qui* is sometimes used for *quis*, especially in dependent questions.

22. templa: not object of *inaugurandum*, but secondary object of *capiunt*. *Templum*, from the same root as τέμνω, τέμενος, is a definite space marked out by certain boundaries; here, for the purpose of taking auspices; it meant also the consecrated space where a deity was worshipped, and later the building put up in such an enclosure, a 'temple.'

Chapter VII. 23. Priori: emphatic by its position. **Remo**: dative of reference; the birds did not come *to* him, but appeared *for* him in the sky.

26. Tempore ... praecepto: *by priority of time;* limited, like *numero,* by *avium.*

27. regnum trahebant: *claimed the sovereignty.*

28. certamine irarum: *in their angry strife.* **Ibi**: *thereupon;* circumstantial rather than local.

30. transiluisse muros: city walls had a peculiar sanctity among the Latins, so this action was not only a deadly insult, but a sacrilege. *Murus*, the general term for wall; *moenia*, the special word for walls of fortification.

31. verbis quoque increpitans: *upbraiding him with words also* — as well as striking him. **Sic deinde**, etc.: sc. *pereat* or a similar expression. For another version of the story, see Ovid, *Fasti*, v. 467 sqq.; Vergil, *Aeneid*, i. 292.

Page 10. 3. conditoris nomine appellata: it is hardly necessary to say that this is an impossible derivation of *Roma.*

4. Palatium: *Roma Quadrata*, the original city of the Ramnes, nearly " square," was on the Palatine Hill, where traces of its walls still exist. **muniit**: Madvig, *Latin Grammar*, 113, *b.*

5. Albano ritu, Graeco: sc. *ritu;* the Greeks sacrificed *aperto capite*, the Latins *velato capite;* the Latins burned the *exta* of the victims, the Greeks ate them at the sacrificial feast. **Euandro**: (εὔ, and ἀνήρ, ἀνδρός) son of Hermes, perhaps the same as Faunus, appearing as an exile from Greece and under another name. Like Pan, he comes from Arcadia.

6. Herculem: the tenth of the twelve labors of Hercules was killing the three-headed or three-bodied monster Geryon, on the island of Erythēa, near Gades in Spain, and the capture of his cattle for Eurystheus of Argos.

7. mira specie: B. 224; A. 415; H. 473, 2; G. 400. Observe that the ablative of quality must be limited by an adjective or equivalent genitive.

9. traiecerat: intransitive. **laeto**: *joy-giving;* the adjective has an active sense; cf. " Wine that *maketh glad* the heart of man."

10. et ipsum: *himself also;* he, as well as the cattle, was tired from the journey. **via**: construe with *fessum.*

11. sopor: heavy sleep; *somnus*, ordinary sleep.

12. accola ... loci: *dwelling hard by that place.* **Cācus**: not from κἄκός, i.e. contrary of Evander, the 'good man,' but akin to *caecus;* a fire-breathing demon or fire-god, son of Vulcan, here appearing as a shepherd dwelling in a cave on the Aventine. The name is perpetuated in the *Scalae Caci* at the west corner of the Palatine Hill. Perhaps the staircase is the cause of the story. See *Classical Review*, xvii. (1903) 331, for a discovery in regard to the *Scalae Caci.* Vergil tells this story; *Aeneid*, viii. 205 sqq. It is worth while to compare his language with this. He says that Cacus took eight of the cattle. **ferox viribus**: *presuming on his strength. Viribus*, causal ablative.

14. armentum: *ar(i)mentum (arare);* cattle fit to plough with. **si ... compulisset ... deductura erant**: this is not a condition contrary to fact, but a future condition from a past standpoint.

15. eo: in this and other adverbs of its class, the ablative case notion has been lost.

16. aversos: *backward.* *Bos* appears in this chapter as both masculine and feminine, probably owing to the blunder of some copyist.

17. ad primam auroram: a poetic expression, reminding the reader of *Aeneid*, iv. 584, 585, *Et iam prima novo spargebat lumine terras Tithoni croceum linquens Aurora cubile.*

19. numero: possessive dative, with *abesse* in the sense of ' be lacking.' A. 373, *b*; G. 349, R. 4.

20. si forte ... ferrent: (to see) *whether perchance their tracks would lead thither.* An indirect question, introduced by *si.* B. 300, 3; A. 576, *a*; H. 649, II. 3; G. 460, 1 (*b*).

21. foras: denotes direction, implying motion, *outwards; foris*, position only, ' outside.' **partem**: *direction.*

22. animi: B. 204, 4; A. 358; H. 458, 1, foot-note 2; G. 374, N. 7. **infesto**: *dangerous.*

23. occepit: archaistic. **ad**: *in consequence of.*

24. ut fit: *as is natural.*

25. ex spelunca: construe with *reddita.*

27. fidem: *protection.*

29. auctoritate: *by the influence due to high character.*

30. imperio: *by official authority.*

31. litterarum: the knowledge of the alphabet came to the Romans through the Greeks of Cumae.   **artium**: B. 204, 1; A. 349, *a*; H. 451, 1; G. 374.

32. Carmentae: a nymph of song and prophecy, sometimes represented as the wife of Evander.

33. Sibyllae: the Cumaean Sibyl, visited by Aeneas (*Aeneid*, vi. 9 sqq.).   **miratae . . . fuerant**: see Introduction, III. 8, *c*.

35. trepidantium: *hastening in alarm.*

Page 11. 1. habitum: *bearing.*

2. aliquantum = *aliquanto.*

3. humanā: sc. *forma.*

4. Iove nate: Hercules was the son of Jupiter (Zeus) and Alcmene of Thebes.

5. interpres: one who speaks in the name of another, which is the etymological meaning of ' prophet.'

6. deum: this and the three next following words all end with the same sound. This was not agreeable to Roman ears, but it is a fault which Livy is not very careful to avoid.

7. aram: the *Ara Maxima Herculis* stood in or near the *Forum Boarium* (cattle market) at Rome, and there Hercules was worshipped as a god of commerce. Although the worship of Hercules represents Greek influence and foreign trade, it seems to have reached Rome indirectly through other Italian nations.   **olim**: *hereafter*, as in *Aeneid*, i. 203.

8. Dextra: sc. *manu.*

9. accipere: i.e. interpreted as applying to himself; the opposite of *accipere* was *improbare omen*.   **fata**: (*fari*); that which has been spoken, the decrees of destiny.   **ara condita**: *by founding an altar.*

11. sacrum: substantive.

13. factum: sc. *est.*

14. ad tempus: *in good time*, at the appointed time.   **exta**: the eating of the entrails of the victim (instead of burning them on the altar), after the fashion of the Homeric age, is one of the Greek features of this rite; see note to page 10, line 5.

16. Pinarium genus . . . vescerentur: this explains the supposed etymology of *Pinarius* (πεινάω, ' to fast', ' abstain ').

17. sollemnium: substantive: *of those sacrifices.* See note to page 8, line 2.

19. tradito servis publicis: this was done in the time of Appius Claudius Caecus, censor in 312 B.C., and was regarded as an act of impiety, which called down the anger of the gods, manifested by the extinction of the whole family within one year; Livy, ix. 29. But Diodorus (contemporary with Augustus), iv. 21, says it still existed in his time. Public slaves were ordinarily attached as assistants to the service of each divinity.

20. Haec ... una: *these alone.*

21. peregrina: foreign to Alba, the mother city of Rome; *peregrinus*, from *per* and *ager*, 'across country'; Italian *pellegrino*, French *pèlerin*, English *pilgrim*.

22. fautor: notice the frequency of verbal nouns in *-tor* and *-sor;* see Introduction, III. 1, *d*.

Chapter VIII. 23. perpetratis: notice the weakening of the radical vowel when simple verbs are compounded (*per patrare*).

24. in populi unius corpus: *into a single national body.*

25. legibus: *statutes;* **iura:** *principles of right.* But no difference is meant here. We have merely a pair of synonyms, according to the familiar Latin habit. The king possesses full legislative and executive power.

26. ita ... si: *only thus ... if.*

30. eum secutum numerum: *that he derived this number*, or *that this number followed* (Romulus). The first interpretation is preferable. The Romans seem to have had a duodecimal as well as a decimal system, and the former was probably of Etruscan origin.

31. me haud paenitet: *I am inclined.* Livy not infrequently uses *haud* with verbs. This is not common in good prose, except in the phrase *haud scio an*. **quibus ... placet:** *who think.* **apparitores hoc genus:** *attendants of this class; hoc genus*, originally appositive; B. 185, 1; A. 397, *a*; H. 416, 3; G. 336, N. 2.

Page 12. 3. ita habuisse: *had this arrangement.*

4. communiter creato rege: the Etruscan league consisted of twelve cities, mutually independent, which, however, in time of war or general danger appointed a king or commander-in-chief over the whole league.

5. dederint: as already stated, Livy often uses, for greater liveliness, primary tenses of the subjunctive in subordinate clauses of *oratio obliqua*, where we should expect secondary tenses. But many of the perfect subjunctives are to be understood as really aorists, i.e. of the same character as the historical perfect in the indicative.

7. adpetendo: *by annexing;* the logical subject is indefinite.

8. ad id ... hominum: *with reference to the number of people.*

10. vetere ... urbes: *by an old device of founders of cities.*

12. natam (*esse*) **e terra**: cf. the familiar story of Cadmus and the dragon's teeth.   **ementiebantur**: *used to pretend*.

13. nunc saeptus, etc.: *now an enclosure which you encounter as you come down between the two groves.* From this obscure statement we might infer that the author is speaking of the Palatine, but the Capitoline has two peaks, each in early times covered by a grove, and the depression between them was called *Inter Duos Lucos.* Tradition pointed to this as the site of the Asylum of Romulus.   **descendentibus**: dative of reference. B. 188, 2, *a*); A. 378, 2; H. 425, 4; G. 353.

14. turba omnis: *a rabble of all sorts.*

16. ad coeptam magnitudinem: *in proportion to the greatness of the undertaking.*

17. Cum . . . paeniteret: *when he began to be contented;* the personal accusative is lacking, but easily supplied from the subject of the next verb, which is evidently Romulus.   **consilium**: the Senate under the monarchy was always the royal council merely, with no independent power, though it nominated a king through an *interrex* when the throne became vacant. But here *consilium* may be abstract, 'guidance.'

19. qui . . . possent: B. 283, 2; A. 535, *b*; H. 591, 5; G. 631, 1.

20. patres: the theory was that the Senate originally consisted of the heads (*patres*) of the several *gentes.* The word *patres* has two meanings, according to the context: (1) senators; (2) patricians; the whole body of the original burgesses, as distinguished from the plebeians and others who did not at first possess political rights. But Livy's idea here is that patricians were such only because the heads of their houses had been members of the Senate.   **ab honore**: *in consequence of their official dignity.*

Chapter IX. 22. res: sc. *publica; community.*   **cuilibet**: *to anyone soever.*

24. hominis aetatem duratura: *destined to last but a generation.*   **quippe quibus . . . essent**: B. 283, 3; A. 535, *e*, N. 1; H. 592, 1; G. 633.

25. quibus: by *constructio ad sensum* refers to *Romanis,* to be supplied from *res Romana.*   **conubia**: the *ius conubii,* existing between two states, gave the citizens of either the right of contracting legal marriages with the citizens of the other. It did not exist as a matter of course, but by international agreement.

28. urbes quoque, etc.: the infinitives depend on the verb of saying implied in the previous context.   **ex infimo**: Livy makes

a very extensive use of adjectives as substantives, especially in the neuter singular. See Introduction, III. 6, *f*.
29. **iuvent**: B. 314, 1; A. 580; H. 643; G. 650.
30. **scire**: sc. *se*.

Page 13. **2**. **ne gravarentur**: B. 316; A. 588; H. 642, 4; G. 652. **homines**: *as men*.

4. **adeo**: *for;* lit. 'so'; i.e. 'so true is the preceding statement.' **simul . . . simul**: *at once . . . and,* or *though . . . yet.*

5. **rogitantibus dimissi**: *sent away with the question* (oft repeated).

7. **id enim demum**, etc.: *for in that way only would they secure marriage on an equal footing.*

8. **pubes**: cf. page 8, line 30, and note. **ad vim spectare res coepit**: *the situation began to look like proceeding to violence; as if a resort to violence were probable.*

10. **Cui**: the antecedent is *vim*.

12. **Neptuno Equestri**: Neptune (Poseidon) was the creator of the horse. **Consualia**: the festival of Consus (= Condius from *condere*), a god of harvests. He had an altar at the end of the circus, where horse-racing took place. This may suggest how the confusion between Neptune and Consus arose. The Consualia occurred on August 21st and December 15th.

14. **concelebrant**: *they prepare to solemnize.*

15. **mortales**: poetic for *homines*, and a favorite word with historians.

16. **etiam**: *also*, i.e. as well as to see the games. **proximi quique**: the superlative with *quisque* is usually found in the singular.

17. **Caeninenses**, etc.: Caenīna was probably on the Anio, some six miles east of Rome, but this is uncertain; Crustumerium was near the Tiber, about fifteen miles north-northeast, and Antemnae near the confluence of the Tiber and Anio, about three miles above Rome. Livy apparently regards them all as Latin towns. **iam**: *finally*. **Sabinorum**: the Sabines seem in early times to have extended their power further into Latium than in the historical period, and there is little doubt that a Sabine city on the Quirinal was united to the Ramnian city on the Palatine on at least equal terms. The legend that here follows may be regarded as an aetiological myth, of which the main purpose was to account for the Sabine element in the community. Aetiological (αἰτία, λόγος) myths are stories invented to explain the origin of existing historical facts, customs, names, etc., after that origin has been forgotten. It is curious to notice also how the marriage customs of most primitive peoples seem to be a reminiscence of the conquest of wives by violence.

20. brevi: sc. *tempore;* cf. page 4, line 16.

22. eo: the adverb *eo* loosely represents the dative *spectaculo*, understood, indirect object of *deditae.*   **ex composito**: *according to previous arrangement.*

23. iuventus Romana: a poetic phrase, used by Ennius, *Annals*, 538. Vergil, *Aeneid*, i. 467, says *Troiana iuventus.*

24. Magna pars . . . raptae: sc. *sunt; constructio ad sensum;* i.e. *aptae* agrees not with *pars*, but with *virgines*, for which *pars* stands. **in quem quaeque**, etc.: i.e. *ab eo, in quem quaeque*, etc.

26. ex plebe: equivalent to a partitive genitive or to an adjective agreeing with *homines;* see Introduction, III. 1, *f.* *Ex plebe* is an anachronism, for there was then no *plebs*, existing as an inferior order beside the full burgesses.   **homines**: subject of *deferebant.*

30. Talassio: it is needless to say that this account of the wedding cry is purely fictitious, and furnishes an admirable example of the etymological myth, for which the antiquarian taste of Livy's age had a strong inclination. The real meaning of the word in question was even then no longer understood. See Preller, *Röm. Mythol.* 584.

31. hanc: *this present; this . . . of to-day.* Cf. Catullus, 61 and 62.

32. ludicro: used as a substantive.

33. incusantes: *complaining of.*   **violati hospitii foedus**: hypallage for *violatum hospitii foedus.*

34. per fas ac fidem: *against right and truth.* Wsb. explains *per* = παρά (παρὰ σπονδάς) in this archaic phrase; cf. *perfidus, periurium.*

Page 14. **3. tamen**: i.e. in spite of their fathers' insolence. **in matrimonio**: *in lawful marriage*, not in concubinage, as they may have feared.   **in societate . . . fore**: *and would have a share in all the rights of property, in citizenship, and, what is dearest to human nature, in their children.*

7. melioribus usuras viris: *they would find their husbands all the kinder.*

8. suam vicem: *in his own capacity.* See note on *hoc genus*, page 11, line 31.

10. purgantium: *excusing their conduct on the ground of*, etc.

Chapter X. **13. admodum**: *quite.*   **raptis**: dative of reference; translate like a genitive. B. 188, 1, N.; A. 377; H. 425, N.; G. 350, 1.

14. tum maxime: *just then.*   **sordida veste**: a sign of mourning.

17. regem Sabinorum: king of Cures, the chief Sabine town; here called king of the Sabines, as opposed to all the Latin communities next mentioned.

20. Lente: *too slowly.*

24. nomen: by metonymy for those who bear the name, the nation.

26. vastantibus: B. 192, 187, III.; A. 370, *c*; H. 434.

31. victore: an instance of our author's characteristic use of a verbal noun in *-tor* as an attributive adjective. See Introduction, III. 1, *d*.

Page 15. **1. ostentator**: another of his favorite verbals.

2. fabricato ad id apte ferculo: *on a frame properly constructed for the purpose.* These are the first *spolia opima* in Roman history.

3. pastoribus sacram: *held sacred by shepherds; pastoribus* is a dative of reference. B. 188, *c*); A. 378, 1; H. 425, 4; G. 352. The tree was sacred *to* Jupiter as all oaks were; see Preller, 96. The Capitoline Hill appears as yet uninhabited. Livy does not call this a triumph (cf. page 49, line 18), but Dionysius expressly says that Romulus introduced the custom of triumphs.

6. Feretri: probably from *feretrum* = *ferculum;* some derive it from *ferio*. **Romulus rex regia**: notice the alliteration, common in formal and solemn language.

8. dedico: expressive of an intention to be subsequently fulfilled, = *destino*.

9. me auctorem: *my example.*

10. primum omnium: this very ancient shrine was restored by Augustus.

13. nec ... laudem: *nor the glory of that gift cheapened by the large number of those who should share it.* **conpotum**: sc. *laudis*. **vulgari**: infinitive.

14. Bina: B. 81, 4, *b*); A. 137, *b*; H. 164, 3; G. 97, R. 3. **inter**: *in the course of.* The two occasions referred to are when A. Cornelius Cossus slew Lars Tolumnius, king of Veii, 437 B.C., and when M. Claudius Marcellus slew Viridomarus, king of the Insubres, 222 B.C. **opima ... spolia**: when the Roman commander slew the enemy's commander in single combat and took his armor, the trophies were called *spolia opima*. The adjective is here emphasized by its position.

Chapter XI. **17. per occasionem ac solitudinem**: *taking advantage of the deserted state of the country*, the people being engaged in celebrating their triumph at Rome.

18. ad hos: for *in hos*, like *ad regem*, page 8, line 26.

19. legio: *the levy, army*, not the later 'legion.'

21. victoria ovantem: cf. page 34, line 10; this suggests Vergil's *Turnus ovat spolio* (*Aeneid*, x. 500). **Hersilia**: tradition says she was the only matron among the captured Sabine women; probably a goddess of marriage, identical with Hora, wife of Quirinus, with whom Romulus was identified after his death.

22. fatigata: *importuned.*

23. rem: *the commonwealth.* **coalescere**: *grow strong.*

26. Utroque: *to both places*, Antemnae and Crustumerium.

27. plures: more than for the other conquered places. It is taken for granted that the conquered cities ceded a part or the whole of their territory, and that Roman colonists were sent to occupy the ceded land. The Crustumine was preferred to the other districts for the reason stated, and therefore more men gave in their names as colonists.

28. darent: characteristic subjunctive.

29. frequenter: *in large numbers.*

30. raptarum: one of the thirty *curiae* was named *Rapta*.

Page 16. **1. per iram**: equivalent to a modal ablative or adverb.

3. Spurius Tarpeius: the following story accounts for the name *Mons Tarpeius*, by which the Capitoline Hill was often called.

4. arci: the later *arx* was on the northeast peak of the hill, but here the southwest peak, afterward called *Capitolium*, is meant.

5. aquam . . . sacris: tradition says that Tarpeia was a Vestal and fetched water from the fountain of the Camenae for the service of the goddess.

6. petitum: supine. **accepti**, etc.: *when they had been admitted, they killed her by throwing their shields upon her.*

8. ne quid usquam, etc.: *that no faith should ever be kept with a traitor.*

9. fabula: (*fari*), *the story.* **aureas armillas**: it is not likely that the poor and frugal Sabines wore golden bracelets; there is probably here a confusion with the later Gallic conquerors of Rome, who delighted in personal adornment.

11. eam: i.e. *Tarpeiam*, subject of *pepigisse.*

12. haberent: B. 314, 1; A. 580; H. 643; G. 650. **eo**: *therefore.*

13. ex: *in accordance with.* **tradendi**: *that they would give her.*

14. derecto arma petisse, etc.: *that she asked for their shields outright* (in order to disarm them), *and that when she appeared to be* *acting treacherously* (toward the Sabines) *she was slain with her own recompense.*

15. peremptam: sc. *esse.*

Chapter XII. 16. tamen: *at all events,* whether the one story or the other be correct.

17. quod . . . campi est: *the whole plain.*

19. aequum: sc. *campum.* We say, "on a level."

20. in adversum Romani subiere: *the Romans advanced up the hill.*

21. Principes: best understood as subject of *ciebant,* with *Mettius* and *Hostius* as appositives. **ab Sabinis:** *on the part of the Sabines.*

22. Hostius Hostilius: said in chapter xxii, to have been the grandfather of King Tullus Hostilius.

23. rem: *the cause.* **iniquo loco:** concessive. **ad prima signa:** *in the foremost ranks.*

25. inclinatur: *gives way.* **portam Palatii:** the Porta Mugonia or Mugionis, one of the three gates of Roma Quadrata, the original Palatine city, was on the north side of the hill, near the highest point of the Sacra Via and the Arch of Titus.

26. actus: *carried along, swept away.*

29. superata: *passed over and left behind.*

Page 17. 1. saltem: (perhaps *sal(u)tim*), *at least.* **deme . . . siste:** the solemnity of the invocation is heightened by the chiasmus and alliteration. **Romanis:** B. 188, 2, *d*); A. 381; H. 427; G. 345, R. 1.

2. Statori: the epithet is emphasized by being placed first. **quod . . . sit:** B. 282, 2; A. 531, 2; H. 590; G. 630.

3. praesenti: note the constant use of this adjective to characterize the help of the gods. Cf. "A very present help in trouble," *Psalm* xlvi. 1.

10. toto quantum foro spatium est = *toto spatio, quantum in foro est;* a case of attraction. No preposition is needed because of *toto;* B. 228, 1, *b*); A. 429, 2; H. 485, 1; G. 388. The ground afterward occupied by the Forum was then a swampy valley, and so continued till the construction of the system of *cloacae.*

11. hospites . . . hostes: an instance of *paronomasia,* i.e. the use in juxtaposition of words of similar sound, quite frequent in Livy. See page 73, line 6, and page 94, lines 13, 14. See Introduction, III. 10, *m.*

12. longe aliud . . . aliud: *one thing . . . a very different thing.*

13. haec gloriantem: *thus boasting;* notice the use of the cognate accusative with this verb.

14. ferocissimorum iuvenum: *of the most valiant soldiers.*
15. Ex equo: cf. ἀφ' ἵππου; *on horseback.* **eo**: construe with *facilius.*
17. Mettius in paludem, etc.: this aetiological myth explains the name of a marshy pool which existed in the Forum.
19. averterat: *had diverted* (from the battle). **periculo**: causal ablative.
21. favore: *encouragement, applause;* the language is borrowed from the amphitheatre or circus, where partisans of particular contestants encouraged them by gesture and voice (*adnuere, vocare*).
23. res Romana erat superior: *the Romans were getting the upper hand.*
Chapter XIII. **24. quarum**: objective genitive.
25. crinibus ... veste: ablative absolute of attendant circumstance.
27. dirimere ... dirimere: *parted the hostile armies ... put an end to the angry contest;* historical infinitives.
28. iras = *iratos.*
29. nefando: (*ne, fari*), *unspeakable, abominable.* **parricidio**: not *patri-cidium*, but from *par* and *caedere*, hence the murder of an equal, a fellow citizen. Cf. the *quaestores parricidii* of early Roman law, the ' trackers of murder.'
30. nepotum ... progeniem: *the former, their offspring, consisting of grandchildren: the latter, their offspring, consisting of children; nepotum* and *liberum* are so-called genitives of definition, used where an appositive might well stand. B. 202; A. 343, *d*; H. 440, 4; G. 361.

Page 18. **1. Si adfinitatis**, etc.: note the change from *oratio obliqua* to *oratio recta;* this often serves, as here, for heightened effect. It is unusual in Cicero.
3. Melius peribimus: *it would be better for us to perish.*
4. alteris: *the one or the other* (class) *of you;* the word being used of two categories of men, not of two individuals; it would be natural to repeat *sine alteris* in place of *aut.* **orbae**: *fatherless.*
5. Silentium ... quies: the former is cessation of speech or sound; the latter, of action.
8. imperium: *the government.*
10. Quirites: this etymology is uncertain; the word perhaps comes from *quiris,* ' a lance,' and means the ' spearmen,' the soldiers of the state; or from the same root as *curia,* and means ' the members of the *curiae.*' **Curibus**: about twenty-five miles northeast

of Rome, now the village of Corrèse. **appellati**: its subject is to be supplied from *geminata urbe*, i.e. all the citizens of the enlarged community. **Monumentum**: *as a memorial.*

12. **vado**: (*vadere*), where one can walk, *on solid ground.* **Curtium lacum**: this was a bog at the foot of the Palatine Hill, subsequently drained and filled up. Livy, Book vii., chapter vi., relates another story to account for its name, — the legend of M. Curtius, who leaped, full armed and on horseback, into a chasm which opened in the Forum and could be closed only by the sacrifice of "the most valuable thing in Rome," understanding thereby its military prowess.[1] **appellarunt**: the direct object is the understood antecedent of *ubi; they called the place where*, etc.

13. **Ex**: *immediately after.* **repente**: has the force of an adjective; *the sudden coming of joyous peace.*

15. **curias**: the *curia* was a civil organization, under a *curio*, consisting of several *gentes*, having a common worship, real or fictitious kinship, etc. **nomina earum**: some of the *curiae* had Sabine gentile names, others had local names.

17. **hoc**: i.e. *than thirty.* **aetate an ... virorumve**: *-ve* is used to express an alternative within an alternative; cf. page 38, lines 5 and 6, *-ve . . . aut;* page 104, lines 26 and 27, *aut . . . aut . . . -ve.*

19. **centuriae**: (*centum*), bodies of (theoretically) one hundred men, i.e. one from each *gens*, ten from each *curia*.

20. **Ramnenses ... Titienses**: sc. *equites;* the derivation is not as here stated; adjectives in *-ensis* are not formed from personal names.

21. **Lucĕrum**: if the Luceres were the conquered Albans, it would be proper to speak of only twenty *curiae* in Romulus's time. But the

---

[1] As the second edition of this book was going through the press, the following paragraph appeared in the daily papers: —

ROME, April, 1904. — Signor Giacomo Boni, the famous archaeologist, who is directing the excavations of the Roman Forum, made to-day what is considered the greatest discovery of many years. He came upon the place where there was an altar dedicated to Marcus Curtius, a patriotic Roman youth, who, in 362 B.C., to placate the gods, jumped, completely armed and on horseback, into a chasm which had opened in the Forum, and which the soothsayers declared could not be filled except by the sacrifice of the chief wealth or strength of the Roman people. After Curtius's sacrifice, tradition says, the chasm immediately closed up.

The orifice of the chasm found by Signor Boni is formed by twelve large stones roughly sculptured. The archaeologist also found a hole which contained the remains of sacrifices made in later years to young Curtius on the altar.

existence of three tribes in the Roman *populus* is one of the " ultimate facts " of history, and, upon such points as the origin of the Luceres, Livy, with characteristic conservatism, refuses to commit himself. Perhaps in antiquity the most general belief was that the Luceres were of Etruscan origin, and their name derived from *lucumo,* ' a lord.' We are not much more certain even with regard to the Ramnes and Tities.

Chapter XIV. 25. Laurentium: living around Lavinium, about eighteen miles south of Rome; cf. note on *Lavinium,* page 4, line 16; at that time it was a considerable seaport. **pulsant**: *maltreated.* **iure gentium agerent**: *made complaint according to international law;* they had a right to demand the surrender of the offenders for punishment.

26. plus poterant: *had more influence* (than the claims of justice had).

30. erat: indicative in a subordinate clause of indirect discourse· B. 314, 3; A. 583; H. 643, 3; G. 628, R. **ob infidam societatem regni**: *on account of the mistrust caused by a divided* (shared) *sovereignty.*

31. haud: construe with *iniuria.*

Page 19. 1. quidem: emphasizes *bello; he abstained from war, to be sure (but,* etc.).

3. renovatum est: this was done yearly after the Latin festival. (Book viii., chapter ii.) Here the religious act of renewing the treaty expiates the guilt of both parties.

4. quidem: emphasizes *his; with these, to be sure.*

6. nimis vicinas prope se: pleonasm. **priusquam . . . esset, quantum . . . apparebat**: *before there should be as much strength in the new state as it was evident there would* (ere long) *be.* B. 292; A. 551, *b*; H. 605, I., II.; G. 577.

8. occupant . . . facere: like φθάνειν with a participle; *they anticipated* (the Romans) *by beginning war;* cf. page 39, line 28, and page 108, line 10. Cicero and Caesar do not use this construction.

9. inter urbem ac Fidēnas: Fidenae, the *tête de pont* of the Etruscans for many years on the Latin side of the Tiber, was only five miles above Rome.

10. laevam: sc. *manum* or *partem.* **dextra**: sc. *manu* or *parte.*

14. a Fidēnis: Livy regularly uses the preposition with names of towns " from which." See Introduction, III. 5, *b.* **mille passuum**: *mille* in the singular is usually an adjective; here it is a noun.

16. omnibus copiis: an instance of the ablative of accompaniment without a preposition, so frequent in Livy; thus used, it shades off into the modal ablative. See Introduction, III. 5, *a*. **locis . . . obscuris**: a hopelessly corrupted passage in the Mss.; *in dark (shady) places round about* (i.e. amongst) *the thick underbrush.*

18. id quod quaerebat: refers to *hostem excivit.*

22. velut . . . trepidante equitatu: *while the cavalry were apparently wavering. Velut trepidante = velut si trepidaret.* See Introduction, III. 9, *f.*

23. pedes: singular for plural, the individual representing the multitude; cf. *Romanus,* line 34. See Introduction, III. 1, *a.*

24. plenis . . . portis effusi: like Vergil's *plenis Agmina se fundunt portis* (*Aeneid,* xii. 121, 122).

26. Inde: i.e. *ex eo loco.* **transversam**: *in flank.*

27. mota . . . signa: *the advancing of the standards; signa* is subject of *addunt.*

30. circumagerent: *before they could wheel about;* see note to page 19, line 6.

31. effusius: *in wilder haste.* **quippe vera fuga**: ablative of manner, or else nominative; sc. *erat; for this was genuine flight.*

32. simulantes: i.e. *Romanos.*

33. haerens in tergo: *pressing close upon their rear.*

34. obicerentur: see note to line 6.

Page 20. Chapter XV. 1. Fidenatis: adjective agreeing with *belli.* **contagione**: *infection,* as of a disease. **Veientium**: Veii was situated in a high, steep, rocky position, twelve miles northwest of Rome, on the Cremera River; for a long time it was Rome's chief antagonist.

3. si Romana . . . essent: (because such nearness was unsafe) *if the Roman arms were dangerous to all the neighbors;* subjunctive expressing the thought in the minds of the Veientines.

5. populabundi: we often have to notice the author's fondness for adjectives in *-bundus.* See Introduction, III. 6, *a.* **iusti . . . belli**: *regular warfare,* opposed to *tumultuarium.*

6. non . . . positis: *without pitching.*

8. Romanus: singular for plural.

9. dimicationi ultimae: *a decisive conflict;* the dative is, strictly, governed by *intentus* only. *Intentus* is also used with *ad* or *in* and the accusative.

11. egressi: sc. *sunt.*

12. de: not 'from,' but *for, in defence of.*

13. viribus . . . adiutis: *not helping his power by any artifice.* **tantum . . . robore:** *by the sheer strength; tantum* means 'only.'

14. veterani: in using this word of the militia of early Rome, the author unconsciously introduces an idea belonging to a much later time.

15. ad moenia: construe with *persecutus. Murus* is the general word for 'wall'; *moenia* means the fortifications of a city. Livy uses the two words in this sentence for variety, not with a difference of meaning.

18. oratores: *envoys;* literally, 'pleaders.'

19. Agri parte: cf. page 44, line 13, where substantially the same statement is repeated. B. 208, 2, *b*; A. 353, 1; H. 456, 3; G. 378, R. 3. **multatis:** dative, agreeing with the indirect object of *datae* (*sunt*).

20. indutiae: (*indutus* = *insertus;* hence a period of interruption in the course of a war), *a truce;* in dealing with the Etruscans the Romans always concluded a truce for a fixed number of years (of ten months each), not a definitive peace.

21. ferme: *essentially, in a general way.*

22. fidei: dative with *absonum*, which is also used with *ab* and the ablative. B. 192, 1; A. 383; H. 434; G. 359, N. 2.

23. non . . . non . . . non: for the more usual *neque . . . neque . . . neque.*

25. Ab illo: agent with *datis.* **viribus:** cause or means, with *valuit.*

26. valuit: sc. *urbs.* **quadraginta . . . annos:** i.e. Numa's reign. **deinde:** with adjective force, *the next.* See Introduction, III. 7, *b*.

28. longe ante alios acceptissimus: pleonasm, a doubly strengthened superlative. See Introduction, III. 10, *n*.

29. Celeres: (*celer, -cello*), probably an old name for the *equites*, mentioned in chapter xiii., though the author regards them as a separate body, but does not state whether they were cavalry or footmen. The statement seems like an implication that Romulus grew despotic in his last years, and reminds us of the Greek tyrants. The whole story is perhaps due to confusion about the meaning of *Celeres*.

Page 21. Chapter XVI. 1. immortalibus: *worthy of immortality, famous.*

2. contionem: (*con*(*ven*)*tio*), *assembly.* **ad Caprae paludem:** the 'Goat's Marsh' was in the locality afterward occupied by the Circus Flaminius in the Campus Martius.

4. fragore tonitribusque: hendiadys, *crashing of thunder.*
regem operuit nimbo: see Preller, *Römische Mythologie*, 84.
5. contioni: B. 188, 2, *d*); A. 381; H. 427; G. 345, R. 1. **abstulerit**: cf. page 6, line 6, and note. **in terris**: *on earth.*
6. Romana pubes . . . obtinuit: a good example of the periodic sentence. *Pubes*, like *iuvenes* in other places, is equivalent to *milites;* the military age was from seventeen to forty-six.
7. ex: *after*, as at page 18, line 13. **die**: *weather.*
9. patribus: notice that the person believed is in the dative; the thing believed, in the accusative, is here represented by the clause *sublimem raptum esse.* **sublimem**: *on high;* cf. *Aeneid*, v. 255.
13. salvere . . . iubent: *they all cried, Hail Romulus, son of a god!* etc. **pacem**: *protection, favor;* we say, the " peace of God."
pacem precibus exposcunt: this is very like Vergil, *Aeneid*, iii. 261, *votis precibusque iubent exposcere pacem;* and vii. 155, *pacemque exposcere Teucris.*
14. volens (*et*) propitius: asyndeton. **sospitet**: an archaic word.
15. tum quoque: *even at that time.*
17. manavit: *gradually spread.*
18. alteram: sc. *famam.* **nobilitavit**: *gave currency to.*
19. addita: sc. *esse.*
20. Proculus: this praenomen occurs only in early times. According to some authorities, the *gens Iulia* was brought to Rome from Alba in the reign of Tullus Hostilius; cf. page 39, line 3, where our author seems to contradict himself.
21. gravis: construe with *auctor; a weighty authority for any statement, however extraordinary.* **quamvis**: limits *magnae.*
23. prima hodierna luce: *at early dawn to-day.*
25. perfusus: notice the frequent metaphorical use in Latin of words of pouring. **venerabundus**: another of Livy's favorite adjectives in *-bundus.*
26. contra intueri: *to look into his face;* because it was not permitted men to behold the gods, except as a special mark of favor. **Abi, nuntia**: asyndeton, especially common with two imperatives.
27. ita velle, ut . . . : without *ita, velle* would have been followed, as usual, by the subjunctive without *ut*, or by an infinitive clause.
30. sublimis: predicate; *to heaven;* cf. Vergil, *Aeneid*, i. 415, *ipsa* (*Venus*) *Paphum sublimis abiit;* cf. also page 45, line 20.
31. Mirum: sc. *est.*

Page 22. Chapter XVII. 3. Patrum: here not ' patricians,' but *senators*, who at this time were all patricians, as it was not till the time of Tarquinius Priscus that representatives of the most important plebeian families were introduced into the Senate as *conscripti*.

4. versabat: *was occupying, exciting.*

5. pervenerat: sc. *certamen ac cupido.*

6. ordines: the two tribes, Ramnes and Tities.   **Oriundi**: a poetic word.

7. ab sua parte: *on their side.*   **non erat regnatum**: *there had been no king.*   **in societate aequa**: concessive; *though the partnership was on equal terms.*

9. Romani veteres: the Ramnes, the Romans of the Palatine. **peregrinum**: see note on this word, page 11, line 21.

10. aspernabantur: *objected to.*   **regnari**: being intransitive, is impersonal in the passive, hence *they wished that there might be a monarchy*, not 'they wished to be ruled by a king.'

11. libertatis dulcedine: the author's republican sympathies are well known.

13. circa: adverb as adjective.

14. Et . . . et: *though . . . yet.*

15. nemo . . . inducebat: *no one could make up his mind to give place to another;* the direct object of *inducebat* is *alteri concedere.*

16. Ita: *in these circumstances.*   **rem**: *the government.*   **centum**: this was the original number of the senators; Livy seems to have forgotten the doubling of the Senate, which is at least implied in chapter xiii., *geminata urbe*, etc.   **decem decuriis factis**: various explanations of this arrangement have been suggested, but its precise nature cannot be understood; the only point that is clear is that each senator had his turn in ruling for five days.

21. in orbem: *in rotation.*   **annuumque**: inexact in speaking of five hundred days.

22. ab re: *from its real nature,* i.e. an interval between two *reges.* **quod . . . nomen**: *a name which.*   **nunc**: an *interrex* was appointed for the last time in 52 B.C.   **tenet nomen**: suggests Vergil's *nunc magnum tenet Ardea nomen* (*Aeneid*, vii. 412).

25. et ab ipsis creatum: *and that, one of their own choosing.* **passuri**: sc. *esse.*

26. ea moveri: *that this intention was on foot.*   **offerendum**: sc. *esse.*

27. ita gratiam ineunt: *adopted a popular course, but in such a way that,* etc.

29. populus: strictly speaking, this consisted at the time of the patricians only, but Livy, with some historical inaccuracy, already confuses *populus* and *plebs;* it was the so-called constitution of Servius Tullius that first made the whole body of plebeians citizens, i.e. members of the *populus*. **iussisset**: *should elect; iubere* is the proper word to denote a decree of the *comitia centuriata*, i.e. the *populus*, as constituted by Servius Tullius, voting by centuries. The earlier assembly was the *comitia curiata*.

Page 23. 1. si patres auctores fierent: *if the senators should confirm* (their choice); the senators had reserved the power of confirming the king's election, and thus retained as much power as they granted the people. Historically, *patres auctores fiunt* means that the Senate authorized the newly elected king to appear before the *comitia curiata* (assembly of patricians by *curiae*) to ask for the *lex curiata de imperio*, by which sovereignty was formally conferred.

2. rogandis, etc.: *in voting for laws and magistrates; rogare* is said of the magistrate presiding over the *comitia*, who asked the people whether they favored or opposed the proposed law or candidate, to which question they replied by their votes, without debate or amendment. **usurpatur**: (*usus, rapere;* ' seize by using '), *is observed, practised.*

3. ius: *legal formality.* **ineat**: see note to page 19, line 6. **in incertum ... eventum**: *in anticipation of the uncertain* (as yet unknown) *result.*

5. interrex: it was the *interrex* for the time being who nominated the king. **contione**: *contiones* were public meetings where no voting, but only speaking, took place; to be distinguished from *comitia*. **Quod ... sit**: *and may it prove*, etc.; optative subjunctive; the solemn formula used at the opening of the *comitia*, whereby they were placed under divine protection. Cf. " God save the King!" " God save the Commonwealth!" in a modern proclamation.

8. numeretur: B. 282, 3; A. 535, *f*; H. 591, 7; G. 552, R. 2.

9. ne victi beneficio viderentur: *not to be outdone in complaisance.*

10. modo: *only.* **sciscerent**: this is the verb technically used for enactments of the *plebs*. This whole story cannot be regarded as an historically correct account of the election of a king at Rome, for in fact the senators chose an *interrex*, he nominated the king, and the citizens in *comitia curiata* could simply accept or reject the nominee proposed. **ut ... decerneret**: this *ut* clause follows *sciscerent*, rather than *iuberent*, which would require an infinitive clause.

Chapter XVIII. 12. Numae: (akin to *numerus*, νόμος), the *lawgiver* or *arranger* of the commonwealth; the name and character are entirely mythical, and the account of this reign is simply a list of institutions, chiefly religious, attributed to a king of this name; there may have been a king named Pompilius, though even that name is sometimes derived from *pompa*, ' a (religious) procession.' *Pompilius* may be the Sabine form of the Latin *Quinctilius*. It is well known that the earliest Roman legal system had a religious basis.

14. ut . . . poterat: cf. *ut tum res erant*, page 5, line 25.

15. Auctorem: *teacher*.

16. Pythagoram: Pythagoras of Samos settled at Croton, and founded there a school of philosophy; he was a contemporary of Tarquinius Superbus, rather than of Servius Tullius. Numa resembled him in his application of philosophy to practical and political affairs. Pythagoras exercised a strong influence in forming the aristocratic governments of the Dorian cities of Magna Graecia. His system of doctrine was characterized by asceticism and by a mystic treatment of mathematics.

17. amplius . . . annos: B. 217, 3; A. 407, *c*; H. 471, 4; G. 296, R. 4.

18. circa: *in and about*. **Metapontum Heracleamque et Crotona**: cities of Magna Graecia, the two former on the Gulf of Tarentum, the third at the southeast extremity of Lucania.

19. Crotona: Greek accusative ending. **aemulantium**: *eagerly pursuing*.

20. coetus: *associations*.

21. fuisset: past condition contrary to fact. **in Sabinos**: sc. *adlata esset*. **quo linguae commercio**: *by what common language*.

24. ingenio: causal ablative.

25. temperatum: *regulated*. **animum**: sc. *Numae*. **virtutibus**: ablative of means. **opinor magis**: *I think it more likely*.

27. tetrica ac tristi: *harsh and stern*. **Sabinorum**: the Sabines were for ages proverbial for their virtue and simplicity.

29. patres Romani: here there is confusion between the whole Senate and the Ramnian members of it.

Page 24. **2. ad unum omnes**: *all to a man*. **deferendum**: sc. *esse*.

3. augurato: Livy frequently uses the perfect participle alone as an ablative absolute. See Introduction, III. 9, *a*. **urbe condenda**: *by founding the city*.

5. augure: augurs appear to have existed before this time, but not as public officers, nor in an organized *collegium;* cf. page 9, line 22. **deinde**: *thereafter*. **ergo**: archaic; = *causâ*, the adverb here appearing as preposition with the genitive; cf. ἕνεκα similarly used. B. 198, 1; A. 359, *b*; H. 446, 5; G. 373, R. 1.

6. sacerdotium: a religious office, not properly a priesthood. **deductus**: *escorted, conducted*, not 'led down.'   **in arcem**: on the northeast summit of the Capitoline Hill was the *auguraculum*, the station for taking the auspices, a space cut off by certain limits (*templum*); see figure. The line NS is the "*cardo*," EW is the "*decumanus*"; the observer stood at the centre, facing E or S. The augur, after dividing the sky similarly by imaginary lines into four *regiones*, two for favorable and two for unfavorable indications, interpreted the signs which appeared. Here one only of the dividing lines is mentioned.

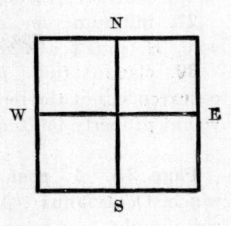

9. lituum: perhaps an Etruscan word meaning 'curved' or 'crooked'; possibly akin to *litare*.

12. meridiem: (probably *medi-, diem*, 'mid-day'), the augur was facing east in this case; ordinarily augurs faced south.   **septemtrionem**: the *septem triones* were the seven draught oxen, i.e. the seven stars of *Ursa Maior*, or the Great Dipper in the northern sky. Or perhaps *septemtrio* means 'septet.'

13. signum contra . . . animo finivit: *he fixed in his mind a landmark opposite him*, i.e. on the horizon, as the end of the *decumanus;* the same was done to the westward.

16. pater: this word is included in *Iuppiter* (*Diupiter, Diespiter*).

18. uti: archaic for *utinam*.   **signa**: the flight or cries of birds, or thunder or lightning.   **adclarassis** = *adclaraveris;* A. 183, 5; H. 244, 4; G. 131, 4 (*b*), 2; cf. *ausim*, page 1, line 3.

19. peregit: *specified*.

20. declaratus: i.e. by the god who sent the omens.   **de templo**: *from the auguraculum*. Dr. Moritz Müller points out that the taking of auspices, as above described, really preceded the announcement of the nomination of the king by the *interrex*.

Chapter XIX.   **22. regno . . . potitus**: the *lex curiata de imperio* is not mentioned, though Cicero (*de Republica*, ii. 13) assigns its origin to Numa.

23. vi et armis: hendiadys.   **eam**: i.e. *urbem*, the object being thus repeated in order to sharpen the contrast between *de integro condere* and *conditam*.

24. adsuescere: governs the accusative alone or with a preposition, the dative, the ablative, or even the genitive; see *Classical Review*, xvii. (1903), 43; its subject here is general, 'men,' or *ferocem populum* to be supplied from line 26.

26. Ianum: the gate of *Ianus Bifrons* stood at ' the lowest part of the *Argilētum*,' in the valley between the Capitoline and Quirinal, and thus between the Roman city of the Palatine and the Sabine city of the Quirinal; through this gate the united armies went out to war.

27. infimum: *the lowest part*, next to the Forum. B. 241, 1; A. 293; H. 497, 4; G. 291, R. 2.

30. clausus fuit: *has been closed*, not ' was closed '; it is the occurrence, not the resulting state, that is thus expressed; the latter would properly be *clausus est*. **T. Manlio consule**: 235 B.C.

Page 25. 1. post bellum Actiacum: the battle of Actium, in which Octavianus (Augustus) defeated Antony and Cleopatra, was fought 31 B.C., and the gate of Janus closed 29 B.C. It was closed again by Augustus 25 B.C.; this book was therefore apparently written between 29 and 25 B.C. The title of Augustus was conferred on Octavianus, January 16, 27 B.C.

2. imperatore: *emperor*.

5. luxuriarent: *run riot*, fall into license and lawlessness.

6. rem: appositive to *metum iniciendum*, line 8.

7. illis saeculis: *as they were in those times;* cf. page 5, line 25; page 23, line 14.

9. descendere ad animos: *sink into their hearts*. **commento**: cf. *consilio*, page 21, line 19, used in a similar sense. ' The fabrication of a miracle.'

10. Egeria: one of the Camenae, nymphs of brooks and fountains, song and prophecy; the connection of these ideas appears in the word *lymphaticus*, ' inspired.'

12. cuique deorum: i.e. *sacris cuiusque deorum*. He could not precisely put a priest in charge of (*praeficere*) a god.

14. omnium primum: the regulation of the calendar was of the utmost importance for religious purposes, on account of the numerous festivals, etc., as well as for civil ones. **ad**: *according to*. **duodecim menses**: the lunar month is twenty-nine days, twelve hours, forty-four minutes; twelve lunar months therefore were approximately three hundred and fifty-four days. The solar year is approximately three hundred and sixty-five days and a quarter, so an intercalary month of alternately twenty-two or twenty-three days, called Mercedonius, was inserted after February 23 or 24, i.e. at the end of the year, March being in early times the first month. But this correction was made so irregularly that when Julius Caesar re-formed the calendar, he had to insert sixty-seven days besides the intercalary month in the year 46 B.C. The Julian calendar was corrected by

Pope Gregory XIII. in 1582, but the Gregorian calendar was not adopted by the British government till 1752, when the necessary correction was made by omitting eleven days from September. "Old Style," till recently used in Russia and Greece, means the Julian calendar. The Gregorian calendar omits the 29th of February in centennial years not divisible by four hundred. The confusion of the Roman calendar was due partly to the imperfect astronomical knowledge of the pontiffs, partly to their intentional manipulation of it for political purposes, partly to neglect in times of war.

16. desuntque . . . dies: the numeral is wanting in the Mss.

17. anno: dative.   **qui . . . orbe**: *which is marked by the solar revolution*, i.e. the period from one summer solstice to the next.

18. vicesimo anno: this seems to be a confused reference to the nineteen-year "cycle of Meton" used at Athens. But Meton probably lived in the second half of the fifth century B.C., while Numa, according to the Roman chronology, reigned 716–673 B.C.

20. nefastos: *dies fasti* were those "*per quos praetoribus licet fari*"; *nefasti* those "*per quos nefas fari praetorem*"; i.e. business days and holidays, days on which court could or could not be held. The *praetor* was the judge when Varro wrote the above definition. Under the monarchy it was the king who exercised supreme judicial functions. Only certain ones of the *dies fasti* were also *dies comitiales*, "*quibus cum populo agi licet*," i.e. on which it was lawful to hold *comitia*.

Chapter XX. 25. Dialem flaminem: a *flamen* (from √FLAG, *flagrare, flamma;* or *flare,* 'to blow,' hence 'a kindler'; or *filamen*, from the fillet worn round the head) is the special priest of a particular deity; this is the chief priest of Jupiter, who with the *flamines Martialis* and *Quirinalis* constituted the *flamines maiores*, distinguished from the twelve *minores*. These three priests were in all periods patricians. In this case the usual order, *flamen Dialis*, is inverted.

26. Romuli: B. 204, 3; A. 385, *c*, 2; H. 435, 4; G. 359, R. 1.

27. ipsos: *in person*.   **regiae vicis**: *of the royal office; vicis* in the genitive is not used by any writer earlier than Livy, and by him only once elsewhere; cf. page 53, line 9.

28. adsiduum: *permanent and resident;* the *flamen Dialis* was never permitted to be absent a single night from the city, nor to sleep three successive nights out of his own bed. These and numberless other restrictions (see Aulus Gellius, x. 15) rendered the office as much a burden as an honor, so that, according to Tacitus (*Annals*, iii. 58), it was vacant for seventy-five years just before the Christian era.

29. insignique . . . veste: a *toga praetexta* and a peaked cap, called *apex*, without which peculiar dress he might not appear in public. **curuli** (*currus*) . . . **sella**: originally a chariot seat, later an ivory chair used by the highest magistrates. We may think of the king in the earliest times as sitting in his chariot to administer justice in the city, where all others were obliged to go on foot. **regia**: emphasized by its abnormal position between the two parts of a compound word.

31. virginesque: they were emancipated from the *potestas* of their fathers, and, that they might not be subject to the *manus* of husbands, vowed to virginity for thirty years. There were at first four, afterward six, vestals at Rome. Vesta's temple and the house of the Vestals stood at the southeast end of the Forum, close to the base of the Palatine. Their discovery some years since created extraordinary interest in the excavations of Rome; see Lanciani, *Ancient Rome in the Light of Recent Discoveries*, chap. vi. **Alba** and Lavinium were ancient centres of the worship of Vesta, which was general among the Latins.

Page 26. 1. genti: Livy uses *alienus* with the dative. **conditoris**: sc. *urbis*.

2. stipendium: besides grants of money, the Vestal college was endowed with portions of the public land. **publico**: sc. *aerario*.

3. caerimoniis: *sacred distinctions;* their persons were sacred and they enjoyed great consideration, e.g. the privilege of riding in the city, and respiting criminals on the way to execution. **Salios**: (*salire*), *the Leapers.*

4. Gradivo: from *gradior*, the champion war-god, marching at the head of his people. **tunicae**: *consisting of a tunic;* genitive of definition.

6. ancilia: (*amb-, caedere*) from a silver coin of the *gens Licinia* we learn that the shape was ⦵. The story is that one such shield fell from heaven, as a pledge of Rome's future dominion, and that Numa, to prevent its being stolen, had eleven others made exactly like it. **ferre**: this procession and festival took place in March, the month sacred to Mars.

7. carmina: fragments of the Saliaric hymns are among the oldest extant specimens of the Latin language. They were unintelligible to the Romans of Livy's time; see Horace, *Epist*. ii. 1, 86; Quintilian, i. 6, 40. **tripudiis**: explained by *sollemnique saltatu*, a 'three-step' war-dance.

9. Pontificem: the author probably had in mind the *pontifex maximus*, chief of the college of pontiffs, though no others are mentioned in this connection. This official, though not a priest of any particular deity, had in republican times the general supervision of the whole religious system of the state, the care of the Vestals, the regulation of the calendar, the keeping of the *Annales Maximi*, etc. The etymology of *pontifex* is not certain; Mommsen derives it from *pons, facere*, taking *pons* in the general sense of 'road.'

10. exscripta exsignataque: *copied out and authenticated by seal.*

11. quibus hostiis: the division of functions among the gods was so minute, and the characters of some of them so diversified, that the uninitiated needed instruction as to the proper quarter in which to make their supplications. Different deities required different sacrifices, and formal correctness in the ritual was the *sine qua non* of Roman worship. All this necessitated a learned body to perpetuate the ritualistic lore.

14. quo = *ad quem.* **consultum**: supine, *for advice.*

15. peregrinos: the introduction of foreign rites without the authority of the Senate was a species of treason.

16. nec ... modo = *ac non ... modo.* **caelestes**: *pertaining to the gods above.*

17. placandosque manes: the gerundive, except with a few verbs, is not used in the accusative without a preposition; here it is allowed only in order to coördinate with *funebria.* A. 506; G. 430.

19. aliove quo visu: *or by means of any other phenomenon.* **susciperentur**: *be accepted,* i.e. understood as applying to the Roman people. **curarentur**: *be attended to,* by proper expiatory offerings. The usual word is *procurare.*

Chapter XXI. 26. interesse: *to concern itself with.*

27. ius iurandum: *regard for one's oath.*

30. formarent: subjunctive after *cum,* causal as well as temporal, though with *cum ... tum* we usually find the indicative in both clauses.

Page 27. **4. ex opaco specu**: sc. *profluens.*

5. arbitris: (*adbiter; ad, bitere,* 'one who goes to see '), *witnesses.*

6. deae: i.e. Egeria. **Camenis**: fountain nymphs, later identified with the Greek Muses; their grove was in a valley near the *Porta Capena.*

8. Fidei: the personification of good faith in business relations. **sollemne**: sc. *sacrificium,* as at page 18, line 28; *the* (periodic) *worship,* held October 1st. **id**: a curious use of the pronoun; here *id,* of course, agrees with *sacrarium*, but it means *for this* (worship), that is, the reference of the pronoun is really to *sollemne*. **sacrarium**: this shrine was near the Capitoline temple. **flamines**: i.e. the three *flamines maiores*. **bigis curru**: appositives.

9. ad ... usque: generally *usque ad*. **involuta**: i.e. with a white bandage, emblematic of purity and inviolability.

12. sacris faciendis: B. 339, 7; A. 505, *b*; H. 627, 2; G. 429, 1. **Argeos**: there were twenty-four Argean chapels, six in each region of the city. Their precise nature and the meaning of the name are unknown. (See Fowler, *Roman Festivals*, 111 sqq.) Yearly, on March 16th and 17th and on May 15.h, it was customary for a religious procession to visit them all in succession; and on the last-mentioned date twenty-four (or twenty-seven) wicker figures of men were thrown into the Tiber, probably as an expiatory offering. These figures are sometimes understood as a relic of an earlier human sacrifice.

16. deinceps: with adjective force, *successive*. **alius alia**: instead of *alter altera*, which would be more strictly correct in speaking of but two kings. These words perhaps emphasize the difference between the kings as distinct from their mere number.

19. temperata: *regulated, organized*.

Chapter XXII. 20. res: *the government*. **Inde**: in the sense of *deinde*.

21. Hostili: see chap. xii. **infima**: *at the foot of;* cf. page 24, line 27, and note.

22. iussit = *creavit, elected*.

23. patres auctores: see note to page 23, line 1.

26. Senescere: *was growing feeble*.

27. materiam: *occasion*.

28. agrestes: *country people*. **Albani**: sc. *agrestes*. Though Rome is represented as originally a colony of Alba, no special connection appears to have been preserved between them. **Romano**: sc. *agro*.

29. Imperitabat: there is no apparent reason for the use of the intensive verb. It is not perfectly clear whether Livy considered the rulers of Alba kings for life or yearly dictators; more probably the latter. He calls Mettius (page 28, line 29) a dictator; it is not likely that he meant to imply a change in the form of government.

30. legati: i.e. *fetiales;* cf. chap. xxxii. **sub**: *about*.

Page 28. 1. negaturum: sc. *esse*.

2. Albanum: singular for plural, as often, or else sc. *regem*.

pie : *justly*, with a good conscience, with due regard for the rights of gods and men.

4. celebrant: *attend.*

6. in tricesimum diem: *to begin at the expiration of thirty days.*

8. omnium: B. 204, 1; A. 349, *a*; H. 450, 1; G. 374.

11. ni = *si non.*   **Ad haec**: *in reply to this.*

13. uter: relative; its antecedent is *eum* (*populum*). In Latin the relative clause usually stands first, and then contains the antecedent (attraction) in the case of the relative pronoun (assimilation).

15. expetant: transitive, with *dii* (supplied from *deos*) as subject; or intransitive, with *clades* as subject. It seems to be a confusion of two phrases, — *poenas expetere* and *clades vertere.*

Chapter XXIII. 18. natosque: poetic for *liberosque.*   **prolem**: poetic.

19. ab . . . stirpe regum . . . Romani: this is true of Romulus only, their founder.

20. oriundi: see note to page 22, line 6.

23. in unum: as will appear in chapter xxix.

24. ingenti exercitu: see note to page 19, line 16.

26. milia: B. 217, 3; A. 407, *c*; H. 471, 4; G. 296, R. 4.   **fossa Cluilia**: this was probably once the boundary of Roman territory on this side. King Cluilius is a pure invention to account for this name; *cluere* = *purgare;* cf. *cloaca.*

28. abolevit: *fell into oblivion.* Notice the mood; B. 293, III. 1; A. 554; H. 603, II. 1; G. 571.

30. ferox: *full of confidence.*

31. ab ipso capite orsum: *having begun at the very head.* The king, the head of the nation, had died already, and this was to be regarded as the beginning of divine judgment.

Page 29. 1. expetiturum: *in* with accusative, instead of the usual *ab* with ablative.

4. stativis: sc. *castris.*   **Mettium**: a Hostilius and a Mettius were the opposing leaders in chapter xii. in the battle between the Romans and Sabines; evidently this is the same legend appearing in another form. In the next sentences we are struck by the resemblance to the story of Aeneas and Latinus in chapter i. **Ducit**: *marches.* See Introduction, III. 4, *b.*

7. satis scire: sc. *se.*

9. si vana adferantur: *in case fruitless proposals should be made.*

10. Postquam . . . stabant: it has been ascertained that Livy uses the imperfect with *postquam* nearly a hundred times. The usual tenses are the perfect and the historical present.

11. structi = *instructi*. See Introduction, III. 8, *b*.

12. infit: poetic for *inquit*.

13. non redditas res: *failure to make restitution*.

15. audisse: sc. *dicentem*, agreeing with *regem*. **eadem prae te ferre**: *allege the same pretext*. Wsb. says that Livy prefers after *dubito* the infinitive to the subjunctive with *quin*.

16. dictu: B. 340, 2; A. 510; H. 635, 1, 2; G. 436.

18. recte an perperam: a dependent question, to be completed by supplying *fiat*.

19. interpretor: *decide*. **fuerit**, etc.: *let that be a matter for the decision of him*, etc. B. 275; A. 439, N. 1; H. 560; G. 263.

20. gerendo bello: see note on *sacris faciendis*, page 27, line 12.

21. Illud te . . . monitum: *monere* in the active is commonly followed by a secondary object in the accusative, when this is a pronoun, instead of *de* with the ablative. Such an accusative is retained with the passive.

22. circa nos: *in our vicinity*. **quo . . . hoc**: B. 223; A. 414, *a*; H. 479; G. 403.

24. iam cum: *just as soon as*.

25. spectaculo: *a sight;* the implication is, 'a sight of interest.' B. 191, 2, *a*); A. 382, 1, N. 1; H. 433, 3; G. 356. **ut . . . adgrediantur**: a clause of purpose. The Etruscans will look on, not merely for the pleasure of the sight, but in order to make this attack.

28. aleam: literally, 'a die'; here, *a contest of doubtful result*.

32. Quaerentibus: may be considered as an ablative absolute, or a poetical dative of agent with an involved idea of interest. **ratio**: *plan*.

33. materiam: *the means*.

Page 30. Chapter XXIV. 1. trigemini: tradition says that the mothers of these youths were sisters, married at the same time, and that the six children were all born on the same day.

3. ferme: *scarcely any*.

4. nobilior: *better known*. **error**: not 'mistake,' but *confusion, uncertainty*.

6. Auctores utroque trahunt: *there are authorities in support of both views*. In Rome there was an altar of *Ianus Curiatius*, as well as a *pila Horatia;* but the Horatii were prominent in early Roman history, and the Curiatii were rarely heard of. **plures**: the historian decides the question, as in many other instances, by the majority of voices, — a rather uncritical method.

8. quisque: in apposition with the subject of *dimicent* (i.e. *trigemini*).

9. ibi = *penes eos; on their side.* **unde** = *a quibus.* *Ab* frequently means 'on the side of.' Cf. *ab Sabinis*, page 16, line 21.

10. Nihil: adverbial; = *non* with added emphasis. **convenit**: *are agreed upon.*

11. dimicarent: when does the subjunctive follow *priusquam?* B. 292, 1, 2; A. 551, *b*; H. 605, II.; G. 577, N. 3. **foedus**: *a compact.*

12. his legibus: *upon these terms, conditions.* **cuius**: for *utrius.*

13. cum bona pace: *peaceably and honestly.* **imperitaret**: notice the intensive form.

14. ceterum: *but.* **eodem modo omnia**: the formality is in all cases the same, while the conditions vary in the different instances.

15. vetustior foederis memoria: hypallage for *vetustioris foederis memoria.*

16. Fetialis: strictly an adjective in agreement with *sacerdos* or *legatus* understood. *Fetiales* were not peculiar to Rome, but found among other Italian nations. The Roman college of *Fetiales* had twenty members. They were the consecrated agents of international intercourse, and attended to the solemnizing of treaties, declaration of war, exchange of prisoners, etc.

17. patre patrato: the chief or spokesman (*pater*) appointed (*patratus*) for the time being. Varro says that four fetials were usually sent at once. It is said that the chief fetial was called *pater* because *patria potestas* was given him in cases where he had to deliver up citizens to the enemy, as sometimes happened.

18. Sagmina (√SAC, *sacer*): the 'sacred tufts' of grass brought from the Capitoline, the centre of the city. They were pulled up by the roots, with earth adhering to them, and were symbols of the home soil. The fetial who carried the tufts was called *verbenarius;* cf. *verbena*, line 25.

19. posco: usually takes two accusatives in Livy. **Puram**: i.e. *herbam.* **ex arce**: from the Capitoline Hill.

22. vasa: *implements.*

23. Quod ... fiat: *so far as it may be done. quod* = *quantum.* B. 283, 5; A. 535, *d*; H. 591, 3; G. 627, R. 1. **sine fraude**: *without prejudice.* **mea**: has the sense of an objective genitive, coördinate with *populi Romani.*

25. verbena: generally used in the plural; tender branches or twigs of laurel, olive, myrtle, cypress, or other tree. Derivation uncertain.

27. sanciendum: making the treaty binding by the sanction of religion, — with an oath. **fit**: the position of this word is curious; translate, 'the *pater patratus* is appointed.'

28. carmine: (metrical) *formula*. **non operae est**: colloquial, *it is not worth while*. *Operae* is probably best explained as a predicative dative, " dative of service "; see Roby, *Latin Grammar*, 1283; *Classical Review*, viii. (1891), 345. Cf. page 1, line 1.

31. illa: refers somewhat loosely to *legibus*, line 29. **prima postrema**: *from beginning to end*. **tabulis cerave**: (stone) *tables or* (wooden tablets covered with) *wax*. Some editors make of this, by hendiadys, 'waxen tablets' -*ve* being copulative.

32. dolo malo: *evil intent*. **utique** = *et uti*.

Page 31. 1. legibus: we ordinarily find the preposition *ab* after *deficere*.

2. defexit: archaic for *defecerit*. Cf. *adclarassis*, page 24, line 18; *ausim*, page 1, line 3.

4. porcum: a hog was the regular sacrifice upon the conclusion of a treaty.

6. saxo: genus; **silice**: species; a flint was the symbol of Jupiter or of his thunderbolt, by which he punished perjury. The solemnity of this imprecation is heightened by the threefold alliteration, *hic hodie, potes polles, saxo silice*.

Chapter XXV. 9. sicut convenerat: *as had been agreed*.

10. sui: substantive; *their countrymen*.

12. intueri: infinitive after the notion of saying implied in *adhortarentur*, line 10.

13. suopte: emphatic form of *suo*. **pleni adhortantium vocibus**: *inspired* (filled with ardor) *by the encouraging shouts of their friends*.

14. Consederant: 'had sat down,' *were sitting*.

15. periculi: cf. *artium*, page 10, line 31, and note. **praesentis**: *immediate*.

16. quippe = *nam*.

17. positum: *depending*. **Itaque ergo**: pleonasm.

18. minime: a very strong negative. **spectaculum**: generally an exhibition whose object was to please or amuse, e.g. the games of the circus; this exhibition is 'anything but pleasing.'

21. periculum ... imperium: the chiastic order makes *sed* unnecessary.

23. ea . . . quam: *such as.* **fecissent**: represents the future perfect indicative or perfect subjunctive, *obversatur* being in the historical present (secondary tense). This is an expression of the feelings of the champions in informal *oratio obliqua.* B. 314, 323; A. 591, 2; 592; H. 642; G. 663.

24. statim: they proceed at once to business, without preliminary by-play. **concrepuere**: first the javelins rattled on the shields, then the swords flashed. The hand to hand encounter begins at *Consertis . . . manibus,* line 26.

25. perstringit: *thrills.* **neutro** = *in neutram partem;* analogous to *eo,* ' thither '; *quo,* ' whither.'

28. anceps: *indecisive.*

29. super alium alius: we should rather expect *super alterum alter.* Cf. *alius alia,* page 27, line 16.

Page 32. **2. exanimes**: *breathless,* with anxiety. **circumsteterant**: translate by imperfect; cf. *consederant,* page 31, line 14.

3. ut . . . sic: *while . . . yet.*

4. ferox: *confident* of success.

5. capessit: intensive or meditative of *capere.* A. 263, 2, *b*; H. 364, 2; G. 191, 5. **secuturos**: sc. *esse.*

8. magnis intervallis: ablative of manner or attendant circumstance.

12. qualis (*clamor*) **. . . solet** (*esse*). **ex insperato faventium**: *of those who applaud an unexpected success.* *Ex* with the ablative neuter of an adjective or participle is a favorite form of adverbial phrase with our author. See Introduction, III. 7, *d.*

13. militem: *champion.*

16. Marte: for *pugna,* by metonymy.

19. dabat: *rendered.* **trahens corpus**: we say, "dragging himself along." Vergil has *aegra trahebant Corpora* (*Aeneid,* iii. 140, 141).

20. ante se: i.e. *ante suam stragem;* temporal. **strage**: rather a poetic word as here used. **obicitur**: has the reflexive sense of the Greek middle voice.

21. illud, etc.: *what followed was not a battle.*

22. fratrum Manibus: *to the shades of my brothers.* It was necessary to appease the shades of the slain.

23. Male: *scarcely, with difficulty.*

24. arma: *his shield.* **superne**: *over the top,* of his shield. **iugulo**: sc. *in.* Livy goes far toward the style of poetry in his suppression of prepositions. See Introduction, III. 5, *a.*

26. eo: seems to be both ablative of cause and of degree of difference; the construction called ἀπὸ κοινοῦ.

28. dicionis alienae: *subject to foreign dominion;* opposed to *sui iuris*. This is one of our author's favorite predicative genitives of possession. See Introduction, III. 2, *a*.

29. extant: *are still to be seen;* the mounds so called existed in Livy's time in the *campus sacer Horatiorum*, on the *Via Latina*, five miles from Rome.

31. ut et: *exactly as*.

Page 33. Chapter XXVI. 1. digrederentur: see note on *dimicarent*, page 30, line 11.

2. imperaret, imperat: the juxtaposition emphasizes the fact of Tullus's new authority.

6. Princeps: *at the head* of the returning army. B. 239; A. 290; H. 497, 3; G. 325, R. 6.

7. desponsa: this implies the existence of the *conubium* between Rome and Alba. **fuerat**: the use of *fui* and *fueram* for *sum* and *eram*, in the compound tenses of the passive, is characteristic of Livy.

8. portam Capenam: this gate, through which passed the *Via Appia* and the *Via Latina*, was one of those in the wall of Servius Tullius, and so did not exist at that time; but the name indicates the locality of the occurrence.

9. paludamento: here *military cloak;* generally it means the purple or scarlet cloak of the commanding general, assumed on going out to war.

10. solvit crines: a sign of mourning.

11. animum: *wrath*.

12. in: *in the midst of* (at the time of).

13. simul . . . increpans: cf. Vergil, *Aeneid*, x. 856, *simul hoc dicens;* and xii, 758, *Ille simul fugiens, Rutulos simul increpat omnes.*

14. inmaturo: *untimely*, inappropriate to the occasion.

17. patribus: here means patricians, constituting with the *plebs* the whole community. **facto obstabat**: *was a set-off against, palliated, extenuated his deed.*

18. ad regem: the king was the supreme judge of the community, but he could delegate his judicial power.

19. secundum: preposition; *in accordance with*.

21. Duumviros: probably an extraordinary commission for the case in hand, though they are often identified with the permanent *quaestores parricidii*. Their function seems to have been merely to establish in a final manner that the crime had been committed. The defence, if any, had to be made on the appeal. **perduellionem**: *high treason;* he had usurped the sovereign power in presuming to punish his sister, and so had committed an act of hostility to the state. The crime, aside from this aspect, was murder, *parricidium*. *Perduellio*, from *duellis*, 'a public enemy'; cf. *duellum = bellum*, just as *duis = bis, duonus = bonus*, etc.; the earlier *du* is in many words replaced by a later *b*.

22. secundum legem: it seems better to regard this phrase as limiting *facio*, than as limiting *iudicent;* the former implies that this appointment was made under a general law governing such cases. **horrendi carminis**: the law was contained in a (metrical) formula of terrible meaning. B. 203; A. 345; H. 440, 3; G. 365.

24. provocarit: sc. *reus; the accused.* **provocatione certato**: *let him prosecute his case by appeal* (to the people). Under the monarchy the king seems to have had the option of allowing or refusing the privilege of appeal; it became a constitutional right in capital cases, by the Valerian laws passed in the first year of the republic.

25. obnubito . . . suspendito, verberato: the subject of these imperatives is the *lictor*, who carried out the sentence of the magistrate. See line 31. Such easily supplied words are usually omitted in the concise phraseology of statutes. By the veiling of his head, the criminal is marked out as devoted to the infernal gods, to whom also barren trees (as well as barren animals) were sacred. The 'barren tree' became in time a gibbet. The culprit was hung up by the arms and scourged to death. **arbori**: an old locative form like *humi, domi,* etc., or else an ablative of place with the preposition omitted.

26. intra . . . vel extra: generally executions were outside the walls. **pomerium**: (*post, murus, moeros*), see note to page 56, line 5.

27. qui se absolvere non rebantur . . . posse: the law said *iudicent*, 'condemn,' and their judgment would but bring the case before the people on appeal.

30. Accesserat . . . iniciebatque: notice the tenses; *he had come near and was proceeding to throw,* etc., when something else happened.

31. auctore Tullo: *by permission of Tullus;* the king's consent, necessary for the appeal, is given.

Page 34. **2. ad** = *apud*.
  3. Publio . . . proclamante: *by the declaration of Publius,* etc.

4. patrio iure: the *patria potestas*, the power of the *pater familias* over all members of his family, was unlimited, extending in early times even to life and death. In a case involving capital punishment, however, it was usually exercised with the advice of a family council.

5. animadversurum fuisse: represents *animadvertissem* of *oratio recta*. B. 321, A. 2, *a*); A. 589, 2, *b*, 2; H. 647; G. 597, R. 4; 659, 2.

7. senex iuvenem; notice the juxtaposition of the contrasted words.

8. Pila: may be understood as neuter plural, *weapons*, i.e. 'trophy,' or feminine singular, *pillar*.

11. furca: a fork-shaped frame, laid upon the shoulders of the criminal, whose arms were stretched out and tied upon its limbs, preparatory to the scourging.

12. quod . . . possent: result clause; *a sight so hideous that even the eyes of the Albans*, etc.

17. modo: *provided* (you do it), etc.

20. non . . . nec . . . nec: notice the double negatives.

21. ipsius: *of the culprit himself*.

23. ut . . . lueretur: while the legend of the Horatii and Curiatii cannot be entirely accounted for, some of the features of the story are manifestly aetiological. There was at Rome an altar to *Iuno Sororia*, where certain sacrifices were offered by the *gens Horatia*, though at public expense. In the same street, which led from the *Carinae* along the western slope of the Esquiline to the *Vicus Cyprius*, and just where one approached this altar, was a beam fixed in the opposite walls, called *sororium tigillum*, apparently from the neighboring altar; and under this beam the Horatii, when sacrificing, passed, it seems, with head veiled, as was usual in the Roman ritual, when sacrificing. This suggested the idea of passing under the yoke (a sign of humiliation) in expiation of a crime committed by a Horatius against his sister. In the vicinity was an altar to *Ianus Curiatius*, which suggested that this was the same Horatius who fought against the Curiatii, in the combat commemorated by the *Pila Horatia* in the Forum. Such is, in substance, the explanation of Schömann, quoted more fully by Professor Seeley (Livy, i. Introduction).

24. imperatum patri: sc. *est;* impersonal construction. B. 187, II. *b*; A. 372; H. 426, 3; G. 208, 2.

27. sub iugum: a conquered army was sent under the yoke as a sign that it received life and freedom by the mercy of the victor.

31. saxo quadrato: *of hewn stone*. A. 403, 2; H. 470, 1; G. 396, N. 3.

Page 35. Chapter XXVII. 1. Nec: adversative; *But . . . not*. **Invidia**: *dissatisfaction*.

3. vanum: *unstable, vacillating.* **recta . . . pravis**: i.e. from the Roman standpoint.

4. pravis: sc. *consiliis*.

8. ex edicto: *after formal proclamation.* **suis**: substantive; *for his own countrymen*.

10. colonia: abstract, in apposition to the concrete *Fidenates*. For the conquest of Fidenae by the Romans, see chapter xiv. **pacto . . . Albanorum**: *by a bargain of the Albans to desert* (to the Fidenates).

13. ab Alba: Livy generally uses *ab* with the name of a town from which motion starts. See Introduction, III. 5, *b*. **ducit**: as often, without an object; *marches*.

14. confluentis: accusative plural, agreeing with *Tiberim et Anienem*. Some regard it as a proper name, like the German *Coblentz* (a modernized form of *Confluentes*), at the confluence of the Rhine and Moselle.

19. legionem: see note to page 15, line 19. **Albano**: i.e. Mettius; not an instance of the use of the singular representing the collective body.

21. Inde = *deinde*. **satis subisse**: *that he had approached near enough* (to the mountains).

22. erigit: *halts*, or else *draws up in array*.

23. ordines explicat: *deploys his ranks*.

24. qua (sc. *parte*) **. . . inclinare vires**: *to lend his strength to that side to which fortune should give the victory.* **Miraculo**: predicative dative, a variety of the so-called dative of service. See note to page 29, line 25.

26. latera: the right flank only, but the plural perhaps indicates that several divisions had their flank exposed on that side.

27. in re trepida: *in this alarming crisis*.

28. Salios: the *Salii Quirinales* or *Agonales* must be here intended. The *Salii Martiales* or *Palatini* were said in chapter xx. to have been established by Numa. **Pallori ac Pavori**: the gods who inspire fear and panic in the enemy; by some authorities identified with Picus and Faunus, the Lares Hostilii, to whom was ascribed the protection of the city against enemies.

Page 36. 1. id (*esse*) **. . . rati**: *believing it was as they had heard,* etc.

2. eo: cf. page 32, line 26, and note.

4. coloni: the former inhabitants, Etruscans, may have been allowed to remain at Fidenae with the new settlers from Rome. The latter must have been driven out at the beginning of this revolt.

5. essent: B. 283, 3; A. 535, *e*; H. 592, 1; G. 633.   **Latine sciebant**: *understood Latin.*

6. intercluderentur: the battle must have been south of the city.

8. Veientem: singular for plural, like *Romanus*, page 19, line 34.   **alieno pavore**: *the panic of the others* (the Fidenates).

9. ab tergo: *in the rear;* they must have changed front, for at the beginning of the battle the river was on their flank, unless here the Anio is meant, and not the Tiber. The historian seems to lose sight of the conquered enemy in the deeper interest of what now befell the Albans.

10. Quo: i.e. toward the river.

12. oppressi: sc. *sunt.*

Chapter XXVIII. 15. deductus: sc. *est.*   **devictos hostes**: *upon the defeat of the army.*

17. Quod bene vertat: a stereotyped formula, with the tense of the verb unchanged even in dependence on a secondary tense, *iubet* being historical present; cf. page 23, line 5, and note.

18. sacrificium lustrale: this was usually performed before battle. *Lustralis* is one of several adjectives in *-alis* first brought into prose by Livy.   **in diem posterum**: *to take place the next day.*

20. ab extremo orsi: *beginning at the furthest part of the camp.*

21. etiam: *also;* introducing a second reason why they stood nearest, the first being that they were first summoned.

26. Romani: a vocative standing first is unusual and emphatic.   **quod . . . ageretis**: *any reason why you should return thanks.* B. 283; A. 535, *a*; H. 591, 4; G. 631, 2.

28. hesternum . . . proelium: we should have expected *hesterno in proelio,* to correspond with *in bello,* and may translate accordingly.

29. non magis: we should say, *not so much.*

31. ne . . . teneat: parenthetical clause of purpose; *that you may not be under a false impression* (I tell you). B. 282, 4; A. 532; H. 568, 4; G. 545, R. 3.

Page 37. 1. illud: subject; *meum imperium* is the predicate.

2. consilium: *artifice.*

3. ignorantibus: i.e. in order that you — not allowed to know that you were being deserted — might not have your attention diverted, and give up the fight in discouragement. The participle agreeing with *vobis* expresses the means whereby this purpose was to be attained. So also *ratis*, line 4.

6. inde: i.e. from the field of battle.

8. ductor . . . machinator . . . ruptor: notice the climax, the second and third of these words having each a more emphatic position than its predecessor.

13. Quod . . . sit: *may this prove*, etc.

15. civitatem: *citizenship.* **plebi . . . patres**: the historian takes for granted distinctions of *status* in Alba corresponding to those at Rome; but it should be remembered that the *plebs* was not yet part of the *populus* at Rome.

18. Ad haec: sc. *verba; at these words.*

19. in variis . . . cogente: i.e. while some desired to do one thing and some another, yet all being under the pressure of a common fear, etc.

28. duabus . . . quadrigis, etc.: suggestive of Vergil's *Haud procul inde citae Mettum in diversa quadrigae Distulerant* (*Aeneid*, viii. 642, 643). **quadrigis**: cf. *bigis*, page 27, line 8.

29. in diversum iter: *in opposite directions.*

30. concitati: sc. *sunt.* **qua . . . membra**: *where his limbs had remained fast in the chains.*

32. ab . . . spectaculi = *ab tam foedo spectaculo.*

33. supplicium . . . exempli: hypallage; translate *supplicii exemplum.*

34. legum humanarum: *the dictates of humanity.* **In aliis**: sc. *suppliciis; otherwise.*

Page 38. Chapter XXIX. 2. multitudinem: *population.* **Legiones**: the infantry, as distinguished from *equites.*

3. ductae: sc. *sunt.*

6. clamor . . . cursus = *clamantes hostes et currentes per urbem armati;* metonymy.

7. omnia . . . miscet: *causes universal confusion.* Miscet is poetical for *implet;* cf. *Aeneid*, ii. 487, 488, *At domus interior gemitu miseroque tumultu Miscetur.*

8. silentium . . . maestitia: a very artificial arrangement of two phrases of the same meaning, with interchange of noun and adjective, and in chiastic order. **defixit**: *stupefied.*

9. prae metu: *for very fear;* causal, to be connected with *deficiente consilio.* **quid relinquerent**: *what to leave.*

11. errabundi: another verbal adjective in *-bundus.*

12. ultimum illud: *then for the last time.* B. 185; A. 397, *a*; H. 416, 2; G. 334, R. 1.

13. instabat: *began to press.*   **fragor**: (*frangere*), *crash.*

16. quibus . . . elatis: i.e. *iis, quae quisque effere poterat, elatis;* attraction of the relative, with omission of the antecedent.

17. larem: the *lar familiaris*, the spirit of the ancestor of the family, the guardian genius of the house.

18. continens agmen: *an unbroken procession.*

20. voces . . . miserabiles: *sorrowful cries.*

22. velut captos: *prisoners, as it were, in the hands of the enemy.*

24. passim: (*passus, pandere*). See note to page 4, line 30. See Introduction, III. 7, *a*.

25. quibus: *during which.* B. 231, 1; A. 424, *b*; H. 417, 2; G. 393, R. 2.

26. excidio . . . dedit: suggests Vergil's *minatur Deiecturum arces Italum excidioque daturum* (*Aeneid*, xii. 654, 655).   **templis**: dative; *the temples were spared.* B. 187, II. *a*, *b*; A. 367, 372; H. 426, 2, 3; G. 346, R. 1, 2. *Temperare* is also followed by the ablative with *ab;* it is used here probably because no perfect passive of *parcere* is in use. The worship of the distinctively Alban gods remained in its old seat, and in their case the *sacra* were not transferred to Rome.

The foregoing chapter has always been regarded as one of the finest descriptive passages in Latin literature.

Chapter XXX. 29. ruinis: ablative of means.

30. civium: Livy includes the plebeians among the citizens, having no idea of the distinction, still existing at that time, between the patricians, who were citizens, and the plebeians, who were only residents.   **quo**: B. 282, 1, *a*; A. 531, 2, *a*; H. 568, 7; G. 545, 2.

Page 39. 1. eam: assimilated in gender to the predicative accusative, *sedem.*

2. deinde: *from that time on.*   **habitavit**: intransitive.   **in patres**: i.e. he gave the heads of the principal houses seats in the senate.

3. Iulios: from page 21, line 20, it appears that there were already *Iulii* at Rome in the reign of Romulus. We are not to suppose that these six *gentes* were the only ones thus treated; but these, at least, were in after times regarded as of Alban origin.

4. templumque: a meeting place formally marked out and consecrated by the augurs. The word is almost equivalent to an adjective, 'consecrated,' qualifying *curiam*. The Senate often met also in the temples of particular gods. Cf. Aulus Gellius, xiv. 7 : (*Varro*) *docuit, nisi in loco per augurem constituto, quod templum appellaretur, senatusconsultum factum esse, iustum id non fuisse.*

5. Hostilia: it was customary at Rome to name public works after the magistrate under whose charge they were constructed; e.g. the *Via Appia* and the *Circus Flaminius* were named respectively after the censors under whom they were built. The Curia Hostilia stood on the northeast side of the Comitium, facing nearly south. It was burned at the funeral of Clodius, 52 B.C. For the history of the building, see Middleton, *Ancient Rome*, I. 237 sqq.; Platner, *Topography and Monuments of Ancient Rome*, 222.

7. omnium ordinum: the three orders of senators, knights, and people.

8. decem turmas: ten troops, of thirty men each, added to the previously existing three centuries.

9. eodem supplemento: *with a reënforcement from the same source.*

11. Hac fiducia virium = *harum fiducia virium;* causal ablative.

12. secundum: *next after.*

14. Feroniae: an Italian goddess, worshipped in common by several nations, at whose temple, near Mount Soracte in the *ager Capenas*, annual fairs were held. At her altars, especially at Terracina, it was customary to emancipate slaves. See Wissowa, *Religion und Kultus der Römer*, 231; Fowler, *Roman Festivals*, 252 sqq. **mercatu frequenti**: ablative of time and circumstance.

16. suos: probably refers to criminals and runaway slaves, who would have taken refuge in the *asylum* at Rome; so that *retentos* does not mean 'detained against their will,' but *not delivered back* to the Sabines. **prius**: probably a reference to the *asylum* of Romulus; see page 12, lines 9–17.

17. ferebantur: *were alleged.* **haud parum**: litotes, i.e. the affirmation of something by denying its contrary; this is stronger than an ordinary affirmation.

19. adiectione: this word, used only twice by Livy, does not appear in any earlier writer. — Wsb.

20. circumspicere: historical infinitive.

22. residuas bellorum iras: *the lingering resentment caused by former wars.* **defectionem**: does not here mean a revolt, — in which sense it could apply to subjects only, — but a breach of treaty obligation. Veii had not yet been subdued by Rome.

23. vagos: *vagabonds.*

25. nam de ceteris minus mirum est: *in the case of the rest* (of the Etruscans) *there was less matter for surprise;* i.e. the Veientines had been engaged in war with the Romans, while the other Etruscans had not, and therefore the latter had no special motive for attacking the Romans in concert with the Sabines. The Veientines presumably would not have refused, if they had not been bound by their truce. But the truce made with Romulus (chap. xv.) seems to have been already broken (chap. xxvii.), and there is no mention of its renewal.

27. vertique in eo res videretur: *and it seemed to be merely a question which*, etc.

28. occupat ... transire: *anticipated the Sabines by crossing into their territory* (before they had time to enter his); see note to page 19, line 8, *occupant ... facere*.

29. Silvam Malitiosam: in the Sabine country.

32. Ab ... invectis: *by a sudden charge of the horsemen*.

33. constare: *stand their ground* in ranks.   **explicari**: *scatter* in flight; we must translate by a personal active construction; the passive is impossible in English.

Page 40. **Chapter XXXI**. **3. in monte Albano**: now *Monte Cavo*, eighteen miles southeast of Rome.   **lapidibus pluvisse**: this is a prodigy of frequent occurrence in the later books of this history; it may have been a shower of meteoric stones. *Pluere* is construed with the cognate accusative or the ablative of means.

4. missis ... in conspectu: translate as if it were *eorum in conspectu qui missi erant*.

7. caelo: strict prose would require *de caelo*. See Introduction, III. 5, *a*.   **Visi**: sc. (*sibi sunt*).

8. summi cacuminis: instead of *in summo cacumine*, in order to avoid the double prepositional phrase.   **luco**: the grove of Jupiter Latiaris was upon the summit of the *Mons Albanus*.

9. velut diis ... relictis = *velut si deos reliquissent;* cf. *velut ... trepidante*, page 19, line 22, and note.

10. Romana sacra: the Roman *sacra*, as well as the Alban, were supposed to have been brought from Lavinium; consequently the Albans could readily adopt the Roman worship, though it had been modified by Numa and by the union with the Sabines. A great part of their religion was common to all Latins.

11. ut fit: *as is natural*.   **Romanis**: dative, as in poetry, for the ablative with *ab;* this case indicates especially the interest of the person involved in the action of the verb, as opposed to mere agency.

13. voce ... missa: causal ablative absolute, corresponding to *monitu*, line 14.

14. haruspicum: *soothsayers*, apparently originally Etruscan, but certainly very early found at Rome, if not indigenous there; their office was to interpret just such omens as the one in question; they were skilled also in the lore of lightning, but derived most of their information as to the future from the inspection of the entrails of animals killed in sacrifice. See Excursus on Prodigies, in Capes's *Livy*, 316 sqq.

15. quandoque = *quandocumque*. **nuntiaretur**: may be iterative subjunctive or subjunctive by attraction to the mood of *agerentur*.

16. feriae per novem dies: these were extraordinary observances, specially proclaimed in each instance; *feriae legitimae*, occurring regularly, were a matter of course. Nine days (or according to our method of counting, eight) made a Roman week, i.e. the interval from market day (*nundinae*) to market day.

17. pestilentia: ablative of cause; an epidemic disease, not necessarily 'the plague.'

18. cum: concessive.

20. iuvenum: *men of military age*.

21. morbo: ablative with *implicitus*.

22. illi: nominative plural, *his well known*. B. 246, 3; A. 297, *b*; H. 507, 4; G. 307, 2.

23. regium: *worthy of a king*.

25. obnoxius: *a victim to*. **religionibus ... impleret**: *occupied the whole time of the people with religious observances.*

27. requirentes: *regretting*.

28. corporibus: the Romans often said 'bodies' where we say 'selves.' **pax veniaque**: *peace and pardon, favor and compassion.*

29. volventem: this word is strictly correct, referring to a book in the form of a roll.

31. Iovi Elicio: cf. page 26, line 20, for the meaning of this epithet. **operatum ... sacris**: *occupied, busy with those rites; sacris* is dative.

Page 41. 2. nec solum ... sed = *et non solum sed etiam*. **speciem**: *manifestation, vision*.

3. ira: connect with *ictum*, as cause. **religione**: with *sollicitati*. **sollicitati**: *disturbed, irritated*.

4. conflagrasse: the subject is *eum*, to be inferred from *ei*, line 2.   **magna gloria**: ablative of attendant circumstance (accompaniment or association).

Chapter XXXII.   6. iam inde ab initio: i.e. after the death of the first king; for the phrase, cf. page 4, line 27, and page 8, line 12.

7. ad patres: *to the senate.*

9. fuere auctores: see note to page 23, line 1.   **Numae . . . nepos**: thus a Sabine king follows a Ramnian, — Sabine, at least, on his mother's side; his father is not mentioned.

10. filia: B. 215; A. 403, 2, *a*; H. 469, 2; G. 395.   **Qu ut**: *when he.*

12. cetera: accusative of specification. B. 185, 2; A. 397, *b*; H. 416, 2; G. 338, 2. It is balanced by *ab una parte*, 'in one respect.'

13. neglectis . . . cultis: ablative absolute, causal.

14. antiquissimum: *the most important.*   **sacra . . . facere**: the king, as the head of the state religion, performed some of the *sacra publica* in person; others, by deputy, through the pontiffs, flamens, single *gentes*, etc.

15. commentariis: a collection of ritual directions existed in later times, attributed to Numa and other early kings.   **pontificem**: sc. *maximum.*   **in album**: *upon a whitened tablet;* adjective used as substantive.

16. in publico: sc. *loco.* At a later period this would mean at the *domus regia*, in the Forum, as the official residence of the chief pontiff was afterward called. This knowledge, which had previously been a monopoly of the priests, was also in later times kept secret by the pontiffs.   **civibus**: dative; indirect object of *facta.*

18. abiturum (*esse*): *would turn back* (from Tullus's style of reign).

19. foedus: not previously mentioned.   **sustulerant animos**: *had plucked up courage,* or *had grown overbearing.* They felt themselves bound only so long as Tullus, with whom they had concluded their treaty, lived.

21. repetentibus: *when they demanded restitution;* dative.

22. desidem: predicative; *would pass his reign in inaction.*

24. memor: construe with *ingenium; possessing qualities of, reminding of.*   **praeterquam quod . . . credebat**: *besides the fact that he believed,* etc. B. 299; A. 572; H. 588, II. 3; G. 525, 2.

25. cum . . . populo: *when the nation was both new and warlike.*

26. etiam: sc. *credebat; he also believed.*   **quod**: relative pronoun, referring to following *id.*   **illi**: i.e. to Numa.   **sine**

BOOK I. CHAPTER XXXII.

iniuria: i.e. without putting up with insult and injury from the surrounding nations.
   27. habiturum: sc. *esse;* depends on *credebat.*
   28. Tullo regi: *to a king like Tullus.*
   29. tamen: i.e. although the times were warlike.
   30. proderentur: *published,* and so *instituted.*

   Page 42. 1. Aequiculis: a branch of the Aequi, living, however, in the Sabine country. Some regard them as mythical, simply *ei qui aequum colunt.*   **fetiales**: fetials are mentioned as existing already in the previous reign (chap. xxiv.); so the original establishment of the college cannot be attributed to Ancus.
   3. Legatus: the *pater patratus;* cf. chap. xxiv.   **res repetuntur**: *res repetere* is primarily to demand the return of things wrongly taken, probably at first plunder from farms; then it came to mean satisfaction for wrongs in general.
   5. fines ... fas: personification.
   7. iuste pieque: *rightly by human and divine law.*
   8. Peragit: this formal proclamation was called *clarigatio* (*clare,* i.e. *clara voce,* and *agere*).
   9. illos homines: the state would clear itself of guilt by surrendering the persons who had done the wrongs.   **illos ... illas**: *such and such,* or *the said.*
   10. dedier: archaic for *dedi;* this and other old forms are relics of the language of ancient formulas; B. 116, 4, *a*; A. 183, 4; H. 244, 6; G. 130, 6.   **patriae compotem**: a perjurer suffered civil and religious excommunication.
   11. siris: syncopated form of *siveris* (*sinere*).   **suprascandit**: archaic.
   13. concipiendique iuris iurandi: *and of the phraseology of the oath.*
   15. sollemnes: *usual, regular.*
   16. peractis: there is nothing here to show that the fetials did not remain during the interval, but from chapter xxii. we should infer the contrary custom.
   17. Iane Quirine: Janus, the god of beginnings, is generally invoked first, even before Jupiter. Janus Quirinus is the god of the beginning of war, or perhaps merely the Janus of the Roman people (Quirites). Wissowa, *Religion und Kultus der Römer,* 96.   **caelestes ... terrestres ... inferni**: the gods of heaven, earth, and hell, — three great classes; it would be impossible to call the individual by name.

20. maiores natu: i.e. the senators.

21. consulemus: they could not, of course, do this in person; that was the province of the king.

23. consulebat: the imperfect shows that the general practice is in view, not merely the present instance. **Quarum** = *de quibus;* the genitive in this sense is common in legal phraseology, which was generally archaic. **rerum**: *stolen property.*

24. litium: *subjects of litigation.* **causarum**: *questions of law or claims.* **condixit**: *has made demand; condictio* is the legal term for the summons by a plaintiff of a defendant to appear before a magistrate in thirty days; see Sandars's *Justinian*, Introduction, § 95.

26. dederunt, etc.: *dare* is to give what one is under obligation to give, generally the payment of money; *facere*, the performance of any obligation, not specifically giving, though that also may be included; *solvere*, payment of penalty, damages, or indemnity for wrongs committed. So Wsb. distinguishes them.

28. quid censes: sc. *de iis*, antecedent of *Quarum*, line 23.

29. duello: archaic for *bello;* see note on *perduellionem*, page 33, line 21. **quaerendas**: sc. *esse.*

31. in eandem sententiam ibat: *voted to the same effect.*

32. erat consensum: iterative, as shown by the coördinate *rogabantur* and the subordinate *ibat.* **Fieri solitum**: sc. *est; the usual custom was.*

35. Quod: *whereas.*

Page 43. 4. censuit, consensit, conscivit: alliteration is common in ancient formulas.

5. ego populusque: i.e. *I, as the representative of the nation.*

8. ubi dixisset: the subjunctive rather than the indicative, usual with *ubi*, is used here to denote the action as habitual (iterative), and thus corresponding with the imperfect tense of the principal verb. B. 287, 2, *a*; A. 542, 518, *c*; H. 602, 3; G. 567, N. *Ubi*, here, is *whenever.* **hastam**: the ceremony of throwing the spear upon declaring war was preserved till the time of the empire; as the frontiers were extended, the ceremony became symbolical, and the spear was hurled from the temple of Bellona in Rome.

Chapter XXXIII. 11. demandata: *intrusted during his absence.*

13. Politorium: the exact position of this town is unknown, owing to its early disappearance.

16. circa: *on both sides of.* **veterum Romanorum**: the Ramnes of *Roma Quadrata*, the city of Romulus on the Palatine.

17. **Capitolium atque arcem**: the southern and northern peaks respectively of the Capitoline; this hill seems to have been a common stronghold of the double state, while the distinctive seat of the Sabines was the Quirinal, as is clear, at least, in the sphere of religious institutions. **Caelium**: cf. chap. xxx.

18. **Aventinum**: generally masculine, agreeing with *mons;* this rare form may be due to the analogy of *Palatium* and *Capitolium*. The highest of the hills of Rome, south of the Palatine, from which it was separated by the valley of Murcia. This settlement of the Aventine cannot have been very complete, for by the *lex Icilia*, 454 B.C., part of this hill was assigned, as a part of the *ager publicus*, to the plebeians.

19. **Tellēnis**: somewhere to the south of Rome, early destroyed. **Ficāna**: eleven miles from Rome, on the road to Ostia.

20. **rursus . . . repetitum**: pleonasm.

24. **Medulliam**: a colony of Alba northeast of Rome; cf. page 49, line 23. **conpulso**: *concentrated.* Apparently this was a war with the Latin league. **Marte . . . victoria**: tautology; *Marte* by metonymy for *bello.*

26. **in aperto**: *in the open country.*

27. **comminus . . . signa contulerat**: *had engaged in hand to hand conflict.*

28. **Ad ultimum**: *finally.*

29. **ingenti praeda**: causal ablative with *potens.* Livy is fond of the adjective *ingens,* a favorite word of the poets. He often uses it as no more than the equivalent of *magnus.*

30. **tum quoque**: as well as in the instance mentioned in line 15.

Page 44. 2. **ad Murciae**: sc. *aram;* in the valley between the Palatine and Aventine, which apparently was not then drained; cf. page 49, line 30. *Murcia* is a surname of Venus, by some explained as *Myrtea,* by others as connected with *mulcere;* cf. *Mulciber* (Vulcan). **Ianiculum**: a high hill on the northwest bank of the Tiber; a natural bulwark against the Etruscans.

3. **ea**: assimilated in gender to the predicate noun *arx.*

4. **ob commoditatem itineris**: *for convenience of travel.*

5. **ponte Sublicio**: *bridge of piles.* For certain reasons, supposed to be religious, but probably in origin military, no iron was allowed to be employed in its construction. It was necessary to destroy it quickly sometimes, because of invasions. Its exact position cannot be certainly determined.

6. Quiritium ... fossa: a moat, where the ground around the city was flat.

7. a ... locis: *on the sides approachable upon a level;* a large part of the defences of the city consisted in the steep faces of the hills.

8. Ingenti ... auctis: *the community being immensely increased.*

9. multitudine: Ancus was traditionally regarded as the founder of the *plebs*, as a distinct order in the state and consisting of the free inhabitants of conquered towns. The plebeians, then, were not the clients of particular patrician houses, but rather under the protection of the king as head of the commonwealth, and while possessing private rights, had no share in the political rights, which remained as yet the exclusive property of the full burgesses, known as patricians.

10. carcer: the Mamertine prison, now entered from the church of San Pietro in Carcere, consists of two vaults, one above the other. The lower and older, the Tullianum, attributed to Servius Tullius, is a circular vault narrowing to the round opening at the top, by which alone it was entered from the upper chamber. This vault was perhaps the well-house of the early Capitol, protecting the spring which supplied the water needed by the garrison. In this place the Catilinarian conspirators were put to death by the order of Cicero, and tradition says that St. Peter and St. Paul were confined here, and that the spring arose miraculously to enable them to baptize a convert.

12. hoc rege: temporal ablative absolute.

13. silva Mesia: extending along the right bank of the Tiber, below Rome.

14. prolatum ... condita ... factae: sc. *est ... est ... sunt.*

15. Ostia: on the left bank; the coast has risen, and its ruins are now three or four miles inland. **salinae**: shallow pits into which the sea water was admitted, which, upon evaporating, left the salt behind. **circa**: *on both sides.*

16. aedis: nominative.

Chapter XXXIV. 17. Lucumo: originally, at least, this was not a proper name, but the common designation of the ruling class, the nobles of Etruria. The name of his wife, Tanaquil, is likewise a title.

19. Tarquiniis: locative; one of the twelve cities of the Etruscan league.

20. oriundus: cf. page 22, line 6, and note.

21. Demarati: the Bacchiadae, the aristocratic rulers of Corinth, were expelled by a revolution about 657 B.C.; the traditional chronology places the reign of Ancus 640–616 B.C. Demaratus, however, may be only a personification of the influence exercised by Greece upon the arts and civilization of Etruria, and, indirectly, of Rome. **seditiones**: see note to page 3, line 6.

24. superfuit . . . heres: *survived . . . and inherited.*

27. ventrem ferre: *was with child.*

28. in nullam sortem bonorum: *to no share in the property*; but by the Roman law posthumous children received a share in the property of their fathers.

29. Egerio: from *egere.* For the case, cf. *Troiano*, page 3, line 12, and note.

Page 45. 1. animos: *pride, ambition.* **auxit**: sc. *animos.* **ducta in matrimonium Tanaquil**: *his marriage with Tanaquil.*

2. his: *than that position, those relations.*

3. sineret: subjunctive in a relative clause of characteristic. **quo** = *in quae;* the adverb represents a case with its preposition. **innupsisset**: subjunctive by attraction to mood of *sineret.*

4. Spernentibus: a stranger could not gain admission to the nobility of Etruria.

5. non potuit: sc. *Tanaquil.* **ingenitae erga patriam caritatis**: Latin has no single word for 'patriotism.'

6. videret: B. 310, II; A. 528; H. 587; G. 573.

7. ab Tarquiniis: see Introduction, III. 5, *b.* **ad id potissimum**: *most desirable for that purpose.*

8. repentina: of rapid growth.

9. virtute: *merit.* **forti ac strenuo**: qualities especially admired by the Romans.

10. Sabinum: *though a Sabine.* **arcessitum**: sc. *esse.*

11. a Curibus: cf. *ab Tarquiniis*, line 7, and note.

12. una imagine Numae: in later times at Rome a family first became noble when one of its members attained a curule office. The waxen masks of such men hung in the *atrium* of their descendants. In this instance the later language is applied naturally enough to the earlier age.

13. cupido: dative, agrees with the indirect object of *persuadet.* **materna tantum patria**: *fatherland on the mother's side only;* one wonders if this is an intentional play on words.

14. esset: characteristic subjunctive.

16. carpento: *in* omitted, as is constantly done by Livy, and especially with *sedere*. The *carpentum* was a covered two-wheeled cart, used by priests and women and for transporting goods.

17. suspensis . . . alis: *gliding gently down on motionless wings.* **demissa**: has a middle or reflexive force. **pilleum**: a close cap of felt.

19. ministerio: dative of purpose. B. 191, 1; A. 382; H. 425, 3; G. 356.

22. Excelsa et alta: used substantively, objects of *sperare*.

23. eam alitem: *that particular bird.* Some birds were regarded as harbingers of good, others of ill, fortune; particular ones were looked upon as the messengers of particular deities, the eagle as coming from Jupiter. **regione**: i.e. the favorable quarter.

24. culmen: an augural term, here = *caput.*

25. humano: antithetic to the following *divinitus.*

27. L.: i.e. *Lucium;* this name appears here as an adaptation of Lucumo. There was an early *gens Tarquinia* at Rome; the name Tarchnas appears in Etruscan inscriptions. That the former name was identical with or derived from the latter is traditional, but cannot be regarded as historically certain.

28. Priscum: an original surname, not one afterward applied to distinguish this Tarquin from Superbus; at least, Livy so understands it. Other families had this surname. **Romanis**: dative of reference. B. 188; A. 377; H. 425, 4; G. 352.

30. comitate: coördinate with *conciliando.* **beneficiisque**: instrumental ablative with *conciliando.*

32. Notitiamque . . . iura: *he developed mere acquaintanceship into the relations of intimate friendship.*

33. liberaliter: *handsomely; liberalis* expresses the qualities proper for a free man, the character of a gentleman, as opposed to anything servile, mean, low, or small-spirited.

35. per omnia: *in all capacities.* **expertus**: passive, though the verb is deponent.

Page 46. **1. tutor**: *guardian;* in case of intestacy it was an agnate kinsman that was appointed to this office. But the earliest written law recognized the power of a father to appoint by will guardians for the children who had been under his *potestas.*

Chapter XXXV. 5. Iam filii: the sons of Ancus seem to have regarded themselves as the proper successors to the throne, yet the monarchy nowhere appears hereditary, but always elective.

BOOK I. CHAPTER XXXV.

6. comitia: i.e. *curiata*. **regi creando**: dative of purpose; see note on *sacris faciendis*, page 27, line 12.

7. fierent: *be held;* by the *interrex*, who alone could hold them. **sub tempus**: *as the time approached.*

8. petisse ambitiose: *canvassed for the crown.*

9. orationem: this must have been before the meeting of the *comitia*, at which voting only took place.

10. plebis: here again we find the anachronism of regarding the plebeians as at that time citizens with the right of voting.

15. ultro: *voluntarily* on the part of the Romans. **ex quo**: *since;* = *ex eo tempore quo*. **sui potens**: a Roman son was subject to the *potestas* of his father until he was emancipated, or his father died. Then he became *sui iuris* or *sui potens*. B. 204, 1; A. 349, *a*; H. 451; G. 374.

17. qua: ablative of time within which.

19. sub haud paenitendo magistro: *under a teacher of whom he did not need to be ashamed;* the litotes has equal force in English.

20. iura: *civil institutions;* **ritus**, *religious institutions.*

24. iussit: this is the vote of the *comitia*. **cetera egregium**: *in other respects admirable*. Cf. page 41, line 12, and note. **secuta**: connect with *est*, line 25.

27. centum in patres legit: these *patres minorum gentium* seem to have been, in fact, the heads of certain important plebeian houses, raised to the patriciate, or, in other words, made full burgesses. In chapter xvii. only one hundred senators are spoken of, and in Book ii., chapter i., the regular number of three hundred is implied. We suppose the second hundred to have come from the Sabine half of the state after the union under Romulus and Tatius. **minorum gentium**: sc. *patres*.

28. factio: in the sense of *factio futura, which would be a party*.

30. ibi = *in Latio*. The treaty of alliance with Ancus appears to have been dissolved by his death. **Apiŏlas**: position unknown.

Page 47. **1. fama**: nominative.

2. priores reges: the previous existence of the *ludi Romani* in some form is here taken for granted, though not mentioned, and yet they are ordinarily spoken of as founded by Tarquin.

3. locus: the valley of Murcia, between the Palatine and Aventine.

4. spectacula: *stands*, from which to view the games.

5. fori: this is a *quasi-*technical word, and need not be translated. **Spectavere**: sc. *patres equitesque*. **furcis . . . sustinentibus**: ablative absolute; the object of the participle is *spectacula*.

6. pedes: extent of space, with *alta*.

7. Ludicrum fuit: *the sports consisted of*.

9. circa: i.e. on the long sides, northeast and southwest. The Forum was in the valley between the Palatine and Quirinal, with the Capitol at the northwest end. Shops and money-changers' stalls afterward occupied these sites, but buildings can hardly have stood here before the drainage of the Forum had been effected.

10. aedificanda: *to build upon*.   **porticus**: *colonnades* or *arcades*.   **tabernae**: small shops with counters in front, closed at night by shutters. The customers stood in the street, facing the dealer across the counter. Such are the *tabernae* at Pompeii.

Chapter XXXVI. 11. Muro . . . lapideo: afterward finished by Servius Tullius, and called by his name.

12. cum . . . intervenit: an instance of the construction called *cum inversum;* B. 288, 2; A. 546, *a*; H. 600, 1. 1; G. 581.

18. equitem: singular for the collective *equitatum*.

19. viribus: B. 190; A. 373, *b*; H. 430; G. 349, 4.

20. addere alias constituit: it was his purpose to form three new centuries, independent of and distinct from the old ones.

21. Id: the formation of the original centuries.

22. inaugurato: *after consulting the auspices*. Livy often uses the perfect participle alone in the ablative absolute, as here; cf. page 24, line 3, and note. This is unusual, though not unknown, in earlier writers.   **negare**: historical infinitive.   **negare . . . neque . . . neque**: double negatives.   **Attus Navius**: his story is told by Cicero (*de Divinatione*, 1, 17).

24. nisi aves, etc.: it is implied that the king had not intended to consult the auspices about this matter.   **addixissent**: a technical word = *admisissent*.   **Ex eo**: *in consequence of this*.

25. mota: sc. *est*.   **eludens**: *mocking*.   **artem**: the augural science.   **Age dum**: *dum* is intensive with the imperative.

26. divine: sarcastic, *man of God, inspired one*.

28. Atqui hoc: *but it was this that*, etc.   **animo**: *animus* includes the will and purpose; *mens* is the purely intellectual faculty.

30. aves tuae: is ironical.

Page 48. 1. comitio: (*co*(*m*)*ire*, 'meeting place'), the northeast portion of the Forum.   **gradibus**: a flight of steps led up to the Curia.

BOOK I. CHAPTER XXXVII.

2. fuit: this implies that the statue no longer stood there in Livy's time. The attitude of the figure may have suggested this tale of a miracle. Moreover there was, near by, a *puteal*, i.e. an enclosure marking as sacred from human touch a place where lightning had once struck. **cotem ... sitam**: it was customary to bury, in such places, a flint as a symbol of the thunderbolt. Possibly a piece of iron buried with the flint may have figured in popular imagination as the razor of Navius. The early Romans did not shave. Pliny, *N. H.* vii. 59, says, on the authority of Varro, that barbers first came to Rome in 300 B.C., from Sicily.

4. certe: contrasted with *ferunt*, page 47, line 31. The influence of the augurs is henceforward widened to a greater variety of objects, as well as intensified in force.

6. auspicato: see note to page 47, line 22. **concilia populi**: the organized meetings of the *plebs* were called *concilia*. Very likely the author was thinking of the *comitia tributa*. **exercitus vocati**: *musterings of the army;* probably the author means meetings of the *comitia centuriata*, a political assembly constituted, as will appear later, on a military basis.

7. summa rerum: *the most important matters; summa* is neuter plural, *rerum* partitive genitive. **dirimerentur**: an augur was always present when *comitia* were to be held, and if he pronounced the omens unfavorable (*obnuntiatio*), saying " *alio die*," the assembly was adjourned. This became in time the constitutional form by which magistrates blocked the proceedings of their colleagues.

9. alterum tantum: neuter as substantive; *as many again.* **mille et octingenti**: there seems to be here a confusion with the eighteen equestrian centuries established by Servius Tullius. Previous to this time there appear to have been three centuries, one from each of the tribes. These had been enlarged by Tullus (page 39, line 8), but even allowing for this, we do not get eighteen hundred.

10. Posteriores modo sub isdem nominibus, etc.: *those that were added were called by the same names, only with the addition of the word posteriores*, i.e. *Ramnes posteriores, Tities posteriores*, and *Luceres posteriores* or *secundi*, to distinguish them from the *Ramnes, Tities*, and *Luceres priores* or *primi;* so that formally, instead of new centuries, they became halves of the old; but the three doubled centuries were spoken of as six, and later were called the *sex suffragia* ('six votes'), i.e. the six partrician centuries, among the eighteen equestrian centuries of the Servian constitution.

Chapter XXXVII. **13. Hac parte**: the cavalry.

14. praeterquam quod: *besides the fact that.*

15. missis: agreeing with the implied antecedent of *qui;* *by sending men to,* etc.

16. vim: *quantity, mass.*

17. ardentem ... conicerent: *to set on fire and throw.* B. 282, 2; A. 531, 2; H. 590; G. 545, 1; 630.

18. pleraque in ratibus: *for the most part formed into rafts.* **sublicis**: construe with *inpacta.*

19. haererent: the burning timbers, striking the piles, were arrested, the rafts being too large to pass through, and so set fire to the bridge, which had secured the retreat of the Sabines in case of defeat.

21. mortales: poetic for *homines;* cf. page 4, line 3. **effugissent**: concessive as well as temporal. B. 309, 3; A. 549; H. 598; G. 587. **in flumine ipso**: i.e. simply by drowning.

22. fluitantia: spears and wooden shields would readily float.

24. proelio: B. 230; A. 424, *d*; H. 486; G. 393.

25. ab cornibus: *on the wings.*

26. ita incurrisse: *charged so fiercely.*

27. sisterent: *arrested.*

28. instantes: accusative. **cedentibus**: i.e. the Roman foot.

29. petebant: *tried to reach.* **tenuere**: *succeeded in reaching.*

31. instandum: sc. *esse;* impersonal. B. 187, II. *b*; A. 372; H. 302, 7; G. 208, 2; 217.

Page 49. **1. Vulcano**: the god of fire.

2. et quamquam ... res erant: *and though they had met with but ill success.*

3. gesturos melius: *that they would succeed better.*

4. res: *the situation;* nominative; cf. page 13, line 9.

5. tumultuario milite: *irregular, hastily levied soldiery;* the concrete singular *miles* for the collective *exercitus.*

6. perditis ... rebus: *desperate condition.*

Chapter XXXVIII. **7. Collatia**: about ten miles east by north of Rome, on the Anio.

8. Sabinis: B. 188, 2, *d*); A. 381; H. 427; G. 345, R. 1. **Egerius**: cf. page 44, line 29.

9. in praesidio: possibly a colony is intended, probably only a military occupation.

10. ita: construe with *deditos.* **eam**: *the following.*

11. legati: *envoys;* **oratores**: *spokesmen;* probably *fetiales.*

13. in sua potestate: *independent,* and so entitled to dispose of itself. Sabine cities, like the Latin cities, belonged to a confederation, but preserved their separate independence. The Collatines by this surrender gave up their national existence and became *dediticii* of Rome, — subjects without citizenship.

15. delubra, utensilia: i.e. *res sacrae* and *privatae* as well as *publicae*.

18. triumphans: a formal triumph is here mentioned for the first time by Livy, yet in chapter x. Romulus is virtually represented as celebrating a triumph, though the express term is not used.

19. Priscis Latinis: communities of Latium, most of which, if not all, were older than Rome; to be distinguished from the later *coloniae Latinae*, colonies of Romans or Latins possessing the *ius Latii*.

20. universae rei dimicationem: *a generally decisive conflict, a battle decisive of the whole contest.*

21. nomen: by metonymy for 'the nation'; cf. page 14, line 24.

22. Corniculum, etc.: these towns lay between the Tiber and Anio and the Mons Lucretilis.

24. defecerant: after being previously in the hands of the Romans.

26. Maiore ... animo ... quam ... bella: *with an energy that exceeded the effort with which he had carried on the wars.*

28. fuisset: B. 324; A. 593; H. 652; G. 663, 1.

29. qua: *where.*

30. infima ... loca: the Velabrum, the valley of the Great Circus and, *circa forum*, the low portions of the Subura, the Vicus Tuscus and Vicus Iugarius; the Forum itself must have been drained at this time or previously.

Page 50. 1. cloacis: (*cluere* = *purgare*, 'to cleanse'), sewers, vaulted and subterranean, built of heavy blocks of tufa without mortar. **fastigio**: *on an incline*, with a downward slope.

4. olim: *thereafter;* cf. page 11, line 7, and note. **occupat fundamentis**: to secure a large level site, it was necessary to build up walls from the slopes of the hill and fill in the enclosed space with earth; *fundamentis* refers to this substructure. It was upon the southwest peak of the Capitoline.

Chapter XXXIX. 7. puero: B. 188, 1; A. 377; H. 425, N.; G. 350, 1.

9. ad: *in consequence of.* **tantae rei miraculum**: *so extraordinary an event.*

10. excitos: sc. *esse.* **reges**: *the king and queen.* **familiarium**: *of the domestics;* the *familia* included all persons, free or bond, under the *potestas* of the *pater familias*.

14. in secretum: *aside;* neuter adjective used as a substantive. **Viden**: = *videsne;* a poetic and colloquial form.

15. tam humili cultu: *with such simplicity.*

16. Scire licet: *it is evident.* **rebus nostris dubiis**: refers to the future.

17. materiam: *one who has the capability of.*

18. publice privatimque: *in public and private relations.* **omni indulgentia nostra**: *with all the kindness in our power.*

19. liberum loco: *as their own child; liberum* is genitive plural, the singular not being in use.

20. ad magnae fortunae cultum: *to the kind of life suited to a high station.*

22. cordi: B. 191, 2; A. 382, 1; H. 433; G. 356. **esset**: causal, the cause being not simply stated as a fact, but rather by way of inference from the prodigy, *because, as might be supposed, it was,* etc. B. 286, 1; A. 540; H. 588, II.; G. 541. **evasit**: *turned out.* **indolis**: B. 203; A. 345; H. 440, 3; G. 365, 366.

23. quaereretur: B. 288; A. 546; H. 600, II.; G. 585. **Tarquinio**: dative of agent and interest.

24. conferri: sc. *ei.*

26. Hic ... habitus: *the fact that such respect as this was paid, for whatever reason it may have been.*

27. serva: tradition said her name was Ocrisia. Another version of the story makes the *lar familiaris* of the royal house the father of the child.

28. servisse: *had been a slave.* **qui**: subject of *ferunt*, page 51, line 2.

Page 51. **2. prohibitam ... servitio**: *rescued from slavery.* **partum ... edidisse**: *gave birth to her child.*

3. mulieres: Tanaquil and Ocrisia.

4. a parvo: sc. *puero.*

5. eductum: *brought up;* strictly, *educatum,* as at page 50, line 15, would be the correct word, but the distinction was not always observed. **in caritate atque honore**: cf. page 40, line 1. **fortunam ... fecisse**: *that the misfortune of this mother, in having fallen into the enemy's hands upon the capture of her home, caused the belief that he was the son of a slave woman.*

6. venerit: perfect (aorist) subjunctive for the historical perfect indicative of direct discourse.

Chapter XL. **10. maximo honore**: ablative of quality. B. 224; A. 415; H. 473, 2; G. 400. Cf. *in caritate,* line 5, where the ablative has no attributive and a preposition is necessary.

11. filii duo: the period starts with *filii* as subject of the principal verb, but at *tum inpensius* the construction changes; the original subject is represented by *iis*, dative of reference, and *indignitas* now becomes the subject of a different verb from that originally intended (*indignabantur*). Such a change of construction is called anacoluthon. See Introduction, III. 10, *b*.

12. fraude: see chapter xxxv.

13. non modo = *non modo non* before *ne . . . quidem.* B. 343, 2, *a*; A. 217, *e*; H. 656, 3; G. 482, 5, R. 1.

15. si . . . rediret: *si* here is equivalent to *quod;* it introduces the ground of their feeling; the subjunctive represents the cause as occurring to their minds — *if, as they thought,* etc.; B. 286, 1; A. 591, 592; H. 649; G. 662.

16. servitia = *servos;* abstract for concrete; generalizing plural. Livy has just taken pains to show that Servius was not of servile birth.

17. centesimum: more precisely, one hundred and thirty-nine years. **quod**: relative pronoun, object of *tenuerit;* construe: *id regnum servus possideat quod Romulus tenuerit.*

18. deo prognatus: antithetical to *serva natus.* **tenuerit**: for the mood, see note on *rediret*, line 15; the tense is historical perfect.

21. virili stirpe: *male descendants;* collective; cf. page 4, line 17, where it means one child.

25. quia . . . erat: *the fact that,* etc.; this clause is coördinate with *dolor.*

26. superesset . . . futurus erat: see note on *deductura erant,* page 10, line 14.

30. quibus, etc.: construe: (*iis*) *ferramentis, quibus consueti erant,* etc.; *ferramentis* is properly an ablative to be connected with *specie rixae . . . convertunt,* but attracted into the relative clause. In this case we cannot tell whether *consueti* takes the dative or the ablative. See note to page 24, line 24.

Page 52. 2. appellarent: *appealed to the king* (to decide their quarrel).

3. pergunt: H. Tiedke (*Hermes*, xviii. 619) thinks we should strike out the period after this word and make the two following infinitives depend upon it.

7. Dum . . . se . . . totus averteret: while he was giving his whole attention to one, and so turning away from the other. Classical usage puts the indicative with *dum* in this sense, but Livy here treats *dum* like *cum*.

8. deiecit: *brought down* (with force).

Chapter XLI. 10. moribundum: see note on *errabundi*, page 38, line 11. **qui circa erant**: *the bystanders*.

11. illos fugientes: *the assassins as they fled.* **Clamor**: sc. *fuit*.

12. mirantium: plural agreeing with the individuals conceived of as composing the collective *populi;* this is an instance of σχῆμα κατὰ σύνεσιν, *constructio ad sensum;* cf. page 96, line 18, *pars magna nantes.* See Introduction, III. 10, *i.* **quid rei esset**: *what was the matter; rei* is partitive genitive.

13. arbitros = *testes;* see note to page 27, line 5.

14. quae . . . opus sunt: B. 218, 2, *a*; A. 411, *b*; H. 477, III. N.; G. 406.

15. subesset: B. 307; A. 524; H. 584, 2; G. 602.

16. praesidia: means of securing the sovereignty in the family if Tarquin should die.

19. sinat: B. 295, 1; A. 563; H. 565; G. 546.

20. facinus fecere: Livy also says *pugnam pugnatam* (vi. 42, 5); *bellum bellatum* (viii. 39, 16); *odisse odio* (ii. 58, 5).

21. hoc: we should rather expect *istud*, the demonstrative of the second person. It is to be understood as accompanied by a gesture, putting her hand on his head.

24. peregrini: concessive. **Qui**: interrogative adjective; *what kind of man.*

25. unde = *ab, de,* or *ex qua*. It was only his mother that was a slave; his father had been *princeps Corniculi* (chap. xxxix.). **tua . . . consilia torpent**: *your power to plan is paralyzed.*

27. ex superiore parte: *from the upper story*. In general a Roman house had no windows on the first floor, looking into the street; all the apartments faced inward upon courts open to the sky; the upper story had small windows facing the street.

28. Novam Viam: the *Nova Via* began at the Porta Mugonia, and went along the north and west sides of the Palatine.

29. ad Iovis Statoris (*aedem*): we say, "near St. Peter's."

30. sopitum: *stunned.*

Page 53. 1. ad se redisse: *had come to himself, recovered consciousness.*

2. omnia salubria esse: *that all was progressing favorably.* **Confidere**: sc. *se*.

3. ipsum: i.e. *regem.*   **iubere:** sc. *regem.*

4. dicto audientem esse = *parere;* A. 367, *a,* N. 2; H. 433, 4; G. 346, N. 5.

5. trabea: *Suetonius dicit tria esse genera trabearum, unum dis sacratum, quod est tantum de purpura, aliud regum, quod est purpureum, habet tamen album aliquid, tertium augurale, de purpura et cocco mixtum.*   (Servius on Vergil, *Aeneid,* vii. 612.)

6. sede . . . sedens: notice the absence of *in.*

9. fungendae vicis: *fungor* is here treated as a transitive verb. This use of deponents which are construed with the ablative is frequent in Livy.

10. palam factum est: i.e. that the king was dead.   **conploratione:** *the death-wail,* raised in a house at the death of one of the family. It was customary to call aloud the deceased by his name. Cf. the Irish " keening."

11. praesidio: *body-guard.*   **iniussu populi:** *without election by the people.*

14. opes Servi: i.e. before he ascended the throne, while the king was still believed to be alive.   **Suessam Pometiam,** so called to distinguish it from Suessa Aurunca, was a Volscian town, of which the position cannot be precisely determined.

Chapter XLII. 20. Tarquiniis: the *nomen* agreeing with more than one *praenomen* is always plural. These men were the brothers-in-law of Servius, — cf. page 50, lines 24, 25, — and marriage between uncle and niece was not permitted by the Roman law.   **rupit:** *was able to obviate;* involving the idea of prevention, this word is properly followed by a *quin* clause, rather than a clause with *ut . . . non.* B. 295, 3; A. 558; H. 595, 2; G. 547, 554.   **fati necessitatem:** *the unalterable course of destiny.*

21. quin invidia . . . faceret: *and prevent envy of the throne from creating general distrust and hostility even among the members of his family.*

22. Peropportune ad: B. 192, N.; A. 385, *a*; H. 435, 1; G. 359, R. 3.

24. indutiae: there is no mention of a truce made by Tarquin, nor of any war of his with the Etruscans.

26. haud dubius rex: *now sure of the throne.*

27. seu . . . periclitaretur: *seu* = *sive.* A. 525, *c.* The reason for the mood and tense appears upon the expansion of *dubius* into a clause: *haud dubium erat quin rex crearetur, seu,* etc. It will be recalled that Servius had begun to reign *iniussu populi.*

29. divini . . . iuris: *the religious system* of the state.

31. ordinumque: refers to the various classes described in the next chapter.

Page 54. 1. aliquid interlucet: *some visible distinction is made;* this use of *interlucere* is almost unique.   **fama ferrent**: *should award him the distinction of being.*   **Censum** (*censere*): an assessment of patricians and plebeians without distinction.

3. viritim: by all individuals alike without distinction of wealth. **pro**: *in proportion to.*

4. classes: (κλῆσις, *calare*), *classes;* literally, 'callings.' **hunc**: *the following.*

5. ordinem: *arrangement, distribution.*   **ex**: *according to, on the basis of.*   **decōrum**: adjective; *suitable.* This was at once a military organization and a political constitution.

Chapter XLIII. The classification originally made at the time of this reform of the constitution was based, not upon a money valuation, but upon the number of *iugera* of land owned by each man. The change to the money basis was made long afterward, perhaps by Appius Claudius, the censor, in 312 B.C. Moreover, the sums mentioned cannot be the original ones, as the *as* (of twelve *unciae*) must have been originally contemplated, and these figures probably refer to the triental *as* (four *unciae*), the weight to which the *as* was reduced from a supposed weight of twelve *unciae* (really about ten) in 268 B.C., just before the first Punic war, at which time silver was first coined. Copper (*aes*) was first coined about 335 B.C. See Roby's *Latin Grammar*, I. p. 444 sqq., and Tenney Frank, *Rome's First Coinage*, Classical Philology, 1919, pages 319–327. Moritz Müller and Tücking think the *as* here mentioned was one-fifth, not one-third, of the *libra*.

6. milium: substantive; sc. *assium*.

7. centurias: companies in war, units in voting in the *comitia*, each century casting one vote, determined by the majority of individual voices. The numbers in the centuries must have varied greatly in the different classes; for the first class, containing the richer men, had far more centuries than any one of the lower classes, containing the poorer men, who must have been more numerous. Further, the *seniores*, who must have been less numerous than the *iuniores*, formed the same number of centuries.

8. seniorum: from forty-six years upward.   **iuniorum**: from seventeen to forty-six years.   **classis**: the first was *classis par excellence;* cf. our "classic." The others were often called *infra classem*.

9. ut . . . essent, . . . ut . . . gererent: clauses of purpose depending on *confecit*.

10. imperata: *prescribed;* each man was commanded to furnish his own armor and weapons. **galea, etc.:** the student will find descriptions of all these pieces of armor in Guhl and Koner's *Life of the Greeks and Romans*, § 107. It is sufficient here to mention that the *clipeum* (or *clipeus*), a small round shield of metal, which was large enough for those who wore the *lorica*, was replaced in the second class, where no *lorica* was worn, by the large wooden *scutum*, covering the whole person.

13. fabrum: genitive plural; *carpenters and smiths;* they voted with the first class, but did not constitute part of it. Different authorities, however, assign these extra centuries to different classes. **stipendia facerent:** *should serve.*

14. datum: sc. *eis est.* **machinas:** *engines,* chiefly used in sieges. **ferrent:** *to carry,* implying also 'to operate' when the occasion arose.

15. intra . . . milium: from one hundred thousand (not inclusive) down to seventy-five thousand.

16. instituta: sc. *est.*

20. voluit: *he determined.*

24. arma mutata = *alia arma imperata; arma* means both armor and weapons. The first three classes made up the heavy infantry. **datum:** this does not mean that the state furnished the arms; that was done by the men themselves, the completeness of equipment varying according to their property.

25. aucta: *made larger* than the preceding.

26. accensi: *enrolled in addition,* but constituting part of, or at least attached to, the same class.

27. Undecim milibus: ablative of price.

28. Hoc minor census: *an assessment less than this.* While land was the basis of assessment, this century consisted of those who owned none at all. They were free from military service except in time of extreme necessity.

29. habuit: *embraced, contained.* **inde:** *of this.*

30. ornato: *equipped.*

31. equitum: taken from the richest men, patricians, and plebeians.

32. Sex . . . centurias . . . sub isdem . . . nominibus: retaining the arrangement of Tarquin as explained in notes to page 48, lines 9, 10. This is an instance of the extraordinary tenacity with which the Romans clung to old institutions, forms, and names, when no longer needed, or even, in many cases, understood. These six centuries were the so-called *suffragia* (Cicero, *de Republica*, ii. 22, 39), and probably contained patricians only.

Page 55. **2. dena milia aeris**: the *aes equestre*, paid once for all.

3. quibus: neuter; its antecedent is *bina milia*. **viduae**: *unmarried women*.

4. bina milia: two thousand yearly for each knight, not from each woman; this was the *aes hordearium*. These figures do not properly apply to the first census.

6. honos: *political privilege*, antithetic to *onera*.

7. viritim: in the *comitia curiata* every member had the right to vote in his own *curia*, irrespective of his property, each *curia* casting one vote according to its majority of individual voices. But Livy regards plebeians and patricians as having voted together indiscriminately, while we suppose that the plebeians did not possess citizenship prior to this reform.

10. vis omnis penes primores: it will be readily seen by the following table that the *equites* and first class alone had a majority of all the centuries.

Equites	6 (*suffragia*) old . + 12 new centuries . .			18
1st Class, { 20 *iugera* or / 100,000 *asses*, }	40 centuries of *seniores*	40 centuries of *iuniores*,		80
2d Class, { 15 *iugera* or / 75,000 *asses*, }	10 " "	10 " "		20
3d Class, { 10 *iugera* or / 50,000 *asses*, }	10 " "	10 " "		20
4th Class, { 5 *iugera* or / 25,000 *asses*, }	10 " "	10 " "		20
5th Class, { 2 *iugera* or / 11,000 *asses*, }	15 " "	15 " "		30
	no valuation, { *Fabri* 2 centuries / *cornicines* and *tubicines*, 2 centuries, } . . .			4
6th Class, { no land, or less / than 11,000 *asses*, }	1 century			1
				193

11. vocabantur: *were called on to vote*.

12. variaret: *if there was a difference of opinion*.

14. hunc ordinem, qui nunc est: the thirty-five territorial tribes were completed in 241 B.C.; the arrangement here spoken of as existing in the author's time was such that each tribe had a century each of *seniores* and *iuniores* in each class.

$$\text{Each tribe} \begin{cases} \text{1st Class,} & \text{1 century } seniores, & \text{1 century } iuniores \\ \text{2d} & " & 1 & " & " & 1 & " & " \\ \text{3d} & " & 1 & " & " & 1 & " & " \\ \text{4th} & " & 1 & " & " & 1 & " & " \\ \text{5th} & " & 1 & " & " & 1 & " & " \\ & & \overline{5} & + & \overline{5} & = & 10 \end{cases} \times 35 = \begin{cases} 70 \\ 70 \\ 70 \\ 70 \\ \underline{70} \\ 350 \end{cases}$$

i.e., exclusive of *equites*, twice as many centuries as under the former scheme (193 – 18 = 175).

16. duplicato ... seniorumque: the expression is obscure and inexact; it was the centuries that were increased in number, not the tribes, of which there were never more than thirty-five; and there were twice as many centuries in each class as the whole number of tribes, and twice as many altogether (excluding *equites*) as under Servius's plan.

18. regionibus ... habitabantur: *according to the districts and hills that were inhabited;* though this was merely a division of the city, Livy regards it as including all the Romans. Other writers, however, speak also of rural tribes. The *regiones* were *Palatina* (*Ramnes*), *Collina* (*Tities*), *Suburana* (*Luceres*), and *Esquilina* (the suburbs).

20. tributo: this word, of course, is formed from *tribuo* (*tri, bu = fu*; cf. *fui*, φύω). The idea of a threefold division appears from the beginning of the national history. The *tributum* was not a regular tax, but an extraordinary contribution to the treasury, regarded as a forced loan, and to be repaid when the treasury should be full again. **aequaliter**: *proportionally.*

21. neque ... quicquam pertinuere: *and had nothing to do with,* etc.

Chapter XLIV. 24. metu: fear of the severe penalties of the *lex de incensis.*

25. latae: the technical word for the passage of a bill by an assembly of the people.

27. Campo Martio: outside the city, for the people in the *comitia centuriata* was the army, and an army might not enter the gates except for a triumph.

28. instructum: i.e. armed and arranged by classes and centuries. **suovetaurilibus**: a hog, a sheep, and a bull were first driven around the assembled people and then sacrificed to Mars.

29. conditum: agrees with *id*, and may be translated *completed.* **lustrum**: predicate nominative.

31. Fabius Pictor: see Introduction, I. 4.

Page 56. 2. colles: the Quirinal, Viminal, and Esquiline are north of the Palatine and Caelian, separated from them by a valley; they are long ridges which at the east unite into a plateau.

3. Esquilias: *suburbs* (*ex-quilinus* from *ex-colere*, cf. *inquilinus*). This explains the meaning of the name of the Esquiline Hill.

4. Aggere: from the vicinity of the Colline Gate to the Esquiline Hill the ground was level, and artificial fortification was necessary. This was accomplished by a *fossa* thirty feet deep and a hundred feet wide at the bottom, the earth taken from which formed an embankment (*agger*), which was faced and supported by a massive stone wall. Portions of this vast work still remain at Rome near the railway station and elsewhere. See Middleton, *The Remains of Ancient Rome*, i. 132, 136 sqq. **muro circumdat**: now first the "seven hills," as we understand the term, were surrounded by a ring wall.

5. Pomerium: (*post, murus, moeros;* cf. *punire, poena*); Mommsen (*Hermes*, x. 1, 40 sqq.) declares this to be a space inside the walls, between them and the houses. Others take it to be a strip of ground consecrated and left vacant on both sides of the wall. **verbi vim**: *the etymology.*

7. circamoerium: on both sides, within and without the wall.

8. Etrusci: they ran a furrow with a plough, drawn by a heifer and a bullock, round the proposed site, lifting the plough wherever there was to be a gate. The earth was turned inward as the beginning of the rampart, while the furrow was the beginning of the fosse.

10. moenibus continuarentur: *be made to touch the walls.*

15. in . . . semper: *as the city constantly grew.*

Chapter XLV. **18. omnibus**: neuter. Such forms, being ambiguous, are avoided by careful writers.

20. consilio: *policy.*

21. decus: i.e. the temple of Diana. **Iam tum . . . inclitum**: we wonder if the temple of the Ephesian Artemis was already famous at Rome, as it was built only about 600 B.C.

22. communiter: this was a common sanctuary of the twelve Ionian cities of Asia Minor. But it is to be noted that Rome was not a member of the Latin league, but allied with it as an equal over against the whole confederacy.

23. Asiae: Asia Minor.

24. deosque consociatos = *deorum consociationem.* **proceres**: the aristocratic governing classes.

25. publice: the *hospitium publicum* insured to the citizens of a friendly state hospitality, succor in difficulty, a share in public solemnities, legal protection, and assistance.

26. de industria: *deliberately.*

27. Dianae: a very ancient Latin goddess, worshipped as *Diana Nemorensis*, in a grove near Aricia. When identified with the Greek Artemis, she acquired the attributes of the latter.

28. confessio, etc.: this does not necessarily prove that Rome exercised hegemony at this period; there were several common religious centres in Latium.

30. Id: i.e. the attempt to dispute Rome's supremacy.

32. ex Sabinis: it appears from the context that the relation of the Sabines to this sanctuary was similar to that of the Latins. There is nothing improbable about this when we reflect that Rome was a Sabino-Latin city.

Page 57. **1. cuidam patri familiae**: *a certain man of property;* tradition said his name was Antro Curiatius, reminding one of the Alban *trigemini*. Ihne maintains that Alba was a Sabine town. Livy always says *pater familiae; familias* is the older form of the genitive.

3. vestibulo: the space between the columns of the porch and the entrance of the *cella*, the ' portico.'

4. ut erat: *as, in fact, it was.*

5. cecinere: *predicted, prophesied;* poetry and prophecy were looked on as due to the same sort of inspiration; so that the names for the two notions are the same, e.g. *vates*, a seer or a poet.

6. carmen: *prediction;* prophetic utterances were often in verse.

8. ut prima: generally we find *ut primum*.

9. deducit: see note on *deductus*, page 24, line 6.

11. fama: ablative. **responsi**: *the prediction;* see line 5.

12. inceste: *unwashed; incestus* (*in, castus*) is whatever desecrates by defiling.

13. Quin: (*qui ne = cur non*), *why not?* **vivo**: *running, flowing*, as was necessary for ceremonial purification.

14. perfunderis: with reflexive force.

15. Religione: *conscientious scruple*, or *awe*.

16. cuperet: characteristic subjunctive, expressing cause.

Chapter XLVI. **19. usu**: *by prescription;* a legal phrase.

20. iactari voces: *that insinuations were thrown out.*

23. ferre ad populum: i.e. to the new *comitia centuriata*; here we have the prototype of a consular election under the republic. It was by Servius's reform that, for most purposes, the *comitia* of the centuries took the place of the *comitia* of the *curiae*. It will be remembered that previous elections of kings had been by the vote of the *curiae*, upon the nomination by an *interrex*. **vellent iuberentne**: the regular expression for a *rogatio* in such cases.

26. spem adfectandi: *hope of success in his efforts to secure.* **inpensius**: construe with *criminandi*.

27. agro plebis: the land which had been distributed to the plebeians. The patricians had always regarded private occupation of the *ager publicus* as their exclusive privilege; hence their opposition to the liberal measures of Servius.

28. crescendique: *and of increasing his own influence.*

29. et ipse ... et ... uxore ... stimulante: a curious change of construction, recalling a similar one, page 3, lines 13, 14, *profugum ... ducentibus.*

31. Tulit: *produced, afforded.*   **sceleris tragici**: crime fit for the theme of a tragedy; the crimes of the Pelopidae and of Oedipus formed the motive of some of the greatest Greek tragedies. So Livy says, 'the royal house of Rome also.'

32. regum: objective genitive.   B. 200; A. 348; H. 440, 2; G. 363, 2.

Page 58. 1. ultimumque regnum: Tarquin II., who obtained the throne by crime, was the last king of Rome, and was banished in 510 B.C.

2. filius neposne: when we remember that Tarquin I. began to reign in 616 B.C., having come to Rome at a mature age (chap. xxxiv.), and that Tarquin II. was alive after the battle of Lake Regillus, 498 B.C., we shall not be inclined to regard the latter as the son of the former.

3. pluribus ... auctoribus: ablative absolute; *in accordance with the majority of authorities.*

4. ediderim: subjunctive of modest statement. B. 280, 2, *a*; A. 447, 1; H. 556; G. 257; cf. *ausim*, page 1, line 3.

5. ante: page 53, line 19.

7. ne duo, etc.: not *ut non*, for the idea of purpose is hinted at *in fortuna;* as if it had been the purpose of destiny to avoid this union of evil natures, so fatal to the nation.

9. constituique, etc.: *that the* (reformed) *constitution of the state might become firmly established.*

10. ferox: an adjective is not usually joined immediately to a proper name, but as there were two Tullias, this specifies which one is meant, or else the meaning is 'Tullia, being of violent disposition.'

12. aversa: *turned away* (alienated) *from her husband.*

14. muliebri cessaret audacia: *was deficient in the boldness which* (as she thought) *became a woman.*

17. secretis: with *sermonibus;* dative with *adsuefacta.*   **viri alieni**: *of another's* (i.e. her sister's) *husband.*

BOOK I. CHAPTER XLVII.

18. parcere: historical infinitive. **de viro ad fratrem, de sorore ad virum**: *about her own husband to his brother, about her sister to her sister's husband.*

19. viduam: *unmarried.*

20. futurum fuisse: apodosis of a condition contrary to fact in indirect discourse; B. 321, 2, *a*); A. 589, 2, *b*, 2; H. 647; G. 659, 2. **contendere**: historical infinitive.

24. videat: an instance of *repraesentatio*, i.e. using a primary tense in a subordinate clause of indirect discourse, where the rule of sequence requires a secondary; see Introduction, III. 8, *d*. **adulescentem**: Servius married his daughters to the sons of Tarquin at the beginning of his reign (chap. xlii.), which had lasted forty-four years. A man was ordinarily called *iuvenis* from seventeen to forty-six, *adulescens* from seventeen to thirty. **temeritatis**: B. 212, 1; A. 356, 409, N.; H. 458, 2; 477, II. 1; G. 383, 1, N. 1.

25. Lucius: the Mss. have *Arruns*, a manifest blunder of the author or the copyists. **continuatis**: *simultaneous;* strictly, 'without interval.'

26. funeribus: by the murder of their respective consorts.

Chapter XLVII. **29. infestior**: *more insecure;* passive instead of the usual active sense.

Page 59. **2. ne gratuita**, etc.: the past murders availed nothing unless Servius were put out of the way.

3. non sibi defuisse, etc.: *that she had not been in need of one to whom she might have the name of being married.*

4. serviret: *might be a subject,* instead of being a queen.

6. Si tu . . . es: mark the abrupt change to *oratio recta*. **is**: in the sense of *talis*. **cui**: A. 368, 3; H. 424, 3; G. 346, R. 2.

7. appello: *I salute thee as,* etc.

8. sin minus: *but if not;* we find oftener *si minus* or *sin aliter*. **peius**: adverb; = *in peius*, 'for the worse.' **res**: *my situation.* **istic**: *in you;* adverb from demonstrative pronoun of the second person.

9. Quin: interrogative; *why . . . not?* **accingeris**: passive in a reflexive sense.

10. peregrina regna: *a kingdom in a foreign land.*

11. imago: see note to page 45, line 12.

12. regia: 'belonging to a king'; **regale**: 'like a king'; but here the two words are used with one meaning, simply for variety.

15. Facesse: *take yourself off.*

16. devolvere, etc.: *sink down again to the original level of your family.*   **fratris**: B. 204, 3; A. 385, *c*; H. 435, 4; G. 359, R. 1.

18. si = *quod;* cf. page 51, line 15, and note.

20. nullum momentum . . . faceret: *exerted no influence.*

21. muliebribus . . . furiis: *by the passionate ambition of his wife.*

22. minorum . . . gentium patres: i.e. those who had been raised by his father to the patriciate and senate; cf. *factio regis*, page 46, line 28.

23. beneficii: genitive with a verb of reminding.

24. iuvenes: the young men, who were not in the senate.

25. regis criminibus = *regem criminando.*

28. pro curia: in the front part of the senate house, not in front (outside) of it; cf. *pro rostris.*

29. ad regem: the king alone had authority to summon the senate, which was his advisory council.

30. ne non venisse fraudi esset: *lest it should be the worse for them if they did not come.*

31. fraudi: B. 191; A. 382, 1, N. 1; H. 433; G. 356.

32. de Servio actum: sc. *esse; that it was all up with Servius.*
ab stirpe ultima orsus: *starting from his very origin* (chap. xxxix.).

34. sui: *his own*, i.e. the speaker's.

Page 60.   **3. odio alienae honestatis**: *in his hostility toward the honorable position of others*, contrasted with his own ignoble birth.

4. sordidissimo cuique: *among all of the meanest class.*

5. fuerint: notice the use of the perfect where we should look for the pluperfect.

6. insignis ad . . . esset: *might be a mark for.*

8. vellet: subjunctive by attraction to the mood of *largiretur;* perhaps also it is iterative.

Chapter XLVIII.   **10. a vestibulo**: he began to speak while still *in* the porch, before he passed on *from* it. See note to page 57, line 3.

11. Quid . . . est: *what is the matter here? rei* is partitive genitive.

13. ad haec: *in reply to this.*

15. filium: *since he was the son.*   **per licentiam**, etc.: *by playing his insolent game he had long enough insulted his masters.*

18. regnaturum: sc. *eum . . . esse.*

19. ultima: cognate accusative; B. 176, 2; A. 390, *c*; H. 409, 1; G. 333, 1.

20. medium: *about the waist.* B. 241, 1; A. 293; H. 497, 4; G. 291, R. 2.

21. in . . . gradus: *down the steps to the bottom.*

22. ad cogendum: the sitting had broken up and the members had to be assembled again.

25. non abhorret a cetero scelere: *it is not inconsistent with the rest of her connection with the crime*, i.e. her conduct in the immediate sequel.

27. nec reverita, etc.: the appearance of women in public at times of excitement was regarded as indecorous.

28. prima appellavit: B. 241, 2; A. 290; H. 497, 3; G. 325, R. 7.

29. facessere: cf. page 59, line 15, and note.

30. Cyprium vicum: this street ran along between the Carinae (a ridge on the west of the Esquiline hill, just north of where the Colosseum now stands) and the Velia at the northeast of the Palatine.

31. Dianium = *sacellum Dianae.*   **flectenti** = *flectere iubenti.* **dextra**: *to the right.*

Page 61. 1. Urbium clivum: this street went up the Esquiline, making a sharp angle with the *Vicus Cyprius.*

2. is qui . . . agebat: *the driver.* Latin is poor in substantives, in comparison with English.

4. inde: like *deinde*, as often; *thereupon.*

5. quo: *where;* usually it means 'whither.'   **amens agitantibus furiis**: *maddened by the avenging spirits.*

7. sanguinis ac caedis paternae: hendiadys; *of her murdered father's blood.*

8. contaminata . . . respersaque: *stained . . . and spattered.*

9. quibus iratis: *through whose wrath.*

10. prope diem: *soon;* yet Tarquin reigned twenty-five years before his fall. For the phrase, cf. page 53, line 2.

14. iusta: though his original occupation of the throne was of the nature of a usurpation, it had been confirmed and made legal by the vote of the people.

15. tam mite: *mild as it was.*

17. auctores sunt: *declare, testify.*   **ni . . . intervenisset**: elliptical, i.e. 'and would have carried out his intention, had not,' etc.   **intestinum**: *in his own family.*

Chapter XLIX. 19. occepit: archaistic, appropriate to the antique flavor of the story as told in this whole first book.   **Superbo**: *the Overbearing*, rather than 'the Proud'; he overrode all restraints of right and custom.

20. socerum gener: emphatic juxtaposition, as at page 34, line 7, *senex iuvenem*.

21. Romulum . . . insepultum: see page 21, line 16.

22. Servi rebus: *the cause of Servius*.

24. capi: learned from him and turned against him.

25. Neque . . . ad ius regni quicquam praeter vim: *nothing by way of right to the throne but forcible possession;* a rather self-contradictory expression.

26. ut qui: *inasmuch as he*.

28. spei: partitive genitive. **reponenti**: agrees with the agent of *tutandum esset*.

29. Quem: sc. *metum*.

30. capitalium: affecting the *caput* of a citizen, i.e. his physical or civil existence, — his life, liberty, or citizenship. **sine consiliis**: though the power of decision of causes lay with the king himself, it had become customary that he should take, in hearing them, the advice of senators of legal experience. This is one of the customs that Tarquin disregards.

Page 62. 3. unde = *a quibus*.

4. in patres legere: appointment to the Senate was one of the king's powers.

5. ordo: this term for the Senate belongs to the period of the late republic and the empire.

8. domesticis consiliis: *with the advice of his intimate friends*.

9. foedera: alliances for mutual protection. **societates**: for active undertakings; so Heynacher distinguishes these words.

14. Tusculano: Tusculum was a town of Latium, southeast of Rome, on the Alban hills.

16. oriundus: cf. page 22, line 6, and note; *ab* is used with the names of remote ancestors, not with those of parents. The Mamilii claimed descent from Mamilius, the mythical founder of Tusculum, who was said to have been the son of Mamilia, daughter of Telegonus, son of Ulysses and Circe. **ei Mamilio**: repetition of the name, because of the long parenthesis.

Chapter L. 20. ad lucum Ferentinae: the grove of Ferentina, the meeting place of the representatives of the Latin League, in what is now called the valley of Marino, was north of the Alban lake.

21. indicit: this implies that Tarquin held the presidency of the confederation.

22. Conveniunt: sc. the representatives of the cities in the league.

23. sed paulo: *but only a little*. **ante quam sol occideret**

sittings might be held only between sunrise and sunset. As to the mood of *occideret*, cf. *dimicarent*, page 30, line 11, and note.

24. toto die: duration of time. For the ablative, cf. *quibus*, page 38, line 25, and note.

25. iactata sermonibus: *discussed;* they could not pass a vote in the absence of the president.

26. Aricia: a Latin town on the (later) Appian Way, south of and quite near the Alban lake; now La Riccia. *Ab Aricia = Aricinus.*

27. Superbo: agrees with *ei* understood.

28. mussitantes: *muttering under their breath;* the word is borrowed from the language of comedy. **vulgo tamen**: the name was already in common use, though, for fear of the tyrant, men did not speak it aloud.

29. an quicquam . . . esse: a rhetorical question. B. 315, 2; A. 586; H. 642, 2; G. 651, R. 1.

31. indixerit: notice the repeated use in this speech of primary tenses of the subjunctive in the subordinate clauses where secondary tenses might be expected. This is a favorite device of Livy, the effect being increase of liveliness and vividness, by transferring the reader to the temporal standpoint of the speaker.

Page 63. 2. obnoxios premat: *treat them as his subjects*, i.e. oppress them as slaves. **Cui . . . apparere**: a rhetorical question in *oratio obliqua*.

3. Quod si sui bene, etc.: *quod* refers to *imperium; If his own citizens had done well in intrusting authority to him, or if it had been intrusted to him at all, and not* (as the fact was) *seized by murdering* (the late king), *even then the Latins should not commit authority to him, as he was a foreigner.*

5. parricidio: see note on this word, page 17, line 29.

6. eius: B. 209, 1; A. 354, *b*; H. 457; G. 377.

11. eodem pertinentia: *to the same effect.* **seditiosus**: it is hardly fair to call him so, as he was not a subject of Rome.

12. artibus: *means, methods,* with special reference to the qualities expressed by the foregoing adjectives; it might be rendered 'qualities' in this case.

13. cum maxime: *just when.*

14. Aversi: *i.e.* from Turnus; cf. *aversa*, page 58, line 12.

15. monitus . . . ut purgaret: see note on *sinat*, page 52, line 19.

16. id temporis: *so late.* B. 185, 2; A. 397, *a*; H. 416, 2; G. 336, N. 2. **disceptatorem**: *an arbitrator*, chosen by the parties to a dispute.

19. Ne id ... tulisse tacitum: *that Turnus did not let even this pass without remark.*

20. dixisse: sc. *Turnum.*

22. pareat: another case of *repraesentatio*, use of a primary tense for a secondary, in a subordinate clause of indirect discourse.

23. habiturum infortunium esse: the subject is *filium* or *se; he would get the worst of it, it would fare ill with him, he would come to grief*, because of the *patria potestas*, the father's legal power of life and death over his children. *Infortunium* is a colloquial term, used by Plautus and Terence for the punishments of slaves.

Chapter LI. 25. aliquanto: limits *aegrius.*

28. pro imperio: *by virtue of his royal authority*, which applied to Rome only.

29. poterat ... oppressit: notice the awkward change of subject.   **oblato falso crimine**: *by trumping up a false charge.*

30. adversae factionis: the partisans of Tarquin.

31. vim: *quantity.*

Page 64. 1. una nocte: ablative of time within which.

3. principibus: it was the aristocrats who sided with the Roman king.

5. inlatam: *occasioned.*   **saluti**: see note on *fraudi*, page 59, line 31.   **Ab Turno**: construe with *parari;* the infinitive clause is the subject of *dici: dici necem ... ab Turno parari.*

7. ut ... teneat: notice in the subordinate clauses all through this speech the use of present and perfect subjunctives (except *peteret*, line 9), where we should expect to find secondary tenses. **Adgressurum fuisse**: the apodosis of a condition contrary to fact in *oratio obliqua;* cf. page 58, lines 20 and 23.

9. auctor: *summoner.*   **peteret**: this is perhaps one of those cases where the ingenuity of scholars has been taxed to find a reason for what was only an unnoticed inconsistency of the author; it seems hard to say, without becoming altogether fanciful, why this single imperfect should occur among the primary tenses. We can scarcely think that Livy meant to imply all that Wsb. understands from this tense.

11. destituerit: sc. *Tarquinius.*

16. Suspectam fecit rem: *confirmed the suspicion.*

20. nisi gladiis deprehensis: translate as a conditional clause with finite verb; the use of *nisi* with an ablative absolute is not uncommon in Livy.

23. ex omnibus locis: *from every nook and corner.*
27. indicta causa: *without a trial*, which did not seem necessary under the circumstances.
28. novo genere leti: i.e. unusual in historical times; Tacitus (*Germania*, xii.) shows that it was in use among the Germans; cf. also Plautus, *Poenulus*, v. 2, 65 (1025). **ad caput**: *at the source, fountain;* the *aqua Ferentina*, starting in the *lucus Ferentinae*, empties into the Tiber some six miles below Rome.
Chapter LII. 31. novantem res: *attempting a revolution.*

Page 65. 1. adfecissent: a relative clause of characteristic.
2. omnes Latini: cf. chaps. iii., xxxii., xxxiii., xxxviii.; it is not clearly stated before this that all the Latin towns were colonies of Alba.
4. ab Tullo: *from the time of Tullus.* In the treaty made by Tullus (chap. xxiv.) there is no mention of colonies of Alba.
5. utilitatis: with *causa.*
11. persuasum: B. 187, II., *a, b*; A. 367, 372; H. 426, 2; 302, 6; G. 346, R. 1.
12. superior . . . erat: *the supremacy of Rome was acknowledged.* **Ceterum**: *besides.* **capita**: *the chief men.*
14. documentum: *warning.*
15. iunioribus: men of military age; cf. the centuries of *iuniores* in the constitution of Servius (chap. xliii.).
16. ex: *in accordance with;* the same idea is expressed by *quo*, line 4, without a preposition.
19. secretum: *separate.*
20. manipulos: maniples, or double centuries, were in later times the smallest tactical unit of the legion; we suppose that at this early time the Romans fought in a phalanx, for the manipular organization was introduced, as Livy himself says (Book viii., chap. viii.), at the time of the great Latin war, 340 B.C. **ex binis singulos**, etc.: one new maniple was formed of one half of two old ones, and the two halves of each old one now formed parts of two new ones. Each new maniple thus consisted half of Latins and half of Romans.
Chapter LIII. 23. ut . . . ita: *though . . . yet.*
24. pravus: *unskilful.* **quin**: *nay even;* the construction is independent.
25. degeneratum in aliis: *his degeneracy in other respects;* this use of a neuter participle for an abstract verbal noun is so common in Livy as to form a distinctive feature of his style; see Introduction, III. 9, *b.*

26. Volscis: a nation of the Umbro-Sabellian stock, which had advanced from the mountains into the southern plain of Latium and occupied it as far as the sea.   **in ducentos . . . annos**: *that was to last* (including its intervals of peace) *more than two hundred years.* **ducentos amplius**: cf. page 23, line 17, and note.

27. Suessamque Pometiam: the chief town of the Volscians; see note to page 53, line 14.   **ex his**: *out of their midst* or *from their territory.*

28. quadraginta talenta: following Fabius Pictor, who wrote in Greek, Livy uses the Greek term ' talent '; the only money in use in Latium at that time was copper; the sum here intended to be expressed was 1,000,000 *asses graves* = about $50,000.

29. refecisset: *had realized.*   **concepit animo**, etc.: *formed a plan for so magnificent a temple of Jupiter as*, etc., i.e. the Capitoline temple to Jupiter, Juno, and Minerva.

Page 66. 2. Captivam: this word is used several times by our author, referring to things without life = *captam;* cf. page 103, line 19.

4. Excepit . . . eum: *claimed his attention.*   **lentius spe**: *which dragged on longer than he had expected;* this is an instance of the so-called *comparatio compendiaria.*   A. 406, *a*; H. 471, 8; G. 398, N. 1.   **Gabios**: a Latin city about seven miles east of Rome.

6. pulso: sc. *Tarquinio.*   B. 188, 2, *d*; A. 381; H. 427; G. 345, R. 1.

7. minime . . . Romana: a patriotic remark that the historian feels called upon to make more than once in the course of his work.

10. minimus: sc. *natu.*

11. transfugit: this is evidently a borrowed legend, not an historical fact; cf. the story of Zopyrus at Babylon (Herodotus, iii. 154).

13. frequentiae: *the large number;* for the case see note to page 63, line 6.

14. ut . . . ne, etc.: these purpose clauses are subordinate to *vertisse*, rather than to *taedere.*

16. inter: *from the midst of.*

18. ne errarent: elliptical; (he informed them) *that they might not be mistaken*, etc.   B. 282, 4; A. 532; G. 545, R. 3.

20. Quod si: *but if.*

22. Aequos et Hernicos: Umbro-Sabellian nations, in the northeast and east of Latium, respectively.

26. si nihil morarentur: colloquial; *if they did not care for him;* the phrase is like the formula, *te nihil moror,* used in dismissing an accused person when the charge was not sustained; cf. Livy, iv. 42, 8, and viii. 35, 8; for the case of *nihil*, see B. 176, 2; A. 390, N. 2; H. 416, 2; G. 334.

30. In se . . . saeviturum: cf. page 3, line 2.
31. futurum: sc. *esse*.   **credere**: sc. *se*.
32. brevi: cf. page 4, line 16, and note.

Page 67. Chapter LIV. 1. consilia: *deliberations*.
2. adsentire: this verb is usually deponent.
3. auctor esse: *advised*.
6. regiam = *regis;* cf. page 7, line 17, and note.
7. rebellandum: not ' rebel,' but *renew the war*.
10. vana . . . fides: *mistaken trust*.
11. ad ultimum: *at last*.   **belli**: construe with *dux*.
14. certatim . . . credere: *all eagerly agreed in believing*.
16. obeundo: Tücking observes that we should expect rather *subeundo* or *adeundo*.
17. pariter: *in like manner with the soldiers*.   **largiendo**: plunder was often sold for the benefit of the state, and was then of no advantage to the individual soldier.
20. videbat: imperfect after *postquam;* cf. page 29, line 10, and note.
22. omnia unus: antithesis, heightened by reversal of the natural order of the words.   **omnia . . . posset**: the use of the neuter adjective is to express the extent of the action of the verb. See note to page 56, line 26.
24. deliberabundus: another example of this class of verbals so much affected by our author. The following story looks like an imitation of that of Thrasybulus and Periander (Herodotus, v. 92).
28. ut re inperfecta: *as if he had not accomplished his errand*.
32. ambagibus: *riddle*.

Page 68. 1. sua . . . opportunos: *made easy victims by their own unpopularity*.
4. volentibus: *if they chose it;* A. 378, 2, N.; H. 430, 2; G. 353, N. 2. The construction is a Grecism (βουλομένῳ μοί ἐστιν); cf. page 118, lines 2, 3.   **fuga**: *voluntary exile*.
5. iuxta atque = *pariter ac* or *aeque ac; atque,* ' as '; Livy often uses *iuxta* in this sense.   **Largitiones**: i.e. distribution of confiscated property among the partisans of Sextus.
7. consilio auxilioque: paronomasia; both words end in *-silio*.

8. Gabina ... Romano: chiasmus, like, e.g., *Marte ... victoria*, page 43, line 24.

9. in manum traditur: the treaty with Gabii is said to have been extant in Livy's time in the temple of Semo Sancus (Dius Fidius), on the Quirinal hill.

Chapter LV. 10. Aequorum: in northeast Latium, between Mt. Algidus and the Lacus Fucīnus.

11. foedus: agreements with the Etruscans were always truces for a fixed term of years (*indutiae*); cf. page 20, line 20, and note.

13. monte Tarpeio: the Capitoline hill, especially the southern part of it.

14. Tarquinios, etc.: this clause is epexegetical to *monumentum;* the idea is ' posterity should say that the two Tarquins,' etc.

15. a ceteris religionibus: *from consecration to other deities.*

16. esset tota: *tota* is predicative, *might belong wholly.*

17. inaedificaretur: subjunctive by attraction to the mood of *esset*, on which it depends.   **exaugurare**: the limits previously consecrated by the taking of auspices were now, by a similar ceremony, deconsecrated, that they might be free for a new purpose. **quae aliquot**: several of which.

19. pugnae: cf. chap. xii.

21. movisse numen: *exerted their power; numen* from *nuere*, ' to nod '; a nod is a sign of will.

23. Termini: Jupiter Terminus, god of boundaries, was worshipped in the form of a boundary stone, in the middle *cella* of the Capitoline temple. There was a hole in the roof above it, so that it stood under the open sky. In Book v., chapter liv, we find an allusion to the rest of this legend, concerning *Iuventas*, who also refused to move.

24. non motam ... non evocatum: *the fact that*, etc.

26. finibus: elsewhere in Livy *evocare* takes *ex* with the ablative.

27. secutum: connect with *est.*

28. caput humanum: it was further related that this was the head of a certain king Olus (*caput, Oli, -um*), and the name of the hill was explained by this ludicrously naïve story, which is an extreme example of the etymological myth.

29. aperientibus fundamenta: *as they opened the ground to lay the foundations.*

30. per ambages: for the meaning of this word, cf. page 67, line 32; page 70, line 19.

31. caput rerum: *the capital of the world.*

Page 69. 2. ex Etruria: these must have been *haruspices*. **Augebatur ... animus**: *his ambition was stirred to incur greater expenses.*

3. ad inpensas: sc. *pecunias ... faciendas.* **Pomptinae** = *Pometinae* of *Suessa Pometia.* Cf. page 53, line 14, and note; also page 65, line 27.

4. manubiae, in a strict sense, were the general's share of the spoils. **perducendo ... operi**: cf. *sacris faciendis*, page 27, line 12, and note.

5. Fabio: see Introduction, I. 4.

6. praeterquam quod: cf. page 48, line 14, and note. **crediderim**: subjunctive of modest statement; cf. page 58, line 4, and note.

7. sola: like an adverb; *only.* **Pisoni**: see Introduction, I. 4. **quadraginta milia pondo**: reckoning one hundred pounds of silver to the talent, this would make four hundred talents instead of forty. They reckoned only eighty pounds to the talent in calculating the indemnity exacted from Antiochus in 188 B.C. (Livy, xxxviii. 38, 13).

8. quippe summam: *for* (that would be) *an amount.*

10. et nullorum ... exsuperaturam: *and would more than suffice for the foundations of any of the splendid buildings even of these times.* This was written in the days of the emperor who "found Rome of brick and left it of marble."

Chapter LVI. 12. ex Etruria: the architecture of this period was mainly derived from Etruria, and this temple was in the Etruscan style, which was an ungraceful imitation of Doric forms.

13. pecunia ... publica: *vectigalia*, tithes for the use of the *ager publicus*, etc.; the king appears absolute in the disposal of the public funds and of the labor of the plebeians.

14. operis: *workmen;* B. 61; A. 107; H. 140; G. 69, c.

17. ut specie minora, etc.: *less showy in outward appearance, indeed, yet involving considerably more labor;* the second phrase shows a curious change of construction.

18. foros ... faciendos, Cloacamque ... agendam: these gerundive phrases are in apposition with *opera.*

19. Cloacamque Maximam: so called to distinguish it from other sewers, e.g. those mentioned in chapter xxxviii.; this magnificent drain, or its successor, built of hewn tufa blocks and about twelve feet in diameter, runs for more than two hundred yards under the Velabrum, and carries the water from the low ground of the Forum and vicinity into the Tiber. Its mouth is sometimes visible in the stone embankment which lines the shore. It is the main artery of a system of drainage that must have occupied many years in building.

21. quicquam: adverbial accusative.

23. ubi usus non esset: *when there was no employment for them.*

24. Signiam: on the north side of the Volscian mountains in the valley of the Trerus (*terra*, line 25).

25. Circeios: on the promontory of Circe, the southern frontier town of Latium on the coast (*mari*, line 26).

27. visum: sc. *est.*   **anguis**: a symbol of the genius of the house.

30. anxiis ... curis: *anxiety for the future.*

Page 70. 1. domestico: *affecting his own household.* **Delphos**: consultation of the Delphic oracle was very unusual; this is the first instance in Roman history.

2. responsa sortium: here in a general sense, *answers of the oracle; sortes* were wooden tablets inscribed with certain signs, and used in " casting lots " in order to interrogate the minds of the gods; this was a peculiarly Italian method of divination.

6. longe alius ... induerat: literally, ' a young man far other in character than (the young man) the imitation (pretence) of whom he had assumed.' Or perhaps = *longe alius ingenio quam id ingenium erat cuius simulationem induerat.*

8. in quibus: *and among them.*

11. ubi: has almost causal force.

12. factus ad imitationem: *accustoming himself to feign.*

13. Bruti: *the Dullard;* for the meaning of *brutus*, see Lexicon. This whole story seems simply an attempt to account for his name.

15. liberator ... animus: *liberator* is an attributive adjective in this instance; *the spirit which was to set free*, etc. See Introduction, III. 1, *d*.

18. inclusum ... baculo: Livy is the first author to omit the preposition with *includere*. The gift was a very valuable one for a man in Brutus's circumstances to offer.   **ad id**: *for that purpose;* cf. page 15, line 22.

19. per ambages, etc.: *a symbolic representation of his own character.*

21. ad quem: for *ad utrum;* they intend only themselves; but the oracle's answer, '*qui primus*,' not '*prior*,' applies to a third person. This, however, is perhaps accidental.

25. fuerat: for *erat;* see note to page 4, line 20.

28. alio ... spectare: *had a different significance;* cf. *neutro*, page 31, line 25.

29. Pythicam: the priestess of Delphi was called *Pythia*.
32. Rutulos: in Latium, south of Rome, about Ardea; cf. chap. ii. Livy omits the story of the purchase of the Sibylline books, told by Dionysius (iv. 62).

Page **71**. Chapter LVII. **1. Ardeam**: an important town about twenty miles south of Rome. **ut in ea regione**: *considering it was in that district;* cf. page 5, line 25; page 103, line 24; page 135, line 27. The country around was swampy and unhealthful, but Ardea had a port on the coast and a considerable commerce.

5. popularium: adjective used substantively.
6. regno: not merely *regi*.
8. si: B. 300, 3; A. 576, *a*; H. 649, II., 3; G. 460, 1, (*b*).
9. parum processit: *met with no success*, owing to the strong situation of the city.
10. stativis: sc. *castris*. **ut fit**: *as is generally the case.*
11. commeatus: *furloughs, leaves of absence.*
13. otium ... terebant = *tempus otio terebant.*
14. apud: *at the quarters of —*, in the camp.
15. Egerii: cf. chaps. xxxiv and xxxviii.
17. miris modis: a poetic phrase; cf. Vergil, *Aeneid*, i. 354.
19. Quin (*qui ne*): *why ... not?* Cf. page 59, line 9.
20. iuventae: this word was introduced by Livy into prose. **inest**: sc. *nobis*. **praesentes**: *with our own eyes.*
21. nostrarum: sc. *uxorum*. **spectatissimum**: *the most striking, most signal proof.* Seeley thinks *cuique* refers to the wives, and that the expression is equivalent to *sit spectatissima quaeque secundum id quod*, etc.
23. omnes: sc. *clamant, iubent*, or a like verb.
24. intendentibus tenebris: *as the shades of evening were falling.*
25. Collatiam: see note to page 49, line 7.
26. convivio luxuque: hendiadys.
28. lanae: spinning, carding, and weaving were the chief occupations of the Roman housewife; cf. the well-known inscription on the grave of a matron, "*lanifica, pia, pudica*"; and another, "*domum servavit, lanam fecit.*"

Page **72**. **1. victor**: adjective, like *liberator*, page 70, line 15.
Chapter LVIII. **8. ignaris**: *unsuspicious.*
10. circa = *quae circa erant*. **sopiti**: *sound asleep.*
13. moriere: forms of second person passive in *-re* (rather than *-ris*) are rare in Livy.

14. pavida ex somno: *awakening in affright.*
16. versare ... animum: *tried in every way to work upon her feelings as a woman.*
18. ad metum dedecus: *fear of disgrace to fear for her life.*
20. sordido: i.e. with a 'mean' man, a slave.
21. velut vi atrox: this is one of the least objectionable conjectures as to the reading of a very perplexing line in the Mss. *Velut vi*: i.e. by threats he accomplished the same result as if he had used force.
22. ferox ... muliebri: *triumphing in his conquest of her womanly honor.*
25. ita facto maturatoque opus: *need to do so, and that speedily.*
27. Valerio: afterward called *Publicola*. **Volesi**: this praenomen does not occur elsewhere than in connection with this individual.
30. suorum: refers to the logical subject *Lucretia*, though the grammatical subject is *lacrimae*.

Page 73. **1. lacrimae obortae**: cf. Vergil, *Aeneid*, iii. 492, *Hos ego digrediens lacrimis adfabar obortis;* and xi. 41, *lacrimis ita fatus obortis.* **Satin salve** = *Satisne salve agis* or *res se habent? Is all well?*
2. Minime: colloquial, a strong negation, like our 'anything but.'
5. mors testis erit? *my death shall prove it.* **haud inpune ... fore**: colloquial use of adverb instead of adjective with *esse.*
6. hostis pro hospite: a favorite paronomasia of our author.
8. pestiferum: *fatal;* construe with *mihi sibique.*
9. animi: cf. page 10, line 22, and note. B. 204, 4; A. 358; H. 458, 1, foot-note 2; G. 374, N. 7. **noxam**: *guilt.*
12. videritis: B. 275; A. 439, N. 1; H. 559, 2; 560; G. 263.
15. eum: the pronoun recalls the attention to *cultrum*, after the parenthetical clause; cf. *ei*, page 62, line 16. **prolapsa in vulnus**: *her head sinking on her wounded breast.*
16. Conclamat: cf. page 53, line 10, and note.
Chapter LIX. **21. scelerata**: especially because of her conduct toward her father; cf. chap. xlviii.
25. in Bruti pectore: *in the breast of the Dullard.*
26. toti: adverbial, *altogether;* there is no adverb from *totus.*
31. Movet ... patris maestitia, etc.: cf. page 34, line 2.

Page 74. **1. tum Brutus ... auctor**: *as well as the* (surprising) *fact that it was Brutus who chid their useless tears and advised*, etc.

3. adversus hostilia ausos = *adversus eos qui hostilia ausi essent.*
Ferocissimus quisque: *all men of spirit.*

6. regibus: *to any of the royal family.*

9. Rursus: *again, on the other hand.*

10. haud temere esse: *that it was not without good reason.*

14. Celerum: cf. page 20, line 29, and note.

15. magistratu: the *tribunus celerum* was not a magistrate in the sense in which that word was used under the republic, but an officer subordinate to the king, and not having the right, as such, to call an assembly of the people. Here he is made to act, in the king's absence, like a republican Master of Horse in the absence of the Dictator; but, as Seeley remarks, these proceedings were revolutionary, not constitutional.

16. pectoris: in the sense of 'character, disposition,' is rather poetic.

19. Tricipitini: i.e. Sp. Lucretius, the father of Lucretia. **morte**: construe with *indignior ac miserabilior.*

20. Addita: sc. *est.*

22. demersae: *absorbed;* literally, 'plunged.'

23. circa: used adjectively.

24. memorata: sc. *est.*   **caedis**: for this form of nominative, cf. *stirpis*, page 4, line 17; *aedis*, page 44, line 16.

25. invecta . . . filia: *his daughter's driving over;* cf. *patre proclamante*, page 34, line 3; for the fact, see page 61, lines 6, 7.

26. ultores parentum dii: it does not appear that any particular gods are meant.

27. praesens: *existing at that time.*   **indignitas**: subjective; *indignation.*

28. scriptoribus: construe with *facilia;* the fiery indignation of the speaker could hardly be expressed by the historian.   **subicit**: *suggests* (to a speaker); present tense because it is a general truth.

29. imperium . . . abrogaret: Tarquin had not been regularly elected by the people, nor had he received the auspices from a properly constituted *interrex;* he was therefore a usurper, and the people had the right to take from him his *imperium*, which was *de facto* only. This would not have been true in the case of a king regularly and constitutionally appointed.

31. nomina dabant: *enlisted*, for service against Tarquin.

33. praefecto urbis: an officer left in command when the king, afterward when the consuls, left the city, "*qui ius redderet ac subitis mederetur*" (Tacitus, *Annals*, vi. 11.).

Page 75. Chapter LX. 5. flexit viam: *took another road.*
7. Ardeam: the siege of Ardea and its result seem entirely forgotten in the interest of more important events.
10. Caere: terminal accusative.
15. Regnatum: sc. *est; the monarchy lasted.*
16. Duo consules: originally called praetors; these magistrates held at the beginning the same powers as the king, but there were two of them with equal authority, and their term of office was limited to a year.
17. comitiis centuriatis: the assembly of all the citizens, patricians and plebeians, voting by classes and centuries. **a praefecto urbis**: it seems that this ought to have been done by an *interrex;* Dionysius says that it was so done. The authority of a *praefectus urbis* ceased with the *imperium* of him who had appointed him. The sovereignty then would return to the *patres*, who would delegate it to an *interrex*. **a**: *under the presidency of.* **ex commentariis**: *according to the constitution.*

BOOK XXI.

Page 76. Chapter I. 1. parte: sharply contrasted with *summae totius; a section of my work,* the third decade, of which the second Punic war was the subject.
2. summae totius: *of a whole history.* Livy's work embraces the whole history of Rome; the works of others had embraced single periods only.
3. maxime . . . memorabile, etc.: Thucydides opens his history with a similar statement about the Peloponnesian war. The second Punic war was memorable because it was a decisive conflict for supremacy between the Aryan and Semitic races, involving the whole subsequent history of European civilization.
4. umquam: he does not mean simply Roman wars, but all wars. **gesta sint**: this clause is put as a logical part of the statement contained in *me scripturum,* etc. B. 324, 2; A. 593; H. 652, 1; G. 663, 1. **Hannibale**: (-*băl*, though the early Roman authors wrote -*bāl*), the name means "Grace of Baal"; Baal was the supreme god of the Phoenicians. The second Punic was very properly called the Hannibalic war; after its unsuccessful issue, the aristocratic party at Carthage tried to devolve all responsibility for it upon Hannibal, who was, at all events, not to blame for the final failure. But Livy considers it the affair of the Punic state, though in Book xxxiii., chapter xlv., he says, *belli per unum illum non magis gesti quam moti.*

5. gessere: B. 314, 3; A. 583; H. 643, 3; G. 629, R. (*b*).

6. neque validiores: the following sentence contains four reasons for calling this war *maxime memorabile*.　**opibus**: all kinds of resources, sources of power.

7. his ipsis: it may be questioned whether the power of Carthage was not greater in the first war, when certainly the manifestations of it were greater. And Rome, of course, was subsequently more powerful, though perhaps never so vigorous.

8. virium . . . roboris: strength for offence and defence respectively, manifest outward power and inward vigor.　**belli artes**: *methods of warfare, tactics;* yet the first war was mainly naval; the second, carried on almost entirely upon land.　**inter sese**: seems to refer primarily to *conferebant*, like *inter se . . . contulerunt*, above; but probably in the author's mind the phrase may have been associated also more or less distinctly with *ignotas*.

9. expertas: passive.　**primo . . . bello**: ablative of time.

10. adeo . . . anceps Mars fuit: *so uncertain was Mars;* the god of war, as in poetry, put for war itself (metonymy).　**propius periculum**: *nearer the brink of destruction*, the reference being chiefly to the critical position of the Romans after the battle of Cannae; *prope* in all degrees is followed in Livy by the accusative.

11. fuerint: the perfect subjunctive is regular in a clause of result after a secondary tense; B. 268, 6; A. 485, *c*; H. 550; G. 513. **qui vicerunt** = 'the victors'; cf. *is qui iumenta agebat*, page 61, line 2; also *gessere*, line 5. An independent statement of fact not logically subordinate to *ut . . . fuerint*, and so not put into the subjunctive.

13. ultro inferrent arma: *presumed to make war.* B. 286, 1; A. 592, 3; H. 588, 11.; G. 541.　**Poenis**: sc. *indignantibus*.

14. superbe avareque: see note on *Sicilia*, etc., line 20.　**crederent**: put into the subjunctive by a false analogy with *inferrent*, line 13.　**inperitatum**: one of the author's favorite frequentative forms.

15. Fama est: this is not a mere tradition, but a story attested by Polybius, Appian, Nepos, Valerius Maximus, and others.　**annorum**: B. 203, 2; A. 345, *b*; H. 440, 3; G. 365, R. 1; a genitive of quality is not usually attached directly to a proper name.

16. blandientem: *coaxing*, wheedling, trying to induce by caresses, hence followed naturally by *ut duceretur*.　**Hamilcari**: *gift of Melkart;* the great Hamilcar Barca, father of Hannibal and his valiant brothers, the "lion's brood."

17. Africo bello: the war of Carthage with her mutinous mercenaries and revolted subjects, at the close of the first war with Rome.

18. altaribus: generally used in plural with singular meaning. **sacris:** *the victim.*

19. adactum: sc. *esse;* the subject is *Hannibalem*, line 15.

20. spiritus: genitive. **virum:** Hamilcar. **Sicilia Sardiniaque amissae:** *the loss of Sicily and Sardinia;* Hamilcar was unsubdued in western Sicily, when his countrymen, regarding the war as settled by their naval defeat off the Aegates Islands, made peace in 241 B.C., ceding all their possessions in Sicily. Afterwards, when Carthage made preparations to subdue Sardinia, which had revolted, Rome pretended to regard this action as a menace of war against herself, and obliged Carthage to purchase peace by giving up the island and paying an indemnity of twelve hundred talents, about $1,500,000 (*stipendio etiam insuper inposito*). The indemnity exacted in 241 B.C. had, moreover, been increased by the Roman Senate beyond the amount stipulated by the Roman commander in the preliminary treaty of peace. All this conduct explains *superbe avareque*, in line 14.

21. nam, etc.: this is the reason in Hamilcar's mind, for his mortification, quoted in *oratio obliqua*.

22. inter: *during.* **motum:** the same as *Africo bello*, line 17.

23. stipendio: *stipi-pendium (stips,* a contribution, and *pendere).*

Page 77. Chapter II. 1. curis: refers to the last sentence of chapter i.

2. sub: *immediately after.* **per quinque annos:** B. 181, 2; A. 424, *a*; H. 417, 1; G. 336. The whole war lasted, according to Diodorus, but four years and four months (241–237 B.C.), according to Polybius three years and four months, and Hamilcar was not placed in command at the beginning of it.

3. novem annis: B. 231, 1; A. 424, *b*; H. 417, 2; G. 393, R. 2. These two phrases for duration of time show the author's fondness for variety in syntax. Hamilcar was killed in a battle with the Vettōnes in 228 B.C. **in Hispania:** there had been from remote antiquity Phoenician colonies in Spain, but no great conquests till Hamilcar's time; the country was valuable chiefly for its vast mineral wealth, and its hardy population, which made excellent soldiers.

6. duce: merely for variety, the form of expression is changed in the next line to *ductu* with the genitive.

BOOK XXI. CHAPTER III.

8. pueritia: inaccurate; he was eighteen at the death of his father.

10. obtinuit: *held.*   **flore ... conciliatus**: *at first, as they say, a favorite with Hamilcar because of his youthful beauty.*

12. profecto: contrasted with *uti ferunt;* this is certain; that, mere report.   **animi**: epexegetical to *aliam indolem; a different character, that is, the character of his mind.*

13. factionis Barcinae: named after its leader, Hamilcar Barca; this was the popular, national party, favoring war with Rome, which gradually succeeded in driving its opponents from the management of the government and in gaining control of the state policy.   **plebem**: using a Roman term in a general sense for the population of Carthage.

15. principum: the aristocracy and the rich, who desired peace at any price.   **consilio ... vi**: *policy ... force of arms.*

16. regulorum: *chieftains, petty monarchs.*

17. principum: *leading men* in republican communities.

18. nihilo ... tutior: peace afforded no greater security to him than war to Hamilcar.

23. praebuerit: cf. *fuerint,* page 76, line 11, and note.

25. renovaverat: had renewed the treaty already made in 241 B.C., but with the additional provisions here stated. This was in 225 B.C.

26. ut: *providing that.*   **finis ... imperii**: the Romans had no possessions outside of Italy, except Sicily and Sardinia, and the Carthaginians had not fully conquered Further Spain.

27. mediis: Saguntum was several days' march from the Ebro, on the Punic side. This statement about the Saguntines is not confirmed by Polybius and is not absolutely reliable.

Chapter III. 29. quin: the predicate has been lost from the text; sc. *eum imperatorem crearet,* or some equivalent expression. Some editors regard this as a case of *anacoluthon,* without any *lacuna* in the text.

30. praerogativa: *provisional* or *preliminary choice;* in the Roman *comitia* the tribe or century first called on to vote was called *tribus* or *centuria praerogativa.* The adjective was then used substantively, and extended in meaning from the voting body to the vote itself. The vote of the first century was usually followed by a similar vote of the others. In regard to the case here in point, it seems to have been legally regular for the Carthaginian army to elect its general provisionally, subject to confirmation by the Senate and people at home.

Page 78. 1. praetorium: the general's tent or the open space in front of it; as usual, Roman terms are applied to the affairs of a foreign people.

2. favor: *applause*.

3. vixdum puberem: this is inconsistent with the rest of the story; cf. page 79, line 20; Hannibal was probably about twenty-six when chosen commander; this expression would be applicable to a boy of fourteen. We are told that he was nine years old when his father went to Spain, and that Hamilcar commanded there nine years, and Hasdrubal eight. As is often the case, the author may be following more than one account, and is sometimes betrayed into inconsistency.

4. accersierat: i.e. *arcessierat* (*ad, cessere*, causative of *cedere;* cf. *arbiter* for *adbiter*); this is in plain contradiction with chapter i., and with the words put into Hannibal's mouth in Book xxx., chapter xxxvii, *Novem . . . annorum a vobis profectus post sextum et tricesimum annum redii*. **senatu**: the governing class at Carthage was an aristocracy of birth and wealth; there was a senate of nobles, presided over by the two Suffetes, or "kings"; but the chief power was really exercised by the Council of one hundred and four judges. **fuerat**: we have noticed the author's frequent use of this auxiliary for *erat*.

7. aecum = *aequum;* in the Augustan age the Romans wrote *cu-* where afterward *quu-* became usual.

8. tribuendum: sc. *esse*.

9. admiratione: *surprise at*. **ancipitis**: *self-contradictory*.

11. fruendum: construed as if transitive; originally the verb was so. **iusto iure**: the strength of the expression is increased by the pleonasm. **eum**: i.e. *florem*.

12. repeti: the word means seeking in return, asking what one is entitled to.

13. pro . . . rudimento: *by way of military training*.

14. praetorum: in a general sense, *commanders*. **An . . . timemus**: in this rhetorical question is stated a second ground for the previously expressed opinion of the speaker.

15. regni: Hamilcar and his successors in Spain were virtually independent sovereigns. **speciem**: *display*.

17. istum iuvenem: *that youth of yours;* addressing the Barcine party.

19. vivere: depends on *docendum*.

20. quandoque: indefinite, *sometime*.

Chapter IV. 21. optimus: the aristocratic party always has the author's sympathy, and, besides, this party favored peace with Rome.

22. maior pars: this implies that the nation at large supported Hannibal's policy.

25. Hamilcarem: he was in the prime of manhood at his death. **iuvenem**: predicative, *as a youth*.

28. brevi: sc. *tempore;* cf. page 4, line 16.   **pater in se**: *his likeness to his father.*

29. momentum: *influence.*

30. diversissimas: *most opposite.*

31. discerneres: translate as if it were pluperfect. B. 280, 3; A. 447, 2; H. 554, 3; G. 258.

Page 79. 1. ubi ... esset: B. 287, 2, *a*; A. 542, 514, *D.* 2, *b*; H. 602, 3; G. 567, N.   *Ubi* = 'whenever'; cf. *ubi dixisset*, page 43, line 8.

2. fortiter ac strenue: *with gallantry and energy.*

5. erat: sc. *ei.*

6. patientia: *power of endurance.*

9. id, quod ... superesset: *whatever remained after the performance of his duties;* the subjunctive is of the same general character as *esset*, line 2.   **gerendis rebus**: dative.

10. ea: i.e. *quies.*

11. sagulo: the ordinary soldier's cloak; diminutive of *sagum.*

12. custodias stationesque: the former are sentries; the latter, pickets or outposts.   **Vestitus ... arma ...** : antithesis emphasized by asyndeton.

14. idem ... erat: *he was at once.*

15. Princeps ... ibat: cf. page 33, line 6, and note. The imperfect tense here expresses his habit.

16. viri: *vir* is emphatic for *is*, as *res* is for *id*. Also *viri* alliterates with *virtutes* and *vitia*.   **vitia**: it is always to be remembered that Hannibal's history was written by his enemies, who were inclined to exaggerate the darker features of his character, if not to invent them. But the medium through which we view him fails to obscure the grand proportions of his figure, which towers above the greatest of his contemporaries. The charges here made against him are the commonplaces of national antipathy. The Romans — generations after his death — could never think of their terrible foe without a thrill of rage and dread. In other passages Livy expresses admiration for Hannibal's great qualities. It must be admitted that Hannibal was sometimes cruel, but he was more humane than most of his countrymen: the fault was not a personal but a national characteristic; and the Romans were not tender-hearted.

17. perfidia . . . Punica: to those who read the history of Rome's dealings with Carthage, recorded, too, by Roman, not by Punic, writers, this proverbial phrase sounds like mockery. We are not told what the Carthaginians thought of *Romana fides*. England used to be spoken of by the French as " perfidious Albion."

18. nihil veri: *nihil* and *nullus* are used in this passage to express negative qualities for which the Latin has no abstract substantives.

19. religio: *conscience*, sense of obligation to, or dependence upon, the supernatural.   **indole**: cf. page 5, line 16.

20. meruit: *served;* sc. *stipendia.*

Chapter VI. 23. ceterum: here, as so often in Livy and Sallust, = *sed;* see Introduction, III. 7, *c*.

24. certamina: *controversies* between Saguntum and its neighbors, in order to get a pretext for interference.

25. Turdetānis: this was the name of the chief nation of Baetica, in southwestern Spain; the neighbors of the Saguntines had the same name, and may have been a branch of the larger nation; they were enslaved by the Romans in 214 B.C.   .**adesset**: *supported, backed, abetted.*

26. nec certamen . . . quaeri: *that not a contest for justice, but a pretext for violence was being sought;* this was in the winter of 220–219 B.C.

28. orantes: the present participle expressing purpose is unusual, found in poetry and later prose; A. 490, 3; cf. *cohibentem*, page 132, line 19.   **Consules**: a mistake, as the author acknowledges in chapter xv.; these were the consuls of 218 B.C.; those of 219 B.C. were M. Livius Salinator and L. Aemilius Paulus.

30. introductis: i.e. after the ambassadors had been listened to by the Senate and had left the *curia*.   **de re publica retulissent**: *had laid before the Senate the question of the policy of the state;* i.e. had invited the Senate to consider the state of the nation; *referre ad senatum de aliqua re* is a stereotyped phrase for the action of the consuls, who had the right to convene, to preside over, and to consult the Senate when occasion required. It was the consuls who brought forward the original questions for discussion, but the senators were not obliged in their speeches to confine themselves to these subjects, and were able to call for the opinion of the body upon other matters. Theoretically the Senate's resolutions were simply advice given to the magistrates, but in practice they had legal force.

Page 80. 2. sociorum: Livy does not tell when this relation with Saguntum was formed; Mommsen supposes it was in 226 B.C., just before the treaty made with Hasdrubal. **quibus si videretur** = *qui, si eis videretur*.

4. in Africam: we say 'to Carthage in Africa,' but the Latin is more precise: 'to Carthage into Africa'; B. 182, 2, *b*; A. 428, *j*; H. 418, 1; G. 337, 6.

6. deferrent: here the sentence comes to an end without any principal verb; then a new one is begun with *hac legatione*. **omnium spe celerius**: *comparatio compendiaria; sooner than any one expected.* See Introduction, III. 5, *c*, and 10, *h*.

8. provincias: i.e. their spheres of duty, action, or authority.

9. decernentes: *proposing to assign.*

11. intendebant (= *intendendum censebant*), etc.: *were in favor of concentrating the whole war against Spain and Hannibal.*

12. ex Hispania legatos: i.e. the return of the envoys about to be sent.

14. eo maturius: *the sooner; eo* is ablative of cause, or of degree of difference. See note to page 32, line 26.

15. Flaccus et . . . Tamphilus: young men of no prominence.

16. si non absisteretur: the apodosis is *atque inde Carthaginem*, sc. *irent;* direct form: *si non absistetur . . . itc.*

17. foederis rupti: *for breaking the treaty.*

Chapter VII. 19. Saguntum: now Murviedro (*muri veteres;* cf. Orvieto, *urbs vetus*); ruins of the ancient city are still visible.

20. mille: the distance is now about three miles.

21. Oriundi (from *orior*, like *secundus* from *sequor*): i.e. *Saguntini*. **Zacyntho**: now Zante, one of the Ionian Islands. *Saguntum* is merely an older transliteration of the same word into Latin; the early alphabet had no *z* and made no distinction between *c* and *g*, or between *θ* and *τ*; the Greek origin of the city is well attested historically, especially by coins.

22. ab Ardea, etc.: for this construction, cf. page 62, line 26, and note. This part of the story is evidently intended to explain the friendly relations with Rome. It is hardly necessary, for Rome had similar relations with the Greek cities of Massilia and Emporiae.

23. maritimis seu terrestribus fructibus: *commerce or agriculture.*

24. disciplinae: *moral standard;* the word expresses the effect of *training* in virtue.

25. fidem socialem: *faithfulness to their allies;* they were fighting for themselves, not for their allies, against Hannibal; but this is the Roman point of view, which makes the conduct of the Romans all the more discreditable. They seemed to feel it so, for in 214 B.C. the Senate ordered Saguntum to be restored to its old inhabitants; see Book xxiv. chapter xlii.

27. Angulus: probably a triangular bastion.

29. circa: *quae circa erant.* **vergens**: *jutting out.* **vineas**: *mantlets,* heavy sheds about sixteen feet long, eight feet wide, and seven high, covered with planks, hurdles, and rawhides as a protection from missiles and fire. The besiegers rolled or carried them to the point where they were needed; see Judson, *Caesar's Army,* 91 sqq.

30. per quas = *ut per eas.* **aries**: a long beam of wood suspended by the middle and swung endwise against a wall, or sometimes simply carried on the shoulders of the besiegers. Often it was provided with a metal head, sometimes shaped like that of a ram. **ut ... ita**: *though ... yet.*

31. procul muro: i.e. the ground, looked at from a distance, seemed level enough; *procul ab* would be according to classical usage.

32. haudquaquam prospere ... coeptis succedebat: impersonal, *the attempt was by no means successful.*

Page 81. **2. ut in suspecto loco**: *as the point was one where attack was expected.* **ceterae ... altitudinis**: *height in other places.*

3. emunitus: *built up; ex* often has the force of *up.*

4. timoris: *cause for alarm, reason for fear.*

5. submovere ... pati: sc. *Saguntini;* historical infinitives.

6. munientibus: *the besiegers.*

7. pro moenibus: *upon the battlements; pro* is not merely 'in front of,' but 'at the front of'; cf. *pro curia,* page 59, line 28. **tela**: nominative. **micare**: *flashed.*

11. adversum femur: *in the front of his thigh,* the part turned toward the wall. B. 180; A. 397, *b*; H. 416; G. 338, 1.

12. tragula: a heavy barbed spear, hurled by means of a strap attached to the shaft.

13. ut non multum, etc.: *so that the siege works and mantlets came near being abandoned.* The *quin* clause is the subject of *abesset.* Cf. page 8, line 22, and note.

Chapter VIII. **15. Obsidio ... oppugnatio**: *Blockade ... active siege.* **per paucos dies**: cf. page 77, line 2, and note.

16. dum ... curaretur: *dum* means 'in order that in the meanwhile'; B. 293, III. 2; A. 553; H. 603, II. 2; G. 572.

17. ut ... ita: as at page 80, lines 30, 31. **operum ... munitionum**: the former are offensive, the latter defensive.

19. partibus: note the omission of the preposition with a local ablative. **vix accipientibus ... opera**: *some of which scarcely admitted the construction of siege-works.*

20. coeptae: sc. *sunt*. Livy uses the active or passive of *coepi* indifferently with a passive infinitive.

22. ad: adverbial, 'about.' **centum quinquaginta milia**: he crossed the Ebro the following year with 102,000 men.

23. ad omnia tuenda atque obeunda: *to meet all attacks and perform all duties.*

24. multifariam distineri: *to be dispersed at many points.*

25. muri: i.e. the wall at different points.

26. una: sc. *pars muri.*

27. tres deinceps turres: *three contiguous towers.* **quantumque ... muri**: what military engineers call a 'curtain.'

29. ruina: *breach.* **qua ... procursum est**: *and yet here they rushed forward on both sides to battle, just as if the wall had been an equal protection to both,* i.e. the Saguntines acted as if they had broken down the defences of the Carthaginians.

Page 82. **1. per occasionem partis alterius**: *when a favorable chance offers itself to either side.*

2. iustae: *regular, formal.*

4. constiterant: *took their stand.* **Hinc ... hinc**: *on the one side ... on the other.*

5. cepisse ... si ... adnitatur: corresponds to *cepi, si adnitar* of *oratio recta*, where the perfect apodosis, instead of a future, marks the certainty of the conclusion.

7. nec ullo: Latin prefers this to *et nullo* (*nemine* is not used). **pedem referente**: *pedem referre* = 'to retreat,' *pedem inferre* = 'to advance.'

8. quo ... eo: *the more ... the more.*

9. confertim: Wsb. says this adverb occurs but twice in Livy.

10. vano: *without doing execution.*

12. cetera tereti, etc.: *for the rest, round except at the end.* This use of *cetera*, in plural, in adverbial sense, is unusual; cf. *cetera egregium*, page 41, line 12, and page 46, line 24.

13. sicut in pilo: the phrase modifies *quadratum* only.

15. armis: the defensive armor; cf. page 54, line 10.

16. id maxime: *this circumstance in particular*, i.e. *quod ... cogebat*, below. **etiam si**: *even if ... only.* **si haesisset ... faciebat**: cf. note on *ubi ... esset*, page 79, line 1. The supposition is a general one.

17. medium accensum: *lighted in the middle*, where the tow was wrapped around it.

18. conceptumque ... ignem: *a fire kindled to much greater intensity by its very motion.*

19. nudum: predicative, *without defence.*

Chapter IX. 22. quia ... resisterent: the reason in the minds of the Saguntines.   **Poenus**: the army, not the leader; it is characteristic of the author thus to use a singular for a collective or plural.

23. pro victo esset: *was as good as vanquished.*

24. in ruinas: *into the breach;* the fighting had been going on in the clear space inside the line of the wall.

25. fusum fugatumque: *in total rout;* two similar verbs instead of one modified by an adverb.   Notice the alliteration.

27. Interim: here the scene shifts.   **ab Roma**: see Introduction, III. 5, *b*.

29. effrenatarum gentium: the wild, half-savage Spanish tribes, who might not respect the sacred character of envoys.

30. arma ... rerum: this line is one of those accidental hexameters, so carefully avoided and yet occasionally found in prose Latin. **in tanto discrimine rerum**: *in so important a crisis.*   **operae esse**, etc.: *it was not worth his while,* or *he had no time to listen to embassies. Operae* may be best understood as a dative of service; cf. page 30, line 28, and note.

Page 83. 1. Litteras ... nuntiosque: *messengers with a letter.*

3. suorum: *of their partisans.*   **quid ... gratificari**: *to make any concession.*

Chapter X. 5. praeterquam quod: *except for the fact that;* cf. page 41, line 24.

6. quoque: here also, as well as in its mission to Hannibal. **Hanno**: the same as in chapter iii.

7. foederis: i.e. the one mentioned at page 77, line 25.

8. egit: *pleaded.*

14. supersit: strict sequence would require *superesset.*   **Iuvenem**: a sudden change to *oratio recta.*

15. cupidine: *cupido* is poetic for *cupiditas.*

16. cernentem: the participle contains the apodosis of *si ... vivat;* i.e. ' he can see ... if he can live.'   **ex bellis bella**: *war after war.*   **serendo**: *by instigating.*

21. per quos: *by whose aid.*

22. priore bello: the first Punic war, 264–241 B.C.   **sunt ulti**: agrees with *Romani* rather than *legiones.*   See Introduction, III. 10, *i*.

23. fortunam ... populi: nations, like individuals, were conceived as watched over by tutelary *genii*.

24. bonus: ironical.

25. ius gentium: *the law of nations*, which required audience to be given to the ambassadors of allies, and even of enemies.

27. publica fraus: by giving up Hannibal the state as such would avoid responsibility for his breach of treaty; it would be otherwise if his acts were confirmed by their refusal to surrender him.

30. Aegatis insulas: the scene of the naval victory of the Romans under Catulus, which brought the first war to a close. **Erycem**: Hamilcar had maintained himself through the last years of the war at Mt. Eryx.

31. quae: asyndeton; *and in short all things which*, etc.

Page 84. **1. puer**: contemptuously referring to Hannibal.

2. Mars alter: *a second Mars*. **isti**: the men of the opposite party. **volunt**: *maintain*.

3. Tarento: a Punic fleet appeared in the port of Tarentum in 272 B.C., but the Romans hastened to take possession of the city by land, it being surrendered to them by Milo, whom Pyrrhus had left in command. This was eight years before the first Punic war. Rome and Carthage had made a treaty of offensive and defensive alliance against Pyrrhus in 279 B.C. There were, according to Polybius and Livy, three treaties earlier than this, defining the mutual rights of the powers: viz., those of 509 B.C., 348 B.C., and 306 B C.; but Mommsen denies the first. Polybius denies the existence of any clause, in that of 279 B.C., excluding the Romans from Sicily and the Carthaginians from Italy. Philinus was probably Livy's authority for the statement that the Carthaginians violated this treaty by the action mentioned above, — a statement found in the epitome of the lost Book xiv. At any rate, this was not the cause of the first Punic war.

4. di: as avengers of bad faith. **homines**: nominative; i.e. the Romans; read *di hominesque*. **et, id de quo**, etc.: *and as to that about which*, etc.; the sentence is anacoluthic, *id* having no predicate.

6. aecus: see note to page 78, line 7. **unde** = *a quo, on the side of which*.

7. Carthagini ... Carthaginis: emphasized by abnormal position.

9. utinam ... sim: B. 279, 1; A. 441; H. 558, 2; G. 261.

12. in eo: *in his* (Hannibal's) *case*.

13. paternas inimicitias: *enmity with his father*, due especially to the fact that Hamilcar had been preferred by the army to Hanno, as their leader in the war with the mercenaries.

15. tamquam furiam facemque, etc.: *who in his mad passion kindles the torch of this war;* the alliteration is intentional. Moreover, the Furies carried torches.

16. dedendum: sc. *esse* with this and the following gerundives.

19. ad nos . . . accidere . . . posset: this phrase expresses distance more forcibly than *nos audire . . . possemus.*

20. quietae civitatis statum: hypallage for *quietum civitatis statum.*

25. decerno: *I am in favor of, I advise.*

Chapter XI. **26. nemini . . . certare . . . fuit**: this saves the trouble of mentioning the arguments used on the other side.

27. adeo: *so true it is that;* an emphatic ' for '; the word qualifies the whole sentence.

28. Hannibalis erat: *was devoted to Hannibal;* the majority was so decided that discussion seemed superfluous. B. 198, 3; A. 343, *b*; H. 439; G. 366.

29. Flaccum Valerium: note the inversion; this is very common when the praenomen is omitted.

30. ortum . . . esse: *had been begun.*

Page 85. **1. Saguntinos**: brachylogy for *societatem Saguntinorum;* the alliance with Saguntum was of recent date, and they were not mentioned in the treaty of 241 B.C., which was very unfavorable to Carthage. **vetustissimae**: cf. note to page 84, line 3.

3. Dum Romani, etc.: the scene shifts back to the siege operations.

4. militem . . . iis: plural pronoun because *militem* is collective.

8. pro contione: *at a general assembly of the army.*

11. ut . . . ita (line 13): cf. page 80, line 30, and note.

14. ut . . . reficerent: a clause of purpose; result would be perfect (aorist) subjunctive. **novum murum**: behind the old wall.

16. primum aut potissimum: alliteration.

18. satis scire poterant: *could feel quite sure.*

19. turris mobilis: a wooden structure on wheels, propelled by men from behind.

21. catapultis: gigantic bows for shooting arrows and bolts nearly horizontally. **ballistisque**: engines for hurling stones at a decided upward angle. **tabulata**: *stories,* of which there were several in such towers, accommodating siege artillery of smaller size. For descriptions of siege engines, etc., see Judson, *Caesar's Army*, 87 sqq.

22. occasionem ratus: *judging that a favorable opportunity was come.*

25. caementa (*caedimenta*), etc.: *the quarry stones had not been hardened into a solid mass by the use of lime.*

26. genere: *after the fashion of;* primitive masonry was made without mortar.   **Itaque latius**: *pulling down a portion of a wall so loosely built brought down further portions, right and left.*

27. ruebat: sc. *murus*.   **patentia ruinis**: *the breach; patentia* is a neuter plural participle.

30. haberent: the sequence is regular, for *circumdant* is historical present.

33. interiora tuendo: *by contracting their line of defence.*

34. in dies: an exaggeration, of course, for we cannot suppose that every day a wall was demolished and another built farther back.

Page 86.   1. Romani: the Illyrian war was in 219 B.C., but it was not of such magnitude as to prevent the succor of Saguntum.   **circa . . . essent**: *and all the surrounding country was in the possession of the enemy.*

2. adfectos animos recreavit: *revived their drooping spirits.*

3. profectio . . . in: the verbal noun followed by the same preposition as its verb.   **Oretānos**: south of the Carpetani, about the upper Guadalquivir (Baetis) and Guadiana (Anas) and the Sierra Morena (*iuga Oretana*).   **Carpetānos**: in the modern Castile and Estremadura.

4. dilectus: the levy of troops was compulsory among the subjects of Carthage.

5. metum . . . praebuissent: *had given reason to fear.*

6. omiserunt mota arma: *laid down their arms again;* literally, 'the arms which they had taken up.'

Chapter XII.   8. Nec: *And yet . . . not.*   **Maharbăle**: a very enterprising officer, often mentioned subsequently as commander of the cavalry.

9. ita . . . agente: *pushed on the siege so vigorously.*

10. cives: *his own soldiers;* there were few *cives*, in the proper sense, in the Punic army.

14. ad ipsam arcem: *directly against the citadel.*

Chapter XIV.   17. Ad haec audienda: construe with *circumfusa*.

18. concilium: subject of *permixtum esset.*

19. primores: the aristocracy, especially friendly to Rome, had most to fear from the enemy.

22. conicientes: here we are reminded that the Latin verb has no perfect active participle. **plerique**: in apposition with *primores*, line 19.

25. cohors ... dedisset: begin the sentence with *cum;* the Roman cohort, after the reorganization of the army by Marius, consisted of three maniples of two centuries each, and ten cohorts formed a legion. Here the word is simply used in a general sense, 'a body' of soldiers.

26. nudatam stationibus: this state of affairs appears not to have been anticipated, and implies that Hannibal was not aware of the negotiations of Alorcus. Livy would be prompt to notice bad faith on Hannibal's part.

Page 87. 2. momento: sc. *temporis;* cf. page 103, line 15.

3. puberes: *fighting men;* the women and children would be sold as slaves. **crudele**: sc. *fuit;* as the Romans ordinarily did the same in storming towns, the charge of cruelty is hardly fair.

5. cui ... parci: B. 187, II. *b*; A. 367, 372; H. 426, 2, 3; G. 346, R. I, 2. Saguntum was not destroyed; nor were all the inhabitants killed or sold into slavery; a Punic garrison was placed in the town and Spanish hostages were confined in the citadel.

7. ante ... quam morientes: notice the participle where we should expect a finite mood.

Chapter XV. 10. de industria: *purposely*, in order to make it worthless to the captors.

11. in caedibus ... fecerat: this is mentioned because those who were killed might have been sold as slaves.

12. militum praeda: i.e. slaves whom the soldiers were allowed to sell for their own benefit.

13. redactum: *realized.*

14. supellectilem: probably from *super lectus*, 'laid on the surface,' not fixtures, but 'movables.' **vestemque**: textile fabrics in general, not merely clothing, but carpets, tapestry, etc.; sending plunder to Carthage was politic, encouraging to his own party and a bait to the opposition, for, by accepting it, the government became committed to his line of action.

The description of this siege, masterly in point of rhetoric, divided into three parts, separated from each other by diplomatic episodes, has been aptly compared to a five-act tragedy; (I) page 80, line 18,

BOOK XXI. CHAPTER XVI.

to page 82, line 26; (2) page 82, line 27, to page 85, line 2; (3) page 85, line 3, to page 86, line 16; (4) the negotiations, omitted in our text; (5) page 86, line 17, to page 87, line 15.

16. quam: *post* is often omitted in such collocations; this is a colloquial habit.   **captum Saguntum**: this was in the autumn of 219 B.C.

18. hiberna: sc. *castra*.

19. profectus sit: in May, 218 B.C.

20. Cornelius . . . Sempronius: as previously stated (note to page 79, line 28), these were the consuls of 218 B.C.; it was their predecessors of 219 B.C., L. Aemilius Paulus and M. Livius Salinator, who received this embassy.

23. Ticinum . . . Trebiam: tributaries of the Po, in Cisalpine Gaul.

24. ambo: not quite correct, as Scipio had been wounded and did not take part in the fight.

25. breviora: i.e. occupied less time.   **principio anni**: the author seems to forget that at this time consuls took office on March 15th, not, as later, on January 1st.

27. excessisse . . . non potest: *cannot have been so late as*.

28. pugna ad Trebiam: sc. *commissa, facta*, or the like; Livy in such phrases regularly omits the participle which earlier writers would express. See Introduction, III. 9, *g*.

29. Arimini: in Umbria, on the Adriatic; the circumstances of this extraordinary proceeding of Flaminius are explained in the notes on chapter lxiii.

30. creatus: declared elected by the magistrate presiding at the *comitia centuriata*. No magistrate of lower rank could hold a consular election; if no consul was available, a dictator or interrex had to be appointed for the purpose. Sempronius went to Rome after the battle of the Trebia, presided at the election, and then returned to his army. The consuls at this time were elected ordinarily in December. Polybius's chronology of the events of this book is perfectly clear and consistent, and by following it Livy would have avoided all difficulties such as he here confesses.

Page 88. Chapter XVI. 1. Sub idem fere tempus: it is hard to see how these envoys spent so long a time in their expedition. Wsb. suggests that this remark may have been taken from an authority who made the siege much shorter.

5. non lati auxilii: *for not having rendered assistance*.

6. de summa rerum: *for the life of the nation;* the impending contest was for the very existence of Rome. **velut si . . . esset**: this sentence is parenthetical.

8. trepidarent magis quam consulerent: *were too much disturbed for calm deliberation.*

10. rem Romanam = *Romam;* cf. *res Latina*, page 5, line 17. **desidem**: a word not found before Livy (Wsb.). Cf. page 41, line 22. The author's statement is much exaggerated.

11. Sardos . . . Illyrios: an enumeration of the wars of the interval since the end of first Punic war, in 241 B.C. There had been also one with the Ligurians, not mentioned here. Sardinia and Corsica, so far as possessed by Carthage, had been seized by the Romans, as previously stated, but it took several years to subdue the inhabitants. The first Illyrian war was in 229–228 B.C., the second in 219 B.C. A severe contest with the Gauls, 225–222 B.C., resulted in the subjugation of the Boii and Insubres.

13. tumultuatum: *tumultus* expresses the disorderly and desultory hostile outbreaks of barbarians, as distinguished from *bellum*, formal, civilized warfare; the word has a shade of contempt, yet the last Gallic war had been a very serious one. **belligeratum**: archaic, not elsewhere used by Livy.

14. trium et viginti annorum: the whole interval between the first and second Punic wars; but Hamilcar did not go to Spain till 236 B.C.

15. duci . . . adsuetum: see note to page 24, line 24.

19. Gallicas gentes: the tribes of Cisalpine Gaul. **cum orbe terrarum**: *against the world.*

20. in Italia: it does not appear, in the light of the following context, that the Romans had as clear a notion of Hannibal's plans as this statement seems to imply. Polybius expressly tells us that their purpose was to fight in Spain.

Chapter XVII. 21. antea: before the news of the fall of Saguntum reached Rome. The statement of the election of the consuls and their choice of provinces stood in Book xx., which is no longer extant. **provinciae**: the 'provinces' or departments of duty were settled by the Senate, and one assigned to each consul by agreement, or by lot, as in this case.

22. Hispania: Hannibal was to be kept busy there.

23. Africa was to be invaded from the Roman province of Sicily. **cum Sicilia**: cf. page 116, line 18, and note.

24. socium: genitive plural. This is not a contraction of *sociorum*, but a survival of the old genitive in *-om*. **ipsis**: i.e. *consulibus;* generally it was the Senate which determined the number of troops to be levied.

BOOK XXI. CHAPTER XVII. 339

25. Quattuor et viginti, etc.: i.e. six legions. **Romanorum . . . sociorum**: the contingents of allies were usually somewhat larger than those of citizens; the cavalry was always more numerous.

28. quinqueremes: here an adjective; plenty of ships were available, owing to the late war with the Illyrians.

29. celoces: masculine in Livy; small, swift vessels, 'cutters' (probably from *celer, cello*); cf. *atrox, velox*. **deducti**: *put into the water, launched*. They were kept on land when not in use. **Latum . . . ad populum**: *the question was put to the people* (in *comitia centuriata*, as this was a question of peace or war) *whether*, etc.; the presiding magistrate said: *Velitis iubeatisne populo Carthaginiensi bellum indici, ita vos, Quirites, rogo*.

Page 89. 1. supplicatio: a special observance, a litany, wherein the citizens of all ranks and ages, going round in procession, offered prayers and sacrifices at the different temples. The same name was given to solemn thanksgiving after a victory. **atque**: defining, *that is to say*.

2. quod bellum: in archaic style, the antecedent repeated in the relative clause.

4. ea: i.e. *legiones*, but agreeing with the predicate *milia*. **quaterna milia . . . treceni**: *four thousand each . . . three hundred each*.

6. mille: an indeclinable adjective; *milia*, a substantive. **naves longae**: *galleys*, ships of war, propelled mainly by rowers; longer and narrower than merchantmen, which depended on their sails for motive power. Here the *quinqueremes*, mentioned above, are meant.

9. ita . . . si: *only if*. **transmissurus**: *with orders to cross*.

11. Manlius (*Vulso*): the *praetor peregrinus;* his forces would be a reserve for Scipio in case of need.

12. mittebatur: *was about to go*.

14. ea parte, etc.: *in that kind of warfare*, i.e. naval.

16. suo iusto equitatu: *their regular proportion of cavalry*. This was commonly three hundred to a legion.

19. Gallia: the country along the Po, recently conquered, not organized as a province till 191 B.C.

20. eodem versa: *intended for the same purpose; eodem* is explained by *in Punicum bellum; versa*, neuter, agreeing with the various accusatives that precede, or specially with *milia*. Luterbacher makes *versa* agree with *provincia*, 'because it lay in the same direction' (as Scipio's province). The other explanation is preferable. **habuit**: *received, contained.*

Chapter XVIII. 21. iusta: *in due form;* to the Roman mind it was essential to begin the war in formally correct fashion, according to the fetial law; and this, notwithstanding that war was already determined upon, and, indeed, virtually begun.

22. maiores natu: the former ambassadors, only two in number, were comparatively young men; now five (or four) men of influence are sent. **Q. Fabium**: the famous dictator of 217 B.C., surnamed Cunctator, the 'Shield of Rome.' **M. Livium L. Aemilium**: probably the consuls of 219 B.C.

23. C. Licinium: a man of this name had been consul in 236 B.C. **Q. Baebium**: if, as is likely, this is one of the members of the first embassy, he can hardly be classed with the *maiores natu*.

24. ad percunctandos ... ut indicerent: note the different ways of expressing purpose.

26. faterentur ac defenderent: *should confess, and, with justification of the action, declare.*

28. senatus: *an audience by the Senate.*

31. Praeceps: *overhasty,* assuming from the start that their opponents were in the wrong. *Inquit* is frequently wanting in Livy at the beginning of a direct quotation.

32. tamquam: *on the ground that;* here, as afterward constantly in Silver Latin, this word is used to introduce an alleged reason.

Page 90. 1. deposcebatis: i.e. as the guilty party, in order to punish him.

2. adhuc: *so far, as yet.*

4. exprimitur: conative; *an effort is being made to extort.* **ut a confessis**: a copy of the Greek construction, ὡς with participle; the meaning is active, the verb being deponent.

6. censeam: ironically polite. B. 280, 2, *a*; A. 447, 1; H. 556; G. 257.

7. nostra: emphatic.

8. animadversio in: *punishment of.* **quid ... fecerit**: connect with *quaestio*, not with *animadversio*. **suo ... arbitrio**: *upon his own responsibility.*

12. a C. Lutatio: after the battle of the Aegates Islands, 241 B.C.

15. At enim ... excipiuntur: the words of a supposed objector; *at enim* is elliptical, — *But* (some one will say, that makes no difference) *for the Saguntines are protected by a special clause in that treaty,* etc.

20. aliud ... foedus: the second treaty, also negotiated by C. Lutatius, did not differ radically from the first, but its terms were a little more severe.   **publico consilio**: *with the public sanction,* the approval of senate and people.

22. ne ... quidem: *certainly ... not.*

25. diu parturit: *has long been* (and still is) *in travail with; parturire* is the desiderative of *parere*. B. 155, 3; A. 263, 4; H. 366; G. 191, 3.

26. Romanus: Fabius, chief of the embassy.   **sinu ... facto**: holding up a fold of his *toga* as if he were carrying something in it; *iterum sinu effuso*, line 29, letting it fall again as if to drop out its contents.

28. Sub: *immediately after.*   **ferociter**: *defiantly.*

Page 91. Chapter XXI. The narrative is resumed from the point where it was interrupted by the digression beginning in chapter xv.

2. hiberna: for the winter of 219-218 B.C.

3. forent = *essent;* the two are usually synonymous in Livy, but *forem*, as an equivalent for *essem*, is not used by Cicero and Caesar.

4. causam: war had been declared upon the refusal of his countrymen to surrender him.

5. ultra differendum: the siege of Saguntum had already delayed him too long.

6. vos ... et ipsos: *you as well as I.*   **socii**: really the Spanish subjects of Carthage.

7. pacatis ... populus: causal ablative absolute.   **omnibus**: a rhetorical exaggeration.

11. ex aliis gentibus: Hannibal's real design does not appear to have been known to his troops.

12. longinqua: *distant.*

14. invisere ... visendi (line 17): A. 263, 4, N.

15. Primo: B. 241, 1; A. 293; H. 497, 4; G. 291, 2.   **vere**: noun, not adverb.   **dis bene iuvantibus**: so we say, "by the *good help* of God."

16. gloriae praedaeque: genitives of quality.

18. ultro: *voluntarily*, without their requesting it.   **desiderantibus ... providentibus**: dative agreeing with *omnibus*.

19. desiderium: ordinarily 'regret,' 'home-sickness'; here rather the absence that causes such feeling.   **Per totum tempus hiemis**: adjectival phrase, attributive to *quies*. See Introduction, III. 1, *f.*

20. labores ... exhauriendos: *toils already endured and those in store for them.*

22. Vere primo: the author is fond of reversing the usual order in such phrases.

25. Gadis: (now Cadiz) outside the strait of Gibraltar; a very ancient Tyrian colony, celebrated for the worship of Melkart, whom the Romans identified with Hercules, as they did Baal with Jupiter, etc. **vota exsolvit:** *paid vows already made.*

26. evenissent: protasis of a future perfect condition of which the apodosis is a future infinitive implied in *obligat votis: Hannibal bound himself by vows* (to perform certain sacrifices) *in case his further undertakings should result successfully.* **Inde partiens curas**, etc.: it is probable that Hannibal, as Polybius says, made these arrangements in the previous winter at New Carthage, rather than in the spring at Cadiz.

27. inferendum atque arcendum bellum: *offensive and defensive warfare.*

28. Gallias: plural because the Romans made several provinces of Gaul; so people used to say, "the Jerseys" and "the Brazils."

29. ab Sicilia: Lilybaeum, at the west of the island, was only about ninety miles from the African coast.

Page 92. **1. Pro eo:** i.e. *praesidio:* in the place of the troops sent to garrison Africa.

4. mutuis pigneribus: the homes, families, and property of the absent soldiers.

5. stipendia: first 'pay,' then 'service' by which it was earned.

6. caetratos: *targeteers*, men armed with the *caetra*, a small shield (nearly = *pelta*).

7. Baliāres: according to the ancients, the name of the islands was derived from βάλλειν ('to throw'), owing to the skill of the people in using the sling.

10. conquisitoribus: *recruiting officers.* **in civitates:** as appears from Polybius, cities of the Metagonians in Africa. The whole passage, from page 91, line 24, to page 92, line 30, seems to be an imperfect transcript of a passage in the third book of Polybius, who says that he copied the figures from the tablet of brass which Hannibal erected at Cape Lacinium.

12. praesidium eosdem, etc.: as a garrison and at the same time as hostages.

Chapter XXII. 14. circumitam: *canvassed.*

16. viro: it is not usual to join an adjective directly to a proper name, therefore a common noun is put in apposition to the proper. **provinciam**: predicate accusative.   **destinat**: *assigns.*

18. Ligŭribus: from the region between the Apennines and the gulf of Genoa. Men of this nation, according to Polybius and Herodotus, were found in the Punic service in early times. They were poor, warlike, and hostile to Rome.

20. Libyphoenĭces: descendants of marriages between the native Africans (Berbers) and the Phoenician settlers along the coast. They seemed to have enjoyed some of the rights of Carthaginian citizens, and to have been upon a better footing than the rest of the subjects. Their relation to Carthage was much like that of the Latins to Rome. Mommsen regarded the name not as ethnical, but as political.

21. Numĭdae: from the country roughly corresponding to the modern Algeria; they furnished superb light cavalry.   **Mauri**: the people of the modern Morocco and Fez.

22. accolae Oceani: cf. page 10, line 12; page 95, line 13.   **ad**: adverb, not preposition.   **Ilergētum**: living in the northeast of Spain, between the Ebro and the Segre, near the Pyrenees, and not subjects of Carthage.

25. tuendae . . . orae: genitive; instead of the more common *tuendae . . . causa.* B. 339, 6; A. 504, *a*, N. 1; H. 626, 5; G. 428, R. 2. But the Ms. readings are doubtful; perhaps we should read: *ad tuendam oram.*   **qua parte belli vicerant**: the Romans had been signally successful in naval battles in the first war.

28. aptae = *aptatae.*   **instructaeque remigio**: *provided with rowers; remigium*, literally = 'oarage,' the abstract for the concrete plural.

29. triginta et duae: *only thirty-two.*

31. Carthaginem: sc. *Novam.*   **exercitus**: genitive, limiting *hiberna.*

32. Onusam: a conjectural reading; the place is not certainly identified; possibly it is the modern Valencia.

Page 93. **1. ora**: ablative of the way by which, instead of *per oram.*   **Ibi**: at the Ebro; construe with *visum.*   **in quiete** = *in somnis;* a slightly different version of this story is given by Cicero, on the authority of Caelius Antipater and of Silenus (*De Divinatione*, i. 49).

3. sequeretur: B. 316; A. 588; H. 642, 4; G. 652.   **neque**: for *neve;* B. 282, 1, *e*; A. 450, N. 5; H. 568, 6; G. 543, N. 3

6. **cura ingenii humani**: *by reason of the curiosity of human nature.* **cum . . . agitaret animo**: *wondering.*
7. **oculis**: dative with *temperare.*
10. **ferri**: *moving along.*
11. **moles**: *monster.* **quidve prodigii esset**: *and what was its significance* (as a portent).

Chapter XXIII. 14. **Hoc visu laetus**: this looks as if Hannibal had more regard for the higher powers than the author allows him in chapter iv. **tripertito**: *in three divisions;* perhaps originally an ablative absolute. **Hibērum copias traiecit**: B. 179, 1; A. 395, N. 1; H. 413; G. 331, R. 1.

15. **praemissis**: sc. *nuntiis,* or a similar word; it would have been strange if Hannibal had not before this had negotiations with the Gauls, and made some survey of his route. Polybius, iii. 34, says that he had done so.
17. **Nonaginta**, etc.: these are Polybius's figures.
19. **Ausetānos**: a people of upper Catalonia. **Lacetaniam**: at the southern base of the Pyrenees, east of the Vascŏnes.
20. **orae**: the possession of the part of the conquered country next the sea was all that was necessary for the protection of the passes and the line of communication between the countries.
21. **Hannonem**: not his political opponent; the name was very common.
24. **Pyrenaeum saltum**: the range of the Pyrenees; they went through the most eastern pass of the Pyrenees, over which afterward a Roman road was built.
25. **barbaros**: in the Punic army.
26. **iter averterunt**: *deserted.*
29. **anceps**: *dangerous, of doubtful policy.*

Page 94. Chapter XXIV. 1. **sollicitaret**: *should unsettle, render uneasy, demoralize.*
2. **reliquis copiis**: according to Polybius, fifty thousand foot and nine thousand horse; chapter xxiii. accounts for twenty-one thousand. This leaves twenty-two thousand as the loss in the fighting between the Ebro and the Pyrenees. **Pyrenaeum**: sc. *saltum.*
3. **Iliberri**: accusative; here indeclinable, but inflected in lines 10 and 17; now Elne.
6. **Ruscinōnem**: now La Tour de Rousillon near Perpignan.
7. **aliquot populi**: appositive to *Galli,* line 3, but restrictive in sense.

8. moram magis quam bellum metuens: because he must cross the Alps before winter. Doubtless the fighting in Spain had already delayed him longer than he had anticipated.

9. semet ipsum: very emphatic.

10. vel . . . vel: emphasizing the freedom of choice left to the Gauls. **accederent . . . processurum**: subjunctive of indirect command, and infinitive of indirect statement.

13. Hospitem . . . non hostem: the author's favorite paronomasia; cf. page 17, lines 11, 12, and page 73, line 6.

15. si . . . liceat: *unless the Gauls should oblige him to do so.*

16. haec: sc. *egit;* cf. page 108, line 14.

18. cum bona pace: *in peace and friendship, without molestation;* a stereotyped phrase; cf. page 30, line 13, and note.

19. transmiserunt: *allowed . . . to pass.*

Chapter XXVI. 21. profectus: the departure of the consuls is mentioned at the end of chapter xx. as preceding the return of the envoys from Carthage and Spain, but it is probable that Scipio started in August.

23. Salluvium: (same as the Salyes) the most powerful of the Ligurian tribes, living between the Maritime Alps and the Rhone.

24. proximum: nearest to Italy. **pluribus**: sc. *ostiis;* modal or instrumental ablative with *decurrit.*

Page 95. 4. iactatione maritima: *seasickness;* the ordinary word is *nausea*, but that is hardly in keeping with the dignity of Livy's "grand style."

6. ducibus: *guides.* **auxiliaribus**: mercenaries in the service of Massilia.

7. visendosque . . . hostes: *to reconnoitre the enemy.*

8. ceteris: other Gauls besides the Volcae. Hannibal had come via Ruscino, Narbo, and Nemausus (Nismes) to the Rhone. He crossed at a point about equally distant from the sea and the mouth of the Isère, north of the mouth of the Durance. **Volcarum**: the Volcae, in several tribes, extended from the Pyrenees to the Rhone.

10. citeriore agro: on the west bank, nearest the Carthaginians as they approached. Ancient authors had an inconvenient habit of almost never speaking of the right or left bank, the north or south bank.

12. suis: neuter; *their possessions.*

13. obtinebant, etc.: *were holding possession of the further bank*, when Hannibal reached the river.

14. Volcarum ipsorum: partitive genitive.   **quos sedes suae tenuerant**: *who had been unwilling to quit their homes* (on the west bank).

15. simul . . . simul et: *at the same time . . . and also.*

17. tanta hominum urgente turba: *from the burden of so great a host of men.*

18. vis: *force,* i.e. *number.*   **navium**: *large boats.*

19. lintrium: *light skiffs.*   **temere**: *carelessly.*   **vicinalem**: a word not found before Livy (Wsb.).

22. materiae: *timber* for building; ' fire-wood ' is *lignum.*   **alveos informes**: *rude dug-outs.*

24. faciebant: *set to work to make.*

Chapter XXVII. 25. ad traiciendum: it is generally supposed that Hannibal crossed the Rhone near Roquemaure or, at any rate, not far from Avignon. One who sees the swift rush of the mighty stream realizes that it was a formidable obstacle to his progress. The half way point between the sea and the Isère is a little further north, just west of Orange.

26. ex adverso: in front.   **equites virique**: *with horse and foot,* appositive to *hostes.*

27. Bomilcaris: son of one of the Suffetes or ' kings ' of Carthage.

28. vigilia prima noctis: *noctis* is pleonastic; for the day was divided into hours, and the night from sunset to sunrise into four equal watches.

29. adverso flumine: ablative absolute; *up stream.*   **ire iter**: B. 176, 4; A. 390; H. 409; G. 333, 2.

32. Ad id: *for this purpose,* to conduct them to a place where they could cross.

Page 96. 1. insulae: above the mouth of the Ardèche.

2. latiore . . . ostendere: *afforded a crossing where the channel being broader at the point of division, was less deep.*   **dividebatur**: indicative, expressing a fact independently of the connection.

5. mole: *trouble.*   **utres**: *leathern bags* that served as buoys when inflated. They were skins of animals, stripped off and sewed up so as to leave but one opening.

6. caetris superpositis incubantes: *leaning on their shields, which rested on the buoys.*

7. alius exercitus: *the rest of the army* (Hanno's detachment). **ratibus iunctis**: this does not mean rafts joined together to make a bridge, but rafts formed by fastening logs together.

BOOK XXI. CHAPTER XXVIII.

10. intento duce: concessive ablative absolute; *eager as the leader was.*   **exequendum**: the spelling *exs-* is more familiar.

11. ex composito: adverbial, *as agreed.*

13. ne tempori deesset: *not to be behind time.*

14. fere: *in general.*

17. praebebat: the subject is *Hannibal.*

18. pars magna nantes: an example, often cited, of *constructio per synesim; pars magna = equi*, with which *nantes* agrees. See Introduction, III. 10, *i*.

20. usui: *ready for use.* B. 191; A. 382; H. 433, 1, 3; G. 356.

Chapter XXVIII. 21. ululatibus: an onomatopoetical word, commonly applied to barbarians. The behavior of these Gauls is like that spoken of by Caesar in the *Gallic War*, v. 37 and vii. 80.

25. nautarum, militum: omitting *-que*, as at page 84, line 4, *di homines*.   **et qui ... et qui**: the former referring to *nautarum* and *militum*, the latter to *militum* only; i.e. such of the army as could not be taken across at the first trip, and so remained cheering on the further bank.

27. paventes: accusative, object of *adortus.*

29. ipse: Hanno, opposed to *clamor.*

32. vim facere: *to resist.*   **pellebantur**: imperfect because the process occupied some time.

Page 97.

1. per otium: *at his leisure.*

2. tumultus: *noisy demonstrations.*

4. variat: intransitive.   **memoria**: *record.*

6. refugientem: sc. *rectorem.*

7. nantem: agrees with *ferocissimum*, unless it be a gloss upon *refugientem*.   **ut quemque ... rapiente**: *and the very force of the current swept each toward the other bank, whenever, though fearing the deep water, he got beyond his depth* (literally, 'the bottom failed him'). This implies that the place was one where the main current shifted from the west toward the east bank.

8. destitueret: iterative subjunctive. So are *agerentur*, line 24. *raperentur*, line 25, and *fecisset*, line 28.

10. id: i.e. *ratibus traicere.*   **ut ... ita**: *not only ... but also.* **foret** = *esset;* the mood may be explained by expanding *ante rem* into *si res nondum esset facta.*

11. ad fidem pronius: *easier to believe, more probable.*

13. secunda aqua: *down stream.* See note to page 95, line 29. **pluribus** = *compluribus: several.*

14. parte superiore: *higher up the bank.*   **ripae**: *ripae* is genitive with *parte* or with the adverbial phrase *parte superiore*, like the genitive with adverbs of place.

18. tamquam viam: *as if along a road* (on land).

21. ab . . . navibus: as if they were voluntary agents, leading us to think rather of the persons who propelled them.

22. pertrahitur: the subject is *altera ratis.*

23. Nihil . . . trepidabant: *gave no signs of alarm.*

24. donec . . . agerentur: subjunctive because the statement is general, not referring to any one trip, but to all.

25. ab ceteris: only one stationary raft is mentioned, so this is probably neuter, 'from whatever held it fast'; i.e. the raft and the bank.

28. circumspectantibus aquam: *seeing the water all around them.*

29. saevientes: *maddened* by fear.   **pondere ipso**: it was a common belief among the ancients that elephants could not swim. Polybius tells how they waded over with the tips of their trunks held above water. So the word *nantem* above, line 7, is to be regarded with suspicion.

30. quaerendis pedetemptim vadis: *by feeling for the bottom, one step at a time.*

Chapter XXIX.   **32. castra Romana**: cf. page 95, line 1.

Page 98.   2. ante: page 95, line 5.

4. atrocius quam pro numero: a post-Ciceronian imitation of a Greek construction; *than was to be expected from the number.* H. 471, 7; G. 298, N. 1.

5. caedes: *loss of life.*

8. pars Gallorum: *part, consisting of Gauls.*

10. summae rerum prosperum eventum: *ultimate success*, success in the war as a whole.

11. incruentam ancipitisque certaminis: *-que* connects the adjective with the characteristic genitive, both modifying *victoriam.*

14. nec Scipioni . . . poterat: *Scipio could decide on no plan.*

15. Hannibalem: object of *avertit*, line 18.

16. incertum: it is hard to believe that Hannibal can have hesitated here or thought of any other course than to hasten on, in order to cross the Alps before winter. The arrival of this embassy, however, would have a stimulating effect on his soldiers.

20. integro bello: *without trying a battle.*

21. nusquam . . . libatis viribus: Polybius gives the numbers of the army after the passage of the Rhone as thirty-eight thousand foot and eight thousand horse.

22. censent: historical present.   **timebat . . . metuebat** (line 25): the former may imply to some extent the reproach of timidity or cowardice, the latter does not.

23. iter immensum Alpesque: hendiadys.

24. fama ablative.   **utique inexpertis:** *at any rate to people who had not tried it.*

Chapter XXX. 26. postquam . . . stetit: *after he decided.*

27. pergere ire: the tautology makes the phrase emphatic.

28. militum versat animos: *sought to work upon the minds of the soldiers.* Notice in the following indirect quotation the alternation of primary and secondary tenses in the subordinate clauses, like that of perfect and historical present in *oratio recta*.

30. facere: present, because they were still serving.

Page 99. 1. duo . . . maria: the Atlantic and the Mediterranean. **Carthaginiensium essent:** *were subject to the Carthaginians;* this must be addressed to the Africans; it is very different from the speech to the Spaniards in chapter xxi.

2. quod . . . Romanus: *because the Roman people demanded the surrender of all who had fought against Saguntum, as if on account of a crime against itself;* an intentional exaggeration.

3. noxam: in the Roman law the master of a slave who committed a wrong could escape liability for the slave's act by surrendering him to the injured party. Such a surrender was *noxae datio*. See Justinian's *Institutes*, iv. 8. The surrender of Hannibal to the Romans, because of his capture of Saguntum, would have been analogous to the surrender of a slave *ob noxam*.

5. liberandumque orbem: it was much later that the 'world' became subject to Rome; this is doubtless an historical prolepsis rather than a prophecy intentionally put into the speaker's mouth.

6. exortus: unusual for *ortus*.

7. multo maiorem partem: Polybius says the distance from New Carthage to the Ebro was twenty-six hundred stadia, thence to the Rhone thirty-two hundred, thence over the Alps to Italy twenty-six hundred.

12. Italiae sit: *belonged to, formed part of Italy.*

14. montium altitudines = *montes alti*.   **Fingerent . . . iugis:** *they might imagine them higher than the peaks of the Pyrenees; oratio recta* would be *fingatis* or *fingite*.

19. sublime: *in the air.*   **Ne maiores quidem**: i.e. even the ancestors of the Gauls whom they knew, had often crossed the Alps, for they were not natives of Italy.

22. modo: construe with *migrantium;* **tuto**: with *transmisisse.*

26. caput orbis terrarum: a very unlikely expression for Hannibal.

27. adeo ... quod: usually *adeo ... ut.*

28. quondam: in 382 B.C.   **ea**: Rome and her possessions.

29. cederent: *confess themselves inferior.*

31. sperent: the author cannot consciously have intended all the fine distinctions attributed to him by editors at every variation in tense sequence; a certain careless ease in such matters is one of the charms of his style.   **campum interiacentem**: the Campus Martius.

Page 100. Chapter XXXI. 1. corpora curare: *to refresh themselves.*

3. adversa ripa: *up the bank.*

4. esset: subjunctive in a reason denied.

7. Quartis castris: *after four days' march.*

8. diversis ex Alpibus: *from different parts of the Alps;* the Rhone rises in the Pennine, the Isère (*Isăra*) in the Graian Alps.

10. Insulae: dative; cf. *Troiano*, page 3, line 12, and note.

11. prope: near the confluence of the rivers and the point just reached by the army. We are led to suppose that Hannibal's army did not actually enter the *Insula Allobrogum.*   **iam inde**: *already at that time, and ever since.*

12. discors erat: i.e. *gens.*

13. Regni: objective genitive.

14. imperitarat: frequentative for simple verb.

15. qui iure ... poterat: refers to *fratre*, not *coetu.*   **pellebatur**: notice the precision of the imperfect tense.

16. peropportuna: translate as an adverb.

18. principumque: *the chief men* of the tribe, not the two princes.

20. vestis: collective; this must have been much needed. The Spanish troops ordinarily wore white linen tunics, and the autumn was now coming on. A large part of the enormous loss in the passage of the mountains must have been due to the effects of the cold upon the natives of warm climates.

22. non recta regione: not in a direct line. The question of Hannibal's route over the Alps, already in Livy's time a matter of debate, has been a favorite subject of controversy ever since. Many books have been written in the vain attempt to settle it, and there is hardly a pass from the St. Gotthard to the Mediterranean that has not found its advocates. It is safe to say that the question will never be answered beyond a doubt. The great majority of historical authorities have narrowed it down to a choice between the Little St. Bernard, the Mont Cenis, and the Mont Genèvre passes. Livy's statements, such as they are, seem to point to the Mont Cenis, but with some probability in favor of the Mont Genèvre, and with a slight possibility in favor of the Col de l'Argentière. For a convenient discussion of this subject, see Capes's *Livy*, Appendix i. A *résumé* of all that was then known of the matter was given by Hermann Schiller, in the *Berliner Philologische Wochenschrift* (1884), iv. 705, 737, 769. But see Bibliography, page xxxiii.

Livy's description is picturesque and rhetorical, but affords no certain data for determining the route. We even wonder at times whether he really had any route definitely in his mind, or whether he was simply painting a word picture, with imaginary details. Probably both alternatives are true in a measure. Still, it is desirable to find a route which will suit both Polybius's and Livy's accounts, which at the same time will be one that Hannibal would be likely to choose in the actual circumstances of the case. If we must identify the *Druentia* with the Durance, then we must decide in favor of the Mont Genèvre, or possibly the Col de l'Argentière. But there is no sufficient reason for the identification. The *Druentia* may as well be the Drac or the Arc.

If Hannibal went by the Mont Genèvre pass, he must either (1) have marched a considerable distance southward from the *Insula* and then up the Drome and down the Buech, or over the hills, to the Durance; or (2) up the Isère to Grenoble, then up the Drac and over the Col Bayard, 4085 feet above the sea, and then down to the Durance near Embrun (2855 feet); or (3) up the Drac to the mouth of the Romanche, then up the latter, over the very high Col du Lautaret (6790 feet), and down to the Durance at Briançon (4330 feet). In the first case, the route is unnaturally indirect; in the second, it involves crossing a ridge of mountains from the Drac to the Durance valley; and in the third, the crossing of a pass nearly 700 feet higher than the Mont Genèvre itself before approaching the main range of the Alps. Livy's account, at any rate, does not suggest the idea that Hannibal crossed the mountains twice.

The Mont Cenis route is more natural and direct from Grenoble to Turin — up the Isère to the mouth of the Arc, up the Arc, over the Mont Cenis pass (6893 feet), down the Cenischia River to the Dora

Riparia, and down the latter to Turin. The most elaborate and convincing of recent works on this subject (Osiander, *Der Hannibalweg*, Berlin, 1900) claims that this route satisfies the requirements of both Polybius's and Livy's accounts, besides being the fittest one for Hannibal's purpose. It is this route which is indicated on our map, opposite page 100.

23. ad laevam in Tricastinos: see map. *Ad laevam* is, at best, difficult to explain; the author may have said 'left' when he meant 'right'; Hannibal may have gone up the valley of the Isère on the south side among the *Triscastini*, and not turned to either side till he reached the Drac; or he may have turned southward after leaving the *Insula*, then struck eastward (*ad laevam* as he came southward) into the valley of the Drome, and then gone on via *Vapincum* (Gap) to *Eborodunum* (Embrun) on the upper *Druentia* (Durance). But the whole description of the route leaves much to be desired in point of clearness, and can in no perfectly satisfactory way be reconciled with the geography of the region. An ingenious explanation of the phrase *ad laevam* is based on the supposition that the Roman maps had the south at the top (as the augurs looked southward in observing the sky); then the east would be at the left side of the map, and our author speaks as if he had the map before him. *Recta regione* would mean, in this case, 'northward.' A simpler explanation is that Hannibal's camp on the frontier of the *Insula* faced south. *Ad laevam* then means 'eastward,' which is the general direction of his march toward the Alps. **in Tricastinos**: it seems that the army did not enter the *Insula Allobrogum* at all; the northern boundary of the Tricastini was the Isère, and their capital, afterward named by the Romans *Augustum Tricastinorum*, is now Aouste on the Drome.

24. Vocontiorum: this nation inhabited a region east of the Tricastini; *Dea Vocontiorum* (*Die*) was one of their towns.

25. Tricorios: northeast of the Vocontii.

26. ad Druentiam: it is possible that Hannibal, after going up the south bank of the Isère, passed from the valley of the Drac into that of the Durance, by turning into that of the Romanche. The identification of the *Druentia* with the Durance is the strongest argument for the Mont Genèvre route, but this identification is by no means certain. Supposing that Hannibal followed the Mont Cenis route, we must understand by the *Druentia* some tributary of the Isère, probably the Drac. **Alpinus amnis**: the Durance rises in the Cottian Alps (Mont Genèvre); it has been remarked that the phrase *aquae vim ingentem* does not suit the upper part of this river,

where it is a small, insignificant stream. But we do not suppose Livy's description to be accurate.
29. navium patiens: *navigable.*
31. vada: *shoals.* **gurgites**: *deep places, pools.*

Page 101. 1. ad hoc: *and besides.*
4. cetera: accusative neuter plural.
5. clamoribus: i.e. sudden outcries at accidents.
Chapter XXXII. 7. quadrato agmine: *with the army marching in fighting trim;* at first no doubt the phrase meant an army marching in the form of a square or parallelogram so as to present a battlefront on every side; then any formation able to repel attacks from any direction.

9. nec facile . . . adsecuturum: *and that it would not be easy for him to overtake those who had so much the start of him.*

11. tutius faciliusque: the enemy would be encountered with less danger and trouble after crossing the mountains, because they were sure to suffer loss in so doing.

12. auxiliis Romanis: troops sent from Rome to help the allies. B. 214, 1, *d*); A. 402, *a*; H. 465, 1; G. 390, 3.

14. fratrem . . . misit: he had a right to depute this command to a lieutenant. Under the circumstances, he seems to have taken the wisest course, for it was supremely important to keep Hasdrubal busy in Spain, and the Romans had not then the same reason that they afterwards had to fear Hannibal. There were already about twenty-five thousand troops in Cisalpine Gaul, apparently a sufficient force to check the invader. Scipio's great mistake lay in not attacking the Punic army instantly upon its arrival at the foot of the Alps, before it recovered from its fatigues.

18. Genuam: he may have stopped there to gain further information, but he went on to Pisa; cf. page 107, line 18. **qui circa Padum erat exercitus**: the substantive attracted into the relative clause; the armies of the two praetors, besides the colonists of Placentia and Cremona.

20. ab Druentia: *ab* perhaps means from the place where he reached and perhaps crossed it, up along the river. **campestri maxime itinere**: *by a route mainly through level country.* East of Gap the valley of the Durance is quite broad, but this phrase is scarcely applicable. But if he had come by the valley of the Romanche he would not have gone near Gap. The valley of the Ubaye near Barcelonette has been suggested as what is meant, but that is too far south, unless he went over the Col de l'Argentière. Remember, we do not know that the *Druentia* is the Durance. We may just as well understand the description to apply to the comparatively broad valley of the Isère, above the mouth of the Drac.

21. cum bona pace: *unmolested by.* Cf. page 94, line 18, and note.

22. prius . . . praecepta: pleonasm. **in maius vero ferri solent**: *are generally exaggerated; efferri* would be more usual. See Introduction, III. 8, *b.*

24. montium: this terrific description seems unsuited to the lower slopes of the Alps. Livy had never visited this region. We notice in him, as in most ancient writers, an absence of appreciation of the picturesque in nature. They were so impressed by the terrors that they failed to see the grandeur of mountain scenery.

26. torrida: *shrivelled;* the same word expresses the effect of intense cold and heat. **intonsi**: *with hair and beards untrimmed.* **inculti**: *unkempt, wild.*

27. visu . . . foediora: one wonders if this can be a vague reference to the repulsive idiots and the unfortunates afflicted with goître, who are so numerous in Alpine valleys.

28. Erigentibus . . . clivos: *as they directed their march up the first slopes.* The scene may be some pass near Embrun, which may be the *castellum* mentioned at page 103, line 17. Adopting the Mont Cenis theory, we understand the place to be the vicinity of Aiguebelle, on the Arc, near its mouth.

29. inminentes: accusative. **insidentes**: nominative.

Page 102. **1. dedissent**: *would have caused.* **consistere signa iussit**: *ordered a halt.* **Gallisque**: these may be Cisalpine Gauls sent to meet the Carthaginians (cf. chap. xxix.), or guides furnished by Braneus, the Allobrogian chief; see page 100, line 14.

2. transitum ea non esse: *that the passage of the gorge could not be forced.*

4. quam extentissima potest valle: *in the widest part of the valley that he could find;* note the superlative of a participle. Osiander identifies this locality with the valley about Aiguebelle, which is something like a mile and a quarter long and three quarters of a mile wide, elliptical in shape, with an entrance about a third of a mile wide.

5. abhorrentis: accusative; *who did not differ* (from the mountaineers).

8. dilabi: *dispersed.* **subiit**: *approached.* **ut . . . vim . . . facturus**: *as if he were going to force his way.*

12. laxatas: *thinned out, reduced.*

13. quam pro numero: *than were in proportion to the number of those who remained in camp.*

14. in speciem: *for appearance' sake, to deceive the enemy.*

16. quoque: ablative of *quisque*, agreeing with *viro*. **angustias evadit**: *passed through the defile.*

Chapter XXXIII. **18. castra mota**: sc. *sunt; they broke camp.*

19. incedere: *to advance in order.*

20. castellis: *mountain villages, hamlets.*

21. arce: *stronghold;* in this case a natural one. Osiander finds this at Echaillon, near St. Jean de Maurienne, situated about one thousand feet above the Arc river. Moreover, he notes the existence of a fine echo (page 103, lines 1, 2) near by. **inminentis**: agrees with *alios.*

22. via transire: *going along by the road;* this illustrates the author's tendency to dispense with prepositions; we should expect *per viam;* cf. *maritima ora,* page 93, line 1. **hostis**: construe with the first, as well as the second, *alios.*

23. inmobiles . . . defixit: *made them stand . . . motionless.*

25. quidquid = *si quid.*

26. ipsi: i.e. *montani.* **ad perniciem**: i.e. for the destruction of the Carthaginians.

27. iuxta = *pariter;* often so used by Livy; the meaning is, 'whether there was a trail or not.' See Introduction, III. 7, *c.* **adsueti**: the construction with *in* and accusative is exceptional; usually this word is followed by the dative, as at page 88, line 15.

29. sibi = *pro se; selfishly.* **quoque tendente**: *as each one strove.*

31. infestum . . . faciebant: *endangered the column of march.*

Page 103. **2. repercussae**: *reëchoing;* applies properly to *clamores*, but is transferred to *valles*. **territi trepidabant**: *were rushing about in their fright.*

3. stragem: *overturning.*

5. turba: *the pushing of the crowd in the narrow way.*

6. in inmensum altitudinis: a bold use of adjective as substantive; = *in inmensam altitudinem, to an enormous depth, into a fathomless abyss.*

7. quosdam et armatos: implying that *multos,* line 5, means the mule drivers, not the soldiers. **sed ruinae maxime modo**: *but very much like a falling wall.*

11. interrumpi agmen: the column was broken by the barbarian attack, so that front and rear were separated by a body of the enemy.

12. exutum = *si exutus esset*. B. 337, 2, *b*); A. 521, *a*; H. 638, 2; G. 593, 2.

13. traduxisset: i.e. through the pass. **decurrit**: perfect.

15. momento temporis: cf. page 87, line 2, where *momentum* is used without *temporis*.

17. Castellum: Osiander identifies this with St. Jean de Maurienne, which is still small enough to be called a *castellum* (it has about three thousand inhabitants). Cf. page 102, line 20, and note. As before suggested, the Mont Genèvre party might think that this was Embrun, which lies on the upper Durance, in an imposing position, on a hill above the river.

18. viculos: *hamlets*.

19. captivo: often applied to inanimate things. Cf. page 66, line 2, and note.

21. magno opere: often written as one word.

Chapter XXXIV. 23. Perventum: the frequent use of neuter verbs in compound tenses of the passive is characteristic of Livy's style. **frequentem**: *full of*.

24. ut inter: *considering that it was among;* cf. page 5, line 25; page 135, line 27. **populum**: *a district*, not, as usual, the people who inhabited it; cf. similar use of δῆμος. There are many valleys among the foothills of this region, with mild climate and fertile soil, hence the large number of farmers (*cultoribus*) is natural.

25. suis: i.e. characteristic of himself. The Romans learned to feel an exaggerated fear of Hannibal's craftiness.

29. commeatum: *provisions*.

30. ad fidem promissorum: *as a pledge of the fulfilment of their promises;* brachylogy.

Page 104. **3. ut inter pacatos**: sc. *fieri solet*. **conposito agmine**: virtually equivalent to *quadrato agmine;* cf. page 101, line 7, and note.

5. robore: *main body;* generally the 'flower' of the army.

7. parte altera: *on one side.* **subiectam**: *running close under.*

9. petunt: *assailed them.*

10. In eos versa . . . quin, etc.: *when the infantry faced about against these* (enemies in the rear) *it became perfectly clear that*, etc.

12. accipienda . . . fuerit: when the apodosis of an unreal condition depends on a sentence which requires the subjunctive, the pluperfect is turned into the periphrastic perfect subjunctive. B. 322; H. 648, II. 2; G. 597, R. 5 (*a*), (*c*).

13. Tunc quoque: *even then, as it was.* **extremum periculi** = *extremum periculum.*

15. demittere agmen in angustias: the infantry had not yet reached the narrowest part of the defile when it was thus attacked in the rear and flank. While he thus hesitated, the foremost part of the army, passing on, became separated from the rear, and the enemy took advantage of the chance to occupy the vacant road. **quia non . . . reliqui erat**: *because no force was left to protect the rear of the infantry, as he had himself* (with the infantry) *protected that of the cavalry;* i.e. the infantry itself was the rear guard.

17. per obliqua: i.e. downward and forward.

19. Hannibali: dative of agent.

Chapter XXXV. 22. iunctae copiae: i.e. after the separation of the previous night.

26. utcumque . . . daret: a conditional relative clause corresponding to the form of protasis in A. 518, *c*; 519; H. 578, N. 1; G. 593, 1.

27. progressi morative: *those who straggled ahead or lagged behind the main body.*

28. sicut . . . ita: *whilst . . . yet.*

29. *quacumque incederent*: same construction as *daret*, line 27.

30. insuetis: *those who were unaccustomed to* the elephants.

Page 105. 1. Nono die: after beginning the ascent; the point of departure is not mentioned, but it is, no doubt, *ab Druentia;* cf. page 101, line 20.   **Nono**: *ninth,* including the days of departure and arrival; three days were spent in fighting, one in camp, four in marching; Polybius gives the same number of days. **in iugum**: the summit of the Mont Cenis pass is 6893 feet above the sea. **per invia . . . faciebant**: *over ground where there was generally no road and after* (fruitless) *wanderings, which were caused either by the treachery of the guides, or, where they were not trusted, by the fact that valleys were mistakenly entered by those who guessed at the road;* that is, they wasted time in exploring valleys that led them out of their way; the subjects of *faciebant* are *fraus* and *valles.*

4. Biduum: undoubtedly the day of arrival should be counted as one of these two. **in iugo**: on the summits of many of the Alpine passes there are considerable level spaces. **stativa**: sc. *castra.*

8. nivis . . . casus: *a fall of snow.* **occidente iam sidere Vergiliarum**: *as the constellation of the Pleiades was now near its setting;* i.e. their morning setting simultaneous with sunrise. We learn from Pliny that the ancients regarded the setting of this constellation at the end of October as the beginning of winter. If the passage of the mountains did not take place till the end of October, the events from this time to the battle of the Trebia, including the bringing of the Roman army from Sicily to the Po, are somewhat crowded. We may therefore translate *occidente iam, approaching their setting*, and place the crossing early in October, or possibly at the end of September.

11. pigritiaque et desperatio: *indifference and discouragement*.

12. praegressus signa: going to the head of the column from his place farther toward the rear. **in promunturio**: this has been regarded as one of the author's rhetorical flights above the region of fact. But Osiander identifies the place with a small eminence rising from the plateau at the summit of the Mont Cenis pass, from which he himself obtained an actual glimpse of a part of the valley of the Po. He happened to be looking just in the direction of Rome. The chain of the Apennines beyond the Po valley is visible from the point in question. He thinks that Hannibal would naturally have taken some trouble to find a favorable point of view and show to his men so inspiring a sight.

17. uno . . . altero: note the change from cardinal to ordinal. **summum**: adverbial accusative; *at most*.

21. furta: *stealthy attacks*.

22. ut: *inasmuch as, since*.

23. ab Italia: *on the Italian side*.

25. sustinere se a lapsu: *to save themselves from falling*.

26. paulum titubassent: *had but slightly staggered* or *stumbled*. **haerere adfixi vestigio suo**: *to keep their footing; adfixi* expresses the effort to remain firm in any one spot.

27. occiderent: intransitive.

Chapter XXXVI. 28. rupem: probably a narrow rocky ledge on which they were walking.

29. rectis: *perpendicular*. **temptabundus**: *feeling* for points of support.

32. lapsu terrae: *a landslide, avalanche*. **in . . . altitudinem**: this is possibly a mistake made by the author in copying from Polybius or their common authority. Polybius tells of a place where the road was thus swept away for a *length* of $1\frac{1}{2}$ stadia ($937\frac{1}{2}$ Roman feet). But the text of the sentence is very uncertain.

Page 106. 3. Digressus: *left his place in the column of march*.

5. quamvis longo ambitu: *by however long a circuit*.

6. circumduceret: *would be obliged to lead . . . around.*

7. veterem nivem intactam: *the unmelted snow of the year before.* It is not at all likely that this was at the altitude of perpetual snow, but in shady glens the snow lasts all summer. The description in some respects would suit such a place, in others it seems like that of the slanting surface of a glacier.

8. molli nec praealtae: sc. *novae nivi.*

10. dilapsa est: *was dissolved.* **per nudam infra glaciem**: *over the bare ice beneath.*

11. tabem: *slush.*

12. non recipiente vestigium: *affording no foothold.*

13. in prono citius pedes fallente: *betraying the steps the more readily because of the slope.*

14. adiuvissent: iterative subjunctive. **ipsis adminiculis prolapsis**: *when these very supports slipped from under them.*

17. in levi tantum glacie: *on what was nothing but smooth ice.*

18. secabant . . . ingredientia, prolapsa . . . perfringebant: chiasmus.

19. iactandis gravius in conitendo ungulis: *by striking their hoofs in too heavily, in their struggle* (to rise).

21. alte concreta: *deeply frozen;* this seems to refer to an icy crust upon the old snow, rather than the solid ice of a glacier.

Chapter XXXVII. 24. in iugo: not necessarily the summit (page 105, line 1), where they had halted two days, and which they had now left behind.

26. ad rupem muniendam = *ad viam per rupem muniendam; to build a road through the rock;* munire has the same root as *moenia, communis, immunis,* etc.

28. arboribus circa: this could not have been above the snow line, and seems to be a contradiction to lines 15 and 16 above, and to page 107, lines 4 and 5. **deiectis detruncatisque**: *felled and trimmed.*

29. struem: *a heap.*

31. infuso aceto: *by pouring vinegar upon it;* this story has always been a subject of controversy. This means of softening rock had long been used in the Spanish mines. Limestone would readily yield to vinegar thus employed. The soldiers may have carried sour wine or vinegar (*posca*) in their canteens. So there is nothing inherently improbable in the statement, if the operation was carried on upon a small scale; the difficulty would be to get enough wood and vinegar. The *Journal des Savants* for April, 1889, contains an article by M. Berthelot, " De l'emploi du vinaigre dans le passage des Alpes par Annibal," showing by citations that the ancients often used vinegar in this way. But this is, no doubt, a popular legend which became part of the marvellous story of Hannibal's march over the Alps. It found several echoes, however, in Latin literature.

Page 107. 1. molliunt ... clivos: *render the descent easy by curves at a moderate grade*, i.e. a zigzag path down the face of the steep. **anfractibus**: from *ambi-* and *frangere*.

3. Quadriduum: Polybius says the horses and baggage animals were able to pass on after one day's delay; that only the elephants were detained three days. Livy adds the two numbers together.

4. prope fame absumptis: *almost starved to death.*

5. obruunt nives: this and the mention of the bare rocky summits are quite inconsistent with the large trees that have just been cut down in the vicinity, and shows how little we can base an argument upon the author's description of the march.

7. prope silvas: sc. *fluentes; flowing by forests.* **digniora**: *fitter for.*

8. muniendo: *by the work of road-building.*

Chapter XXXIX. 11. Per opportune: Livy does not make it clear that there was an alliance between Hannibal and the Taurini. **ad principia rerum**: *for the beginning of operations.*

13. armare: *to call to arms;* generally it means 'to provide with arms.'

14. in reficiendo: sc. *se; in the process of recovery.*

15. ex: *immediately after.*

16. inluvie tabeque: *filth and emaciation.* **efferata**: *wild.*

17. movebat: *affected.*

18. Manilo Atilioque: two praetors.

19. tirone: *raw, composed of raw recruits.* **novis ignominiis**: the recent disgraceful discomfitures at the hands of the Gauls, described in chapter xxv.

20. nondum refecto, etc.: a little more promptness on the part of the Romans in Cisalpine Gaul would probably have resulted in Hannibal's defeat at the foot of the Alps.

22. caput gentis: Augusta Taurinorum, as the Romans afterwards named it; now Turin.

27. quae = *utra.*

28. praesentem: *the first comer.*

Page 108. 2. sicuti ... ita: *while ... yet.*

5. celeberrimum: aside from his own achievements, Hannibal must have inherited much of the prestige of his father, the one enemy whom the Romans had failed to conquer.

6. eo ipso, quod: *from the very fact that.* **potissimum**: *in preference to all others.*

7. inter se opinionem: *their mutual respect.*

10. Occupavit ... traicere: see note to page 19, line 8.

11. Padum traicere: above Placentia, between the Lambrus and the Ticinus.

Chapter XLII. **14. Haec**: sc. *dixit* or *egit.*

18. ecquis *whether any.*

19. victor: = *si victor esset.*

20. Cum ... poscerent, et ... esset: the sense is iterative, and we find the imperfect indicative in the principal clause, *optabat*, line 22. **ad unum**: *to a man.* **ferrum pugnamque**: hendiadys.

21. deiecta: the lots were thrown into a vase or urn, or, in this case, probably a helmet, whence they were shaken out singly (*exciderat*). **in id**: like *ad id*, page 15, line 2.

22. cuiusque: not genitive of *quisque*, but = *et cuius.*

25. dimicarent: iterative subjunctive. **eiusdem ... condicionis homines**: i.e. the other prisoners.

26. spectantes vulgo: *the mass of the spectators.*

Page 109. Chapter XLIII. **1. sic ... adfectos**: *in this state of mind*, referring, of course, to Hannibal's men. **paribus**: substantive; *pairs.*

2. dimisisset: he broke up this informal gathering, and called together a regular assembly of the army (*contio*). Polybius says he at once addressed the troops, which seems more natural.

3. in alienae sortis exemplo: i.e. at the sight of the conduct of other men in their position, serving you as an example of how you should act in yours.

5. vicimus: *victory is ours;* perfect, to express a future event regarded as absolutely certain. A. 516, *e.*

6. quaedam: this pronoun is often used to introduce a metaphor.

7. condicionis *situation.* **nescio an**: *I rather think that,* etc. **maiora**: *stronger.*

8. maioresque necessitates: *more desperate straits.*

9. dextra laevaque: ablative. **duo maria**: the Mediterranean and the Adriatic.

11. circa: sc. *est;* we should rather expect *a fronte*, but the word is not to be taken too literally; there were many rivers in the neighborhood, of which they had but vague impressions. **maior ac violentior Rhodăno**: a rhetorical exaggeration.

12. integris vobis ac vigentibus: *when your numbers and strength were unimpaired.*

18. parentibus: B. 188, 2, *d*); A. 381; H. 427; G. 345, R. 1.

22. In: *in the hope of.* **agite dum**: *come on! Dum* is merely intensive; cf. *Age sane*, page 71, line 23.

23. Satis adhuc: *long enough.* **vastis**: *wild, desert,* not ' vast.'

24. Lusitaniae: corresponding to the modern Portugal and the adjacent parts of Spain. **Celtiberiaeque**: the central region of the Spanish peninsula. **consectando . . . vidistis**: *you have followed . . . without seeing.*

30. emeritis stipendiis: *after your campaigns are finished.*

31. Nec = *et ne.* **quam magni nominis . . . tam difficilem**: *difficult in proportion to the prestige of the enemy.*

32. existimaritis: B. 276; A. 450 (3); H. 561, 2; G. 263, 2 (*b*).

33. perlevi momento: *by very slight effort;* note the force of *per.*

Page 110. 1. fulgore: *glamour.*

2. cur . . . comparandi sint: B. 283, 1, 2; A. 535, *a*; H. 591, 4; G. 631, 2. Livy prefers the gerundive to the verbal in -*bilis.*

3. Ut . . . taceam: *not to mention.* **viginti annorum militiam** (sc. *peractam*): applicable to Hamilcar's veterans, of whom there were doubtless a few in the army. **illa**: *that well known;* B. 246, 3; A. 297, *b*; H. 507, 4; G. 307, 2.

4. Herculis columnis: the "Pillars of Hercules"; Calpe (Gibraltar) in Spain, and Abỹla in Africa.

5. ab Oceano: very few had come so far.

7. hac ipsa aestate caeso, etc.: referring to events in chapter xxv., which we have omitted.

10. natum . . . eductum: this is consistent rather with the usual version of Hannibal's boyhood than with that implied in chapters iii. and iv. **eductum**: see note on the same word, page 51, line 5.

13. semenstri: the consuls at this period took office March 15th. **desertore**: it will be remembered that Scipio had sent his original army on to Spain; cf. page 101, lines 12–17.

16. parvi: B. 203, 3; A. 417; H. 448, 1; G. 380, 1.

17. quod nemo est: B. 299, 1; A. 572; H. 588, 3; G. 525.

18. cui . . . decora: *to whom also I cannot, from having been an eye-witness of his gallantry, recall his own brave deeds, specifying the time and place of their performance.*

22. ignotos . . . ignorantesque: *pleonasm.*

Chapter XLIV. 26. frenatos infrenatosque: respectively, the Spanish and Numidian cavalry; the latter used no saddles and no bridles (*infrenatos*); *in-* is here the negative prefix.

27. socios: Africans as well as Spaniards, all but the Carthaginian citizens.

31. inferentis vim quam arcentis: *of the invader than of the defender;* participles, with their object, equivalent to substantives or to clauses.

32. dolor, etc.: besides the natural smart of defeat, they had reason to resent Rome's unfair and overbearing conduct in the years since the first war.

Page 111. 2. deinde vos omnes: no such demand as this was made.   **qui . . . oppugnassetis**: *who* (as they said) *had besieged;* informal indirect discourse, implied in *depoposcerunt.*

3. deditos = *si dediti essetis;* cf. *exutum,* page 103, line 12, and note.   **adfecturi fuerunt**: B. 304, 3, *b*); A. 517, *d*; H. 582; G. 596, 2; 597, R. 3.

4. sua: predicative.   **suique arbitrii**: predicative possessive genitive.

5. Cum quibus . . . habeamus: deliberative question in indirect discourse; the treaty of 241 B.C. forbade war with any ally of Rome.

6. modum inponere: *to prescribe.*

7. montium fluminumque: a rhetorical flourish; he means simply the Ebro River.

9. Ne transieris: perfect subjunctive in a prohibition; cf. page 109, line 32, and note. Here Rome appears as party to an imaginary dialogue with Carthage, represented by Hannibal.   **Ne quid . . . cum Saguntinis**: but the treaty with Hasdrubal had merely secured the independence of Saguntum.

11. vestigio: *from where you are standing.*

14. autem: *do I say?* This figure of rhetoric is called *epanorthosis,* ' correction.'

15. unum = *alterum.*   **in Africam**: Sempronius never went beyond Sicily.

16. in Hispaniam: Scipio did not reach Spain in person till the following year.   **Nihil . . . relictum est, nisi** = *nihil habebimus, nisi;* hence *vindicarimus,* future perfect.

18. respectum: *a refuge,* a place to look back to.   **sua**: referring to *quos,* the logical subject of the sentence, though it is grammatically the object.

19. vobis: dative with *necesse*.
20. fortibus viris: attracted to case of *vobis;* a Grecism. H. 612, 3.   **omnibus** (sc. *rebus*) . . . **certa desperatione abruptis**: *renouncing with decision all hopes*, etc.
22. dubitabit: *wavers;* euphemistic for 'inclines to the enemy.'
23. fixum, etc.: suggests Vergil's *animo fixum immotumque* (*Aeneid*, iv. 15).
24. vicistis: cf. page 109, line 5, and note.
25. telum . . . acrius: cf. Cicero, *de Amicitia*, 17, 61, *nec mediocre telum ad res gerendas*.
Chapter XLV. 28. ponte Ticinum iungunt: *build a bridge over the Ticinus;* originally they must have said *ponte ripas fluminis iungere;* the Ticino is a tributary of the Po, flowing into it near Pavia.
29. castellum: a redoubt, *tête de pont*.   **insuper**: *besides;* we say, " over and above."
30. Maharbalem: cf. page 86, line 8, and note.

Page 112. 1. ala: five hundred seems to have been the regular number of a regiment of Numidian cavalry; cf. page 97, line 32, page 98, line 2, and page 160, line 30.
2. parci: B. 187, II. *b*; A. 372; H. 518, 1; G. 346, R. 1, 2.
3. defectionem: from the Romans to himself.
5. agrum Insŭbrium: the fact is that most of the Insubres lived east of the Ticinus.   **Victumulis**: in the district of Vercellae, later known for its gold mines. Livy thus puts the battle a good deal farther north than Polybius, who implies that it was quite near the Po; the scene of it cannot be certainly determined.
8. cerneret: *cum* in this case is both temporal and causal.
9. certa: *definite*.
10. pugnarent: purpose; B. 282, 2; A. 531, 2; H. 590; G. 630.
12. velit: instead of *vellet*, for greater vividness.   **inmunem ipsi . . . liberisque**: *free of tax to himself . . . and his children*.
13. argento: *money*.
14. qui . . . cives . . . fieri vellent: Hannibal assumes the prerogative, sometimes exercised by Roman generals, of conferring citizenship.
16. ne cuius . . . vellent: *that their lot should be such that they would not wish to exchange it for that of any of their countrymen*.
17. secum = *cum sua*.
18. bina: two new slaves for each one set free.

20. silicem: a flint, a relic of immemorial antiquity, was still used by the Romans in sacrifice long after the author's day. **retinens**, i.e. *dum precatur*.

21. Iovem: i.e. Baal.

22. secundum: *immediately after*.

23. velut dis ... acceptis: *as if each one had received from the gods a guaranty of the fulfilment of his hopes; quisque*, without grammatical construction in the ablative absolute phrase, is appositive to *omnes*, the subject of the principal verb, *poscunt*.

24. id morae ... rati: *thinking that the only cause of delay in realizing their hopes was the fact that they were not yet fighting; morae* is partitive genitive; cf. *nihil aliud ... morae*, page 142, line 13.

25. potienda: the gerundive used as if *potior* were transitive; B. 218, 1; A. 410, N. 2; H. 477, I. 1; G. 407, N. 2, (*d*).

Chapter XLVI. 29. lupus: the mere appearance of a wolf in an unusual place was considered ominous; its ferocious action only exaggerated the significance of the omen. **obviis**: substantive; *those whom it met*.

30. examen: i.e. *ex-agi-men, exagmen*. **praetorio**: the *praetorium* was the '*templum*' of a camp.

Page 113. 1. copiasque, quantae, etc.: prolepsis; B. 374, 5, *a*; A. 576; H. 649, II. 4; G. 468.

3. circa: with adjectival force. See Introduction, III. 7, *b*.

5. propinquantium: poetic for *appropinquantium*. Livy is fond of using simple verbs for compounds. See Introduction, III. 8, *b*.

6. Consistit: momentary action of the collective body; *expediebant*, continuing action of the component individuals.

8. Romanos sociorumque, etc.: this cavalry was heavier than the Gallic.

9. in subsidiis: *in reserve, in the second line*. **frenatos**: i.e. the heavy Spanish horse.

10. cornua ... firmat: *posts on the wings;* literally, ' makes strong wings of Numidians.'

11. fugerunt ... aciem: *retreated among* (i.e. into the spaces between) *the reserves in the second line*.

13. labentibus: *falling* from their horses (restive and frightened by the foot-men, *quia turbabant*, etc.).

14. desilientibus: *jumping off*, so as to fight on foot (explained by *ubi ... vidissent*).

15. ad pedes pugna venerat: *it had become a battle on foot* (and so continued until, etc.).

17. Is pavor: *fear at this;* cf. *Ob eam iram*, page 119, line 15.

19. tum primum pubescentis: *just coming to manhood;* he was in his seventeenth year. **propulsatum**: *averted.*

20. erit: *was, as we shall see.* **perfecti . . . belli**: *of finishing this war.*

21. victoriam: the victory at Zama in Africa, 202 B.C., which brought this war to an end. **de**: *over.*

22. tamen: marks the contrast between the disorderly flight of the *iaculatores* and the orderly retreat of the rest of the army.

24. alius confertus equitatus: perhaps *the rest of the cavalry in close array*, some having fled with the *iaculatores;* or *the rest,* i.e. *the cavalry*, distinguished from the *iaculatores*.

27. Servati consulis decus: *the honor of having saved the consul.* Caelius (*Antipater*): See Introduction, I. 5, page ix.

28. equidem: generally used with a verb in the first person.

29. plures: cf. page 58, line 3. **fama obtinuit**: *obtinuit* is intransitive, *fama* nominative; *quod* is not applicable to this clause. Wsb. explains the irregularity by suggesting that the author had in mind *factum esse*, which would be applicable to both clauses, as predicate to *quod*.

Page 114. Chapter XLVII.

1. ob id: strictly classical prose says *ob eam rem*.

3. vasa . . . conligere: *to collect baggage, pack up.* **silentio**: without the usual trumpet signals.

4. ab Ticino: *from the vicinity of the Ticinus;* Scipio had encamped some distance west of the river. Of course it is here implied that he recrossed it.

5. iunxerat flumen: *had bridged the river.*

6. Prius . . . profectos: probably an exaggeration, yet Polybius explains that Hannibal waited some time, expecting an attack of the Roman infantry.

7. Placentiam: see note to page 124, line 8. **satis sciret**: *was well aware.*

8. moratorum: from *moratus.* **in citeriore ripa Padi**: Hannibal appears to have gone up the north bank of the Po, west of the Ticinus, till he found a crossing-place. But there has been a great deal of controversy about the different movements of the armies, and several questions remain to be settled.

9. segniter . . . solventes: they may have delayed so long that the floating bridge had to be cut loose at the southern end. If so, they were left without means of crossing the river. **ratem:** *bridge of rafts.*

11. in secundam aquam labente: *drifting down stream.* **auctor est:** *is authority for the statement that,* etc.

11. Magōnem: the younger of Hannibal's two brothers.

14. in ordinem: *in a row.* **ad sustinendum,** etc.: *to act as a breakwater.*

15. peritis: dative. **amnis:** genitive depending on *peritis;* B. 204, 1; A. 349, *a*; H. 451, 1; G. 374.

16. fidem fecerint: *would awaken belief, meet credence;* subjunctive of modesty.

17. ut iam . . . utres: *even granting that all the Spaniards had floated across on their inflated bags.*

20. Potiores apud me auctores sunt: *to my mind those authors have greater weight, are more credible, who,* etc.

29. acie derecta: *with the army formed in battle array.*

Chapter XLVIII. 30. in castris Romanis: the first camp was probably on the west bank of the Trebia, though near Placentia; there is no statement yet of either party's having crossed the river.

31. Gallis: mercenaries, not the Cenomāni mentioned in chapter lv.

Page 115. 1. portas: a Roman camp had one gate on each of its four sides.

2. adlocutus et . . . accensos: *adloquor* being deponent has no passive, hence the odd coördination of the active and passive participles.

5. contactosque eo scelere: *infected by the bad example.*

7. gravis: *crippled by, suffering from;* less strong than *aeger.* **adhuc:** strictly means 'till now,' but Livy often uses it of the past. **quarta vigilia:** at the beginning of the last quarter of the night.

9. inpeditiores equiti: *less adapted to the movements of cavalry.*

10. Minus . . . fefellit: *was less successful in eluding observation than at the Ticinus.*

12. utique novissimum agmen: *especially the rear-guard.*

16. transgressos: i.e. from the west to the east bank.

17. metantisque castra: *laying out the camp.* The Roman camp was always, so far as possible, of fixed proportions and upon the same plan.

18. citra: i.e. on the west bank.

19. iactati: *irritated* by motion.   **collegam ... expectandum**: Sempronius would come to join Scipio by the Aemilian Way from Ariminum on the Adriatic. This was the natural and easy line of communication with the capital. Therefore it seems extremely improbable that Scipio would have retreated from the east to the west bank, leaving Hannibal in possession of his line of communication.

22. Nec procul inde Hannibal: on the opposite bank, however, as appears in the sequel.

25. excipiebat: *awaited him.*

26. Clastidium: now Casteggio, about twenty-five miles west of the Trebia; a fortified place, where the Romans had a supply of military stores.   **numerum**: *quantity.*

27. mittit: sc. *milites* or the like.   **vim pararent**: *were preparing to attack.*

29. nummis aureis quadringentis: gold was first coined at Rome during this war, but was not common till the time of Caesar; the *aureus* = 25 *denarii* = $4.16, if we reckon six denarii to a dollar. These words mean an amount of gold of the value of 400 *aurei.*

31. horreum: *magazine;* not very convenient if the Romans were west and the Carthaginians east of the river.

33. nihil saevitum est: cf. page 3, line 2, and note.

Page 116. Chapter XLIX. **1. constitisset**: *had come to a standstill.*

2. interim: the following events in Sicily had taken place before the encampment on the Trebia, and were rather simultaneous with the occurrences described in chapters xxvi.–xlvii.   **Italiae inminentes**: *in the vicinity of Italy.*

3. terra marique: all the fighting was at sea.

4. Viginti quinqueremes ... mille armatis: i.e. about fifty combatants to each ship; by comparison with the next chapter we find that there must have been about two hundred rowers and sailors in each crew. This miserably inadequate fleet indicates the decadence of the Punic navy.

6. Lipăras: the Lipari Islands, north of Sicily, ceded by Carthage to Rome in 241 B.C. The *insula Vulcani* is south of and very near to *Lipara*, the chief island of the group, which seems to be meant by the general expression *Liparas* in this case.   **tenuerunt**: sc. *cursum; reached;* cf. *tenuisse*, page 3, line 16, and note.

7. fretum: i.e. *Siculum*, the strait of Messina.   **aestus**: *a heavy sea.*

BOOK XXI. CHAPTER L.

8. Hierone: the faithful and valuable ally of Rome since the early part of the first Punic war. He was now near the end of his long life and his prosperous reign of fifty-four years. His death in 216 B.C. brought to an unhappy conclusion the friendly relations of his kingdom with Rome.

10. opperiens: *waiting to receive.*

11. Cognitum: sc. *est.* **praeter viginti ... essent**, etc.: *besides the twenty ships of the fleet to which they themselves belonged;* *classis* is attracted into the relative clause.

14. veteres socios: a large part of the island had once belonged to Carthage. **Lilybaei**: (now Marsala) the strong fortress at the west end of the island, the siege of which had occupied the Romans during the last ten years of the first war.

16. Aegātis insulas: a few miles off Lilybaeum, to the north-west.

17. deiectam: *driven out of its course.*

18. praetori: there were then four praetors, including one for Sicily and one for Sardinia-Corsica. The praetor of Sicily was regularly stationed at Lilybaeum. **provincia**: cf. page 88, line 23; he may have been the incumbent of the preceding year, waiting for the arrival of his successor, or appointed to this province in subordination to Sempronius, who was expected to cross into Africa.

20. legati: *lieutenants,* staff officers, not envoys. **tribunique**: the six field officers of the legion were called *tribuni militum;* they commanded, two at a time, in rotation. **suos**: the Roman garrisons of the towns. **ad curam custodiae intendere**: *admonished to keep careful guard.*

22. teneri: like *intendere,* historical infinitive. **socii navales** = *nautae et remiges,* as opposed to *milites classici,* marines; so called because in the early days of the Roman navy the crews were chiefly formed of allies, leaving citizens to do the fighting.

25. speculis: *watch-towers* along the coast.

27. moderati ... erant: *had regulated.*

29. pernox: a poetical word. **sublatis armamentis**: *with yards raised;* i.e. *under full sail.*

Page 117. 2. demendis armamentis: it was customary to clear away the rigging before going into action.

6. circa ea ipsa loca: the references to the victory at the Aegates Islands grow a little tiresome.

Chapter L. 9. vires conferre: *to measure their strength, come to close quarters,* i.e. grappling and boarding. **velle** and **malle** (line 11): historical infinitives.

10. eludere: *to dodge, manœuvre.*

12. sociis navalibus: as before, *crews*, distinguished from fighting men. **adfatim**: *to a sufficiency;* akin to *fatiscere, fatigare.*

13. sicubi (*si cubi*, not *sic ubi*): *if anywhere, wherever.* **conserta . . . esset**: *had become engaged at close quarters*, had been grappled by the enemy.

14. numerus: in the first war the Romans ordinarily had one hundred and twenty soldiers and three hundred oarsmen and sailors to a quinquereme.

16. illis: i.e. *Poenis.*

18. Mille et septingenti: about fifty soldiers and two hundred sailors and rowers apiece; cf. page 116, line 4.

20. perforata: *rammed* by the beak of one of the enemy's ships.

21. reduce: usually in prose this word is applied to living beings only.

23. Messanam venit: i.e. from Rome.

24. ornatam armatamque: *fully equipped.*

25. praetoriam navem: *the flagship; praetorius* has the general sense, 'belonging to the commander-in-chief.'

26. cum exercitu et navibus: his army was 26,400 men, according to page 89, line 4 sqq. It had doubtless marched down by land to Rhegium, and, as a whole, certainly did not take part in the operations described in this and the next chapter.

27. in Siciliam: i.e. to the west of the island.

30. iuvenis: he was forty-three years old in 264 B.C., and now eighty-nine.

Page 118. 2. quibusdam volentibus . . . fore: *that some would be glad of a change of government;* apparently a Greek construction (cf. page 68, line 4, and note); though some explain *volentibus* as ablative absolute.

5. Navigantes: i.e. along the northern coast of Sicily.

Chapter LI. 10. Melitam: Malta; fifty-eight miles southwest of Cape Pachynum. The inhabitants were mainly Greeks, and the island had not been ceded by Carthage in 241.

12. duobus milibus: ablative with *cum;* the case is not affected by the comparative *minus.* B. 217, *c;* A. 407, *c;* H. 471, 4; G. 296, R. 4.

13. traditur: a sort of zeugma; *Hamilcar se tradit; oppidum traditur.*

14. reditum: sc. *est.*

15. praeter ... viros: the nobles were reserved for ransom or exchange. **sub corona venierunt**: *were sold as slaves*. The heads of such prisoners, like those of animals about to be sacrificed, were crowned with garlands. *Vēneo* is used as the passive of *vendo*.

16. ab ea parte: *on that side*.

17. censebat: cf. page 29, line 10, and note. The imperfect is used about 100 times by Livy with *postquam;* 4 times by Cicero; twice by Caesar; it shows the action of the temporal clause still continuing when that of the principal clause begins. **insulas Vulcani**: i.e. the Lipari Islands, of which one in particular had this name. See note to page 116, line 6.

18. classem: seventeen of the twenty ships sent to ravage the Italian coast (page 116, line 4). **nec**: *yet ... not*.

19. forte: they *happened* to be gone when the consul arrived, though they had not expected his arrival.

21. urbem: Vibo or Hippo, on the west coast of Bruttium. **Repetenti Siciliam**: *on his way back to Sicily*, or else immediately upon his arrival.

22. escensio: *descent, landing*.

23. de ... ut: (informing him) *concerning* ... (*ordering him*) *to*, etc.

24. primo quoque tempore: *as soon as possible; quoque* is ablative of *quisque*. Nothing is said of the battle on the Ticinus; presumably this message was sent before it was fought.

26. Ariminum: a town (now Rimini) on the coast of Umbria, or, more properly, of the *Ager Gallicus*, lately connected with Rome by the Flaminian Way. Polybius says that the consul made the troops take an oath to meet him on a certain day at Ariminum, and that they completed the march in forty days from Lilybaeum. The navigation of the Adriatic in winter was dangerous. If we take Livy's account as meaning that the whole army went by sea, we should question whether, after detaching so many ships from his fleet, the consul had enough left to carry the troops. **mari supero**: the Adriatic; *mare inferum* was the Tuscan Sea.

29. quinquaginta ... explevit: *filled up the number of the fleet to fifty ships*.

30. compositis Siciliae rebus: *after taking measures for the defence of Sicily*.

31. oram ... legens: a Vergilian phrase; cf. *lege litoris oram* (*Georgics*, ii. 44). From this we should suppose he sailed up the eastern coast, but Polybius says he sailed to Rome and went thence by land.

Page 119. **1. Inde**: along the line of the later *Via Aemilia*, a straight line to Placentia.

2. conlegae coniungitur: we hear of no opposition to this junction, which tends to show that Scipio was on the east bank of the Trebia, Hannibal on the west.

Chapter LII. 3. Iam ambo consules (sc. *oppositi*), etc.: *the fact that now both consuls and the whole Roman forces were opposed to Hannibal made it quite clear*, etc. **quidquid . . . erat**: this does not mean all possible or even all actual forces, but only that the usual consular army was about doubled, and that no other large force was immediately available.

6. consul alter: Scipio. **equestri proelio**: the battle on the Ticinus.

7. animi minutus: see note to page 10, line 22; page 73, line 9.

8. alter: Sempronius. **ferocior**: *more headstrong, impetuous*.

9. inter Trebiam Padumque: i.e. west of the Trebia, south of the Po.

11. per ambiguum favorem: *by a policy that committed them to neither side*.

12. spectantes: *aiming to secure*. **Id Romani . . . satis**: *the Romans were satisfied with this, provided they* (the Gauls) *committed no overt act of hostility*.

14. accitum: cf. page 98, lines 19 sqq.

15. eam iram: *anger at this;* cf. *Is pavor*, page 113, line 17.

18. cum ad id . . . animos: *although, up to this time, they had preserved their attitude of indecision*.

19. ad id: sc. *temporis*.

20. ad vindices futuros: *to those who* (they expected) *would be their avengers*. The future participle here expresses an assumption of the Gauls.

22. cultorum: *inhabitants*.

24. ut alia vetustate obsolevissent: *supposing other things to have been forgotten in the lapse of time*. B. 308; A. 527, *a*; H. 586, II.; G. 608.

25. Boiorum perfidiam: a reference to matters mentioned in chapter xxv., which has been omitted.

26. continendis . . . sociis: dative of the gerundive, expressing purpose, a rare construction in classical prose.

27. primos . . . defensos: *the defence of the first ones who*, etc.

29. mille peditum iaculatoribus ferme: *a thousand footmen, most of them javelin-throwers; iaculatoribus* is in the ablative, appositive to *mille*.

30. trans Trebiam: i.e. to the west.
31. Sparsos: sc. *Poenos*.

Page 120. 1. invasissent: i.e. Sempronius's troops had attacked the enemy.

2. stationes: *outposts*.

4. sequentes inter cedentesque: notice the anastrophe of the preposition; see Introduction, III. 10, *b*.

Chapter LIII. 8. iustiorque: *more complete*.

9. gaudio efferri: *was delighted, beside himself with joy;* this is followed by an infinitive clause, as if it were a verb of thinking.

12. dilatam: notice the use of the participle with *vellet;* A. 497, *c*, N.

14. non ... senescendum: *they must not all grow feeble to keep the sick man company;* cf. page 27, line 26.

15. differri: B. 315, 2; A. 586; H. 642, 2; G. 651, R. 1.

19. peti: *were the object of attack*.

22. soliti: an exaggeration; there had been but one invasion of Africa, and that a signal failure.

25. suae dicionis: see Introduction, III. 2, *a*. **adsidens aegro conlegae**: *when he sat by the bedside of his sick colleague*.

26. in praetorio: the open space in front of the general's tent is here meant. **prope contionabundus**: almost as if he were addressing an assembly of the army. Livy is fond of adjectives in *-bundus*, which are rare in classical prose.

27. propincum: see note on *aecum*, page 78, line 7. **comitiorum**: *elections*.

28. novos consules: the inauguration of consuls, March 15th, by the calendar, which was about two months in advance, really fell in January. The confusion of the calendar was not finally remedied till the year 46 B.C.

29. dum ... erat: any tense of the indicative may follow *dum*, denoting time coextensive with that of the main verb.

30. parari = *se parare*.

Page 121. 4. percitum ac ferox: *hot-headed and impetuous*. It is curious to observe this same contrast of character repeated in several pairs of consuls, and even in the dictator and *magister equitum* of 217 B.C.

6. gerendae rei fortunam: *the chance to gain a success*.

7. Cuius: i.e. *certaminis* or *gerendae rei*.

13. et facere, si cessaretur, cuperet: *and desired to force an* *engagement, if there should be a disposition to avoid it* (on the part of the Romans).

Chapter LIV. 18. in medio: between the Punic camp and the river.

19. inculta: sc. *loca.*

20. equites . . . tegendo: the dative gerund with a direct object is very rare even in the poets.

23. centenos: one hundred from the infantry, one hundred from the cavalry.

26. praetorium missum: *the council was dismissed.* Apparently it was held on the field. On *missum* for *dimissum*, see Introduction, III. 8, *b.* Cf. page 113, line 5.

29. ex turmis manipulisque: Roman technical terms; *from the troops* (of horse) *and the companies* (of foot). The Roman *turma* was the tenth of the three hundred equites of the legion; the maniple, the thirtieth part of the legion, and its tactical unit, containing at this period about one hundred and forty men.

Page 122. 4. iniecto deinde certamine: *and then, after bringing on a fight.*

5. citra flumen: across to the west bank.

10. ferox: *confident.*

11. ab destinato iam ante consilio: *in accordance with his purpose already formed beforehand.*

12. brumae (*breu(i)mae* = *brevissimae*); *the shortest day, the winter solstice.*

13. nivalis: the author is fond of adjectives in -*alis*, and introduces many for the first time into prose.

15. Ad hoc: *besides.* **hominibus atque equis:** construe with *inerat* (line 17).

17. quidquid = *quo magis;* adverbial accusative.

18. acrior: translate by an adverb.

19. refugientes: accusative. **insequentes:** nominative.

21. tum utique: *then especially* (however it may have been before).

Chapter LV. 25. ut mollirent: *to render . . . supple.*

28. ante signa: i.e. as skirmishers in front of the infantry bodies with their standards. Each maniple had its standard; the legionary eagles were of later date.

30. quod virium . . . erat: *the strength and stay of the army.*

31. in cornibus: *on the wings;* constituting the wings.

32. ab cornibus in utramque partem: the meaning of this is disputed; some understand, beyond each wing, outside the cavalry, at the extreme ends of the line; others think it means, from the two wings toward the centre, supposing that the elephants were placed as a protection in advance of the wings of the infantry, leaving the centre open.

Page 123. 3. receptui: dative of purpose. **circumdedit peditibus:** placed them on the flanks of the infantry. **Duodeviginti milia:** as the legions consisted of four thousand infantry each (page 89, line 4), this would make five legions somewhat diminished by losses. Two legions had been stationed in Cisalpine Gaul at the beginning of the season, and another had been sent under the praetor Atilius. Sempronius had brought two with him. Two consular armies would ordinarily consist of four legions.

4. Romana: instead of *Romanorum.* · **socium:** genitive plural; at this time there were four hundred and forty-three thousand *socii* and three hundred and twenty-five thousand Roman citizens of military age. **nominis Latini:** the "Latin name" included all who possessed the *ius Latinum* or *Latii,* i.e. the property rights but not the political rights of Roman citizens; see Morey, *Outlines of Roman Law,* 49, 50. Of the thirty original towns of the Latin league (*Prisci Latini*), some had lost their independence, some had disappeared, some had received full Roman citizenship. In their places, not in a Latin league, but in relation to Rome, were other towns, many of them the so-called Latin colonies, some of which lay far beyond the boundaries of Latium.

5. Cenomanorum: this tribe lived north of the Po, east of the Insŭbres, west of the Venĕti, about Brixia and Verona.

9. quae res effecit ut . . . : *the result of this movement was that . . . .*

12. insuper: besides.

13. Ad hoc: *in addition to this.* **eminentes:** the meaning of this depends somewhat on our understanding of *ab cornibus* (page 122, line 32); if we take the first view, it may mean 'extending beyond'; if the second, 'conspicuous.'

16. recentis: accusative plural.

18. contra: adverb.

21. in mediam . . . tulerant: apparently they advanced obliquely.

22. simul: *as soon as.*

26. Eos: the elephants. **velites:** *skirmishers, light-armed troops.* **ad id ipsum:** *for this very purpose.*

27. verutis: darts about four feet long with six-inch iron heads. **avertēre**: perfect indicative.

Chapter LVI. 30. Trepidantisque: sc. *elephantos*. **prope iam in suos consternatos**: *just about to turn upon their own men, in their panic (driven in fright upon)*, etc.

31. ad sinistrum: the Punic left. **adversus Gallos**: elephants were new to the Gauls, while the Romans had known them for two generations, since the war with Pyrrhus.

Page 124. 3. in orbem: pregnant construction; after being forced *into* a circle they fought *in* that order; we say a "square," but the idea is the same, to face every way at once against the enemy.

4. media . . . acie: local ablative without preposition.

7. interclusis: possessive dative; it was impossible in their flight to pick out a fit place to cross; besides, the water may have continued to rise.

8. Placentiam: as we have concluded that the battle took place on the west bank, we must suppose that the fugitives crossed again by a bridge close to Placentia. It is clear from this, however, and from lines 17–22, that Livy thought either that the battle occurred on the east bank or that Placentia was west of the Trebia. There is some reason to believe that the first Roman settlement was some miles west of the permanent one which is the modern Piacenza.

9. in omnes partes: *in all directions*. **eruptiones**: *attempts to break through*, the enemy being on all sides of them.

11. inter cunctationem ingrediendi: *while they hesitated to enter* the water.

13. contendēre: perfect indicative.

16. homines: i.e. in Hannibal's army.

17. prope omnis: Polybius (iii. 74) says all but one; but cf. page 126, lines 9–11.

20. et quod relicum . . . erat: *and the remainder of the fugitive soldiers, who were in great part wounded*.

21. sauciorum: probably those wounded at the battle on the Ticinus; those wounded in this battle could hardly have gotten back to camp across the river.

22. traicerent: according to the view we have taken, this must be a mistake; it is very improbable, at any rate. **sensere**: i.e. *Poeni*. **obstrepente pluvia**: sc. *aqua; on account of the noise of the rain*.

24. sentire sese dissimularunt: *pretended not to hear*.

26. Pado traiecto Cremonam: *crossed the Po to Cremona*, which is about sixteen miles below Piacenza, on the north bank.   **duorum**: Sempronius, we suppose, was already at Placentia with his army.

Chapter LVII. 28. Romam: put first to mark the change of scene.

29. urbem Romanam: more stately than *Romam*.

Page 125. 1. revocatum: see page 118, lines 23–25.

3. quos . . . esse: see note to page 120, line 15.

4. territis: sc. *Romanis;* dative with *advenit*.   **Sempronius advenit**: this journey is mentioned, by Livy only; here and at page 87, lines 30–32.

6. fallendi: *of passing unobserved*. This was rather a foolhardy expedition. A dictator or *interrex* might easily have been appointed to hold the consular elections. The constitutional rule required that they should not be held by one of lower rank than consul.

10. iterum, *for the second time*, applies to Flaminius only, whose first consulship was in 223 B.C. It is not unlikely, as appears from Polybius, that this election was held by Sempronius, on his way north, before the battle of the Trebia.

Chapter LVIII. 11. dum: *as long as*.   **intolerabilia frigora**: most of the army were natives of warm climates.

13. in Etruriam ducit: *he tried to march into Etruria;* he did not succeed.

15. adiuncturus: sc. *sibi.*

16. adorta: transitive, *assailed*.

17. ferretur: *dashed*.

18. primo: corresponds to *dein* (line 20) and *tandem* (line 24).

19. vertice intorti adfligebantur: *they were caught up by the hurricane and dashed to the ground*.   **constitere**: *they halted*.

20. cum (sc. *ventus*) **. . . sineret**: *as the blast even then stopped their breath and prevented respiration*.

21. aversi a vento: *with their backs to the wind*.

22. strepere: *thundered;* this and the following infinitives are historical.

23. fragores: *crashes, peals*.   **micare ignes**: *the lightning flashed*.   **capti auribus et oculis**: *deafened and blinded; capti* means 'deprived of the use of'; cf. page 133, line 8.

24. effuso imbre: *when the rain had poured itself out, exhausted itself*.

25. accensa: *aggravated;* a curious metaphor in this case.

27. explicare quicquam: *to unfold anything* (in the shape of a tent); *quicquam* is hides, or canvas, or whatever the material of the tents was.

28. statuere: refers to the tent poles.   **statutum esset**: iterative subjunctive.

29. perscindente: *tearing to shreds;* a very rare word.

30. aqua: *mist, watery vapor.*

31. concreta esset: *had congealed.*   **deiecit**: the subject is *aqua.*

Page 126. 4. vellet: iterative subjunctive.

6. movere ac recipere: sc. *coeperunt,* from *est coeptus.*

7. ad alienam ... tendere: *each in his helpless state sought the assistance of others.*   **opem ... inops**: paronomasia.

Chapter LXII. 12. Romae: see note to page 124, line 28. **prodigia**: prodigies were regarded as the manifestation of displeasure on the part of the gods. The place and circumstances of their occurrence were important considerations in their interpretation, with regard both to the source whence they came and the persons or communities to whom they were intended to apply. The lore relating to this subject was the province of the college of pontiffs, whose business it was to examine the evidence as to the occurrence of prodigies, interpret their significance, and prescribe the means by which the displeasure of the deities was to be averted. To assist in this matter, they kept a record from year to year of the well-attested prodigies, which served subsequently as a list of precedents.

In certain spheres of natural phenomena the (originally Etruscan) *haruspices* were consulted. They were especially skilled in the lore of lightning, and in the interpretation of the signs given by the entrails of animals slain in sacrifice, and of monstrous births. Where the ordinary resources failed or the omens were especially terrifying, and in times of great public danger, recourse was had to the Sibylline books, which were derived from a Greek source, and to the influence of which was due the gradual introduction of Greek divinities into the Roman Pantheon.

It appears that the state was concerned with such omens only as appeared within the limits of Roman land, and that, too, in the *ager publicus.* What happened on private land concerned the owner personally rather than the commonwealth. At this period there were numerous communities in various parts of Italy, possessing full citizenship, whose territory was part of the *ager Romanus,* and attached

BOOK XXI. CHAPTER LXII.

to one of the tribes; and also many conquered places belonging to the *ager publicus*.

13. in religionem: *toward fear of the supernatural*.

15. quis: ablative; B. 89, footnote 2; A. 150, *c*; H. 182, footnote 3; G. 105, N. 2. **ingenuum**: *born of free parents*.

16. triumphum clamasse: *had cried*, "*Io triumphe!*" **foro boario**: the cattle-market lay between the Tiber and the Palatine, the *forum olitorium* (line 20) was directly north of it, close to the Capitoline, but outside the Porta Carmentalis. In the same locality was the *aedes Spei* (line 19).

20. Lanuvi: as this town and Rome had common *sacra*, this omen applied to Rome. **hastam** (*Iunonis*): lances, before the use of images, were the symbols of deities.

22. in agro Amiternino: Amiternum was a Sabine town. Sallust was born there.

Page 127. 1. visos . . . congressos (*esse*): the subject is thoroughly indefinite — 'beings' or 'apparitions.' **lapidibus pluvisse**: see note to page 40, line 3.

2. Caere: locative; this ancient city of southern Etruria, called sometimes the "Delphi of Italy," was from early times in friendly relations with Rome. **sortes**: *oracular tablets;* divination by "lots" was a distinctively Italian institution. Shrinking of the tablets was a sign of impending misfortune. **Gallia**: i.e. *Cisalpina*. **lupum**: cf. page 112, line 29 and note.

3. vigili: cf. *parentibus*, page 109, line 18, and note.

4. libros: sc. *Sibyllinos*. See note to page 126, line 12. The *decemviri*, later *quindecemviri sacris faciundis*, were a permanent commission charged with the care and consultation (when ordered) of these sacred books.

5. novemdiale sacrum: cf. page 40, lines 14–16.

6. subinde aliis: *one after another*. **operata fuit** = *operam dedit*, hence governs the dative.

7. hostiaeque maiores: mature animals, as distinguished from young ones, *hostiae lactentes*. It was the business of the pontiffs to say which should be offered in sacrifice.

8. quibus editum est: *to whom it was declared* (that they should be offered); *edere* is an appropriate word for the responses of priests and oracles, and here refers to the Sibylline books.

9. pondo quadraginta: *forty pounds; pondo*, treated as an indeclinable noun, is an ablative of specification, 'as to weight,' and *libra* in the appropriate number and case is understood with it.

11. lectisternium: the first recorded instance of this observance, which seems partly due to Hellenic influence, occurred in 399 B.C. (Livy, Book v., chap. xiii.). A costly banquet was prepared for the gods, whose images or symbols were laid upon couches spread (*lectus, sternere*) for them at the tables.

12. supplicatio: see note to page 89, line 1.   **Algido** (sc. *monte*): a ridge of the Alban hills.

13. Iuventati: this goddess, one of the *Di Indigetes*, afterward identified with Hebe, the wife of Hercules, had a chapel in the precincts of the Capitol, having refused to give up her place when the Capitoline temple was built by Tarquin. Cf. page 68, line 23, for the part of the legend concerning Terminus, who also refused to depart. **aedem Herculis**: near the Porta Trigemina.

14. nominatim: contrasting *ad aedem Herculis* with *circa omnia pulvinaria*, the special with the general.

15. pulvinaria: the *supplicationes* were connected with the *lectisternia*, hence the use of *pulvinaria* here, the images of the gods being at the time laid upon them.   **Genio** (*populi Romani*): the guardian spirit of the nation, analogous to that of each individual.

16. C. Atilius: the consuls were both absent, or this duty would have fallen upon them.

17. in decem: *for the next ten.*

Chapter LXIII. 21. sorte: both being obliged to defend Italy, they cast lots for the two armies.

22. ad consulem: Sempronius; cf. page 129, lines 2-4.

23. Hic in provincia: the inauguration, according to rule, should have taken place at Rome, with solemn religious ceremonies.

25. tribunus plebis: in 232 B.C., when tribune, he had carried a law assigning to poor citizens land in Picenum and Umbria. This led to the Gallic war of 225–222 B.C.

26. qui abrogabatur: conative imperfect; *which they attempted to annul.* The Senate tried to compel him to lay down his consulship, owing to alleged irregularities connected with his election. A letter to this effect being sent him on the eve of his great victory over the Insubres, in 223 B.C., he refused to read the letter till after the battle.

27. de triumpho: after this victory the Senate refused him the honor of a triumph, as he was not in their view legally consul; so he triumphed by a vote of the people.   **invisus**: carelessly made to agree with the subject of *habuerat;* it is really coördinate with *memori.*   **ob novam legem**: probably in 220 B.C., directed against the new spirit of commercial speculation that had sprung up among the aristocracy. *novam:* *unprecedented,* or perhaps *recent.*

29. uno patrum: *alone of the senators* (not patricians).

30. fuisset: *had been,* not ' was.' The law did not apply to *filii familias,* who, being under the *potestas* of their fathers, could not own property at all.

31. maritimam: *sea-going.* **trecentarum amphorarum**: *amphora* = one cubic foot, and so was called also *quadrantal;* three hundred *amphorae* = seven and one-half tons, not allowing for the difference between the Roman and English foot.

Page 128. **2. patribus**: construe with *indecōrus.*

6. Latinarumque feriarum mora: the genitive is subjective; *delay caused by the Latin festival.* The new consuls had always to appoint by proclamation the time for this festival, and to offer in person the sacrifices to Jupiter Latiaris on the Alban mountain, before departing from Rome.

7. consularibus aliis inpedimentis: *other hindrances applicable to a consul;* the adjective has the force of an objective genitive.

8. simulato itinere: i.e. on private business.

12. inauspicato: ablative absolute. See Introduction, III. 9, *a.* **revocantibus ex ipsa acie**: see note to page 127, line 26.

14. spretorum: i.e. *deorum atque hominum.* **Capitolium**, etc.: here follows an enumeration of the formalities attendant upon the consuls' taking office. **sollemnem**: *usual,* sanctioned by custom.

16. senatum, etc.: the Senate held a sitting at once in the Capitoline temple, at which religious matters were discussed and the time for the *feriae Latinae* was fixed, and then one of the consuls delivered a speech *de republica.*

20. paludatus: *after assuming the* (red) *military cloak,* which was done at the Capitol before going forth to take command of the army. *Paludamenium pallium fuit imperatorium purpura et auro distinctum.* It was, like the axes in the fasces, a sign of the full military *imperium,* which could be exercised only outside the *pomoerium.*

21. modo: noun, not adverb.

23. solum vertisset: *solum vertere,* to take up one's abode in another country; Romans could go into voluntary exile, when charged with a capital crime, and so avoid other punishment. They thus gave up their Roman citizenship, and usually acquired citizenship in a foreign state.

26. retrahendum: yet they seem to have been afraid to use actual force.

27. praesentem: *in person.*

33. inmolantique ei: dative of reference; *inmolare* is to sprinkle the sacred meal (*mola*) on the victim's head.

34. sacrificantium: the priest's assistants. **proripuisset**: this was a dire omen.

35. procul: in contrast to *circumstantes*.

Page 129. 2. Legionibus . . . duabus: we suppose they had been all winter at Placentia.

4. Atilio: doubtless he had been sent to relieve the wounded Scipio. A fifth legion was probably left to defend Cisalpine Gaul. **Apennini tramites**: not the *Via Flaminia*, but mountain passes.

5. exercitus duci est coeptus: this should be *exercitum ducere coepit*, for *Flaminius* is the logical subject of the ablative absolute.

BOOK XXII.

Page 130. Chapter I. 1. ver: the spring of 217 B.C. **hibernis**: Hannibal had spent the winter in the neighborhood of Placentia, and, according to Book xxi., chap. lix., partly in Liguria.

2. et . . . et: antithetic; *though . . . and yet*. **ante conatus**, etc.: cf. Book xxi., chap. lviii.; there could hardly have been time between the *prima ac dubia signa veris* (page 125, line 12) and the time when *iam ver adpetebat* for so much as the author tries to include in the interval.

3. intolerandis: gerundive as attributive adjective; = *intolerabilibus*.

5. pro eo, ut . . . agerentque: *instead of their plundering*, etc.; a somewhat awkward equivalent for the Greek ἀντὶ τοῦ ἄγειν; *ferre et agere* is a more usual expression than *rapere agereque*.

7. hibernis: the Romans had wintered in Cremona and Placentia. **videre**: notice the frequency of this form of perfect.

9. fraude: construe with *servatus erat*. **levitate**: construe with *indicantium*.

11. tegumenta capitis: wigs of different colors; Polybius mentions this fact. **errore**: *confusion, uncertainty*.

12. etiam: i.e. by mistake as to his own identity *as well as* by the mutual treachery of the chiefs.

14. idibus Martiis: the error in the calendar amounted at this time to about two months; by the corrected calendar this date would have fallen in January, and would not be simultaneous with *iam ver adpetebat;* there is a confusion in the author's mind between the calendar and the actual season.

15. de re publica rettulissent: see note to page 79, line 30.

[PAGE 131]   BOOK XXII. CHAPTER I.   383

18. imperium: in his case no *lex curiata de imperio* had been passed; this had to be proposed by the consul in person to the *comitia curiata*, and though it was a mere formality, yet it was considered as of essential importance, and without it he could not take official auspices. In any event the auspices must be first taken at Rome; after that they could be continued abroad. The formality of the *lex curiata* is one of the best illustrations of the intense conservatism of the Romans.   **Magistratus**: accusative plural. **id**: *imperium*, but especially *auspicium*.

21. auspicia: subject of *sequi*.

23. concipere: *institute, take*.

Page 131.   **2. equiti**: cf. *puero dormienti*, page 50, line 7; B. 188, 1; A. 376; H. 425, 4, N.; G. 350, 1.

3. sanguine sudasse: ablative of means; cf. *lapidibus pluvisse*, page 40, line 3.   G. 401, N. 5.

4. orbem minui: probably a partial eclipse; the usual verb for an eclipse is *deficere*.

5. Praeneste: an allied city in the east of Latium; locative. **lapides . . . cecidisse**: i.e. single stones; distinguish from *lapidibus pluere*, for which a *novemdiale sacrum* is always ordered; see page 40, lines 14–16.   **caelo**: see Introduction, III. 5, *a*.

6. Arpis: in Apulia.

7. Capēnae: in southern Etruria.   **aquas Caerētes**: the celebrated hot baths of Caere, of which the principal one was the *fons Herculis*.

9. Antii: on the coast of Latium.

10. Faleriis: in southern Etruria.

12. sortes . . . excidisse: cf. page 127, line 2; they were kept on a string.

13. Mavors: old and poetic name of Mars.

14. signum: *statue;* standing in his temple on the Appian Way.

15. luporum: the wolf was sacred to Mars.   **Capuae**: the chief city of Campania and the second in Italy.

17. minoribus . . . dictu: *less noteworthy*.

20. auctoribusque in curiam introductis: those who reported prodigies were carefully examined, to test the correctness of their information.

22. maioribus hostiis: cf. page 127, line 7, and note.

24. pulvinaria: see note to page 127, lines 11 and 15.   **decemviri**: see note to page 127, line 4.

25. cordi: see note on *cordi*, page 50, line 22.

26. carminibus: the Sibylline oracles were metrical.

27. Iovi . . . Iunoni Minervaeque: the three supreme deities of the Capitol.   **pondo**: see note to page 127, line 9.

30. Lanuvii: see note to page 126, line 20.

32. lectisternium: see note to page 127, line 11.

33. libertinae: this corresponds with the enrolment of *libertini* in the legions, in chapter xi. which we omit.   **unde** = *ex qua*. **Feroniae**: see note to page 39, line 14. There was a temple of Feronia at Rome in the Campus Martius.

Page 132. 1. Decembri: of 217 B.C., an anticipation, in order to finish the subject of the prodigies.   **aedem Saturni**: at the foot of the Capitoline hill, on the side toward the Forum; it was used as the state treasury and record office.

3. senatores: i.e. at their own expense; this was unusual: generally it was done by the *Decemviri*.

4. Saturnalia . . . clamata: *they cried, " Io! Saturnalia!"* Cf. *triumphum clamasse*, page 126, line 16. This was an ancient Italian festival or carnival, originally celebrated for a single day, December 19. It survives in the convivial features of Christmas. Perhaps on the occasion in question Greek rites were connected with it in obedience to the Sibylline books.   **diem ac noctem**: *one day and one night;* Madvig, *Emendationes Livianae*, 487, note 1 (2d ed.).

Chapter II. 7. consul: Servilius. He soon after took command at Ariminum, the terminus of the *Via Flaminia* on the Adriatic, thus guarding the main route to Rome on the east, while Flaminius watched that on the west.

8. dilectu: dative. B. 49, 2; A. 89; H. 131, 4; G. 61, N. 2. Besides the remnants of the last year's army, each consul received two new legions and a contingent of allies.   **profectus**: going back in the narrative to the beginning of chapter i.

9. Arretium: an important town and strategic position on the *Via Cassia*, in Northern Etruria, now Arezzo.

10. aliud longius . . . iter: out of several possible routes we can hardly identify any one as intended by Livy. Hannibal might have gone to the west via Luna or Lucca to Pisa, or to the east via Bononia and Ariminum. In any case, it was a route which the enemy did not expect him to take. Manifestly his object was to beat Flaminius before his junction with Servilius. The long time occupied in going so short a distance can be explained only by the extraordinary difficulties of the ground.

13. et omne: *and in fact the whole.*

14. necubi: (*ne cubi*), *lest, anywhere;* not *nec ubi;* cf. *alicubi*, etc.
19. mollis ad talia: Livy says (Book xxi., chap. xxv.) *pigerrima . . . ad . . . opera;* cf. Caesar, *Gallic War*, III. 19, *mollis ac minime resistens ad calamitates perferendas mens eorum* (i.e. *Gallorum*) *est*. **dilaberentur**: *slip off, desert*. **subsisterent**: *refuse to proceed*. **cohibentem**: the present participle expressing purpose is unusual; cf. *orantes*, page 79, line 28, and note.
20. qua modo: *wherever*, or *anywhere . . . if only*. **profundas**: *bottomless;* there was no bottom but soft mud as far as they could reach.
21. hausti: concessive. **inmergentesque se**: *plunging in*.
22. sustinere se prolapsi: *to keep their footing when they slipped*.
27. vigiliae: *loss of sleep*.
29. in sicco: a characteristic phrase, — an adjective, used as a substantive, with a preposition.
31. sarcinis: individual packs, distinguished from collective baggage, *impedimenta*.

Page 133. 1. tantum . . . dabant: *afforded a bare resting-place to men who sought merely something that would stand above the water*. *Extaret* is a subjunctive of purpose or characteristic.
2. ad quietem parvi temporis: *in order to rest for a little while*.
4. primum: *in the first place;* the second cause is *vigiliis*, etc. **intemperie . . . frigoraque**: *bad weather with its alternations of heat and cold*.
5. quo: B. 282, 1, *a*; A. 531, *a*; H. 568, 7; G. 545, 2.
6. vectus: concessive; *though he was riding*. Notice the following *tamen*. See Introduction, III. 9, *f*.
7. caelo: *atmosphere*. **gravante**: *affecting*.
8. altero oculo capitur: *lost the sight of one eye;* cf. page 125, line 23.
Chapter III. 9. foede: *ingloriously*.
10. de: we should expect *ex*.
12. Arreti: a good position from which to watch Hannibal, who might be expected to march upon Rome by the line of the *Via Cassia;* thence also it was easy to combine forces with his colleague coming from Ariminum.
14. copias ad commeatus expediendos: *opportunities for obtaining supplies*.
15. in rem erat: *it was to his interest, was useful*.
16. exequebatur: i.e. *exsequebatur*. **in primis . . . fertilis**: *one of the most fertile*. But Wsb. remarks that the statement does not apply to the country between Fiesole and Arrezzo.

17. Faesulas inter Arretiumque: a curious anastrophe of *inter*; cf. page 120, line 4.

19. ferox ab consulatu priore: referring to the year 223 B.C.; see note to page 127, lines 26, 27.

20. non modo: translate as if it were *non modo non*. B. 343, 2, *a*; A. 217, *e*; H. 656, 3; G. 482, 5, R. 1.   **legum ... maiestatis ... deorum ... metuens:** objective genitives for object accusatives with the participle of a transitive verb; cf. *patiens*, page 100, line 29. B. 204, 1, *a*; A. 349, *b*; H. 451, 3; G. 375.

22. prospero ... successu: besides military success, Flaminius had in politics been a successful opponent of the nobles; see note to page 127, line 25; and to his censorship were due the *Via* and *Circus* which bore his name.   **bellicis:** referring to his victory over the Insubres in 223 B.C.

24. ferociter ... ac praepropere, etc.: we should remember that Flaminius has been painted for us by his political enemies. Here Livy's aristocratic bias is evident. We must admit that the consul was outgeneralled in the sequel, but that his intention was so utterly perverse is not clear. The battle of Lake Trasimenus was not of his choosing, and it is reasonable to suppose that he was marching to meet his colleague, as well as following the enemy, when he was so fatally entrapped. Flaminius, if not strong enough to stop Hannibal, was certainly right in following him when he appeared to be moving toward the capital. It is not his general purpose, but his carelessness in allowing himself to be surprised, that we must condemn. If Flaminius had remained at Arretium, Hannibal might have met and defeated Servilius. Livy's view of Flaminius is a traditional but hardly a just one. See Capes's *Livy*, Appendix iii.

25. Quoque: *quo que*, two words.

26. laeva relicto hoste: apparently a blunder of the author, who is never satisfactory in his topography; going toward Faesulae, the Punic army would have Arretium on its right. But why should it go toward Faesulae? It is barely possible that there was another town of this name farther south.

Page 134. 1. suum: *personal*.

3. ceteris: i.e. legates and tribunes, who would take part in the council of war, and perhaps senior centurions.

7. effusa: *unrestrained*.

8. signum: the signal to march was given with the trumpets; for battle, by raising the red flag (*vexillum*) on the general's tent; this passage may simply mean that, by giving the former, Flaminius was understood as intending to fight at the first opportunity.

9. Immo: ironical.

13. Camillum a Veiis: in 390 or 387 B.C., when the Gauls had possession of the city of Rome, except the Capitol; but Camillus was in exile at Ardea when summoned to assume the dictatorship.

15. simul increpans: cf. page 33, line 13, for same expression.

19. signum: this was planted in the ground, the staff being sharp at the bottom. **omni vi moliente signifero**: *though the standard-bearer exerted all his strength.*

20. Num litteras quoque: to explain the allusion, see note to page 127, line 26.

22. effodiant: he shows a vigorous contempt for the popular superstition.

24. primoribus: an unusual word for *officers;* cf. page 71, line 12.

25. in vulgus: generally.

Chapter IV. 28. inter Cortonam . . . lacum: the distance is about ten miles, the direction southeast. The lake is now called Lago di Trasimeno or di Perugia; the railway from Cortona to Perugia skirts the northern shore and passes over the battle-field.

31. pervenerat: sc. *Poenus.*   **nata**: suited by nature.   **insidiis**: B. 192, 2; A. 384; H. 434, 2; G. 359.   **ubi maxime**: *just where.*

Page 135. 1. montes . . . subit: it is generally supposed that the locality here described is the narrow passage between the lake and Monte Gualandro, near Borghetto, which leads into a valley some four miles long and one and a half broad. Another defile, near Passignano, is the eastern exit. On the north side of the valley, about the middle of its length, a spur of hills projects, at Tuoro, dividing the valley into two distinct parts. Some put the headland of Passignano for the hill of Tuoro, and place the eastern exit at Torricella. Livy's description suits the locality first described, but that of Polybius does not, without a great deal of explanation, and some have understood him to refer to a region farther east, beginning with the pass of Passignano and extending into the broad valley east of Magione in the direction of Perugia; he speaks of the Romans as having hills on both sides of them and the lake in their rear. **Via . . . perangusta**: the defile near Borghetto.

3. inde colles insurgunt: this may mean the spur of Tuoro, or the mountains at the east of the valley.

4. Ibi: it is reasonable to suppose that Hannibal placed his camp east of the Tuoro hill, where it would be visible to the Romans, but not till they were fairly in the valley.

6. armaturam = *armatos*, abstract for concrete; see Introduction, III. 1, *b*. **post montis**: this again may refer to the same spur of Tuoro, or to the hills surrounding the valley, behind whose crests the light troops could easily be concealed.

7. ad ipsas fauces: the western defile, where the enemy would enter the pass.

10. solis occasu, etc., and **vixdum satis certa luce**, etc.: these expressions show the haste of the consul in pursuit of the enemy, and help to account for the completeness of his surprise.

11. inexplorato: cf. *augurato*, page 24, line 3. See Introduction, III. 9, *a*. In this neglect of scouting lay Flaminius's real fault.

13. pandi: *to deploy*. **id tantum hostium**: the Africans and Spaniards (line 5).

19. campo . . . montibus: as in poetry, *in* is omitted.

21. inter se satis conspecta: *quite visible to each other; conspecta* = *conspicabilia*, a word found only in late Latin.

23. satis: *distinctly*. **cerneret . . . instrueretur . . . possent**: B. 292; A. 551, *b*; H. 605; G. 577.

25. expediri arma: on the march the shield and helmet were carried, for greater comfort, on the shoulders. The soldier's kit included, besides, many things that would be in his way when fighting. These would be laid aside on going into action.

Chapter V. 27. satis . . . inpavidus: the author seems obliged, almost against his will, to acknowledge Flaminius's courage. **ut in re trepida**: *as far as possible in the panic;* cf. page 5, line 25; page 103, line 24.

28. quoque: ablative of *quisque; quoque vertente* explains *turbatos*.

30. adire audirique: notice the assonance.

31. nec enim . . . votis, etc.: this remark, tending toward impiety, accords with the usual aristocratic view of Flaminius's character.

Page 136. 1. vi ac virtute: the author is fond of alliteration.

3. ferme: *generally*.

5. tantumque aberat, etc.: A. 571, *b*; H. 570, 2; G. 552, R. 1. **signa**: i.e. their maniples. **ordines**: *centuries*.

7. conpeteret animus: *they had presence of mind.* **quidam** = *nonnulli*, as is so often the case in Livy. **onerati**: i.e. they were cut down in their marching equipment. Cf. *magis obruti quam tecti*, page 126, line 2.

8. caligine: akin to *celare*, καλύπτειν.

10. mixtos ... clamores: *mingled cries of intimidation and terror.* **terrentium paventiumque**: active and passive, referring to the Carthaginians and Romans respectively.

11. ora oculosque: a common alliteration.

12. globo: *solid mass;* cf. page 8, line 24, and note.

14. impetus capti: a phrase often used by the author; Wsb. distinguishes *impetus capere* from *impetus facere*, as expressing greater effort; translate, *charges were attempted.*

18. nova de integro: a characteristic pleonasm.

19. illa: *the usual,* the *well-known;* cf. page 110, line 3, and note. **principes hastatosque**: the order at that time was *hastati, principes, triarii;* the arrangement had ceased to exist before the author's time, and if this expression is meant to be technically precise, he makes a mistake. For the three legionary systems, the phalanx of the earliest period, the later manipular order, and the cohort system, see Livy, Book viii., chap. viii., and classical dictionaries.

20. nec (sc. *ita ordinata*) **ut**, etc. **antesignani**: men of the front line, usually the *hastati*, whose standards would be placed just behind them.

21. cohorte: an anachronism; the cohort as a tactical unit dates from the time of Marius, 105 B.C.

23. ante aut post: sc. *signa.*

25. eum motum terrae: Caelius Antipater, in a passage quoted by Cicero (*De Divinatione,* i. 35), records this earthquake; Ovid gives the date of the battle as June 23d, i.e. by the corrected calendar, about the middle of April. Cf. Byron, *Childe Harold,* iv. 73 sqq.: —

> And such the shock of battle on this day
> And such the frenzy, whose convulsion blinds
> To all save carnage, that, beneath the fray,
> An earthquake rolled unheedingly away.

28. senserit: really an aorist subjunctive.

Chapter VI. 29. Tris ferme horas: this detail is mentioned by Caelius.

31. robora virorum: *the bravest troops;* abstract for concrete, as in poetry; cf. page 121, line 27; the generals had no regular body-guard at this time.

Page 137. 4. Ducario: see note on *Troiano,* page 3, line 12. **noscitans**: the frequentative here, as often elsewhere, seems not to differ at all in meaning from the simple verb, which would be more correct.

5. legiones nostras cecidit: alluding to the campaign of 223 B.C.

6. urbem: we do not know what town is meant; Mediolanum (Milan), the Insubrian capital, was captured in 222 B.C., but not by Flaminius.

7. hanc victimam = *hunc pro victima*. **peremptorum foede**: in 223 B.C., Flaminius, being in a dangerous position, made a capitulation and was allowed to depart; then securing the help of the Cenomani, he returned and defeated the Insubres. This may explain *foede*.

9. armigero: a rather poetic word.

10. infesto venienti: *to his charge*.

11. triarii: the men of the third line, the tried veterans.

14. per . . . praeruptaque: *everywhere through defiles and over precipices*. **evadunt**: conative historical present; *tried to escape*.

15. Pars . . . progressi: see note on *pars magna nantes*, page 96, line 18.

17. quoad . . . possunt: *as long as they could keep heads or shoulders above water*.

19. capessere: a poetic construction; infinitive with *inpulerit*. **quae**: i.e. *fuga*. **inmensa ac sine spe**: *endless and hopeless;* the lake is about ten miles long and eight wide, and the author does not seem to know of the islands near the north end.

20. deficientibus animis: *when their courage failed*.

23. Sex milia, etc.: these could escape the more easily, as they were, apparently, opposed by the light troops only.

25. agerentur: subjunctive in informal indirect discourse. **ex saltu**: doubtless the defile of Passignano is here meant. **tumulo quodam**: possibly the hill where Magione stands.

27. scire: by tidings.

28. perspicere: by sight. **Inclinata . . . re**: *when the struggle was finally decided*.

29. incalescente . . . diem: *the dispersion of the mist by the increasing heat of the sun had cleared the atmosphere*.

30. perditas res: *that the day was lost*.

35. Maharbale: leader of Hannibal's cavalry; see note to page 86, line 8.

Page 138. 3. Punica religione servata fides: the usual sneer at Punic honor; to us it seems as reliable as Roman honor; and there are numberless instances where the Romans refused to ratify the terms of capitulation accepted by their generals, on the ground that they had exceeded their powers.

[PAGE 139] BOOK XXII. CHAPTER VII. 391

4. atque: defining; *that is to say;* cf. page 89, line 1.
Chapter VII. 5. nobilis: *famous.*
6. memorata = *memorabilis*, like *invictus*, ' invincible.' **Quindecim milia**: other authorities make the losses in killed and prisoners considerably larger. Polybius makes the prisoners number fifteen thousand, and the Carthaginian loss smaller. At all events, the army was virtually annihilated.
10. Multiplex: *far greater;* literally, ' many times as great.'
12. auctum ex vano: *groundless exaggeration.*
13. Fabium: Fabius Pictor; see Introduction, I. 4. **aequalem temporibus**: *contemporary; temporibus* is dative.
15. Latini nominis: Hannibal consistently pursues the policy of discrimination in the treatment of captives, in the hope of alienating the allies of Rome.
18. Flamini ... corpus ... non invenit: doubtless the consul's political enemies regarded his deprivation of burial rites as a merited judgment of heaven. This conduct of Hannibal does not evince " *inhumana crudelitas* "; cf. page 79, line 17; page 166, line 1.
20. ad ... nuntium: i.e. people went to meet the messenger and hear the news.
24. frequentis contionis modo: *like a crowded assembly;* a *contio* was a meeting of the *populus*, but not in its legislative or elective capacity.   **comitium**: the northeast portion of the Forum, in front of the senate house, the place where magistrates usually addressed the people.
26. M. Pomponius praetor (*peregrinus*): we should expect M. Aemilius, *praetor urbanus*, to appear on this occasion; the city praetor took precedence of the others, and he was then at Rome.

Page 139. 2. ignorantium: notice the extraordinary number of present participles (eleven) in the remainder of this chapter, and with what skill and variety they are used. See Introduction, III. 9, *k*.
4. deinceps: equivalent to an adjective, *following*, attributive to *dies.*
7. circumfundebantur: *crowded around.* **utique**: *especially.*
9. cerneres: a case of the somewhat rare subjunctive denoting possibility; B. 280, 3; A. 447, 2; H. 554, 3; 555; G. 258.
10. gratulantisque aut consolantis: accusative.
13. porta: of the city.
14. alteram, etc.: Pliny the Elder (*N. H.* vii. 180) and Aulus Gellius (*N. A.* iii. 15) tell this story in connection with the battle of Cannae.

16. praetores: because there was no consul in the city.

17. ab orto ... solem: the Senate could not pass resolutions after sunset.

Chapter VIII. 21. quattuor milia equitum: the vanguard of the army of Servilius, who was advancing to join Flaminius.

22. propraetore: he had not been a praetor in 218 B.C., but he now had praetorian rank as a *legatus* of the consul.

24. averterant iter: *had turned back.*   **circumventa**: *cut off;* Hannibal's light cavalry could easily do this, as the Roman horses were doubtless tired after a forced march.

31. rerum magnitudine: *its actual importance.*

Page 140. 1. quod adgravaret: *which placed any additional strain upon them.*

2. remedium iam diu neque desideratum: the last dictator *rei gerendae causa* had been A. Atilius Calatinus, in 249 B.C., after the overwhelming defeat of P. Claudius Pulcher, off Drepanum, in the first Punic war. Dictators for formal purposes were frequent. Fabius himself (see line 18) had been dictator, *comitiorum habendorum causa*, in 221 B.C.

3. dicendum: according to precedent, the Senate, as the ordinary executive council, determined when it was necessary to name a dictator. One of the consuls then ascended at dead of night to the Capitol, took the auspices, and named the dictator, whose authority then superseded that of the ordinary magistrates for not more than six months. This was tantamount to a proclamation of martial law. The dictator named his own subordinate colleague, the *magister equitum*, the special significance of whose title had long since become obsolete, and who served in general as second in command.

7. dictatorem populus creavit: in the *comitia centuriata;* the unusual nature of the crisis justified this unprecedented proceeding even in the eyes of the conservative Romans, though some authorities explain that Fabius was only a pro-dictator.

8. Q. Fabius Maximum: he earned the surname *Cunctator* by his cautious tactics in the ensuing campaign; cf. page 89, line 22, where he appears as chief of the embassy which declared war at Carthage.

9. M. Minucium Rufum: consul in 221 B.C.; he represents the popular, Fabius the aristocratic, party.

12. fluminum: especially the Tiber and Anio.

Chapter IX. 14. recto itinere: i.e. straight toward Rome, the most direct route being via Spoletium in Umbria, sixty miles southeast of the field of battle.

17. coloniae: it had been a "Latin" colony since 240 B.C. **haud prospere**: *without success;* litotes.

18. quanta moles, etc.: *how difficult it would have been to take the city of Rome;* but Hannibal, destitute of siege artillery and without allies in central Italy, could not have thought seriously of attacking Rome.

21. Ibi: from this point he sent news of his victory to Carthage.

22. stativa: it was on this occasion that he supplied his African infantry with arms taken from the slain and captured Romans.

24. levi aut facili: the former refers to wounds and losses, the latter to the exertion needed in the fight.

26. Praetutianum: in the south of Picenum, the modern Abruzzi. **Hadrianum**: Hadria, or Hatria, was a colony founded 289 B.C., on the Adriatic coast of this district, just after the third Samnite war, when Rome was establishing her supremacy all over Italy.

27. Marsos, etc.: these nations, Osco-Sabellians, lived farther south; notice that there are no names for their districts.

28. Arpos: in the north of Apulia. **Luceriam**: a "Latin" colony since 314 B.C., founded to keep the Samnites in check.

29. Gallis: they were trying to shake off the Roman yoke.

Page 141. Chapter XII. **6. transversis limitibus:** *cross-roads,* not paved like the great *Viae.* **viam Latinam**: this highway ran southeast from Rome via Casinum and Teanum Sidicinum, and joined the Appian Way near Capua; a branch of it led to Beneventum.

8. cogeret: subjunctive because the relative is indefinite. This is on the general principle represented by the "iterative" subjunctive in temporal clauses.

13. increpans quidem: concessive, opposed to *ceterum . . . incessit,* line 16. So in line 20, *prudentiam quidem . . . constantiam.*

14. Martios: alluding sarcastically to the Roman claim of descent from Mars. **debellatumque**: *and that the war was finished.*

15. concessum: *that they yielded the palm.*

17. Flamini: cf. *fratris,* page 59, line 16, and note.

18. futura sibi res esset: *he would have to deal.*

19. parem Hannibali: no Roman general was comparable to Hannibal, but it was the fashion of the aristocratic annalists to enhance the negative services of Fabius, whose prudence may have been partly due to incompetence and timidity.

25. si . . . posset: *to see if he could;* see note on *ferrent,* page 10, line 20.

Page 142. **1. omitteret eum**: *let him out of his sight.*

4. statio: *outpost.*

7. neque ... committebatur: *and the result of the campaign was not staked upon a general engagement.*

8. parva momenta levium certaminum: *the influence of petty and trifling encounters.*

9. receptu: *retreat, place of refuge*, doubtless their camp.

10. militem: singular for collective: *the soldiery.*   **minus ... paenitere**: *to be less hopeless;* literally, 'dissatisfied'; this verb, not in a finite mood, is often used personally.

12. habebat: *he found.*

13. qui nihil aliud ... morae: *whom nothing but the fact of his subordinate authority prevented from*, etc.; Livy's aristocratic bias renders him somewhat unjust to Minucius, as before to Sempronius and afterward to Varro.

16. propalam in vulgus: *openly, so that everybody might hear him.*   **pro cunctatore**: see note to page 140, line 8.

18. premendo: *by disparaging = deprimendo.*

19. nimis ... successibus: *in consequence of the too great success of many men.*

Chapter XIII. **21. ex Hirpinis**: a nearly direct line from Luceria to Beneventum runs southwest via Aecae, over the Apennines, and through the country of the Hirpini. The distance is about fifty miles. The Hirpini were a Sabellian nation, led from their original home by a wolf (*hirpus*). They had been included in the Samnite league, but that existed no longer. Samnium, here used in a narrow sense, means the land of the Caudini. Telesia was fifteen to eighteen miles northwest of Beneventum. The latter was the name substituted for Maleventum, when the Romans planted a colony there in 268 B.C.

31. res maior quam auctores esset: *the enterprise was too important to be undertaken upon their (sole) guaranty.*

Page 143. **1. alternisque**: sc. *vicibus.*

5. duci: *the guide.*   **in agrum Casinatem**: it is hard to see why he should have taken the route via Casinum, when he was aiming at Capua. Polybius makes no mention of the misunderstanding, and the story is suspicious. Casinum is about forty miles northwest of Telesia; Capua, about fifteen miles southwest; Callifae and Allifae, about nine and twelve, respectively, northwest. Casilinum, the modern Capua, was three or four miles north of ancient Capua, on the Volturnus; and Cales, four or five miles north of Casilinum. The *campus* or *ager Stellas* was north of the Volturnus and west of the *Via Appia*.

6. eum saltum: the pass into the valley of the Liris.

7. exitum: from Samnium or Apulia; but the *Via Appia*, the most direct road from Rome to Capua, remained open.

8. abhorrens ab . . . pronuntiatione: *unable to pronounce correctly.*

9. ut acciperet, fecit: *caused him to understand.*

13. ubi terrarum: B. 201, 3; A. 346, *a*, 4; H. 443; G. 372, N. 3.

14. mansurum: *would lodge; spend the night.*

18. agrum Falernum: north of the *ager Stellas;* famous for producing the best wine in Italy.

19. aquas Sinuessanas: these famous baths still exist, now called *I Bagni*, near Mondragone.

23. iusto . . . imperio: this was substantially true of most of Rome's dependencies at this period, before the era of foreign conquest and its consequent corruption. Yet Capua was treated with exceptional severity, and was anxious to throw off the Roman yoke.

Chapter XV. 25. pariter . . . haud minus: tautological.

Page 144. 1. ab spe: there is a kind of personification of *spe*, thus used as the agent of *destitutus*. **summa ope**: modifies *petiti*.

2. circumspectaret: *began to look around for.*

3. praesentis . . . copiae: it was a region of fruit rather than of grain, and, besides, it had just been laid waste. **non perpetuae**: this was not the only reason why Hannibal should prefer to winter elsewhere; he had possession of no cities, and the Romans occupied strong positions on the hills near by. On the broad, open plains of Apulia, in a fertile region, he would be master of the situation.

4. arbusta . . . consita, etc.: a loose construction; the meaning is *regio . . . consita arbustis vineisque et omnibus*, etc.

6. easdem angustias: yet Hannibal is represented as having come into the *campus Stellas* from Allīfae, through the territory of Cales, i.e. apparently to the west of the hills between Cales and Casilinum, and now Fabius guards a position to the east of the same hills to keep him from going back.

7. Calliculam montem: somewhere in the range of hills extending from Cales to the Volturnus; the pass over the mountain is intended here rather than the mountain itself.

8. Casilinum: this fortress on the Volturnus, at the junction of the Appian and Latin Ways, blocked Hannibal's march by a southerly route.

9. dirempta: i.e. the river flows through the town.   **Campano**: in the narrower sense, *Capuan*, for the *ager Falernus* was part of Campania.

10. reducit: the most natural and obvious thing for Fabius to do was to block the passage between Cales and Teanum Sidicinum.

16. occupatus: *carried away.*

17. excideruntque: sc. *animo; were forgotten.*

22. Carthălo: cf. page 162, line 22, and page 172, line 2.   **equestris**: adjective for an objective genitive.

28. omni parte virium: a rather inaccurate phrase, as they had cavalry only on both sides, unless we understand it as meaning *in all respects.*

33. saltum: the defile of Lautulae, on the Appian Way in Southern Latium.   **Tarracīnam**: on the Volscian coast, originally called Anxur.

35. Appiae (*viae*) **limite**: *by the line of the Appian Way.*   **agrum Romanum**: the territory of the thirty-five tribes of *cives Romani.*

Page 145.   **2. in viam**: apparently the road over the *Callicula mons.*

3. Duo inde milia: sc. *passuum;* an unusually short distance.

Chapter XVI.   **4. bina**: see note on *Bina*, page 15, line 14.

8. Carptim: *at different points,* or *repeatedly,* or *in detachments,* it is difficult to say which of these meanings is the one intended; we have noticed Livy's fondness for adverbs of this form.

9. lenta: *spiritless.*

11. ab Romanis: *on the side of the Romans.*

12. Inclusus: Polybius speaks only of an attempt to surprise Hannibal at one pass. A complete blockade of the district, such as seems here indicated, would apparently require more troops than Fabius had.

13. tantum ... sociorum = *tot socii.*   **ab tergo ... sociorum**: *allies in their rear*, i.e. the Latins.

15. Formiana: Formiae was on the Appian Way, on the coast, a little north of the Liris.   **Literni**: on the coast near Cumae, the scene of the voluntary exile of Scipio Africanus in 185 B.C. Livy makes a wide survey of the difficulties of the country, but does not give a definite indication where Hannibal crossed the mountains.

16. silvas: the *silva Gallinaria* near Cumae, infested in the author's time with brigands.

17. suis artibus: cf. page 103, line 25.   **per Casilinum**: i.e. up the Volturnus.

19. necubi: see note to page 132, line 14.
20. ludibrium oculorum: *optical illusion.*
25. domitos: *broken* to the yoke.
27. effecta: *raised, collected.* **Hasdrubalique**: chief of the engineers or workmen, as Polybius tells us.
29. si posset: of course it was difficult to drive the oxen with any precision. The whole story is not very probable. **super saltus**: not along the pass, but so as to make the Romans think their flank had been turned.

Page 146. Chapter XVII. **4. in adversos ... montis**: *up the mountains.*
6. ad vivom: *to the quick.* This spelling, rather than *vivum*, was that of the Augustan age. **ad vivom ad imaque cornua**: hendiadys.
7. repente: equivalent to an adjective, attributive to *discursu;* this is one of the Grecisms characteristic of the Latin of the silver age. **haud secus quam ... accensis**: *as if* (purposely) *set on fire.*
8. omnia circa: adverb as adjective; cf. page 80, line 29; page 81, line 27.
13. praesidio: *station, post.*
17. flammas spirantium: the substantive is properly omitted, for the soldiers did not know what the creatures were.
20. Levi ... armaturae: cf. page 135, line 6, and note.
21. incurrere: *met, encountered*, not 'attacked'; this verb is usually construed with *in* and the accusative.
22. neutros ... tenuit: *kept both sides from beginning a fight before morning.*
23. Hannibal: for similar instances of a nominative inserted into an ablative absolute, cf. page 11, line 8, and page 100, line 21.
24. Allifano: for the position of Allifae, see note to page 143, line 5.

Page 147. Chapter XVIII. **1. ab suis**: *from their comrades.*
4. adsuetior montibus: see note to page 24, line 24.
5. concursandum: *skirmishing.*
7. campestrem: *used to level country*, not to mountains. **statarium**: i.e. used to fighting only in a regular formation.
10. aliquot: Polybius says one thousand.
13. Romam se petere simulans: Hannibal always strove by rapid movements to perplex and alarm the enemy.

14. Paelignos: almost directly east from Rome; their chief town was Corfinium.

16. absistens: *avoiding*.

17. Gereonium: a town of the Frentani near the frontier of Samnium and Apulia.

19. Larinate agro: Larinum was about fifteen miles north of Gereonium.

21. agens cum: *urging upon*.

23. confidat . . . imitetur: strictly according to the rule of sequence we should expect secondary tenses after *agens*, which depends on *revocatus (est)*.

25. ludificationem: *baffling*.

28. haec . . . praemonito: *haec* is cognate accusative retained with the passive verb. B. 176, 2; A. 390, *c*; H. 409, 1; G. 333, 1. It sums up the preceding points.

Chapter XIX. The narrative broken off at the end of Book xxi., chap. lxi., is here resumed. It will be remembered that Cn. Scipio had invaded Spain in the previous year and gained considerable successes.

Page 149. Chapter XXXIII. 3. interregem: this title was a relic of the ancient monarchy; cf. Book i., chap. xvii.

5. Patribus: the Senate had the right to decide whether an *interrex* or a dictator should be appointed. **rectius**: *more proper*, the consuls being still in office.

7. vitio: there was some informality in the appointment that was not immediately noticed.

9. ad interregnum: the consul's term having meantime expired, a dictator could not be named, and therefore an *interrex* was appointed.

Chapter XXXIV. 10. prorogatum . . . imperium: i.e. the consuls became proconsuls.

11. Interreges: in the early centuries of the republic elections were very frequently held by *interreges;* it was never the first *interrex*, and it generally was the second, who held the election; the first one was appointed by the Senate, each subsequent one by his predecessor; each held office five days; the patrician senators alone had a share in the formalities of an *interregnum*. See Book i., chap. xvii., and notes; also page 27, line 20; page 41, line 7. **proditi**: *nominated*.

13. patrum: *the nobles;* i.e. all families, plebeian as well as patrician, whose ancestors had held curule offices, which gave admission to the Senate. The old war of castes between patricians and plebeians had long since been superseded by that between nobles and commons.

15. principum: i.e. the leading politicians among the nobility.

17. aliena invidia: *by the unpopularity of another man* (Fabius). **extrahere**: *to raise up.*

18. ne se . . . homines: *lest men should get accustomed to being made equal with them* (i.e. attain senatorial rank) *by railing at them.*

20. cognatus: strictly speaking, a relative on the mother's side, a relative on the father's side being *agnatus*. As these men did not belong to the same *gens*, the former must be meant.

27. universis: *if united.*

Page 150. **3. hominem novum**: the first of a family to obtain a curule office was so called. The most famous *novus homo* (this is the usual order of the words) was Cicero. **nobiles**: the meaning of the word is explained in the note on *patrum*, page 149, line 13.

4. sacris: *mysteries;* the sense is rather metaphorical than literal; the essential bond of unity in a *gens*, or family, was community of *sacra*, i.e. a common worship of the same household gods or gentile divinities, especially the deified ancestors common to all the members by birth or adoption. What is meant here is that plebeians admitted into the charmed circle of political "nobility" were as anxious as any patricians to keep out "new men."

5. ex quo: sc. *tempore; as soon as, from the moment that.*

6. id actum: *that this was their object.*

7. in patrum potestate: because the *interrex* was a patrician magistrate.

8. ambos: logical subject of *morando; by both remaining.*

10. expugnatum . . . fieret: *it had been carried through that the dictator's appointment should be declared invalid by the augurs.*

11. consulatum unum, etc.: this was provided by the Licinian law, 367 B.C.

12. liberum: i.e. from any influence and interference on the part of the nobles.

Chapter XXXV. 17. iam: modifies *nobilium;* the "noble" candidates so divided the votes that no one of them gained a majority, while all the popular party voted for Varro.

21. rogando: all votes put to the people were in the form of a question to be answered "yes" or "no"; but translate, *for the election of.*

22. L. Aemilium Paulum: a *plebiscitum*, passed in 342 B.C., provided that no one should be elected to any office twice in ten years.

Paulus had been consul in 219 B.C. Another *plebiscitum*, in 217 B.C., provided that any ex-consul might be reëlected as often as desired while the war in Italy lasted (Livy, Book xxvii., chap. vi.).

23. M. Livio, afterward called Salinator, consul in 219 B.C., was condemned for dishonesty in the disposal of the spoil captured in the Illyrian war of that year; but he was consul again in 207 B.C.

24. prope ambustus evaserat: *had barely escaped unscathed;* like, " so as by fire," in 1 Corinthians, iii. 15.

26. comitiali die: see note to page 25, line 20.

27. par . . . in adversando: *an equal to thwart him.*

29. Pomponius: *praetor peregrinus* of the preceding year; see note to page 138, line 26.

30. urbana sors: i.e. he became *praetor urbanus*, and Pomponius became *praetor peregrinus* again.

31. Additi duo: the expression is misleading, for four praetors were annually elected, and afterward chose by lot their respective spheres of duty (*provinciae*).

32. M. Claudius Marcellus: the " Sword of Rome " (as Fabius was the " Shield "), the conqueror of Syracuse, killed in 208 B.C., in his fifth consulship.

Page 151. **1. Omnes**: i.e. the praetors; *eorum* (line 2) includes the consuls too.

Chapter XXXVI. **6. multiplicati**: *largely increased.*

9. ausus sim: B. 280, 2, *a*; A. 447, 1; H. 556; G. 257.

10. alii: sc. *auctores sunt*, or the like.

13. milibus: to be taken distributively, = *millenis*, as is made clear by *in singulas*.

14. treceni: Livy usually gives three hundred as the number of cavalry to a legion; cf. e.g. page 89, lines 4, 5. From this sentence we should infer that it was ordinarily two hundred.

18. quidam auctores sunt: *some authorities say.* **Illud . . . discrepat**: *Entirely consistent* (with the foregoing) *is the fact that*, etc.

19. rem actam: *preparation for the campaign was made.*

24. Ariciae: see note to page 62, line 26.

25. signa: *statues* of the gods.

27. saepius: *repeatedly.*

28. via fornicata: *a vaulted, arcaded street*, a line of porticoes. **Campum**: sc. *Martium.*

29. erat: *used to lead.* **de caelo tacti**: *struck by lightning.*

30. Paesto: a Greek town (Posidonia) in Lucania, colonized by the Romans in 273 B.C., now celebrated for its magnificent temple ruins.

Page 152. Chapter XXXVIII. 2. dum ... venirent: subjunctive, with involved idea of purpose, as, e.g., at page 81, line 16.

3. iure iurando ... milites: *the soldiers had an oath administered to them by the military tribunes.* This was in addition to the customary enlistment oath (*sacramentum*); cf. *iure iurando adactum*, page 76, line 18.

6. ubi ad decuriatum, etc.: *when they had come together to be formed into decuries* (of cavalry) *or centuries* (of infantry).

7. convenissent: iterative subjunctive.

8. decuriati equites: *the troopers of a decury.* **coniurabant**: *took the oath together in a body.*

9. fugae ... ergo: see note on *ergo*, page 24, line 5.

10. sumendi: i.e. from the supply in the rear. **repetendi**: i.e. to recover a weapon already thrown toward the enemy.

11. Id ... translatum: *this voluntary agreement among themselves was changed into a formal administration of an oath by the tribunes.*

14. Contiones: *public harangues.*

15. denuntiantis: *openly declaring.*

20. verior quam gratior: *more true than agreeable.*

22. qui: *how.*

23. togatus: the *paludamentum*, the red cloak of the commander-in-chief, was not assumed till the moment of departure for the front.

24. diem ... qua: B. 53; A. 97, *a*; H. 135; G. 64.

26. res dent: *circumstances suggested.*

29. gesta essent: attracted from future perfect indicative, by dependence on *evenirent.*

30. ad id locorum: *up to that time.* B. 201, 2; A. 346, *a*, 3; H. 441; G. 369.

Page 153. 1. sua sponte apparebat: *it was self-evident.*

2. praepositurum: sc. *eum.*

Chapter XL. 8. populare incendium: the fire of popular indignation, referring, as previously explained, to 219 B.C., when his colleague was condemned.

9. semustum: cf. *ambustus*, page 150, line 24.

12. Ab: *immediately after.*

14. conspectior: i.e. in regard to numbers.

15. dignitates: abstract for concrete.
16. castra: for the locality, cf. page 147, line 19.
17. bifariam: i.e. they pitched an additional one.
19. M. Atilium (*Regulum*): *consul suffectus*, in the place of Flaminius.
20. excusantem: *alleging by way of excuse* (from active service).
23. parte dimidia: not half as large again, but twice as large.
25. in diem: *day by day*, i.e. one day at a time; cf. *in dies*, page 85, line 34, and note.   **superabat**: *was left* = *supererat*.
26. reliqui: partitive genitive.

Page 154. **1. parata fuerit**: *was already arranged, and would have been carried out.*   **maturitas temporum**: *the time of ripe crops.*
Chapter XLI. 3. consulis: *of one consul*, Varro.
5. proelio: this word has two coördinate modifiers, — *tumultuario* and *procursu magis . . . orto.*
6. ex praeparato: see Introduction, III. 7, *d*.
7. par: *equally favorable, on equal terms.*
9. effuse: *headlong.*
11. alternis: sc. *diebus.*
14. quin = *quin etiam.*
15. inescatam: *lured by the bait.*
16. omnia . . . hostium: *all the circumstances of the enemy.*
18. duas . . . partes: *two thirds.*
21. fortunae: *property.*
23. impedimenta: *a baggage train.*
24. mediam: *intervening.*
26. ut fides fieret . . . voluisse: *to create the impression that he had wished.*
27. praeciperet: *gain* (in advance).

Page 155. **Chapter XLII. 1. subductae . . . stationes**: *the fact that the outposts had been withdrawn.*
2. adeuntibus: i.e. the Roman scouts.
4. praetoria consulum: each consul had his separate *praetorium*, though they were both in the same camp.   **nuntiantium**: does not refer to *consulum*, but limits *concursus*.
7. iuberent, etc.: the verbs are plural; one consul was in command, but the other could not be entirely disregarded. He was still second in command, and his opinion of course had weight.
9. consul alter: Varro.   **velut unus**, etc.: *like any private soldier.*

12. seditionem: *mutiny.* **ducem seditionis**: this is rather strong, as it was Varro's turn to command on that day.

13. praefectum: a commander of a *turma;* probably the senior of the three *decuriones* commanding the *decuriae* composing a *turma.*

19. cara: *valuables.* **in promptu**: *in plain sight.*

23. ituros: sc *se . . . esse.*

25. pulli: if the sacred chickens ate greedily, it was a sign of victory; if they refused to eat, the indication was adverse. **auspicio**: circumstantial ablative; *as he was taking the auspices.* Varro had the *auspicia* proper on that day, Paulus only the *auspicia minora.* The observation of omens was a constitutional form or fiction by which a magistrate often vetoed the proceedings of his colleague.

26. addixissent: *had given their assent.* **iam efferenti porta signa**: *just as he was marching out of the gate.* **porta**: ablative of "the way by which," a species of means.

28. Claudique . . . clades: referring to the overwhelming defeat off Drepanum in Sicily, in 249 B.C., of the consul P. Claudius Pulcher, who treated the omens given by the *pulli* with contempt.

29. religionem . . . incussit: *occasioned religious scruples.*

31. forte: almost = *providentially.*

Page 156. 1. Sidicini: from Teanum Sidicinum; see note to page 171, line 2.

7. ambitio: *striving for popularity.* **suam primum**: *his own first,* implying 'and his colleague's afterward.'

Chapter XLIII. 9. motos magis . . . evectos: *inclined to inconsiderate action, rather than carried away to the extreme of rashness.*

10. nequiquam: construe, not with *detecta,* but with *rediit;* *returned without having accomplished his purpose.*

13. mixtos ex conluvione: *a mixture of the offscouring.*

17. annonam: *scarcity,* or *high price of provisions.*

19. ipse . . . Hannibal: it seems to be a slight solace to the historian's national pride to paint Hannibal's situation in the darkest colors. But this, in our eyes, serves only to heighten the brilliancy of his success. Anything like a cowardly desertion of his own army by Hannibal, even in imagination, we may regard as one of the ordinary groundless aspersions of his character by the Romans, who could never forgive him for humbling them so completely.

23. calidiora: the plains of northern Apulia were warmer than the highlands about Gereonium. **maturiora messibus**: *sooner ripe for the harvest.*

28. Statilium: cf. page 155, line 13.

Page 157. **4. Cannas**: an open village in Apulia on the southeast bank of the Aufidus, a few miles from the coast. **urgente fato**: a favorite phrase of the author; cf. Vergil, *Aeneid*, ii. 653, *fatoque urgenti;* Livy regards Varro, and previously Flaminius, as afflicted with a sort of judicial blindness and infatuation.

5. Prope eum vicum: evidently on the same (southeast) side of the river.

6. Volturno: the Sirocco, east-southeast wind, so called because it blew over Mt. Vultur; though the name is not appropriate at Cannae, which is northeast of Mt. Vultur. This indicates that the camp faced northwest. **campis torridis**: cf. Horace, *Odes*, iii. 30, 11, *Et qua pauper aquae Daunus;* with *campis*, sc. *in*.

Chapter XLIV. 12. ad Cannas: *to the vicinity of Cannae.* Livy does not mention what Polybius makes clear; viz. that before the battle Hannibal had transferred his camp to the same side of the river on which the larger Roman camp lay.

13. bina castra: the large one on the northwest bank, the smaller on the southeast.

14. intervallo: Polybius says it was ten stadia.

15. Aufidus: a swift river rising in the Apennines and flowing into the Adriatic. Horace, who was born at Venusia, near its banks, says, "*qua violens obstrepit Aufidus*" (*Odes*, iii. 30, 10). In summer it becomes quite shallow.

16. ex sua ... opportunitate: *according to each one's convenience.*

20. natis: *naturally fitted;* ' fit for a cavalry battle ' means ' level.'

21. facturos: connect with *spem*.

23. seditione: *insubordination.*

26. speciosum: *furnishing a plausible excuse.*

27. hic: Varro.

29. usu cepisset: *usu capere* is to gain title to property by continued possession. Under the twelve Tables, occupation of land for two years gave ownership by " usucaption."

31. militibus: dative with *adimi*. **ille**: Paulus.

Page 158. 2. videret: *he should see to it that;* subjunctive, representing the imperative of *oratio recta*.

Chapter XLV. 5. ad multum diei: *till late in the day;* cf. *in inmensum altitudinis*, page 103, line 6.

7. ex minoribus ... aquatores: see Introduction, III. 1, *f*.

11. evecti sunt: *they rode on.*

12. tumultuario: *irregular.* **auxilio**: the singular in this sense is rare.

13. ne . . . transirent: *from crossing.* B. 295, 3; A. 558, b; H. 596, 2; G. 548.

16. sors: *chance or turn.*

17. nihil: adverbial accusative; a stronger negative than simple *non.*

18. quia magis non probare, etc.: *because, though he could not approve, he still could not refuse to aid in carrying out the plan.* Cf. page 58, line 27, for a similar expression.

20. Transgressi flumen: the battle, it seems, took place on the southeast bank, as the Romans, according to Polybius, were facing south and had their right flank resting on the river. Yet some of the best authorities have placed the site on the northwest bank. Livy's account, explained by that of Polybius with reference to one detail (note to page 157, line 12), seems to indicate a situation somewhat like that shown on the map.

25. iaculatores . . . prima acies facta: *dart throwers . . . constituted the first line;* the verb agrees with the predicate nominative. The date of this battle, nominally August 2, 216 B.C., was really some day near the middle of June. See note to page 130, line 14.

28. pugna = *acies.*

Chapter XLVI. 30. transgressus: from the northwest to the southeast bank. **ut quosque . . . locabat**: *stationed them in line of battle in the same order in which he had led them across the river.*

Page 159. 4. firmata: *formed of.*

5. Galli atque Hispani: it was his intention, as usual, to let them bear the brunt of the fight, and to spare his Africans as much as possible.

6. crederes: see note on *discerneres*, page 78, line 31.

8. scuta: oblong shields, covering the whole body.

9. dispares ac dissimiles: *different in size and shape.*

14. praetextis: *edged, bordered.*

18. Hasdrubal: not Hannibal's brother, who was in Spain.

20. locatis: may be taken as ablative absolute, or dative of reference with *obliquus*, and coördinate with *utrique parti.*

21. obliquus erat: *shone sideways.*

Chapter XLVII. 27. levibus . . . armis: sometimes the author says *milites levium armorum*, generally simply *levis armatura;* he is fond of variety.

29. minime equestris more pugnae: there was no room for the ordinary cavalry tactics; the cavalry opposed to the Romans on this wing were numerous enough to push them off the field by mere weight; eight thousand Gauls and Spaniards against less than twenty-four hundred Romans.

31. ad evagandum: *for manœuvring*.

Page 160. 1. In derectum: *straight forward*.
2. stantibus: *coming to a standstill*.   **turba**: modal ablative.
3. Pedestre: predicate.
6. Sub: *about the time of*.
8. Gallis: dative of reference; translate as if it were genitive.
9. obliqua fronte: this probably means that the Romans advanced their wings, making their front concave, so as to fit against the convex front (*cuneum*) of the enemy, whose centre was advanced beyond the wings. The Gauls and Spaniards seem to have fallen back till the Africans on the wings became engaged. The latter were called *subsidia*, reserves, not because placed directly behind the other troops, but because placed farther back and not intended to engage, at the outset, in the fight. As the Romans pressed on the shallow centre of Gauls and Spaniards, the latter, falling back, first made the front straight (*aequavit frontem*), then, retiring still farther, made it concave (*sinum in medio dedit*). Then the wings enveloped the Romans on both flanks, so that they were assailed on three sides at once, while the centre ceased to give ground in front of them, and the Africans gradually extended their lines around the rear. The Romans, thus huddled into insufficient space, found their unusually deep files another source of embarrassment, for those in the interior of the columns were unable to fight, while the ever tightening ring of the enemy kept closing in as the outer ranks fell before them.

12. tenore uno: *without stopping*.
17. cuneus . . . pulsus: cf. *Sicilia . . . amissae*, page 76, line 20, and note.
19. cornua: the extremities of the *alae*.
Chapter XLVIII. 29. segne: this is not surprising, as the two thousand light Numidian horsemen were opposed to more than twice that number of the Italian allies.
32. ab suis . . . adequitassent: *had ridden away from their own side and toward* (the enemy).

Page 161. 2. in mediam aciem: this phrase probably arises from the fact that Livy is following two different accounts, — one of which represents this manœuvre as carried out by Celtiberians against the Roman infantry in the centre; or possibly the phrase simply

BOOK XXII. CHAPTER XLIX.

means that the cavalry opened their ranks to receive the Numidians into their midst, not meaning, by *mediam aciem*, the centre of the whole army.

6. **scutis**: i.e. of fallen Romans, which would for a time prevent their being recognized as enemies.

10. **alibi . . . alibi**: the first refers to the right wing, the second to the centre.

11. **in mala iam spe**: *though hope was already abandoned.* **Hasdrubal**: we must infer what is not stated; viz. that after dispersing the Roman right, Hasdrubal had made his way behind the Romans to the left wing, to help the Numidians against the cavalry of the allies, and that, when the latter were routed, he left the pursuit to the Numidians, and turned with his own heavy cavalry against the Roman infantry. But still the phrase, *subductos ex media acie*, is unintelligible.

Chapter XLIX. 17. Parte altera: this is ambiguous, as all parts of the battle have been described, but *occurrit . . . Hannibali* shows that the centre is meant.

22. **denuntianti**: *who reported.*

24. **Quam mallen**, etc.: ironical; he feels that they are beaten just as surely as if they were already prisoners in his hands.

25. **quale**: sc. *est* or *solet esse.* **iam haud dubia**, etc.: *when the victory of the enemy is no longer doubtful.*

29. **superantis**: *survivors;* as often, *superare* = *superesse;* cf. page 153, line 25, and note.

31. **praetervehens**: *riding by;* used as participle of *praetervehor*, as if it were a deponent.

Page 162. 8. macte virtute: A. 340, *c*; H. 402, 3; G. 325, R. 1. **cave . . . absumas**: B. 276, *c*; A. 450, N. 2; H. 561, 2; G. 271, 2.

14. **reus**: he might be put on trial and made a scapegoat for the disaster, if he survived.

15. **alieno crimine**: *by accusing another.*

16. **Haec . . . agentis**: *as they were talking thus.*

25. **Venusiam**: about twenty-eight miles southwest of the battlefield; since 29 B.C. it had been a "Latin" colony.

30. **undetriginta tribuni**: the staff and field officers of the legions, six for each. The eight legions would have forty-eight tribunes. **consulares**, etc.: ex-consuls, ex-praetors, ex-aediles; coördinate with *tribuni*.

34. **eos . . . unde . . . deberent**: *such as gave them the right to be enrolled in the Senate;* on giving up a curule office the incumbent

was entitled to a seat in the Senate, but could not be formally placed on the list of senators till the next census.

35. cum . . . essent: *and yet they had become.*   **sua voluntate**: *as volunteers;* after holding such offices they were exempt from ordinary military duty.

Page 163. Chapter L. 3. Haec est: *this is the story of.*   **Aliensi**: the battle on the Allia, July 18, 390 or 387 B.C., was followed by the capture and destruction of Rome by the Gauls.

5. quia . . . cessatum: *because the enemy were remiss* in following up their victory.

8. alterius . . . exercitus fuit: *almost all the army shared the fate of the other one, who died;* alterius, predicative possessive genitive.

11. mittunt: i.e. to the smaller camp.

12. ex laetitia epulis: see Introduction, III. 1, *f.*

13. Canusium: about five miles southwest, near the river.

14. totam: *wholly.*

21. aestimari capita, etc.: *to have a value set upon your heads and your ransom determined.*

23. civis . . . an . . . socius: see page 138, lines 14-16, for the different manner in which Hannibal treated the Romans and their allies.

24. alteri: the *socius* as distinguished from the *civis;* comparatively the former would experience *honos,* the latter *contumelia.* Moreover, it was a greater honor to have a Roman citizen as a slave.

27. cives: *fellow-citizens; concivis* is not a classical word.   **antequam opprimit**: B. 291, 1; A. 551, *c*; H. 605, II. 2; G. 574. As the idea of intentional anticipation is involved, we should expect the verb in the subjunctive.

30. quamvis: construe with *confertos; however.*   **Cuneo**: *in a compact column,* the usual sense of the word.

Page 164. 2. Haec ubi, etc.: a hexameter and a half, supposed by some to have come from Ennius through Caelius. The first four words occur repeatedly in the *Aeneid;* cf. page 1, line 1, and note. Cicero says (*Orator* 56, 189), *versus saepe in oratione per imprudentiam dicimus.*

5. translatis . . . scutis: the shield was ordinarily worn on the left arm.

6. inde protinus: *then as they went on.*

Chapter LI. 12. bello: if this word is used intentionally instead of *pugna,* it is not to be wondered at that they thought such a victory would end the war. Against any but the Romans it doubtless would have done so.

14. Maharbal: cf. page 86, line 8. *Aulus Gellius* (x. 24) shows how Caelius tells this story, and that he drew it from Cato's *Origines;* see Introduction, 1. 5.

19. maior quam . . . posset: *too great to be at once realized.*
20. voluntatem: *zeal.*
21. temporis: A. 356, N.; H. 477, III. N.; G. 406, N. 3.
24. satis creditur etc.: in after times it was a stock question for debate in the schools of rhetoric whether or not Hannibal should have marched upon Rome at this time. He certainly could not have captured it by a sudden dash of cavalry. The walls were strong, the population large and used to fighting. His army was not large enough to invest the city, and he had no engines for a siege. What he was waiting for was the desertion of Rome's allies and the breaking up of the Italian confederacy; see *Florus*, i. 22, 19.

26. ad spolia legenda: an extraordinary construction with *insistunt.*
27. etiam hostibus: *even in the eyes of an enemy.*
30. stricta matutino frigore: *stinging in the cold of the early morning.*

Page 165. 6. convertit omnes: *attracted the attention of all.*
8. naso auribusque: the *Numidian's.*   **ille**: the Roman.
Chapter LII.   11. ad multum diei: cf. page 158, line 5, and note.
13. brachio: *a line of intrenchment, a breastwork.*   **flumine**: sc. *Aufido.*
14. etiam: Livy sometimes makes this word post-positive, as here; cf. page 122, line 14.
15. ipsius: Hannibal's.   **Pacti**: followed by double construction: (1) the clause, *ut . . . traderent;* (2) the ablatives of price, *trecenis*, etc., i.e. the price at which they might be ransomed if they surrendered as prisoners of war.
16. nummis quadrigatis: silver *denarii* (of the value of 16 reduced *asses*, about one-sixth of a dollar), so called because stamped with an image of Jupiter driving a four-horse chariot (*quadriga*). Mr. Capes observes that money dealings with the Carthaginians were by weight.
18. singulis . . . vestimentis: cf. page 138, line 2.
19. seorsum: *sē* (= *sine*) and *vorsum* (= *versum*), like *rursus* (= *re-versus*) and *prorsus* (= *pro-versus*), etc.
22. hominum = *peditum.*

26. si quid argenti: sc. *erat*.
27. quod plurimum: *most of which*.
28. ad vescendum facto: *made for table service*. **perexiguo**: the era of luxury, introduced by foreign conquest, was soon to begin.

Page 166. 4. tantum: *only*. They got protection from the enemy and shelter from the weather, but not food and clothing.

Chapter LIII. 13. adulescentem: eighteen or nineteen years old at this time; cf. page 113, line 19.

14. summa imperii: *the chief command*.

15. inter paucos: *with a few others*. **de summa rerum**: *about the general situation of affairs*. **P. Furius Philus**: probably a son of the *praetor urbanus;* cf. page 150, line 29.

19. spectare: *had in view;* i.e. 'intended to have recourse to.'

20. regum: they would take service in the army of some foreign prince.

21. super: *following upon*.

22. torpidos defixisset: *had petrified;* the adjective expresses the effect of the verb; cf. *immobiles defixit*, page 102, line 23.

24. fatalis . . . belli: *destined to put an end to this war;* i.e. by the defeat of Hannibal fourteen years later at Zama in Africa.

27. ea = *talia*, referring to the ideas expressed above in the speech of Philus.

29. hospitium: *quarters, lodging*.

31. Ex mei animi sententia: *upon my honor*, i.e. without mental reservation; a common formula in taking an oath.

Page 167. 2. si sciens fallo: cf. page 112, line 20.

Chapter LIV. 15. togas: not worn at all by the private soldiers of the infantry, and not by any one when actually under arms. **quinos vicenos**: the *equites* had ordinarily three times the pay of the *pedites;* what the latter received on this occasion was about a month's pay.

18. a muliere Canusina: sc. *Busa;* cf. page 166, line 4.

19. gravius: *too heavy*.

26. consularis exercitus: this was ordinarily two legions, with the proper complement of *socii*. These troops were disgraced by the government, and sent to do garrison duty in Sicily for the remainder of the war.

30. occidione occisum: *utterly destroyed; figura etymologica;* A. 598, *m*; this sounds like a Hebraism.

Page 168. **1. salva urbe**: this phrase is inserted to cover the single exception to the statement, i.e. the capture of Rome by the Gauls in 390 B.C.

2. succumbam oneri: *I shall decline the task.* **neque** = *et non*, there being no corresponding *neque*.

3. vero: ablative with the comparative, *less than the truth.*

4. non vulnus super vulnus: i.e. not another blow of the same kind, but *multiplex clades*, 'a disaster many times as great'; cf. page 138, line 10.

9. tanta mole cladis: *by so overwhelming a defeat.*

10. ad Aegatis insulas: the concluding battle of the First Punic War, 241 B.C.

11. fracti: *disheartened.*

12. Sardinia: this island was not ceded then; see note to page 76, line 20. **vectigalis ac stipendiarios**: *vectīgal* includes such regular taxation as tithes of produce, rent paid to the state for the use of the *ager publicus*, port dues and customs; *stīpendium* is a general word for tribute, and is especially applied to a war indemnity imposed on a conquered state. Carthage had paid the latter only, after the First Punic War.

13. pugnam . . . in Africa: the battle of Zama, 202 B.C., when Hannibal was finally defeated.

Chapter LV. 16. praetores: the highest magistrates in the absence of consuls. Upon them devolved the chief executive power. It should be remembered that the Senate was in theory a mere advisory body. The magistrates acted by virtue of their *imperium*, but took counsel of the Senate, which, however, had no initiative of its own.

17. curiam Hostiliam: see note to page 39, line 5.

18. neque . . . dubitabant: Livy uses indifferently *quin* clauses or infinitives after negative or interrogative *dubito*.

21. sicuti . . . ita: *as . . . as*, not 'though . . . yet.' **ne . . . expedirent**: *they could not even form any definite plan.*

23. nondum palam facto: *as the facts were not yet published.*

25. Appia et Latina via: the two great southern roads, by which fugitives or messengers from the battlefield would arrive.

Page 169. **1. agendum**: *measures were to be taken.*

3. publico: *from appearing in the streets.*

6. suae . . . fortunae: *as to the fate of his own relatives; sua fortuna* means what specially concerned himself. **domi**: locative; construe with *expectet*.

7. auctorem: *an informant.*

Chapter LVI. 12. pedibus . . . issent: *had voted for* (without debate); the division was made by going to one or the other side of the house.

14. diversi: *in different directions.*

18. decem milia: cf. page 167, lines 11 and 20. **incompositorum inordinatorumque**: *demoralized and disorganized.*

21. nundinantem: *bargaining, haggling;* denominative verb from *nundinae* (*novem dies*), ' market days.'

23. anniversarium Cereris: the regular *Cerealia* occurred in April. This statement is obscure, as the battle was fought nominally on August 2. The allusion may be to another feast of Ceres, mentioned by Cicero (*pro Balbo*, 55; *de Legibus*, ii. 21, 37). The *Cerealia* was a festival of matrons, and so many of them were in mourning that few were left to wear the white festal garb.

27. diebus triginta: ablative. The usual time was ten months, the most ancient Roman year being of that length.

30. T. Otacilio (*Crasso*): twice praetor, 217, 214 B.C.; commanded fleets in the Sicilian seas, year after year till his death in 211 B.C.; twice defeated when a candidate for the consulship.

31. regnum Hieronis: Syracuse and the country about it along the east coast of the island. See note to page 116, line 8.

Page 170. 2. Aegatis insulas: off the northwest corner of the island. **stare**: *was lying* or *was cruising.*

4. Lilybaeum: see note to page 116, line 14. **aliam**: *the rest of;* cf. page 96, line 7.

Chapter LVII. 7. praetoris: i.e. of the pro-praetor Otacilius.

8. M. Claudium (*Marcellum*): he had not yet gone to his province (cf. page 150, line 32). He was already a distinguished soldier, and had gained a signal victory over the Gauls in 222 B.C., slaying their king, Viridomarus, and thus gaining *spolia opima* for the third and last time in Roman history.

16. necata: it was deemed sacrilegious to lay violent hands on the Vestals who had been consecrated to the goddess, and so, when convicted of unchastity, they were buried alive in a subterranean vault in the *campus sceleratus* by the Colline gate. Pliny the Younger (*Ep.* iv. 11) gives an account of the execution of a Vestal under Domitian.

17. scriba . . . quos: *constructio per synesim*, the relative indicating the class to which the individual belonged.

22. Fabius Pictor: the historian; see Introduction, I 4.

23. missus: notice the following constructions: *Delphos . . . ad oraculum . . . sciscitatum*. **suppliciis** = *supplicationibus;* archaic.

24. finis: as feminine this is ante-classical or post-classical, or poetic.

25. fatalibus libris: *the books of fate*, probably the Sibylline books; they are often so called by Livy.

27. in foro bovario: (usually *boario*); see note to page 126, line 16.

29. minime Romano: what Livy disapproves is "un-Roman"; the blame is here laid upon the foreign books. There are several traces of human sacrifice in Roman history, e.g. M. Curtius, Decius Mus, the *ver sacrum*, etc.

Page 171. **1. legio tertia**: it appeared, page 166, line 11, that the third legion was at Cannae. This may have been the third marine legion, or a new count may have been made after the destruction of the consular army, or it may be a mistake.

2. Teanum Sidicinum: an important town in northern Campania, commanding the *Via Latina*.

5. dictus: by the consul. **M. Iunius** (*Pera*): the last dictator *rei gerendae causa*. Sulla's and Caesar's dictatorships were revolutionary. **Ti. Sempronius** (*Gracchus*): consul in 215 and 213 B.C.

7. praetextatos: boys under seventeen, who had not exchanged the *toga praetexta* for the *toga virilis*.

8. Latinum nomen: cf. page 14, line 24; page 123, line 4, etc.

9. ex formula: the list of those capable of bearing arms, according to which the *quota* of each of the allied communities was regulated.

13. servitiis = *servis:* abstract for concrete. Cf. *dignitates*, page 153, line 15. By being enrolled in the legions, the slaves were emancipated.

15. cum: concessive.

16. copia fieret: *the opportunity was offered*.

Chapter LVIII. **17. secundum**: *immediately after*.

29. aliquantum adiciebatur: cf. page 165, line 16, where no distinction is made between *equites* and *pedites*. **equitibus**: *in the case of the knights;* dative of reference.

Page 172. **5. aliquid oblitus**: B. 206, 2, *a*; A. 350, *a*; H. 454, 2; G. 376, R. 2.

9. dictatoris verbis: *in the dictator's name*.

10. finibus Romanis.: the territory of the thirty-five tribes of *cives Romani*.

Chapter LXI. 16. in . . . emendos: a rare construction in Livy for expressing purpose; but cf. page 91, line 27.

18. locupletari: a weak argument; the same result would follow if the prisoners were sold as slaves, and we learn that these very ones were sold in Greece for five hundred denarii apiece. (Livy, Book xxxiv., chap. l.)

19. redimi: present, instead of future, showing the certainty of the decision.

22. fallaci reditu: cf. lines 4–7.

Page 173. 1. ita: *on condition that.*   **ne . . . daretur**: stipulative subjunctive.

5. nec = *et . . . non*.

8. per causam: *under the pretext.*

12. proxumis censoribus: temporal ablative.   **notis**: the *nota* was the censor's entry on the list of senators, equites, or citizens, giving the reason for the degradation of those whose names were removed therefrom; thence it came to mean any brand of disgrace.

14. foro: *from public life.*   **omni deinde vita**: *all the rest of their lives.* Cf. *tres deinceps turres*, page 81, line 27.

15. publico: cf. page 169, line 3, and note.

18. ea clades: i.e. the battle of Cannae.

19. vel ea res: *even this fact.*

21. imperio: sc. *Romano.*

22. Defecere: the nations here named did not all fall away at once, but gradually; but it was at this time that defection on a large scale began.

32. causa maxima: it is not unlikely that Varro, like Flaminius, has been made a scapegoat for the errors of the government. It is altogether probable that the Senate and people had resolved to fight a pitched battle and end a situation that was felt to be no longer tolerable. The extraordinary preparations and this subsequent action of the Senate support this view. After the event it was easy, and soon became traditional, to lay the blame on the plebeian consul.

33. frequenter: *in crowds;* see Valerius Maximus, iii. 4, 4.

35. nihil recusandum supplicii foret: *there is no extreme of punishment that he would not have had to bear;* the Carthaginians were in the habit of crucifying generals who were unsuccessful.   **foret** = *esset.*

The battle of Cannae marked high water in the tide of Hannibal's success. Capua, the second city of Italy, joined him at once and not long afterward Syracuse, which had been Rome's faithful and powerful ally in the First Punic War. Later the possession of Tarentum gave Hannibal easy communication with Carthage by sea.

But he was never able to break up the confederacy of which Rome was the head. Therefore in spite of his brilliant victories, he could not maintain his conquests, and ultimately failed in the object of his life.

Livy in the remaining eight books of his third decade tells the story of the subsequent years, 215-202 B.C., of the exhausting war — of campaigns in Italy, Spain and the Greek lands, in the islands of the sea, and in Africa — ending with the downfall of Carthage as a Great Power, and the establishment of Rome as mistress of the western Mediterranean.

Each of these books, though dealing with the general progress of the war in all its theatres, year by year, includes at least one topic of special interest and importance:

Book xxiii.	The defection of Capua
xxiv.	and of Syracuse;
xxv.	the siege and capture of Syracuse
xxvi.	and of Capua; Scipio's surprise and capture of New Carthage;
xxvii.	Hasdrubal's invasion of Italy, his defeat and death at the Metaurus;
xxviii.	Scipio's romantic visit to Syphax in Africa;
xxix.	his invasion of Africa;
xxx.	the recall of Hannibal from Italy and his final defeat.

BOOK XXVI.

The popular, anti-Roman party in Capua overbore the aristocracy and deserted to Hannibal after the battle of Cannae. They stipulated for independence, and hoped to supersede Rome as the chief city of Italy. This notable defection called for prompt and signal punishment. Both the consuls of 212 B.C. began the siege of the rebellious town and continued it as proconsuls in 211.

Page 174. Chapter I. 2. idibus Martiis: this was, during this war and half a century longer, the regular beginning of the consular year. In 153 B.C. it was fixed at January 1st and remained so thereafter. Bouché-Leclercq, *Institutions Romaines*, page 59.

5. prorogatum imperium: very often in the course of this long war the *imperium* of commanders was prolonged in order to avoid too frequent changes.

12. recepta: *by its recovery;* construe with *urbs*, line 11; cf. page 76, line 20, and note.

15. Gallia: sc. *Cisalpina*.

25. foede caesus: in chapters ii. and iii. (omitted) is the account of the trial of Cn. Fulvius, brother of Q. Fulvius, consul in 212 B.C., proconsul of 211, for this disaster. He went into exile. He must not be confounded with the consul of 211, mentioned in line 1.

Page 175. 7. Graeciae: Philip V of Macedon made alliance with Hannibal in 215 B.C. (Livy, xxiii, 33, 34).

10. Tribus et viginti legionibus: the number of legions, according to our author, maintained during this war, varied from six in 218 B.C. to twenty-five in 212 and 211. There were sixteen in 202; see table in De Sanctis: *Storia dei Romani*, Vol. iii., Part ii., page 736.

Chapter IV. 13. Capuam: the traces of its ancient walls indicate that the city measured about a mile from N. to S. and two-thirds of a mile from E. to W. The site is now occupied by the large town of Santa Maria di Capua Vetera, 3½ miles from modern Capua on the Volturno, on the site of the ancient Casilinum.

14. obsidebatur . . . oppugnabatur: *strictly blockaded rather than actively assaulted*.

15. servitia = *servi:* see Introduction, III. 1, *b*.

18. praestaret: *performed, fulfilled*.

19. Campanis: the inhabitants of Capua are regularly called *Campani*, rather than *Capuani* or *Capuenses* as we might expect.

22. pedite: concrete singular for plural or collective: see Introduction, III. 1, *a*.

23. laetum: sc. *Romanis*.

25. viribus: dative.

29. hastis velitaribus: these spears were longer and lighter than the legionary *pilum*, from which they are distinguished in Livy, xxxviii., 20. 1, referring to the year 189 B.C.

Page 176. 12. institutum ut velites, etc.: it was a long-established practice to use *velites* with the infantry; now they are used with cavalry.

Chapter V. 17. Tarentinae arcis: Hannibal had gained possession of Tarentum, all except the citadel, by treachery in 212 B.C.

20. documento: Capua, the second city of Italy, was the most conspicuous community that had joined Hannibal.

23. armatu = *armatis:* see Introduction, III. 1, *b*.

26. Tifata: neuter plural; now Monte Maddaloni, 2½ miles N. E. of modern Capua, 1975 feet high.

27. Galatiam: between Capua and Caudium.

30. eodem: sc. *tempore*.

Page 177. **3. ut in re trepida:** cf. page 135, line 27; page 103, line 24; page 5, line 25.

7. C. Fulvius: do not confound him with either Cn. Fulvius mentioned on page 174, lines 1 and 24.

10. ad: *besides, in addition to.*

15. Fulvium: sc. *Quintum*, the proconsul; so again in line 21.

16. Legio . . . sexta: legions are sometimes distinguished by numbers in this war; in Book xxii., chap. 27, Fabius took command of the second and third, Minucius of the first and fourth.

22. primores: those of the maniples of the *triarii;* in the army of Caesar's time the *primi ordines* seem to have been the six centuries (or centurions) of the first cohort of a legion. See Holmes, *Caesar's Conquest of Gaul*, pages 569–579, 2d ed., 1911.

31. hastati: sc. *manipuli*.

Page 178. Chapter VI. 6. principis: sc. *manipuli*.

15. Vulturnum: a town (neuter) near the mouth of the Volturnus river; cf. *Ticinum* on the Ticinus.

18. suppressit: *checked.*

28. Flaccus: sc. *Q. Fulvius*, the proconsul.

31. auctores: *authorities;* the large numbers lead us to suspect Valerius Antias: see Introduction, I. 7.

Page 179. 1. inopinato: see Introduction, III. 9, *a*.

7. verbis: *in the name of.*

12. Medix tuticus: title of the chief magistrate of a city, in the Oscan language. It is equivalent to *summus magistratus; medix* akin to *mederi, tuticus* to *totus;* Wsb., note to xxiv., 19. 2.

13. Seppius Loesius: the former name occurs here only; the latter is a Latin reproduction of an Oscan name.

15. pupillo: *a child* — whose father was dead. **familiare ostentum:** an omen which concerned the household, not the state.

18. nihil . . . adgnoscentem: *seeing nothing to justify such a hope.* **Nē:** or *nae, verily.*

22. sisti posse: lit. 'that there could be any standing,' i.e. *that the state could continue to exist.*

Page 180. Chapter VII. 10. dederentur: reflexive.

23. legiones: *his troops;* another instance of the habit of calling foreign things by Roman names.

Chapter VIII. 27 Ut in re tam trepida: cf. page 177, line 3 and note.

28. Asïnae: consul 221 B.C., as *interrex* he held the election for the consuls of 216; see page 149, line 12.

30. revocabat: conative, *he was for recalling, moved to recall.*

Page 181. 3. cepisse: the infinitive used in exclamations as in rhetorical questions.

4. ad . . . liberandam: *to raise.*

8. P. Valerii Flacci: consul 227 B.C.

15. compararent: *should arrange.*

17. senatus consulto: it should always be remembered that in theory a resolution of the Senate was merely advice to the magistrates.

19. tribus: his own, Ap. Claudius's and C. Claudius Nero's; cf. page 177, lines 5 and 6.

25. deviis: *off the road, at a distance from the road.*

26. ut . . . in manu esset: i.e. that each community should be responsible for its own defence.

Chapter IX. 30. Cales: refer to a map of ancient Italy and find this and the other towns and districts in this chapter along the line of the *Via Latina*. The district of Suessa Aurunca lay to the west, that of Allifae to the east of that highway.

Page 182. 11. adderet gradum: *quicken his pace.*

14. quam quod allatum erat: *than had been reported.*

25. si quo: *if anywhere;* lit. in any direction.

29. imperium, etc.: i.e. as proconsul he was to be equal in power with the consuls in Rome.

33. Ferentinatem: sc. *agrum:* Ferentinum and the following names will be found on the map of Latium, before the title page.

Page 183. 1. Pupiniam: sc. *tribum,* or it may be merely the name of a district between Tusculum and Rome.

Chapter X. 6. porta Capena: cf. page 33, line 8 and note; see the map of Rome opposite page 9.

7. Carinas: the western slope of the Esquiline, north of where the Colosseum now stands.

19. Herculis templum: the exact location is unknown.

28. cavas: *sunken.*

29. clivo Publicio: this street ran across the Aventine and down to the low ground by the Tiber, west of the Circus Maximus.

Page 184. 1. effusura fuerit: B. 322; A. 517, *d*; H. 582, 2; G. 597, R. 5.

11. temere: haphazard.

Chapter XI. 20. eadem: *similar*.

22. In religionem . . . versa: *interpreted as a supernatural warning*.

24. modo mentem: presumably referring to the opportunity after the battle of Cannae; cf. page 164, lines 14-25.

27. in supplementum Hispaniae: *to reinforce the army in Spain*.

30. venisse: from *vēneo;* so *vēnire*, page 185, line 3.

Page 185. 2. tabernas argentarias: the shops of silversmiths, later developed into banks.

4. Tutiam: a small stream running from the N. E. into the Anio, after crossing the *Via Tiburtina*.

5. ad lucum Feroniae: near Mt. Soracte.

6. Capenates: the grove of Feronia was in their territory on the border between Etruscans and Sabines.

10. rudera: bits of unwrought copper.

12. Caelius (*Antipater*): see Introduction, I. 5.

13. Erēto: a few miles E. of Capena, in the Sabine country.

14. iterque: i.e. his march to Eretum.

16. Sulmonem: in the Paelignian district; Ovid was born there 43 B.C.

17. Albensi agro: by way of the district of Alba (Fucentia not Longa).

18. ibi = *in ea re*.

20. ea: *that way, by that route*.

Chapter XII. 26. fretum: sc. *Siculum*. **eo cursu**: *with such speed*, i.e. without interrupting his march.

29. adventum: his return from Rome.

31. deploratam: *despaired of, abandoned*.

Page 186. 3. sine fraude: nearly equals *sine damno;* ' *without prejudice,*' *with impunity*.

5. maiora . . . quam . . . posset: *too great to be pardoned; ignosci* is impersonal.

17. libere: *frankly*.

27. gesturos: purpose.

32. eam professis operam: *offered their services for this purpose*.

34. tempore capto: *choosing their time, getting a good opportunity*.

35. nulli . . . faceret: *gave every one a plausible excuse*.

Page 187. 4. id unum: two accusatives with *arguere*.

7. convictus veris: *confuted by the facts.*

Chapter XIII. 21. Vibius Virrius . . . defectionis auctor: his initiative in the revolt of Capua (216 B.C.) is described in Book xxiii., chap. vi.

27. adversus Samnites: referring to 343 B.C. before the First Samnite War.

30. Iam: sc. *e memoria excessit.*

31. praesidium: it appears in Book xxiii., chap. vii, that not all the garrison was massacred.

Page 188. 5. habeatis: *you may know.*

33. aliter dis . . . visum: cf. Vergil, *Aeneid*, II. 428; *Dis aliter visum.*

Page 190. 1. misso convivio: *breaking up the party.*

7. cum animam egissent: *though they lingered alive.*

9. porta Iovis: its position is not known; the *porta Romana* was on the E. side, the *porta Volturnensis* on the N. **castra**: it is not clear which of the three camps is meant.

19. pondo: see note to page 127, line 9.

21. Cales: accusative plural. It lay a few miles N. W. of Capua, and Teanum Sidicinum a little farther in the same direction, N. E. of Mons Massicus. It must not be confounded with Teanum Apulum near the Adriatic coast.

22. descitum: impersonal, *the revolt had taken place.*

Chapter XV. 24. facilis impetrandae veniae: A. 505. *a.* Note. G. 429, 2.

27. reiciebat: conative; *wished to refer.*

29. Latini nominis: cf. note to page 123, line 4.

30. minime committendum esse: *that it ought not to be allowed;* the subject is the following *ut*-clause.

Page 191. 1. quis neque . . . quicquam umquam pensi fuisset: *who had never cared at all; quis* is dative plural.

6. expectaturum: the infinitive after *non dubito* is frequent in post-Augustan Latin.

9. ad tertiam bucinam: *de tertia vigilia* or simply *tertia vigilia* is Caesar's usual expression.

15. citato equo: cf. *Citatis equis,* page 71, line 23.

28. Taurea Vibellius: reverse the order in translating.

29. mirabundus: also *moribundus,* page 191, line 6; see Introduction, III. 6, *a.*

33. modo: *then*, or *besides*.

After Publius and Gnaeus Scipio had been defeated and killed in Spain (212 or 211 B.C.), no man of age and experience was willing to be chosen to carry on the war in that country. Then young Publius Scipio, barely twenty-four years old, offered to go (according to Livy in 211, or more probably in 210), and was elected with much popular enthusiasm. On arriving in Spain he took advantage of the wide separation of the three Punic armies and struck a deadly blow by the surprise and capture of New Carthage with its treasury, immense military stores, and all the Spanish hostages held by the Carthaginians.

Page 192. Chapter XLII. 8. regionis eius: between the Pyrenees and the Ebro. **M.** (*Iunio*) **Silano**: he had defended Neapolis against Hannibal in 216 B.C., had been praetor in 212; he served with distinction in Spain till Scipio went home and then succeeded him in command of the army.

15. Carthaginem Novam: this means 'New Newtown' (since *Carthago* = Newtown); now Cartagena; then the Punic capital of Spain, a large and splendid city with a fine harbor, and valuable silver mines in its vicinity. Baedeker, *Spain and Portugal*, has a sketch of its eventful history.

21. nescio an unum: *for all I know, the only one.*

23. C. Laelium: the friendship of Scipio and Laelius became proverbial.

26. Carthaginem: sc. *Novam;* so in line 30 and at page 197, line 33.

27. ab regione urbis: *in line with (opposite) the city.*

30. media . . . ora: halfway from the Pyrenees to Gibraltar.

Page 193. 6. stagnum: *lagoon.*

7. fusum: *running, flowing.*

9. patens: *extending,* i.e. *wide.*

Chapter XLIII. 26. qui simul: *as soon as they.*

Page 194. 6. statio: *harbor, anchorage.*

Chapter XLIV. 7. . . . armaverat: the end of Scipio's speech is lost from the *Mss.* as well as, probably, a description of the garrison of New Carthage. The Punic commander had evidently armed such of the townspeople as were fit.

23. qua: sc. *parte; where:* cf. page 96, line 32, and page 124, line 4.

Page 195. Chapter XLV. 12. evadere: *step off* the ladder on to the wall.

19. corona: but it was only on one side of the town, not a complete 'ring.'

25. aestum: generally speaking, the ebb and flow of the tide in the Mediterranean are very slight.

27. conpertum habebat: *he had ascertained.*

34. prodigium ac deos: hendiadys.

Page 196. Chapter XLVI. 7. infestiora: passive, as at page 58, line 29.

20. inciderunt ... habebant: notice the change of tense.

23. caedendo confectis ac distractis: *hacked to pieces and cleared away.*

30. arcem: on the hill to the S. W. of the modern harbor where the Castillo de las Galeras now stands.

Page 197. Chapter XLVII. 6. virile secus: cf. note to page 11, line 31.

10. publicos: sc. *servos.*

14. captivis: cf. *captivo cibo*, page 103, line 19, and note.

BOOK XXVII.

After the battle of Baecula, 208 B.C., Hasdrubal succeeded in leaving Spain with an army. He passed around the western end of the Pyrenees and spent the remainder of the year in southern Gaul. In the spring of 207 he crossed the Alps into Italy — by what pass is unknown, but Livy seems to imply that it was the same as that traversed by Hannibal in 218.

Page 198. Chapter XXXVI. 2. Massiliensium: Massilia, now Marseilles, was an ancient ally of Rome, a Greek city colonized by the Phocaeans about 600 B.C. It was said that the Massilians helped the Romans to ransom their city from the Gauls in 390 (387). **legati nuntiaverant**: i.e. in 208; this was a repetition of what occurred ten years before: *In Italiam nihil ultra quam Hiberum transisse Hannibalem a Massiliensium legatis Romam perlatum erat.* Book xxi., chap. xxv.

14. C. Claudius Nero: a patrician; (Marcellus, famous in this war, was a plebeian Claudius) Nero, sent to Spain in 212 B.C., was outwitted by Hasdrubal; he served as *legatus* of Marcellus in 209, was consul at this time, 207, was censor in 204. **M. Livius** (*Salinator*) **iterum**: see page 150, line 23 and note. Resenting his condemnation after his first consulship in 219, he had most reluctantly consented to be elected again for this year.

15. provincias: this word properly means the sphere of power or duty assigned to an official, as appears in line 16, *urbana jurisdictio* being the *provincia* of one praetor, and line 17, *peregrina iurisdictio* the *provincia* of another.

19. Gallia: sc. *Cisalpina*.

Page 199. 2. tribunos: six for each legion; twenty-four, those of the first four legions were elected by the people; the rest, appointed by the consuls, were called *rufuli*.

Chapter XXXIX. 6. transgresso: sc. *Hasdrubali*.

7. qui: the antecedent is the indefinite subject of *mitteretur: some one to* . . .

11. uterque hostem: i.e. Hannibal in Claudius Nero's province, Hasdrubal in Livius Salinator's.

17. exhausisset: cf. *exhaustos . . . ex hauriendos*, page 91, line 20, and note.

22. Arverni: this powerful tribe inhabited Auvergne; thus it appears that Hasdrubal's line of march across southern Gaul was farther north than Hannibal's had been.

23. per munita: this implies that Hasdrubal followed Hannibal's route; but *adsuetudine*, line 25, implies a number of other crossings, of which nothing is known.

Page 200. 4. profectum erat: *had been gained;* do not confound with *proficiscor*.

5. ad: *before*.

6. campestris: *situated on a plain*.

9. ratum: agrees with *eum; thinking*.

14. eandem . . . temptasset: according to Book xxi., chap. lvii., Hannibal had tried and failed to capture a Roman magazine near Placentia after the battle on the Trebia.

Chapter XL. 23. praecipitasset: *had suffered a catastrophe*.

26. duobus . . . ducibus: P. and Cn. Scipio, father and uncle of Scipio Africanus, both killed in battle in 212 B.C. after several successful campaigns.

28. ipsum . . . loci: *mere geographical distance*.

Page 201. 3. vicisset: for future perfect of *oratio recta*.

4. duorum consulum: referring to Marcellus, conqueror of Syracuse slain in a skirmish, 208 B.C., and his colleague Crispinus, who died of wounds received in the same fight.

7. irae in civis: cf. note to page 198, line 14.

Chapter XLIII. **21. inplicantes**: *trying to perplex.*
26. turmae: *troops* of cavalry.

Page 202. **1. finibus**: sc. *in.*
10. ad Narniam: thus anticipating Hasdrubal's possible advance by the *Via Flaminia* and the valley of the Tiber.
Chapter XLIV. **26. biennio ante**: an error; it was four years.
27. neque . . . animis: *they could not quite decide.*

Page 203. **1. ostendisse iter**: *had made a feint of marching.*
7. Veteres . . . clades: especially those of Trasimenus and Cannae at the beginning of the war.
11. ingentes: an exaggeration; but it shows the feeling at Rome.
20. Adiciebant . . . elusisset: the story of how Hasdrubal outwitted Nero in Spain is told in Book xxvi, chap. xvii.
26. semper in deteriora inclinato: *ever prone to pessimism.*
Chapter XLV. **30. in speciem . . . re ipsa**: an instance of the author's preference for variety rather than symmetry.
32. ad satietatem: *to his complete satisfaction.*

Page 204. **3. eo**: refers to *ad quod bellum*, page 203, line 31, and repeats it in another form; i.e. *eo = ad id bellum.*
13. instructa: *lined.*
15. illos: i.e. Nero's soldiers.
20. damnarenturque . . . votorum: if their prayers were answered they would be condemned to fulfil their vows.
23. Invitare: this and the following historical infinitives give an air of rapidity to the narrative.
25. ab se potissimum: *from them rather than from any others.*

Page 205. **Chapter XLVI.** **1. Tessera**: a square tablet; the watchword was ordinarily written on such tablets.
9. perfunctis . . . militia: *who had finished their service.*
12. Senam: now Sinigaglia, founded as a colony in 289 B.C. Some editors would read *Fanum* for *Senam*, and thus place the camps nearer to the Metaurus river. Their exact location cannot be determined. We do not even know whether they were both south of the river.
13. quingentos . . . passus: a surprisingly small distance.

Page 206. **1. moveat**: sc. *Hannibal.*
6. abutendum: *must take full advantage of.*

Chapter XLVII. 18. adustioris: *more sunburned;* the word, as an adjective, is unusual and not found in earlier authors. See Introduction, III. 9, *h*.

20. ut attendant: this change from infinitive to subjunctive after *iubere* is not unusual in Livy.

24. quo latius tenderetur: *in order to give more room for tents.*

25. Illud: refers to what follows.

Page 207. 2. vereri: historical infinitive; sc. *Hasdrubal*.

8. vasa colligerent: *to pack up; vasa* means camp equipage and baggage.

9. duces: *guides.*

13. sternunt corpora: *lie down;* cf. *corpora curare;* Latin often uses *corpora* where in English we say ' selves.'

14. infrequentia: predicative or proleptic; *accompanied by few,* i.e. nearly deserted.

16. errore revolvens: *wandering in a circle.*

Chapter XLVIII. 24. carperent: *harassed.*

26. tumulo: this hill was probably on the north bank, where the valley is very narrow, not far from the bridge of the *Via Flaminia* over the Metaurus.

Page 208. 6. longior quam latior: *rather deep than broad;* the space was narrow for a battle front.

10. collis oppositus: the same as *prominens collis*, line 7.

18. inpotentius iam regi: *could no longer be controlled.*

23. signa erigere: *to advance* (upward).

32. ad Gallos: on the Carthaginian left wing, where Nero's first attack began.

Page 209. 1. diei medium: they had started early the previous night and had marched many miles, and the heat in the river valley must have been intense.

Chapter XLIX. 17. suum nomen: *his fame.*

22. aequa Cannensi clades: there was an undoubted tendency in the Roman historians to exaggerate the size of Hasdrubal's army and the number of the slain, in order to offset the disgrace and disaster of Cannae. But this battle was in fact much more decisive.

Page 210. Chapter L. 7. citatiore . . . agmine: the march to and fro and the battle were an astonishing feat of endurance on the part of Nero's troops. Their speed, kept up so long, would not have been possible without the help of the people along their route.

10. vix . . . compotes mentium: *almost beside themselves.*
11. celebratum: *attended.* **Nam Romae**: *At Rome, however.*
14. ex quo: sc. *die; ever since.*
19. suppliciis: *prayers,* not punishments; cf. page 170, line 23, and note. **fatigare**: *importuned.*
29. praetoris: because the consuls were absent.

Page 211. 2. dispensari: *be communicated,* lit. 'distributed.'
3. inpotentes eius: *unable to realize it.*
Chapter LI. 8. omnis aetas . . . obvii: a striking case of *synesis;* see Introduction, III. 10, *i.*
10. Mulvium . . . pontem: a couple of miles north of Rome where the *Via Flaminia* crosses the Tiber.
13. frequentia: *throng.*
25. grates: the usual word for thanks to the gods; *gratiae* for thanks to human beings.

Page 212. 1. amplissima: *handsomest.*
9. stationes: *outposts.*
12. familiari: *domestic.*
15. Bruttios: appositive to *angulum,* without repeating the preposition.

BOOK XXX.

After the battle of the Metaurus Hannibal clung to his foothold in the south of Italy, invincible in battle, but never again able to gain ground, until the invasion of Africa by Scipio and the victories of the Romans there forced the government of Carthage to recall him in 203 B.C.

Page 213. Chapter XIX. 3. forte: *as it happened.*
Chapter XX. 5. Frendens gemensque ac . . . temperans: like *iure . . . legibusque ac moribus,* page 24, line 23.
11. obtrectatione: *disparagement,* due to envy: *envious opposition.* Needless to say, this rhetorical outburst is pure fiction. Men of action in times of stress do not talk like Livy or Macaulay.
13. Hanno: see page 78, lines 6–23, and pages 83, 84.
20. Iunonis Laciniae: it was at this temple, on the Lacinian promontory that Hannibal, according to Polybius, set up a column recording the numbers of the army which he had brought into Italy.
22. interfectis: this atrocity seems a little hard to believe.

Page 214. 8. diutina possessione: ever since the end of 218 B.C.
Chapter XXVIII. 9. nec satis . . . poterat: *they could not quite make up their minds, could hardly decide.*
16. canere: *to prophesy, predict.*
19. Syphace: king of Numidia, at this time in alliance with Carthage. **Statorius**: a centurion sent from Spain by the Scipios in 213 B.C. as envoy to Syphax. He remained with him and trained his army in Roman tactics; *semilixa* is merely an exaggerated expression of contempt.
20. Hasdrubale: the son of Gisgo, who had been defeated several times in Spain.
23. in praetorio patris, etc.: cf. page 110, lines 9, 10.
25. senex: he was only about 45. Napoleon and Wellington were 46 in the year of Waterloo.
29. vix fides fiat: *it is hardly credible.*

Page 215. 3. coronis: the author assumes that Carthaginian decorations were like the Roman ones: *corona muralis* for the first of a storming party to mount a city wall, and similarly *corona vallaris* in the case of assaulting an enemy's camp.
11. comparati: *matched, paired.*
Chapter XXIX. 22. Hadrumetum venerat: on the site of the modern Susa, on the coast about 75 miles S. by E. of Carthage. The statement that Hannibal landed at Leptis, in chapter xxxv., refers to the preceding year, 203 B.C.; the interval is not accounted for.
23. iactatione maritima: cf. page 95, line 4, and note.
26. Zamam (*Regiam*): now Zama, on the river Muthul, about 80 miles S. W. of Carthage.
31. iussit: sc. *Scipio.*

Page 216. 7. turbaverat, etc.: Hannibal had not violated the truce and broken off the negotiations for peace, but it was his return that had encouraged the war party to do so.
12. Valerius Antias: see Introduction, I. 4.
18. Naraggara: about 50 miles W. of Zama.
Chapter XXX. 31. datum erat: *if it was fated*, as it actually was; this is not a condition contrary to fact.

Page 217. 1. is: antecedent to *qui*, in the 1st person, in apposition to the subject of *venirem.*
7. patre tuo consule: in 218 B.C. when Hannibal first came into Italy.

8. signa contulerim: at the battle of the Ticinus; see page 112.

10. fuerat: in the sense of *fuisset, would have been;* G. 522, *a.* H. 525, 2.

16. ut . . . dimicaremus: *that we were obliged to fight.*

22. ei: antecedent of *qui,* in apposition with the subject of *agimus,* referring to Hannibal and Scipio.

27. puer: cf. page 76, lines 15–20.

29. adulescentiam: Scipio was probably 32 at this time.

33. Vixdum militari aetate: an exaggeration; he was about 24 when appointed to command in Spain.

35. persecutus: *by avenging.*

Page 218. 3. consul creatus: for 205 B.C., but he crossed over to Africa in 204, as proconsul.

6. Syphace . . . capto: he was taken prisoner, not at the time of the surprise and burning of his camp and that of Hasdrubal, son of Gisco, but after a second defeat, in 203.

7. sextum decimum: 218–203 B.C.

10. Novi: *I know by experience.*

14. Ut: concessive.

18. duobus fratribus: Hasdrubal was killed at the Metaurus; Mago probably died of wounds on the voyage home after an unsuccessful invasion of Liguria in 203.

27. Martem . . . communem: *the uncertain fortune of war.*

Page 219. 1. M. Atilius (*Regulus*): the famous commander in the First Punic War, who refused a fair offer of peace after his victories in Africa, and afterward lost his army, his freedom, and his life.

7. multam: generally, *punishment, penalty;* specifically, a *fine.* The English spelling 'mulct' is historically wrong.

15. Multum . . . pertinet: *it makes a great difference.*

22. quoad . . . dei: *as long as the gods themselves grudgingly allowed,* or *till the gods themselves became envious.*

Page 220. Chapter XXXI. 6. pia: *righteous.*

8. secundum: preposition.

16. manu consertum: this is legal phraseology: *manuum consertio,* 'handgrapple,' was the ancient dramatic act of beginning a suit where two parties claimed the same property. **restitantem . . . adtraxerim**: continuing the metaphor, Hannibal is like a recalcitrant defendant whom the plaintiff forcibly takes into court (*manus iniectio*).

19. multa navium: *damages* (compensation) *for the ships*, which they had seized, and thereby had broken the truce.

20. per indutias: this use of *per* is like that in *per fas ac fidem*: cf. page 13, line 34, and note.

22. gravia: *too severe.*

Chapter XXXII. 30. victores = *victuri*, or *victores futuri.*

Page 221. 15. occidione occisos: see note to page 167, line 30.

21. liberum fingenti: i.e. he was free to describe it as he pleased.

27. Celsus: *erect*, and, of course, *tall.*

Chapter XXXIII. 30. cohortes: as already stated more than once this word is an anachronism. The peculiar arrangement of Scipio's army was such that maniples of the second and third lines stood directly behind those of the first line, leaving clear lanes or passages from front to rear, through which the charging elephants could pass, doing little harm.

34. extra sortem: the quaestors ordinarily drew lots for their 'provinces,' but in this case Laelius was assigned to his dear friend Scipio.

Page 222. 1. Masinissam: the rival of Syphax and the ally of Scipio.

2. antesignanorum: i.e. the *hastati.* **velitibus**: explained by the author because they were obsolete in his day.

4. directos ... ordines: *the companies in battle array.* The *velites* would retire to the rear or else run to right and left into the spaces between the *hastati* and the *principes.*

6. ancipitia: *coming from both sides*, right and left.

11. Macedonum: Philip V of Macedon had made alliance with Carthage after the battle of Cannae, but his assistance had not been steady or effective.

15. et ipse: *he too*, as well as Scipio.

20. praesens: *immediate.*

24. inpotenti: *tyrannical;* it properly means without self-control and therefore violent or passionate.

29. nihil ... medium: *nothing by halves;* it was all or nothing.

30. Cum maxime: *just when.*

Page 223. 6. ancipites: *exposed on both sides.*

Chapter XXXIV. 15. congruens clamor: because the whole army was of one race and language — except the Numidian horsemen.

18. incumbentium: synesis; agrees with *Romanorum* implied in *Romana*, line 17.
21. Ala: i.e. *axilla; with the shoulder*, lit. armpit.   **gradu inlato**: *advancing*.
23. novissimis: *the rearmost*.
26. adeo non sustinebant: *they were so far from supporting*.

Page 224. 2. sinceram: i.e. not infected by the terror of the rest.
13. novum de integro: see Introduction, III. 10, *n*.

Chapter XXXV. 20. In tempore: *in the nick of time*.
35. quorum . . . prohiberent: a clause of purpose. Notice the infinitives with this verb of hindering.

Page 225. 2. ponerent: subjunctive by attraction, depending on *prohiberent*.
Chapter XXXVI. 19. confestim a: cf. *statim a funere*, Suetonius, *Julius*, 85.
21. P. Lentulum: praetor in 203 B.C., propraetor in 202.
22. rostratis: *beaked war-galleys*.
25. Cn. Octavium (*Rufum*): praetor in 205 B.C.
28. cum . . . occurrit: an instance of '*cum inversum*'; B. 288; B. 2; A. 546, *a*; H. 600, I, 1; G. 581.   **infulis**: such fillets were carried by suppliants; they answered the purpose of a modern flag of truce.
31. praetoriae navis: *of the flag-ship*.

Page 226. 2. Tynētem: the modern Tunis.
9. Saturnalibus primis: December 17; the festival lasted three days. The calendar was then in such disorder that the date in reality fell late in October.

Page 227. Chapter XXXVII. 1. neve . . . neve: B. 282. 1. *d*; A. 450, N. 5; H. 561, 4; G. 543, 4.
2. res redderent: *should make restitution*.
3. auxiliis: *for the troops*.
5. talentum: genitive plural; cf. note to page 69, line 7.   **discripta pensionibus**: *in instalments*.
16. ex superiore loco: i.e. from the rostrum.
19. Novem annorum: cf. note to page 76, line 15.

23. Excusata inprudentia: *apologizing for his lack of experience*, i.e. in civil life.

26. nihil . . . comparebat: *nothing could be found*, lit. 'appeared.'

28. utique: *at all events.*

30. luere: *make atonement, discharge their obligation.* **Sunt qui . . . tradant**: the accepted account is that Hannibal's flight to Antiochus of Syria occurred several years later.